深圳改革开放研究丛书

深港经济合作的理论与实践

汤山文 著

人民出版社

责任编辑:钟金铃

图书在版编目(CIP)数据

深港经济合作的理论与实践/汤山文 著. -北京:人民出版社,2010.8
(深圳改革开放研究丛书)
ISBN 978 - 7 - 01 - 009095 - 5

Ⅰ.①深…　Ⅱ.①汤…　Ⅲ.①地区经济-经济合作-研究-深圳市、香港
　Ⅳ.①F127.653②F127.658

中国版本图书馆 CIP 数据核字(2010)第 129398 号

深港经济合作的理论与实践
SHENGANG JINGJIHEZUO DE LILUN YU SHIJIAN

汤山文　著

人 民 出 版 社 出版发行
(100706　北京朝阳门内大街 166 号)

北京中科印刷有限公司印刷　新华书店经销

2010 年 8 月第 1 版　2010 年 8 月北京第 1 次印刷
开本:710 毫米×1000 毫米 1/16　印张:21.5
字数 340 千字　印数:0,001-2,500 册

ISBN 978 - 7 - 01 - 009095 - 5　定价:48.00 元

邮购地址 100706　北京朝阳门内大街 166 号
人民东方图书销售中心　电话 (010)65250042　65289539

总　序

王京生

从广义上讲,在人类历史长河中,改革开放是社会发展和历史前进的一种基本方式,是人类文明演进的一种基本逻辑,也是一个国家和民族兴旺发达的决定性因素。一方面,古今中外,国运的兴衰、地域的起落,莫不与改革开放息息相关。另一方面,从历史上看,各国的改革开放在实际推进中却不是一帆风顺的,力量的博弈、利益的冲突、思想的碰撞往往伴随着改革开放的始终,流血斗争在各国历史上也并不罕见。改革开放的实际成效并不会实现理想的"帕累托最优"或"帕累托改进"。就当事者而言,对改革开放的正误判断并不像后人在历史分析中提出的因果关系那样确定无疑。因此,透过复杂的枝蔓,洞察必然的主流,坚定必胜的信念,对改革开放来说就显得至关重要和难能可贵。

改革开放是深圳的生命动力,是深圳成长和发展的常态,是深圳迎接挑战、突破困局、实现飞跃的基本途径。改革开放铸造、发展了深圳特区,形成了深圳特区的品格秉性、价值内涵和运动程式,培育了深圳的城市机能和整体结构,展示了深圳的品牌形象、素质能力、体制机制、活动方式和环境风尚,推动深圳特区跨越了一个个历史屏障。特区初建时缺乏建设资金,就通过改革开放引来了大量外资;发展中遇到瓶颈压力,就向改革开放要空间、要资源、要动力。深圳的每一步发展都源于改革开放的推动,深圳30年的发展奇迹是深圳30年改革开放的结果。同时,改革开放又是深圳矢志不渝、坚定不移的命运抉择。改革开放作为当代中国的一场新的伟大革命,不可能一帆风顺,也不可能一蹴而就。深圳作为改革开放的探索者、先行者,向前迈出的每一步都面临着一个十字路口的选择。从特区酝酿时的"建"与"不建",到特区快速发展中的姓"社"姓"资",从特区跨越中的"存"与"废",到新世纪初的"特"与"不特",每一次挑战都考验着深圳改革开放的成败进退,每一次挑战都把深圳改革开放的"招牌"擦得更亮。30年来,深圳正是凭着坚持改革开放的赤胆忠心,在汹涌澎湃的历史潮头上劈波斩浪、勇往向前,经受住了各种风浪的袭扰和摔打,闯过了一个个关口,成为锲而不舍的改革开放"闯将"。

深圳的改革开放是没有止境的。随着经济社会的迅猛转型,深圳已进入综合配套改革和全方位开放的历史新阶段。在这个阶段,改革开放更加迫切地需要突出以人为本,展现全面、协调、可持续性,大幅降低经济社会发展失衡的成本和风险,鼓舞全国人民建设中国特色社会主义的信心和决心。当前,全国各地群雄并起、千帆竞发,形势逼人,时不我待,改革开放的质量、水平和力度已远远超出了以前的套路、标准和要求,只有以"杀出一条血路"的精神开拓进取,拿出深圳改革开放的精品和力作,才能"走出一条新路",在全国的改革开放中发挥示范推动作用。

改革开放是深圳的永恒话题,而当下探讨深圳的改革开放,却有着特殊的意义。在全市上下隆重迎接深圳经济特区建立30周年这个历史节点上，回顾深圳改革开放历程，总结深圳改革开放的历史经验，研究深圳改革开放的未来走向，无疑是为深圳的改革开放增添新力量的最好契机。为此，深圳社科理论界着力推出了《深圳改革开放研究丛书》，包括综合、经济、社会、文化四类，既有宏观总揽，也有个案分析，既有理论阐述，也有实践探求，是总结深圳30年改革开放历史经验、探索深圳未来发展的研究成果，也是了解和探讨特区改革发展的重要工具书。

书的文字是静止的，但精神是跃动的。如果通过这套丛书，能够使读者达到"天变不足畏，祖宗不足法，人言不足恤"的境界，那无疑是所有编撰者的最大心愿。

（作者为深圳市委常委、宣传部部长）

目 录

导　论

　　香港自古属于中国领土,历代以来香港岛是南粤百姓捕鱼务农、安身养家之所。明朝时,商贾转运各地香料集聚于此并形成了集散小港,称为"香港村",香港由此得名。清朝时,香港归属于新安县(现在的深圳市宝安区)管辖。1840 年英国发动鸦片战争,时任英国驻华商务总监义律和远东舰队支队司令伯麦,带领舰队强行登陆并侵占香港岛。在第一次鸦片战争失败后,1842 年 8 月 29 日英国强迫清朝签订中国近代历史上第一个不平等条约——《南京条约》,其中包括割据香港给英国,相关条约内容如下:因大英商船远路涉洋,往往有损坏需修补者,自应给予沿海一处,以便修船及存守所用物料。今大皇帝准将香港一岛,给予大英国君主暨嗣后世袭主位者,常远据守主掌,任便立法治理。1860 年 10 月24 日,英法联军火烧圆明园,于隆隆大炮声中英国强逼清朝签订《北京条约》割让九龙。1898 年 6 月 9 日,英国又强迫清朝在北京签订强租新界的《展拓香港界址专条》(*The Convention for the Extension of HongKong Territory*)。"专条"主要内容是:将 1860 年英国所侵占的尖沙咀以外九龙半岛的其余部分,即从深圳湾到大鹏湾的九龙半岛全部(深圳河南侧),租与英国 99 年。租期内租借地归英国管辖。租借地陆地面积 376 平方英里,其中大陆 286 平方英里,岛屿 90 平方英里,较原香港陆地面积扩大了约十一倍,租借地水域较前扩大四五十倍。

　　侵略者终将可耻地从历史的天空中消失。在 2009 年新中国成立 60 周年的大阅兵典礼上,伴随隆隆的阅兵礼炮声,中国人民解放军国旗护卫队庄严地肩托钢枪,雄赳赳气昂昂地从人民英雄纪念碑出发,绕行孙中山像,到达五星红旗基座,全部行进过程刚好迈出正步 169 步。这 169 个正步,象征着中国从 1840—

2009 年 169 年的不平凡历程。这 169 正步——步步与香港血脉相连。

深港位于珠江口东岸,历来同属一体。在英国强租新界以前,数米宽的深圳河,是一条静静流淌着的内陆河。两岸百姓,同种同俗,鸡犬相闻,任由交通往来,一同繁衍生息。

"时间、空间和物质是宇宙里最基本的维度,整个经济以及您所从事的生意都是宇宙中的一部分,它们也应该属于这些基本维度之内。"①深圳、香港在历史上本为一体,虽然历史上曾经被分割,但是深港之间的经济社会活动以及重大变化,仍然处于历史(时间)与地域(空间)的相同的基本维度之中,而且愈来愈交汇相融,无法分开。

一、深港经济合作的现实概况及其意义

英国学者 Richard Hughs 1968 年曾在《香港:借来的地方—借来的时间》一书中评价道:"香港人将可以在属于他们的时间和地方,用他们自己的方法来评估香港本身的价值。"②但是如今,香港早已跨越了不确定的历史旅途,重新回到祖国怀抱。香港经济社会发展,更深入地融入内地快速增长的经济社会轨道上,并且找到了新的价值坐标。

深圳经济特区,作为历史(我国实行开放)和空间(与香港山水相连)的特定产物,成立之初是"杀出一条血路来",争创新优势是要"把特区办成四个窗口:技术的窗口、管理的窗口、知识的窗口、对外开放政策的窗口",争当排头兵是要推动"在内地再造几个香港"。深圳经济特区毗邻香港的区位价值(Location value),充分地体现在特区的设立、发展和壮大过程中。

经济学家、诺贝尔经济学奖获得者保罗·萨缪尔森指出:"现存的经济机会的分配,是历史上区域边界划分的结果。"③国内经济学家郝寿义等指出:"经济

---

① [美]斯坦·戴维斯:《未来之课》,上海远东出版社 2003 年版,第 5 页。
② 王跃生、张德修、李树甘主编:《CEPA 与新世纪的内地香港经济关系》,中国发展出版社 2005 年版,第 40 页。
③ [美]保罗·萨缪尔森、威廉·诺德豪斯:《经济学》,华夏出版社 1999 年版,第 435 页。

活动与特定空间的结合,产生了区域经济。"①当我们沿着历史与空间的脉络,就近而直观地考察深圳、香港两大毗邻的都市经济体系时,就会发现,深圳、香港由于历史因素成为了不同的行政区、关税区和货币区,归属于不同经济制度,面临着不同的"经济机会"。但是,这两大都市经济体之间的经济活动,却是始终处于互动、互补、互用的联系之中。

深港之间天然的经济地理联系,决定着双方之间的经济合作从未间断过。深圳经济特区成立30年来,深港经济合作迅速发展,取得了举世瞩目的伟大成就。

深圳与香港毗邻,经济联系与互动关系密切。作为两大都市经济体系,深港隔河相望,市中心车程半小时左右。双方主权归属同一个国家,虽然目前各自属于不同关税区、不同货币区,但不少其他国家和地区的经济学家,往往都将深港视为"处于相同区位的大都市经济体"。如果我们将深港视为同一的都市经济体,那么,在2005年,它的GDP大约超过2300亿美元,当时在全球排名第四位,仅次于东京、纽约和伦敦都市经济体。到了2007年,深港都市经济体GDP已经超过了3000亿美元,基本上跨入全球大都市经济体前三名之列。

香港作为我国的特别行政区,历来是一个开放型的港口都市经济体。从经济历史的角度来分析深圳、香港之间的经济关系,它们基本上都是在互惠互利、互补互助的基础上发展起来的。改革开放以来,我国实施对外开放的基本国策,发展市场经济,香港企业家、商人借助毗邻深圳经济特区的优势,借地缘、人文习俗、语言等便利条件,带着生产设备与技术、资金、管理经验与市场开拓等优势,大规模北移深圳及周边珠三角地区,兴办企业发展产业,大范围、大幅度地拓展了香港工业基地发展空间,形成了"Made by HongKong"的、触角遍及华南的产业分工链。香港企业在深圳及周边珠三角地区直接、间接聘用的内地工人超过了1200万人,接近于香港本地所有劳动力的4倍,相当于香港本地工业生产发展高峰期所雇用劳动力的十几倍。香港加工制造业、生产者服务业等进入深圳及周边珠三角地区后,为当地劳动力提供了充分的就业机会,盘活了大量的存量要素资源,促进了深圳及内地经济发展,为日后吸引更多外来投资进入深圳和内地

---

① 郝寿义、安虎森:《区域经济学》,经济科学出版社1999年版,第1页。

奠定了一定基础。同时,香港抓住机会充分地释放要素资源和资金的集聚优势,集中力量发展金融服务、信息、现代物流、商贸、专业服务等行业,不断提升基础设施,优化经济结构和软件环境,迅速地推动香港成为一个具有国际一流水平的金融服务、物流、商贸及旅游购物国际中心。

深圳是我国最早也是最大的经济特区。中央政府在20世纪70年代末期决定创办深圳经济特区,就是希望充分利用深圳毗邻香港的地缘优势,在经济上与香港取得更为紧密的联系,在香港旁边产生出一个对外开放的"窗口"和进行改革开放的"试验田"与"排头兵",以便更直接地利用国际资金、技术和先进的管理经验,从而促进我国的现代化建设。深港之间的优势互补、共同发展,既是开展深港经济合作的重要目标,又是处理深港合作关系的一个基本原则。

目前,深港城市基础设施对接程度初步进入现代化阶段。深港口岸基础设施较为发达,拥有多条海陆空通关口岸,通关能力居全球领先水平。深圳是我国最大的口岸城市,一线口岸出境人数、入出境车流架次分别占到全国50%、75%以上。除了从口岸进出外,深港之间还可以通过保税区进行各种生产活动及其联系,人流、商品流、资金流等双向互动。深港之间先进的口岸基础设施、强大的通关能力以及保税区、自由贸易区等的设立,既是深港经济合作的达成目标,又是重大的合作成果和合作领域。

深港产业互补对接能力强大,既有错位发展也有优势互用,从而形成深港在金融服务、高新产业、专门服务、现代物流及商贸等方面的产业高地。深港两地的经济总量和人均水平、进出口贸易、服务输出等主要经济指标,稳居全国大中城市前列,经济国际化程度及对外开放指数更是处于领先地位。两地合作所形成的综合经济实力远远超过国内任何其他联体城市,基本上跨入全球主要都市经济体前三名,使得深港经济体对比起国内其他城市经济体来,更加具备通过优势互补、共同合作来构建具有强大竞争优势的国际化大都市的条件与实力。30年来,深港之间的人员、资本、劳动力和商品等要素相对自由地相互流通,地区产业在充分互补条件下长期合作。

近年来,尤其是CEPA实施后,深港两地要素资源获得进一步整合,产业结构更趋优化,外贸进出口扩大和相互投资增加,高新产业及金融服务业获得提升;在金融服务业、现代物流、旅游购物、高新技术等产业领域的合作更为深化、具体化,范围更为广泛,从而大大拓展了深港经济空间和市场容量、提升了经济增长潜质。

深港之间经济运行机制方面的合作成果斐然。30年来,深圳通过借鉴香港经验,同时通过香港借鉴发达国家和地区的先进经验,按照国际惯例初步建立健全了市场经济体制,在产权制度、企业管理及分配体制等方面大力改革,调整政府在市场经济下的职能角色,减少对企业的行政干预,使得深港形成了基本相似的经济运行机制,在微观企业组织管理上趋于一致,同时在 WTO 框架下的两地经济管理政策与法律体系也在逐渐接轨。

深港政府层面上的合作近年来不断深化,城市居民日常的生活商贸往来成为常态。多年以来,深港政府层面合作不断得到巩固提高,并且积累了在"一国两制"基本原则下两地政府密切合作的宝贵经验,建立了基本的合作渠道、沟通管道和合作平台。特别是2004年以来,以 CEPA 实施和深港"1+8"合作协议签署为标志,深港政府之间在制度安排、政策操作、具体协作等方面的合作不断加深,为深港经济一体化提供了制度上、政策上的有利条件。

今天,深港两地居民在购物、消费、周末度假等消费生活领域,已经初步实现了同城化,深圳居民可以"一签多行",香港居民上班在香港、居住在深圳,或者下班后来深圳过夜、旅游购物等;两地政府机构、企业等的联系也较为频繁和日常化,基本形成了半小时生活商贸圈。

二、深港经济合作的重大意义

(一)深港经济合作的现实作用

目前,深圳与香港已经初步成为我国经济最为活跃的知识城市之一。但是由于深港两地长期以来经济基本制度并不相同,经济发展历史和发展方式、发展手段等不尽相同,因此深港在经济发展水平、规模层次以及生产效率等方面,仍然存在相当大的差异。在"一国两制"基本原则下,深港虽然主权同属一个中国,但是经济关系相对独立,属于不同关税区、不同货币区,两地经济之间在诸多方面上的整合程度仍然偏低。在发展瓶颈问题上,两地面临着共同的难题:自然资源条件十分有限,能源、水资源等短缺;土地狭小,城市剩余可开发用地很少;市场空间容量有限;生态环境、环境容量与环境承载力等情况不容乐观。在产业结构、经济结构方面,双方都迫切需要进一步优化调整、转型升级。与纽约都市经济圈等全球发达的都市经济体相比较,深港都市经济体仍然存在明显的差距。即使同长三角的沪(上海)苏(苏州)经济圈相比较,在本地市场空间容量、消费实力、人文历史积淀等方面也逊色对方,同时在发展速度、增长潜力等方面遇到了严峻的挑战。

因此,深港经济合作的现实作用与意义,将主要体现为将深港打造成为科学发展和创新发展的示范区和增长极。科学发展观的要义是"又好又快",而实现又好又快发展的重要方法措施就是"寻优发展"。"寻优"是实现又好又快发展的重要途径之一。深圳、香港各自的寻优发展,是共同寻优合作的前提;深港经济寻优合作反过来将进一步提升寻优发展。既寻优发展又寻优合作,符合了深港地区全面发展、协调发展和可持续发展的现实需求,有利于进一步健全市场经济体制,打破行政区划的局限,形成区域间相互促进、优势互补的互动机制,促进生产要素在区域之间自由流动,引导产业转移,实现经济结构优化,促进地区经济又好又快地发展。

深港经济合作的长远目标之一,是要在经济全球化、知识经济化及区域经济一体化的背景条件下,双方通过深化经济合作,既寻优发展又寻优合作,逐步实现地区经济的全面一体化;并且通过"共建深港地区四大全球性中心"——全球性物流中心、贸易中心、创新中心和国际文化创意中心,将深港经济圈打造成为一个规模庞大的、拥有核心竞争力的知识经济体,真正成为全球发达城市经济体中的领先者之一。

(二)深港经济合作的历史意义

在20世纪70年代末80年代初,深港经济合作的范畴属于中国大陆的边陲小渔村(实行社会主义制度),同市场经济已经高度发达的自由港(实行资本主义制度)之间的经济合作。

写作此书时,我脑海中常常出现这样的历史场景:20世纪80年代初的一天,在中国内地一座城市的街道上,三五个青年人结为一群,他们穿着香港设计、内地加工的喇叭裤,拎着香港提供技术、在深圳或某个地方生产的录放机,播放着香港歌手吟唱的流行歌:"……河山只在我梦萦,祖国已多年未亲近,可是不管怎样也改变不了我的中国心。洋装虽然穿在身,我心依然是中国心,我的祖先早已把我的一切烙上中国印……"这一幕场景,将生产与消费、分工与合作、时空与人文等交织融汇于一体,折射出改革开放与消除市场藩篱、经济发展与生产要素跨区域分工协作、同种同源与文化碰撞等方面的深刻意蕴。深港两地之间的经济合作,一举跨越了两种对立制度之间的历史鸿沟,爆发出了巨大的经济能量和历史推动力。

首先,不管从社会、经济、政治文化等层面上,还是从所影响到的地域、人群及有关后效应等方面来看,深港经济合作理论与实践均具有重大的历史价值和重大的理论意义。不管是从经济学的角度,还是从社会学、历史学等角度来看,深港合作都具有全球性的范例价值和重要意义。两种不同制度下的、处于不同的经济发展水平的地区之间的经济合作,以及合作过程中的是非曲直、合作成果的赞誉与毁誉等,在当时是完全崭新的东西。

其次,深港经济合作为促进香港的稳定和繁荣,为促进香港顺利回归,为推动中国和平统一大业等,发挥了独特的作用并作出了重要的贡献。1978年,十一届三中全会开启了中国改革开放和现代化建设的新时期。1978年8月,中共中央正式要求,港澳工作必须深入调查研究,实事求是,一切工作都要从当地实际情况出发。在20世纪80年代,中英两国通过外交谈判来和平解决历史遗留问题,面临着各方面阻力与冲击,而中国政府首先必须确保香港回归前后的稳定及其长期繁荣。设立深圳经济特区,深港、粤港经济合作迅速发展,地区经济一派兴旺,促进了深圳及珠三角周边地区的社会经济面貌焕然一新,在中国内地与香港之间架起了沟通的桥梁,充分展示了社会主义国家的崭新形象。几百万港人亲眼目睹身边剧变,人心安定,反过来还以极大的激情来到深圳及内地投资办厂、开展商贸活动。邓小平曾这样说过:"香港问题为什么能够谈成呢?……我们国家的形象变了,国内的人民看清了这一点,国际上也看清了这一点。"[①]

---

① 《邓小平文选》第三卷,人民出版社1993年版,第85页。

再次,深港经济合作的伟大成就和历史价值,是通过充分地发挥深圳的"窗口"、"试验田"、"排头兵"作用和示范、辐射、带动效应,最大限度利用香港作为自由港和国际经济中心的经济地位、经济资源和经济价值,为中国内地的改革开放和社会主义现代化建设服务。1988 年 6 月,邓小平在会见国际人士时指出:"现在有一个香港,我们在内地还要造几个'香港',就是说,为了实现我们的发展战略目标,要更加开放。"①1989 年 5 月,邓小平又再次强调:"我过去说过要再造几个'香港',就是说我们要开放,不能收,要比过去更开放。不开放就发展不起来。"②1992 年 1 月,邓小平到南方视察深圳经济特区等明确要求:"改革开放胆子要大一些,敢于试验,不能像小脚女人一样。看准了的,就大胆地试,大胆地闯。"③并指出:"深圳的重要经验就是敢闯。"④可见,邓小平极为看重深圳等经济特区在改革开放中的试验田作用、带头示范作用。从这个意义上看,深港经济合作具有十分重要的战略价值,也正是通过深港之间的经济互补,深圳、香港各自的经济才能取得举世瞩目的成就。深港长期的合作实践与合作探索,为中国改革开放和现代化建设,为珠三角地区在较短时间内一举成为全球重要的产业中心,以及充分地参与国际分工、融入全球经济发展作出了不可替代的巨大贡献。

三、本书的研究结构及创新

关于深港经济合作,类似的提法还有"深港经济一体化"、"深港一体化"、"深港共建国际大都市"等,它是两个处于同一时空变化轴上的、实行不同社会经济制度的城市经济体之间的城际合作。

对于深港区域经济合作、深港经济一体化等方面的理论与实践,国内外学者长期以来进行了卓有成效的研究。他们的研究成果归纳起来,主要围绕着两大

---

① 《邓小平文选》第三卷,人民出版社 1993 年版,第 267 页。
② 《邓小平文选》第三卷,人民出版社 1993 年版,第 297 页。
③ 《邓小平文选》第三卷,人民出版社 1993 年版,第 372 页。
④ 《邓小平文选》第三卷,人民出版社 1993 年版,第 372 页。

方面来展开。一是从产业经济学的角度切入,分析研究深港产业结构调整与优化升级、产业发展方向和经济增长方式转变等。二是从经济一体化的角度切入,根据区域一体化基本原理,分析经济一体化路径、一体化实现模式,研究探讨全球其他地区经济一体化的成功案例和经验教训等,同时结合 CEPA 签署实施、共建深港都市圈、将深港建成具有国际水准的知识城市体等方面的政策、措施与方法,开展了富有强烈现实指导意义的研究。

（一）研究结构

本书共分三大部分。第一部分是总论,包括导论、第一章和第二章,首先厘清相关基本概念、基本理论和经济术语;其次对深港经济合作历史进行有针对性的回顾与述评。第二部分为专论,包括第三章、第四章,主要实证分析深港经济寻优合作的合作模式,以及科学发展观指导下的深港经济一体化。第三部分为具论,包括第五章至第八章,分别从深港产业寻优合作、深港空间创新寻优与深港智力寻优合作三个方面,具体分析深港经济寻优合作的基本原则、思路和具体措施,以进一步强化理论的现实指导性。

第一章——区域合作理论。包括了基本概念、基础理论和经济术语。首先界定区域的概念,比较分析区域差异与区域分工、区域趋同与区域发展,重点分析区域合作与区域经济一体化。在众多学术文献基础上,对区域分工理论、区域发展理论、区域经济合作及一体化经济理论等,进行有针对性的述评。

第二章——深港经济合作历史。本章根据深港经济合作的时间脉络,将深港经济合作划分为“合作兴起”、“合作拓展”、“全面合作”三大阶段。首先,重点分析了深港双方对要素资源的相互“借用”、简单结合的三来一补模式。其次,分析了双方从生产性合作过渡到功能性合作,然后再分析合作深化阶段双方更为注重以知识、技术和人力资本等要素为主体的产业合作。最后,围绕深港经济合作的理论以及深港经济合作理论构成了邓小平特区理论的重要内容,进行了详细分析。

第三章——科学发展观与深港经济一体化。本章通过阐述深港区位、区情特点,在分析深港经济圈在大珠三角的功能角色基础上,论述了科学发展观指导下的深港经济一体化实现目标与实现路径。并提出深港经济一体化的目标愿景是：在5—10年内，推动深港经济由一体化合作的第二层级——自由贸易区，"蛙跳"跨过第三、第四层级，直接进入到经济一体化的较高层级——经济同盟。不过，深港之间经济同盟，是在一国两制条件下的、不同关税区、货币区之间的特殊经济同盟关系即"类经济同盟"。要实现"类经济同盟"，必须进一步推动粤港合作框架下的深港经济寻优合作模式。

第四章——深港经济寻优合作的本质内涵。本章以要素的新内涵为出发点，分析了区域要素流动机制以及深港间要素流动机制及特点，进而探讨深港共建知识城市与深港经济的寻优合作，并指出深港经济寻优合作模式的基本内容是：在深港尚不能全面实现经济一体化前提下，双方共同致力于各种以知识、技术和人力资本等要素为主体内容的寻优开发和配置组合，促进深港各种创新产业、知识产业、现代服务业等无缝对接，进一步强化深港作为全球领先的知识城市经济体的构建，全面提升区域核心竞争力。

第五章——深港经济的制度寻优合作。在分析制度安排这一概念的基础上，分析了深港两地制度寻优合作的历史与特点，提出深港制度寻优合作的基本思路与创新举措。

第六章——深港产业寻优合作（上）。本章主要分析知识经济条件下产业结构的变迁与寻优合作基本形式。通过对"前店后厂"合作模式的回顾性分析，指出深港产业寻优合作可能面对的困难因素。同时，以企业案例的形式描述了深港港口、加工制造及金融服务业三大产业中的寻优合作。

第七章——深港产业寻优合作（下）。本章主要以深港地区共建"全球性的物流中心、贸易中心、创新中心和国际文化创意中心"线索，围绕深港在现代物流业、共建全球性贸易中心、高新产业寻优合作、知识服务业寻优合作以及文化创意产业寻优合作等，阐述寻优合作原则、基本思路和具体路径、措施等。

第八章——深港空间创新寻优与智力寻优合作。围绕分析了区域空间结构的内涵及其机制、创新空间动力机制等，阐述深港空间创新的目标定位。指出深港智力寻优合作要在全面构建知识城市的前提目标下，通过寻优合作充分利用区内的知识、技术与人力资本等丰裕要素，打造双区域的知识产业链发展模型，构建区域人才价值链，充分开发与利用人力资本。

（二）主要创新观点

第一，在阐释区域经济合作理论基础上，论证深港经济一体化合作的条件与特点。

深港经济合作是两个毗邻区域以城际合作为核心的区际经济合作。两大城市一河之隔，山水相连，交通便捷，拥有经济合作的优势区位。又是处于同一时空轴的成熟城市与新兴城市、先发区域与后发区域之间的经济合作。香港拥有百余年的发展历史，在运输贸易、金融、商业服务、旅游购物等方面具有全球领先水平，是亚太区的经济枢纽中心和国际大都市，但香港人口密集、趋于老龄化，资源相对不足，开发空间更为有限。深圳是中国内地改革开放的窗口城市和经济特区，资源丰富，腹地广阔，人口众多、年轻化，开发潜力巨大，但城市整体营商环境与营运效率相对较弱，与国际接轨的经验与历史较为欠缺。因此，深圳和香港具有各自的比较优势和合作的客观基础。另外，深港经济合作是"一国两制"基本原则下的不同关税区、不同货币区之间的特殊区际合作，因此必须遵循科学发展观的长远发展要求和客观经济社会基础，积极探索经济合作的远中期目标与合作机制。

第二，概括我国区域协调发展总体格局和科学发展观指导下深港经济一体化的条件与趋势，勾勒了"深度一体化合作"的远景目标。

在 2004 年 CEPA 正式实施、"9+2"泛珠三角区域合作协议以及 2010 年《粤港合作框架协议》正式签署后，深港经济一体化从过去的有限要素之间的互补性合作，全面转向了经贸、技术等方面的全要素合作，由单一的生产性、贸易性合作逐渐迈入功能一体化、政策一体化等合作阶段，最终迈向深度的全面的一体化合作。深度的全面的一体化合作，既是深港经济合作的远景目标，也是双方合作活动的发展状态和过程。改革开放以来，深港经济合作从未间断，但两个城市商品市场、要素市场实际融合度目前较低，产业对接、管理协调等尚需推进。要实现深度的全面的一体化经济合作，双方必须更好地发挥各自比较优势，开发利用以知识、技术及人力资本等为主体的要素资源，协同制订一体化规划发展目标策略，有重点有序列地推进合作行为。

第三，根据深港之间深度的全面的一体化合作目标和区域发展寻优推移基本原理,提出了"深港经济寻优合作模式"的路径选择。

寻优发展是事物发展的一般规律。深港经济寻优合作的基本内涵,包括了深港经济的制度寻优合作、产业寻优合作、空间创新寻优合作和智力寻优合作等方面。深港经济寻优合作的目的是将深港打造成为科学发展、创新发展的示范区和先行区。深港产业寻优合作,是指围绕深港优势产业,整合各种优势资源和优势要素,在现代物流业、高科技产业、高端制造业以及其他现代服务业领域优势互补、分工协作。深港空间创新寻优合作与智力寻优合作,是按照功能一体化和产学研结合的原则,将深港打造成为全球范围区内领先的技术与知识集聚带和"智慧高地",通过优化空间创新结构,共建"深港创新圈",实现"全球性创新中心"发展目标。

第四,探讨了区域自主创新能力建设与深港经济寻优合作的辩证关系。

深港经济合作是属于知识型、智力型城市经济体之间的城际合作,因此深港必须通过共建"深港创新圈",积极推动共同成为全球领先的技术与知识集聚带和"智慧高地"。提高深港的区域自主创新能力,既是深港经济寻优合作的基本内容,也是实现要素、产业和空间寻优合作和智力寻优合作的根本手段。深港要充分地进行智力寻优合作,打造区域人才价值链,全方位构建"双区域知识产业发展模式",突破边境管制、行政管制、企业内部约束等合作障碍,互补互用,互惠互助,促使深港空间创新、智力寻优合作的层级更高级,动力更十足。深港在提高自主创新能力方面的合作,应该加强产学研结合,加强国际国内两个市场之间的对接,将深港打造成规模巨大的自主创新孵化器,形成高端产业、高级优才和专才以及优质资源集聚的世界级知识城市体。

第五,分析了制度安排对深港经济寻优合作的促进和保障作用。

"一国两制"基本原则既是深港合作的前提和保障,也给双方合作路径、合作方式等提出了新要求。CEPA 正式施行,《珠江三角洲地区改革发展规划纲要》(2008—2020 年)出台,"9+2"泛珠三角区域一体化协议、《粤港合作框架协议》等的正式签署,为在"一国两制"基本原则下的深港经济一体化合作,具体地作出了目标远大、路径规范的制度安排。深港经济的制度寻优合作,既构成了双方经济一体化的重要内容,又是双方寻优合作的前提与保障。因此,深港通过深化协作关系,既能制定好有利于寻优合作的制度,保障合作环境和外在营商条件,提高合作活动的执行力,又能合理地建立起区域利益分配与补偿机制。另外,深港双方还要建立起有效的信息沟通平台,建立起有效的、合理的政府行为统筹协调机制,全面地保障制度寻优合作的常态化、机构化和长期性,坚决避免同质竞争和"非合作博弈",从而成为全球知识城市领先者和合作示范区,共同在全球范围内发挥更为强大的经济影响力。

第一章
区域合作理论

第一节　区域及区域分工

一、区域

　　区域(Region),是一个内涵与外延较为丰富的科学术语,它是客观空间、客观物质的存在形式之一。简单地说,区域是常说的"地区"或"地方"的抽象。若把区域与地区(Rrea)、地域(Territory)、地带(Zone)、空间(Space)等逐一进行比较,它们之间仍然具有一些差别,不过本质内核基本一致。区域是泛指,地区则是特指,如华东地区、华南地区。区域的范围有大也有小,地域的范围一般很大,更强调地球表层单元的物理性、景观性和地方特性。地带是指具有独特的天然边界的区域,且在生物物种与形态、时区等方面具有独特表征。而空间一词,它所指的范围和内容更抽象化、更笼统。另外,不同学科对区域二字具有不同理解,地理学把区域作为地球表面的一个地理单元,政治学一般把区域看做国家实施行政管理的行政单元,社会学把区域作为具有人类的相同社会文化特征(如语言、宗教、民族、文化)的聚居社区。

　　在经济学中,区域特指经济区域(Economical region),它是区域经济研究的空间载体。与经济区域相对应的学科是区域经济学,也被称为空间经济学。区域经济学是一门关于资源、要素在空间的配置以及经济活动的区位问题的学科。

而需要指出的是,在经济研究中,常用的区域一词也具有不同指向性。例如,某一贸易区域,某一经济区域,某一流域开发区域,某城市区域,等等。

最早从经济学角度来界定区域概念的是全俄经济区划委员会。该委员会在1922年给出区域一个定义:"区域是国家的一个特殊的经济上尽可能完整的地区,这种地区由于自然特点、以往的文化积累和居民及其生产活动能力的结合而成为国民经济总链条中的一个环节。"①

现代区域经济学的创立者之一埃德加·胡佛(Edgar Hoover)指出:"区域是基于描述、分析、管理、计划或制定政策等目的而作为应用性整体加以考察的一片地区。"②他认为,区域内外之间的关系更多地基于"功能"作用,区域"功能一体化"既可以是基于前向、后向联系的垂直关系,也可以是基于竞争关系的水平关系,还可以是基于互补产品供应者、使用者之间的吸引力而形成的互补关系。

我国学者郝寿义、安虎森认为:"地理学把区域定义为地球表面的地域单元,这种地域单元一般按其自然地理特征,即内部组成物质的连续性特征与均质特征来划分,故沙漠地带、平原地带均称为区域,而其边界往往是连续性和均质性遭到破坏的过渡带;政治学把区域看成是国家管理的行政单元,这种单元主要是按行政权力覆盖面而划分的,因此其边界与国界或一国内的不同省(区)、县界重合;社会学把区域看做为相同语言、相同信仰和相同民族特征的人类社会聚落,按这种标准,区域可以越过国界和行政边界,也包括不同的自然地理单元,只要语言、信仰或民族特征相同都可以划归为某一同一社会聚落内,如语言的划分、民族的分布等。"③并明确指出:"区域是指便于组织、计划、协调、控制经济活动而以整体加以考虑的、并考虑行政区划基础上的一定的空间范围,它具有组织区内经济活动和区外经济联系的能力,常由一个以上以高级循环占重要比重的中心城市、一定数量的中小城镇以及广大农村地区所组成。"④(见表1-1)

---

① [俄]全俄经济区划委员会:《苏联经济区划问题》,商务印书馆1961年版,第82页。
② [美]埃德加·胡佛、弗兰克·杰莱塔尼:《区域经济学导论》,上海远东出版社1992年版,第239页。
③ 郝寿义、安虎森主编:《区域经济学》,经济科学出版社1999年版,第1—2页。
④ 郝寿义、安虎森主编:《区域经济学》,经济科学出版社1999年版,第8页。

表 1-1　有关区域的概念

年份	作　者	相关概念定义
1922	全俄中执委俄罗斯经济区划问题委员会	国家的一个特殊的经济上尽可能完整的地区。这种地区由于自然特点、以往的文化积累和居民及其生产活动能力的结合而成为国民经济总链条中的一个环节。
1969	H. 西伯特（H. Siebert）	区域概念是一个中间性范畴，它介于无空间维的总量经济与定义为一系列空间点的高度分散的经济体系之间；它是一个类似于部门的中间范畴，它使得人们可对众多单个企业作某种程度的总量分析而无须对整个国民经济作全面的总量分析。
1970	埃德加·胡佛（E. M. Hoover）	基于描述、分析、管理、计划或制定政策等目的而作为一个应用性整体加以考虑的一片地区。它可以按照内部的同质性或功能一体化原则划分。
1986	林德全 方伦	区域乃为有内聚力的地区。区域所包含的地区具有同质性，经济上有密切的相关性、协调运转的整体性、相互交叉的渗透性。
1989	程必定	经济区域是人的经济活动所造就的、具有特定区域构成要素、不可无限分割的经济社会综合体。它由经济中心、经济腹地和经济网络三大要素构成。
1993	陈栋生	区域一词在区域经济理论中既是一个实体概念，又是一个抽象的、观念上的空间概念，往往没有严格的范围和边界以及确切的方位，而这些属于实际应用中的规划技术范畴。
1996	魏后凯	区域是指根据一定的目的和原则而划定的地球表面的一定范围的空间，是因自然、经济和社会等方面的内聚力而历史奠定，并具有相对独立的结构，能够独立发挥功能的整体。
1999	郝寿义 安虎森	区域是指便于组织、计划、协调、控制经济活动而以整体加以考虑的、并考虑行政区划基础上的一定的空间范围，它具有组织区内经济活动和区外经济联系的能力，常由一个以上以高级循环占重要比重的中心城市、一定数量的中小城镇以及广大农村地区所组成。
2004	杜肯堂 戴士根	一国之内具有特定地域构成要素和自主权益，在专业化分工中担负一定职能、经济上尽可能完整的地区。

　　本书认为，区域是一国之内具有特定地域构成要素和自主权益，在专业化分工中担负一定职能、经济上尽可能完整的地区。① 就区域或经济区域的概念来

① 参见杜肯堂、戴士根主编：《区域经济管理学》，高等教育出版社 2004 年版，第 3 页。

说,基本上可分为三个层面,即:一个国家内部的经济区域,超越国家界限由几个国家构成的世界经济区域,几个国家部分地区共同构成的经济区域。第一个层面,如我国的长江三角洲地区、中部或西部地区及德国的鲁尔地区等;第二个层面,如欧盟经济区、东盟经济区等;第三个层面,如澜沧江—湄公河流域地区、新—柔—廖"成长三角"(Growth triangle)地区等。

区域作为地区或地方的抽象,它是空间的特化。而作为空间特化物的区域,自身具有较为明显的、在不断演变着的结构。区域结构(Region structure)包括了区域资源—环境结构、城镇体系、空间结构、区域经济系统、地缘结构、中心—腹地结构、人口结构、人力资本结构等。拥有不同结构、不同要素禀赋特征的区域,具有内在的本质属性,这种本质属性在一定程度上决定了经济区域的基本归属问题。而经济区域的归属问题,有时直接决定着这一经济区域行为主体的经济行为,决定着区域分工、区域合作等基本经济活动的方向、变化以及安排与执行。作为经济区域的深圳、香港的归属划分见表1-2。

表1-2　作为经济区域的深圳、香港的归属划分

项　目	香　港	深　圳
同一人种与语种	是	
相同的历史人文背景	基本是	
相同的地理气候环境	是	
同一主权	是	
同一货币区	否	
同一关税区	否	
同一市场区	不尽相同	
同一经济政策区	不尽相同	
同一经济管理制度	基本不相同	
微观经济组织主要运行方式	不尽相同	

二、区域差异及区域分工

(一)区域差异

区域差异(Region difference)是区域的经济差异。区域差异具有普适性和

动态性的特点。不同区域之间的差异有程度上的不同,有的表现明显,有的不明显。而随着区域经济的发展,一些差异会出现,另一些差异则会消失。各个区域生产要素的不完全流动性、经济活动的不完全可分性、创新能力的部分排他性和竞争性、商品和劳务的不完全流动性等,均构成了区域差异的客观基础。另外,一个区域经济体系决定如何利用其有限的要素资源,在不同的资本潜在组合之中进行选择,不同的生产技术、生产线等之间进行选择等,也导致了区域差异的产生和发展。

区域差异是在区域经济发展中广泛存在的经济现象,其表现为区域之间在经济发展条件、经济总量和结构、资源配置效率等多个方面的差别。① 区域差异的存在是具有必然性的,影响区域差异产生和变化的因素主要有区域的资源禀赋和要素配置、区位条件、外部环境、区域创新能力等。

在理解区域差异的内涵时,要将其与一些相似或相近的概念及内涵相区分,如与地区差距、区域差距、区域经济不平等、区域经济不平衡或非均衡等相区分开来。虽然这些概念与区域差异都有着一定的联系,但其科学内涵却有着本质差别。区域差距或地区差距,实质上是区域差异的数量特征。区域经济不平等是对区域之间在经济权益方面所出现的不等量现象的描述,用来反映区域之间经济权益与公平、公正和合乎道德等状态之间的偏离度情况。区域经济不均衡(非均衡)发展是一个概念内涵和外延更为复杂的、描述区域经济发展状况的术语。

（二）区域分工

与区域分工(Regional specialization)相近的术语,有区际分工、地域分工、劳动地域分工、地理分工等。国内外学者普遍认为,区域之间要素禀赋的不同,必然导致区域间经济活动方式和内容的不同以及区域间商品的交换,这在空间上表现为区域间的劳动分工与各种经济联系。而当区域间要素禀赋差异不太明显时,也存在以不同技术水平或不同技术为基础的分工,或以不同规模经济为基础

---

① 参见杜肯堂、戴士根主编:《区域经济管理学》,高等教育出版社 2004 年版,第 157 页。

的分工,这种分工结成区域间的密切的经济联系。早在几百年前,经济学家亚当·斯密就注意到了不同地域条件下的分工,他指出:"由于水运为各行各业打开了一个比单一陆运所能提供的广阔得多的市场,于是在沿海以及通航河流的沿岸,各行各业自然而然地开始了分工,并且不断改进;这些改进通常要在一段时间以后才能推广到国家的内陆地区。"①

区域分工是不同区域根据自身的经济条件和外部环境,以获得区域经济利益的最大化为目的的专业化生产,并通过区际间贸易实现专业化利益的区域空间组织方式。区域分工实际上指明了生产力的"寻优发展",它是区域行为主体为获得各种区域利益而出现的不以人的意志为转移的必然选择过程。在经济利益的驱动下,各地区根据自身的区域优势进行劳动地域分工,当劳动地域分工达到一定规模时就会形成区域专业化部门。这种选择的结果是,使各地区、各部门、各企业甚至生产者,都可以根据自己的优势和特殊能力,集中精力去完成一系列特定的生产任务,并在全社会形成一个专业化体系;而专业化分工程度,将随着越来越广泛而快捷的贸易网等的推动而不断加深。同时,区域分工还必须通过区际交换来实现其专业化部门生产的产品价值和满足自身对本区域不能生产或生产不利的产品的需求,从而扩大区域的生产能力,增进区域利益。区域分工能促进区域经济的发展,区域分工的专业化程度反映了生产力的发展水平,它既包括部门、企业间和企业内部的分工,也包括一定生产部门固定在国家一定地区的地域分工。

区域分工是社会分工的一种形式,是在区域之间展开的,主要体现在部门分工层次上。区域分工的目的是为了获得更高的资源配置效益。区域分工出现是区域自身经济发展的需要,而不是一种主观上的利他行为。区域分工的形式是区域的专业化生产。没有专业化生产,就不可能产生区域分工。区域分工的利益必须通过区际贸易来实现。区域分工是区域经济活动的一种空间组织方式。它是社会经济活动在地域空间上的有机结合。区域分工普遍存在于各种社会形态之中,它具有层次性,既包括国际分工的各种形式,也包括了国内分工的各个

---

① ［英］亚当·斯密:《国富论》,新世界出版社 2007 年版,第 16 页。

层面。而地区的专业化生产则是区域分工的重要表现形式,也是区域分工发展的原动力。区域分工有多种表现形式。根据区域分工的部门联系特征,区域分工可分为区域垂直分工和区域水平分工两种形式。

地区间密切的经济联系,包括经济合作,是区域分工得以深化的前提。反过来说,区域分工也是区域合作存在的基础和前提条件。

三、区域分工理论

(一)绝对优势理论

绝对优势理论(Theory of absolute advantage),也被称作绝对成本理论,实际上是比较优势理论的一种特殊表现。该理论源于著名的古典政治经济学家亚当·斯密(Adam Smith)的分工学说。1776 年,亚当·斯密出版了《国富论》(《国民财富的性质和原因的研究》)这一伟大著作。在书中他从地域分工的角度,指出每个国家都拥有有利且有优势的生产条件或实际成本小于他国的某些商品及服务,这些国家分别专业化地生产自己的优势产品,就能使生产成本绝对低,然后彼此进行交换,则对贸易参与国均有利,而且还大大提高了各自的劳动生产率,增加了社会财富。在《国富论》"富裕的自然进程"中,亚当·斯密以农村供应城镇生活的必需品和制造业的原料、城市以一部分制造品返回给农村居民来补偿其供应为例来说明:"双方的收益是相互的、互惠的,而分工也正是在这种场合和在所有其他场合一样对进入了这个分工的各行各业的人都有好处。"①由于亚当·斯密在其理论中强调一个国家或地区所输出的商品一定是生产上具有绝对优势的产品,在该国家或地区生产这种产品的成本绝对地小于其他国家,因此他的这一个理论被称为绝对优势理论。

绝对优势理论第一次从生产领域简单、直观地分析了国际贸易产生的基础,对国际贸易理论的发展具有于创性的理论意义。但是,绝对优势理论仍然具有明显的缺陷,它把产业竞争力的优势来源归因于各国劳动生产率的绝对差异,然而在现实中,贸易参与国制造成本存在绝对优势并不是一种常态,这种优势是不

---

① [英]亚当·斯密:《国富论》,新世界出版社 2007 年版,第 357 页。

断变化的,是一个动态过程。另外,绝对优势理论无法解释当一国在各种产品上都具有优势,而另一国都处于劣势地位时,两国仍然可以开展贸易、并从中获得收益的经济现象。

（二）比较优势理论

比较优势理论(Comparative advantage theory),也被称作比较成本理论,源于古典政治经济学家大卫·李嘉图(Ricardo,1817)的国际分工理论。针对亚当·斯密的绝对优势理论无法解释两个经济发展水平相差很大的国家之间进行的贸易行为,大卫·李嘉图在其 1817 年出版的《政治经济学及其赋税原理》一书中,提出了国际贸易的比较成本概念。他认为在国际贸易中起作用的不是绝对利益,而是比较利益。由于两国劳动生产率的差距在各商品之间是不均等的,因此在所有产品生产上处于绝对优势的国家和地区不必生产所有的商品,而只应生产并出口最大优势的商品;而处于绝对劣势的国家和地区也可生产劣势较小的商品。双方从而在分工与贸易过程中实现自己的相对优势并获得比较利益。比较优势理论还包含着这样一种假定,即一种产品总是由某国利用本国的有利生产要素制造出来的,不存在生产要素在国家之间的自由移动,比较利益只存在国际贸易或区际贸易中。比较优势理论的核心原理是"两利取重,两弊从轻"。由于大卫·李嘉图将国际贸易的动因从绝对成本的差别推进到相对成本的差别,因而其理论又被称为相对优势理论。

比较优势理论是在产业范畴内分析国家竞争力与优势关系的最重要理论之一,但这一理论存在一定缺陷和某些局限性。这些缺陷和局限性主要体现为:比较优势理论将劳动者视为唯一的生产要素,只考虑了劳动对生产成本的影响,而忽视了需求等方面对比较优势形成的作用。比较优势理论虽然将劳动生产率差异看做是产业竞争力的来源,但并没有深入解释导致劳动生产率差异的原因,即一国某产业拥有的相对优势是如何获得的。比较优势理论假定机会成本不变,因而各国可以按照比较优势实现完全的分工和专业化,但在实际经济过程中,机会成本不变的假设是很难实现的,也是不现实的。比较优势理论采用的是静态分析方法,并假设各国的生产技术条件是外部给定的,而采用这种静态分析方法难以全面解释不断变化的国际贸易和分工现象。

深港经济合作的理论与实践

（三）赫克歇尔—俄林的要素禀赋论（H—O 模型）

瑞典经济学家赫克歇尔（Eli Heckscher）和俄林（Betril Ohlin,1933）通过继承并发展李嘉图的比较优势理论,提出了要素禀赋理论（Factor endowment theory）,又被称为要素比例理论（Factor proportions theory）。

亚当·斯密与李嘉图的理论是以严格限制生产要素的跨国家、跨区域的自由流动为前提条件的。俄林批判地继承了大卫·李嘉图的比较成本理论,在1933年出版的《区域贸易和国际贸易》一书中系统地提出了自己的贸易学说,标志着要素禀赋说的诞生。由于俄林早期师承瑞典著名经济学家赫克歇尔并深受启发,因此他的要素禀赋说也被称为"H—O模型"。该模型是现代国际贸易理论的新开端,与李嘉图的比较成本说模型并列为国际贸易理论的两大基本模型。

赫克歇尔—俄林的要素禀赋论则是建立在所谓的"二维假定"基础上:两个区域,两种商品,两种生产要素;两个区域的生产要素完全同质;生产技术函数是相同的,且短期内变化不大;生产函数的规模效益是不变的;要素收入分配和消费偏好是相同的,并且导致商品的最终需求和要素的派生需求是相同的;在任何可能的要素价格水平上,商品有劳动密集型和资本密集型之分。

要素禀赋理论模型将比较优势理论的个量分析扩大到总量分析,由两种商品成本差异的"比较"扩展到两个区域生产要素、供给要素的比较。即在生产要素使用具有可替代性的前提下,某一国家或区域密集使用相对低廉的生产要素,就拥有由成本优势所决定的竞争优势,通过国际贸易或区际贸易,各方均可获得比较利益。生产要素禀赋的相对差异决定了国际（区域）分工与贸易的产生,一个国家或区域的贸易优势来源于要素禀赋差别。要素禀赋理论解释了劳动力不是形成比较优势的唯一因素,导致产品比较成本区域差异的关键原因在于要素比例的不同。尤其值得提出的是,俄林在继承发展其导师赫克歇尔的国际贸易理论基础上,把生产成本差异从一个要素扩大到了土地、资本、劳动力等多种要素。

在实证检验中,要素禀赋理论模型被证明存在某些局限性,其中最著名的实证检验是"里昂惕夫"之谜:即发展中国家或落后地区单纯以内生的成本和资源禀赋比较优势确定区域分工格局和贸易结构,反而可能陷入比较利益陷阱,不能形成自己的竞争优势。

(四)新贸易理论

无论是古典贸易理论,还是新古典贸易理论,都是建立在比较利益的基础上,它们都完全用国家或区域之间的差异,特别是要素禀赋、要素组合、技术创新、市场需求的差异解释国家或区域之间的分工与贸易。然而,在现实经济生活中,有不少区域在这些方面具有很大的相似性,但它们之间的分工贸易却非常突出。第二次世界大战后国际分工与贸易领域也出现了一些令传统理论无法解释的现象,诸如"里昂惕夫之谜"、发达国家相互之间的贸易和直接投资增加等。现实的变化让传统理论日显缺陷,这直接推动了对区域分工和专业的研究,新的分工贸易理论应时而生。其中,迪克西特和诺曼(1980)、赫尔普曼(1984)、克鲁格曼(2000)等人在这方面作出了重大贡献。

新贸易理论并未简单地否定传统贸易理论,而是修正了传统贸易理论中关于固定规模收益、市场完全竞争等假定,大量运用产业组织理论和市场结构理论来解释国际贸易分工。它的核心观点是用不完全竞争、规模报酬递增、外部性和产品差异化等理论构建新的国际贸易和分工理论。新贸易理论指出,国际贸易或区际贸易的内因不仅仅源于比较优势,而且还有规模收益递增;要素禀赋差异决定了产业间的贸易,而规模经济决定着产业内部的区际贸易。在不完全竞争的市场结构中,由于规模经济的存在,即使在各国的偏好、技术和要素禀赋都相同的情况下,也会产生相异产品之间的产业内部贸易。国家和区域之间差异越大,产业间的贸易量就越大;国家和区域之间越相似,产业内的贸易量就越大。

新贸易理论考察了技术对贸易的作用,并将其与经济增长紧密地结合起来。该理论对国际间、国内和行业间、行业内部的"溢出效应"进行了系统研究,认为技术进步与国际分工贸易之间存在互动关系。克鲁格曼还论证了比较优势来源于自我加强的外部经济,而不是源于一国、地区潜在的资源条件。国际或区际竞争可能使一个国家、地区的产业被排除在本来可以建立比较优势的领域之外。

在新贸易理论体系中,空间的观念被克鲁格曼引入了规范的经济学研究框架中。基于垄断竞争市场结构和收益递增假设,他把区位理论、区域分工理论、贸易理论与区域发展理论有效地整合在一起。他把区域发展理解为一个在外部规模经济驱动下的经济空间的自我强化过程,某些偶然性和不确定性因素、历史和特殊事件、某种偏好、某种生产要素的天然可得性等,都可能在自我强化中趋于不断扩大,并对区域格局的形成与区域经济的发展产生决定性的影响。

(五)竞争优势理论

国家竞争优势理论由美国哈佛商学院教授迈克尔·波特(Michael E. Porter)提出。主要理论要点包括:国家(或某一地区)的竞争优势是通过创造得来的,它形成的关键在于优势产业的建立和创新。波特认为,一个国家的竞争优势不一定在于整个国民经济,而主要看该国家有无一些独特的产业或产业群,即所谓的竞争优势产业。对一个区域亦如此。波特的国家竞争优势主要取决于"钻石结构"(National diamond)系统中的四大因素:要素条件,需要条件,相关支撑产业,企业战略结构与竞争。另外,机遇和政府的作用,也对国家或区域竞争机制起着重要的辅助作用。

波特竞争优势理论的一个重要发展,就是将竞争优势理论与区位理论结合起来,提出了产业集群(Cluster,亦称产业簇群、产业集聚)这一概念。产业集群现象指在某一特定领域中,大量在产业上密切联系的企业以及相关支撑结构在空间上集聚,从而形成强劲、持续竞争优势的现象。他指出:"产业簇群之所以地理集中,原因是彼此邻近有助于生产力和创新,让产业簇群获得好处。交易成本下降、信息的创造和流动得到改善、本地机构更能随时回应产业簇群的专业化需求,也更容易感受到同行压力和竞争压力。"①

(六)马克思、列宁关于劳动地域分工的理论

马克思、列宁对社会分工和地域分工有着十分深刻的阐述。马克思在《资本论》中曾多次提到国内劳动地域分工的问题。其主要观点是,第一,在资本主义商品经济条件下,劳动地域分工的基础是"城乡的分离";第二,这种以城乡分离为基础的劳动地域分工又是以不平等的经济关系为特征的,是城市产业资本对农村廉价劳动力和工业原料的掠夺;第三,自然资源和自然条件的差异,以及生产中对原材料利用的不同形式,构成了劳动地域分工的具体内容;第四,技术

---

① [美]迈克尔·波特:《竞争论》,中信出版社2003年版,第236—237页。

进步,生产力的发展是地域分工的推动力,劳动地域分工的规模具有不断扩大的趋势。列宁关于国内劳动地域分工的思想集中体现于早期著作《俄国资本主义发展》中,其基本论点包括,劳动地域分工的基本特征是生产的专业化;劳动地域分工不是孤立发展的,它与部门分工有关;劳动地域分工是各国共有的,在资本主义工场手工业阶段,工业生产将打破地区分割,促使工业布局和工业劳动的地区合理布局;地域分工的发展,是以商业交换为前提的,即是说商品经济的发展是劳动地域分工向更广泛空间扩展的重要条件,劳动地域分工将会合理调整工业布局。

第二节　区域趋同与区域发展

一、区域趋同

"趋同"(Convergence)是早先源于数学、生物学的概念。数学概念中的趋同,指某个数列收敛于一个值。经济增长的趋同是指国家或地区收入增长速度与其人均收入的起始水平呈负相关关系,不发达地区将有可能获得较快的增长速度并赶上发达地区。区域趋同(Region convergence)则是指区域间收入水平趋近于一致,或者指不同区域的人均收入差距逐渐缩小。① 区域经济趋同的原因是较为复杂和多变的,通常来说,区域经济趋同是由于地区收益递减、技术传播与产品贸易、劳动与资本等要素跨区域流动以及人口同质化、政府区域经济政策等因素综合作用的结果。

关于区域经济趋同性的实证研究,主要建立在新古典增长模型的经济增长趋同假说之上。该模型预期,边际报酬递减导致经济将向一稳态收敛;在稳态时,经济增长率仅决定于技术增长率,某一经济向稳态收敛的速度和其与稳态的距离成正比。而不同区域之间经济的趋同性是上述经济增长收敛性的推论。假

---

① 参见陈秀山、张可云:《区域经济理论》,商务印书馆 2003 年版,第 356 页。

设不同的区域具有相同的经济稳态,不发达地区的边际报酬递减现象将来得迟一些,因而可以取得较快的经济增长速度,这种收敛性将促使双方间经济差距最终消失而实现趋同。而根据趋同性存在范围,学术界主要将其区分为三种不同但彼此联系的趋同概念。

绝对趋同,又称一般性趋同,即所有区域最终将趋同于相同的人均收入水平。这种无条件的、可以直接观测到的趋同现象称为绝对趋同。

条件趋同,是指如果排除初始人力资本、储蓄率等变量差别,各国及各区域间经济发展的确存在某些趋同现象。例如,东亚国家和地区间以及经合组织国家间。

俱乐部趋同,是指假设将世界各国或各区域划分为若干个技术、制度、文化、偏好特征相似的国家或区域俱乐部,俱乐部内部各国家或区域间具有相同的经济稳态,因而各个俱乐部的成员均向各自的经济稳态趋同;不同的俱乐部之间具有不同的经济稳态,因此不存在趋同。这种内部趋同现象即为俱乐部趋同。①

二、区域发展理论

区域经济发展（Region economic development）与区域经济增长（Region economic growth）既有联系又有区别。经济增长主要指产出的增加（总产出和人均产出）,代表的是一国潜在的 GDP 或国民产出的增长;而区域经济发展拥有更为丰富的内涵,经济发展不仅有产出的增加,还要伴随着产出结构的改善和资源配置的优化。发展经济学理论侧重关注于发展中国家（Developing countries）的经济增长与社会发展的路径与模式选择等,强调国家战略、发展模式和创新发展等。在区域发展理论方面,目前影响较大的有,以西方国家区域发展历史经验为基础所形成的历史经验学派;强调工业化与城市化为核心的现代化学派;以强调乡村地区与农业发展为核心的乡村学派;以经济学与区域学为基础发展的主流经济学派等。

---

① 参见吴彤、罗浩:《中国区域经济趋同性研究综述》,《当代财经》2004 年第 4 期。

（一）要素价格趋同理论

不少经济理论假设国家或区域之间不存在要素流动,因为允许要素流动,则不可能预测哪一国家哪一地区哪种商品具有比较优势。这一假设前提与资本及劳动力在国家和区域间具有流动性的现实情况相矛盾。要素价格均等理论则提出了允许要素区际流动将会加快区域趋同过程的假说。① 假定只有两个区域,它们的技术水平相同,只是由于某种外部因素的影响,区域1比区域2资本集约度高,在区域1内资本投入比劳动投入要多;这样根据新古典主义关于要素报酬取决于其边际产量价值的假定,区域1内的工资水平高于区域2,资本利息则低于区域2,所以对劳动力而言形成了刺激因素。劳动力就会从区域2流向区域1,而资本则会从区域1流向区域2。这种流动导致了两个区域内资本和劳动的投入比例发生变化。在区域1内,由于资本流出,劳动力流入,资本集约度就会相应降低;在区域2内,由于资本流入,劳动力流出,资本集约度就会相应提高。因此,这两个区域的资本集约程度开始趋近。只有当两个区域之间的工资和资本利息水平不存在差别时,这一过程才会停止。在该理论模型中,无障碍的要素自由流动导致区域之间工资和利息水平的差别趋于消失,从而实现不同区域之间的均衡。

（二）增长极理论

增长极(Poles of growth)理论源于法国经济学家弗朗索瓦·佩鲁的发展极(Poles of devolopment)概念。国外学者大都使用增长点或增长极(Points of growth),同时根据区域的大小形状,分别冠以增长带、增长轴、增长圈等称法。

增长极概念的出发点是抽象的经济空间。佩鲁认为,区域经济增长并非同时出现在所有地方,而是以不同强度首先出现于一些增长点或增长极上,然后通过不同渠道、不同层面向外扩散、辐射,并渐次地对整个国家或地区的经济体系产生不同的最终影响。增长极作用机制包含着相互对立的两种效应:极化效应和扩散效应。极化效应与扩散效应均随空间距离而衰减。极化效应与扩散效应

---

① 参见[英]Isard. W. , *Methods of Regional Analysis : an Introduction to Regional Science* , Cambridge : MIT Press , 1960。

的综合影响被称为溢出效应。右某区域范围内,极化效应强于扩散效应时,净溢出效应为负值,这对相对落后的地区的经济发展不利;反之净溢出效应为正值,并对相对落后地区有利。

(三)区际经济增长相互传导理论

美国经济学家赫希曼(A. O. Hirschman)在缪尔达尔的"循环积累因果关系"基础上,从地理二元经济结构(Geographical dual economy)理论基点出发提出,非均衡发展战略应该是一个国家或地区经济发展的最佳方式。赫希曼认为,区域经济发展不会在各处同时出现,一旦它在某一点出现,强大的经济增长力将在这最初的出发点周围形成空间的集中。他假设增长地区为"北方",落后地区为"南方",指出北方的增长对南方将有很多有利或不利的直接经济影响。同时他将有利的影响称作"渗透效应"(Trickling—down effects),而不利的影响称作"极化效应"(Polarizes effects)。与缪尔达尔不同的是,赫希曼认为,在地理空间的"极"内,经济增长的循环累积与生产力集中,首先将加大地区间的经济差异。但是他也认为,长期的地理渗透立,将逐渐减少"北方"与"南方"地区之间的经济发展水平差距。

美国经济学家威廉姆逊(Williamson J. G.)通过对 24 个国家统计资料的分析,以罗斯托的增长阶段理论为基础,提出了人均增长与地区差异的"倒 U 型"统计模型理论①,从而证明了赫希曼的观点。他在研究全世界 24 个国家的有关区域增长的时间序列资料之后,以区域人口为权重求得了地区间收入的变异系数。然后用横轴表示以人均收入为标志的国民经济发展水平与阶段,用纵轴表示以地区间的人均收入变异系数为标志的区域不平衡程度,从而得出了一条"倒 U 型"曲线。依此实证分析,他指出,在国家经济发展的起飞阶段,随着整个国家经济发展水平的提高,区际差异呈扩大趋势,区域经济倾向于非均衡增长。起飞阶段之后,区域间的不平衡程度逐渐趋于稳定。当经济发展到成熟阶段,区际差异将逐步缩小,区域经济增长呈均衡趋势。

---

① 参见 Williamson J. G. ,Regional inequality and the process of national development ,A Description of the Patterns,*Economic and Cultural Change*, Vol. 13, No. 4,1965。

（四）产品生命周期理论

产品生命周期理论（Product cycle theory）是从产品技术发展过程的角度来研究区域经济发展的，由弗农（R. Vernon,1966）在《经济学季刊》发表的"产品生命周期中的国际投资和国际贸易"（International investment and international trade in the product cycle）首先提出。产品生命周期理论认为,任何工业产品都具有一定的生命周期,即随着生产和技术的发展,产品的技术密集程度会下降,且随着产品技术密集度的变化,产品的生产会发生区际间转移,产品在生命周期内要经历三个重要发展阶段,即创新阶段、扩张阶段、成熟与成熟后阶段。处于不同阶段产品的生产优势区域不尽相同。

根据产品生命周期理论,威尔斯和赫希哲（1996）等人进行了验证、充实和发展。其主要观点是:区域经济的发展取决于其产业结构的状况,产业结构的状况又取决于地区主导产业在工业生命周期中所处的阶段;地区主导产业部门处于创新阶段,说明该区域具有发展潜力,则区域处于高梯度区域;创新活动大都发生在高梯度地区,创新活动是决定区域发展梯度层次的决定因素;随着时间的推移和生命周期阶段的变化,处于高梯度区域的地区主导为保持优势地位,会将进入高梯度阶段的生产活动逐渐向低梯度地区转移。这些生产活动对于低梯度地区来说是相对先进和缺少的,因此也是低梯度地区需要的,有利于促进低梯度区域的经济发展。

（五）区域生命周期理论

汤普森（J. H. Thompson）在《经济地理》发表了"对制造业地理的几点理论思考"（Some theoretical considerations for manufacturing geography）,提出了区域生命周期理论（Regional cycle theory）。该理论认为,一旦一个工业区建立,它就像一个生命有机体一样,遵循一个规则的变化次序而发展,年轻（Youth）到成熟（Maturit）再到老年（Old age）阶段。不同阶段的区域,面临一系列不同的问题,处于不同的竞争地位。在区域工业化年轻时期,市场明显急剧扩张,区域的比较区位优势被广泛承认,投资资本涌入,年轻工业区具有明显的竞争优势。当发展至成熟期时,工业区对其他区域取得了某些主宰地位。在老年阶段,原有的成本优势失去,市场明显转移,比较优势不复存在。

在区域生命周期理论、区域产品生命周期理论等的基础上,产业梯度理论逐渐发展并形成了。

（六）后发优势理论

"后发优势"（Advantage of backwardness）理论的提出者是美国经济学家亚历山大·格申克龙（A. Gerschenkron）,也被称为"落后得益"、"落后的优势"、"落后的有利性"等。1962 年,格申克龙探讨了后进国家的经济增长,其核心假说是相对的经济落后性具有积极作用,即经济上的相对落后（Relative bachwardness）本身,反而有助于一个国家或地区实现爆炸性的经济增长。因为一个国家经济越落后,其经济发展的起步就往往越缺乏连贯性,从而呈现出一种井喷式突然起动。例如,相对落后的国家或地区可以购买先进的机器设备、神奇的稻种、各种现代医药用品或技术,从而实现更好更快的发展。他认为,后发优势是指后起国在推动工业化方面所拥有的由后起国地位所致的特殊益处,这种益处既不是先发国家同样能够拥有的,也不是后起国家通过自身努力创造的,而完全是与其经济相对落后性共生的。通过对各个国家经济发展与产业组合形态等的研究,格申克龙得出了六个重要命题:一个国家的经济愈落后,工业化起步愈缺乏联系性,且呈现出一种由制造业高速成长所带来的大突进过程与状态;经济愈落后,在国家的工业化进程中对大工厂、大企业的重视愈明显;经济愈落后,国家愈强调生产资料而非消费资料的生产;经济愈落后,人们消费水平受到的挤压愈重;经济愈落后,其工业化所需资本的筹集愈具有一定的集权化与强制性;经济愈落后,在其工业化过程中,农业就愈不能对工业提供市场支持;农业愈受到抑制,经济发展就愈相对缓慢。

格申克龙的"后发优势"假说最初并没有获得广泛的重视,但自 20 世纪 80年代以来,随着日本和亚洲新兴工业化国家和地区的经济高速增长,使得他的"后发之益"假说被越来越多的人们所接受。后来,经济学家列维（Levy）进一步分析了后起国的"后发优势"及"后发劣势",阿伯拉莫维茨在后发优势理论上提出"追赶假说",伯利兹、克鲁格曼等在总结发展中国家成功发展经验的基础上提出了基于后发优势的技术发展"蛙跳"（Leap—frogging）模型。

（七）技术—经济趋同论

范艾肯（R. Van Elkan）提出了在开放经济条件下的技术转移、模仿和创新的一般均衡模型,他强调南北国家之间经济发展的趋同,即经济欠发达国家可以通过技术的模仿、引进或创新,最终实现技术和经济水平的赶超。[①] 假定所有国家的资本存量都可以从技术的转移、模仿或创新中得到有效的提升,其中技术模仿可能带来的生产效率的提高将取决于国与国之间的技术差距,而技术创新的有效程度则取决于一国"干中学"（Learning by doing）的能力和经验的积累。通过技术扩散的溢出效应,任何一国对技术、人力资本要素等投资的增加,都可能同时导致本国与其他国家经济的增长和收入水平的上升。因此,一国的学习模式将始终处于动态改进的状态。范艾肯模型描述了国家（尤其是发展中国家）从封闭经济转向开放经济的动态进程。经济落后的国家可以通过大量的技术模仿以缩小与发达国家之间的技术差距,提高本国的技术水平。然后,当技术能力成熟以后,这一国家将从技术模仿阶段转向技术的自我创新阶段。范艾肯模型还指出,在经济赶超初期,处于追赶地位的后发区域或国家的经济增长率会比先发者快得多,但长期来看,不同经济起点的区域或国家的人力资本的积累、生产力以及经济增速等将最终趋于收敛,各个区域或国家在技术模仿、技术进步和创新等方面的回报率也将趋于一致。

第三节　区域合作与区域经济一体化

在经济全球化与区域经济一体化的时代背景下,各个区域之间的经济合作与联系日趋紧密,每一个区域的经济发展都不同程度地受到其他区域经济活动的影响,区域之间的互动合作机制广泛地存在于相互的经济活动之中,区域合作

[①] 参见 Van Elkan. R , Catching up and slowing own：Learning and growth patterns in an open— economy , *Journal of international* , Vol. 41 , 1996。

的强度、合作的深度决定于经济活动的直接交往程度和深度。每一种合作模式和传导机制都十分复杂,呈现出多层次反馈和多边辐射效应特征,集系统性、动态性、连续性于一体。

一、区域合作

区域合作(Region cooperation),常常也被称作区域经济合作、区际经济合作、区域经济协作等。区域经济合作是社会经济发展到一定阶段的产物。前面已经论述过,区域差异必然导致区域分工和专业化生产的形成,于是产生了不同区域之间经济活动合作的前提和基础。因此,区域分工和区域合作是有机统一、相互依存的,分工与专业化是合作的前提条件,合作是分工得以实现的保障。区域分工,是人类社会生产力发展到一定历史阶段的产物,而区域合作则是区域分工的一种必然结果,与区域分工相伴相生。区域分工愈深化,专业化水平愈高,区域的商品与服务的自给力愈弱,区域之间的经济依存度愈高。在今天,任何一个国家或区域离开了其他方在资源、商品及服务等方面的供给,就很难维持经济社会的正常运行。而区域之间的这种供需关系,仅依靠市场交易、区际贸易等方式来实现是不会被完全保障的。因此为减少市场本身不稳定性,为经济发展提供必要的稳定保障机制,区域之间往往就会产生各种合作的需求。另外,国家和区域有时也会采取鼓励区域合作和产业协作等方面的特殊政策,来激励后发区域的经济增长,缩小区域间的经济差距。区域经济合作,也为区域分工提供了一定的客观条件与前提,使区域经济活动的专业化得以持续发展和提高,促进区域分工不断深化。良好的区域经济合作,可以冲破要素区际流动的种种障碍,促进要素向最优区位流动,增强区域之间的经济联系,从而形成复杂的区域经济网络,提高区域经济运行的整体性和协调能力。

社会劳动地域分工必然导致相关地区建立经济合作关系。社会劳动地域分工越发达,区域经济合作的内容就越丰富,形式就越多样化,层级就越多。在社会化大生产条件下,区域经济合作从简单到复杂,从低级到高级,不断向前发展。同时,区域经济合作与区域经济竞争是市场经济条件下区域经济联系的两个方面。区域竞争集中表现为市场竞争,即通过市场体现出来的各区域拥有的竞争优势的比较。各个经济区域在竞争中合作、合作中竞争,培育出各自的核心竞争力、基础竞争力和环境竞争力等;又竞争,又合作,从而推动各个区域最终走向共同富裕。

区域经济合作,既可以在经济一体化层面上来展开,也可以在非一体化层面上来进行。国内学者有关区域经济合作的解释包括:

"区域经济合作是指自然人、法人、经济组织、行业协会、地区政府为了共同的经济利益,在生产领域中以生产要素的移动和重新配置为主要内容而进行的较长期的经济协作活动。"①

"区域经济合作是经过有关地区充分协商建立起来的国民经济横向联系的一种形式。"②

"区域合作是当今区域经济发展的普遍形式,一般没有主权让渡,也没有组织和机构,没有连续性和阶段性的共同目标。"③

"区域经济合作是区域规划的一个重要内容,是区域规划指导下的区域分协作关系。"④

总的来讲,区域经济合作是生产社会化和地区分工协作发展的必然结果,是区域经济专业化和商品经济发展的客观趋势,是国民经济横向联合的一种形式。⑤ 它是指不同地区的经济主体为了各自经济利益的增长,防止或尽量减少相互之间的经济利益损害,在互惠互利的前提下,区域与区域之间互相配合,互相支持,生产要素在区域之间优化配置和重新组合,各个经济组织之间进行联合与协作的区域经济行为过程。区域之间的合作是区域资源重新配置的重要途径,它是区域经济发展中获得广泛重视的一种区域经济组织形式,也是区域经济

---

① 孙海鸣、赵晓雷:《2003 年中国区域经济发展报告》,上海财经大学出版社 2003 年版,第 296 页。

② 吴殿廷:《区域经济学》,科学出版社 2005 年版,第 78 页。

③ 陈泽明:《区域合作通论》,复旦大学出版社 2005 年版,第 48 页。

④ 靖学青:《东西部经济合作论》,上海社会科学院出版社 2002 年版,第 69 页。

⑤ 参见杜肯堂、戴士根主编:《区域经济管理学》,高等教育出版社 2004 年版,第 204—205 页。

发展过程中越来越普遍的一种经济现象。

区域经济合作的主要内涵包括如下三个方面:以法人与自然人为主要行为主体的合作;以生产要素移动和优化配置为主要内容的相互合作;通过区域经济协调而实现的合作。区域经济合作既具有普遍性,也具有一定的特殊性。例如,深圳与香港,分别作为我国最大的经济特区和最大的特别行政区,它们之间的区域经济合作在主权概念上仍然同属一个国家,却严格地受到了不同的社会制度、不同的经济体制、不同的关税和货币等条件的约束,因此具有十分明显的特殊性。

二、区域经济合作的客观基础

区域经济合作是人类社会分工演进和生产力发展到一定历史阶段的产物,其形成和发展离不开一定的条件和基础。区域经济合作的客观基础包括如下两个方面:一是自然基础,涉及区域经济差异的形成和演化;二是经济基础,涉及区域经济利益最大化和整个经济体系利益的最大化。

(一)区域差异与区域合作

区域差异是区域经济合作的基本前提之一。区域差异指的是不同区域之间在自然资源、环境和其他生产要素禀赋、经济发展结构与水平等方面的不同。

首先,自然差异是区域经济合作的重要原因。早期的区域经济合作主要是以自然差异为基础的,即使是支术高度发达的现代经济社会中,自然资源与环境的差异同样是导致区域经济合作的基本前提。自然资源对区域经济合作的影响程度,取决于其地方性与可转移性。若某一资源对广大区域具有重要意义,则对区域经济合作的影响较大;反之则影响较小。其次,区域的历史差异也是经济合作的重要原因,它包括了区域劳动力、资本、技术及发展水平等方面的差异。劳动力、资本、技术的区域差异既包括量与质方面的差异,也包括组合方面的差异。劳动力、资本、技术之所以影响区域经济合作,是由于它们在一定程度上存在着区际流动的障碍。由于种种原因,不同国家和地区生产要素禀赋具有天然的差异。区域之间各种生产要素的分布和丰裕程度是不同的。这样使得那些具有禀赋优势的区域其生产要素的价格与其他区域相比较时相对较低,利用这些生产要素进行生产的商品成本也相对较低;相反,禀赋较差的区域生产要素由于稀缺,具有较高的价格,从而使得利用这些生产要素进行生产的商品成本也相对较高。由于区域间这种禀赋差异的存在,使得区域的专业化生产与区域的分工产生。每个区域都更趋向于专业化生产本区域相对丰裕和便宜的要素密集型商品,并用于出口,同时进口那些本区域相对稀缺的和价格昂贵的要素密集型产品。这样区域之间就出现了商品贸易,在商品贸易这种流通和交换过程中,区域合作就作为一种发挥本区域优势、弥补本区域的不足的经济协作方式就产生了。

区域差异是区域经济合作的客观前提与必要条件,而区域经济合作的形成受到区域经济利益主体、宏观及微观的外部经济环境等影响。

(二)区域利益与区域合作的关系

区域经济合作必然地存在着内在的经济动因等,一方面是区域经济利益的最大化实现;另一方面是经济体系最大化自身利益的实现,此外还涉及经济利益在不同经济区域或经济体系之间的分配和调整。

博弈论可以较充分地论证双区域(多区域)之间为获得最大利益而进行的区域经济合作。例如,囚徒博弈论是博弈论中的一个经典例子,它说明了在有限理性和有限信息的情况下,"合作解"要远远优于"不合作解"。在考虑区域之间的合作关系时,可用一个两人零和博弈模型来分析。假定两个区域均具有经济人的特征,都希望在区际间的交往中获得最大化经济利益,强化本区域的优势;且每个区域都面临两种选择,即合作与冲突。如果两个区域合作,则可共同发展并均可得益,我们将其得益用"10"来表示;如果两区域均不合作,而采取冲突的策略,则会两败俱伤,收益用"5"来表示;如果其中一个区域采取合作策略,另一个区域采取冲突策略,则合作区域受到损失,其收益用"3"来表示,而非合作区域将获得更多的收益,其收益用"6"来表示。整个博弈过程可用图1-1来表示。

从以上模型中我们可以看出,只有当两个区域合作时,其社会经济效益才是处于最大化。然而,在两个区域的经济联系交往过程中,在无法预知对方选择的前提下,为了避免对方选择冲突给己方带来的风险,各个区域都可能会采取冲突性策略,最终导致最不经济的(5,5)局面的出现。因此,在区域之间的互动关系上,只有通过"合作"与"共谋",才能促使两个区域最大化的受益。

	区域1	
	合作	冲突
合作	10 ， 10	3 ， 6
冲突	6 ， 3	5 ， 5

区域2（合作／冲突，左侧）

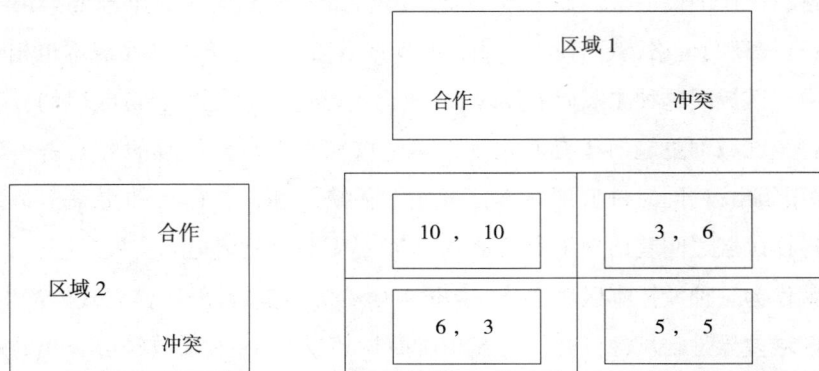

图1-1　两区域博弈模型

三、区域经济合作的主要内容与基本原则

（一）区域经济合作的主要内容

区域经济合作,实质上是各区域生产要素在更大地域空间范围内实现优化组合。区域经济合作的内容十分宽泛,主要包括跨区域商品流通、生产技术协作、经济管理制度协同和经济联合等。跨区域商品流通是区域经济合作的重要基础。生产协作和经济管理制度合作,分别指科研成果、生产技术及先进的经济管理制度、管理经验由先进地区向相对落后地区转移、扩散,包括技术转让、技术服务、合作攻关、技术咨询、管理咨询、人才交流、共同的经济发展战略等。经济联合则是在更高层级、更广泛的范围内区域之间的协同、联手等。

虽然区域经济合作的内容包罗万象,十分广泛,但其目的都是通过各个区域之间的专业化分工,实现规模经济效益。因此,制度安排有利于保障公平、公正的竞合关系,有利于保障区域之间合理的产业分工和产业集聚、合理的规模结构、合理的运行机制与沟通机制、合理的地域组织等。

（二）区域经济合作的基本原则

在区域合作中,各个区域均是从自身利益出发来处理与相关区域的关系的。因此,区域合作必须严格遵循一定的普适原则,否则,区域合作就不可能产生,即使产生了也很难长期维持。区域合作遵循的基本原则包括以下三个方面。

1. 平等自愿，相互协调

这是区域合作的最基本的原则。在区域合作中,各个区域都有自己相对独立的经济权益,它们之所以开展合作,实际上就是为了更好地追求和维护各自的经济权益,而不是出于利他的动机。所以,在区域合作中,每个区域无论大小,无论经济实力强弱,都必须是自愿参与,并具有平等的地位。只有坚持平等自愿的原则,才能使各地区从实际出发,充分发挥自身优势,在市场变化的情况下,自主决策,对本地区的经济活动作出灵敏的反应。同时,区域合作要以合作方的互利互惠为前提,区域合作必须给参与的每个区域都带来比其单独发展更多的经济收益。

2. 比较优势，互利共赢

区域合作必须发挥各个参与区域的比较优势,形成优势互补或者优势叠加的效果。通过优势互补,在参与区域之间形成更大、更强、更紧密的经济优势。而要获得这样的效果,区域之间就必须相互协调,认清各自定位和优势所在,良好协商如何进行优势整合,从利益分配和关系处理上保持协调,明确分工,团结协作,才能最终形成双赢或多赢格局。

3. 利益共享，风险共担

区域合作是一项群体性的经济活动,不可避免也会遇到风险。因此,参与区域合作的各区域应根据事先协商共同分享合作可能带来的利益与损害。以诚信互助为基本理念,最大限度地降低合作过程中的违约行为,从而达到均衡合作博弈,实现双方利益最大化。区域经济合作必须根据整体协调性与整体效益最大化为根本要求,强化"整体大于各部分之和"的协作效应,有序推进各个区域与外部环境及各区域之间的相互联系与作用,保证区域经济协同发展的整体协调性,促进局部效益与整体效益达到最佳组合状态。

（三）区域合作要处理好几种关系

区域差异和区域分工是区域合作的前提与基础。在某一时空范围内,区域差异越大,双方优势互补性就越强,区域合作的可行性和合作愿望就越强。不过,事物都具有两面性,客观存在的区域差异在某种程度上又会增加区域间协调发展的难度,成为区域合作的障碍因素。一般而言,区域之间进行合作需要处理好以下几种关系或问题。

1. 处理好制度层面的差别性问题

影响区域经济合作的决定因素是经济基础,但是,不同区域之间的基本政治制度、民商法律体系、基本经济体制与政策取向、经济中长期发展规划等,具有相当大的差别性、不同性,这也会影响到区际合作。这些基本制度的差别性,在一定程度上、一定时期内会不断加大合作经济成本与合作时间成本,影响到区域经济合作的顺利进行及双方的合作意愿的积极性等。同时,与政治法律制度相比较,基本经济体制对区域合作的影响更为直接,客观影响力更大。因此,区域合作过程中,必须处理好不同区域之间的政治法律制度、基本经济体制和经济中长期发展规划等基本制度层面中的差别性问题。

2. 处理好合作方经济实力的差异性问题

区域经济合作虽然不是以消除双方经济差异为目的,但是区域之间的经济差异程度是客观存在的,相互差异问题对合作双方将带来不同的影响,有时也会对区际合作产生一定程度的阻碍作用。因为经济实力与经济发展水平的差距过大时,可能会使合作各方在合作领域、要素投入、利益分配以及合作机制等涉及权利与义务等时,产生较大合作分歧,影响合作方的积极性,使区域之间的协调反而变得更为困难,不利于区域间产业的梯度转移和有效链接,阻碍合作的进行和深入发展。

3. 处理好不同行政区划之间的合作障碍性问题

行政区划的存在为区域合作的实现和深入增加了难度,特别是我国计划经济时代遗留下来的行政区域分割管理理念和方法的影响,常常会阻碍区域经济合作的实质进程。传统的行政性区域关系,不利于建立市场性的区际关系,增加了区域合作协调的交易成本,大大妨碍了区域的市场、资本、产业、人力、信息等资源的有效整合,影响着区域经济协调发展的广度和深度。行政区域由于政绩考核和地方利益驱动,在政策价值取向上"本位至上",单方面地追求自身利益最大化,较容易形成两方不得利或两败俱伤的恶性竞争结果。

4. 处理好历史、人文等深层次的差异性问题

区域之间历史、人文等方面的差异,必然产生出价值观、思想理论、风俗习

惯和行为规范等方面的差异,同时深深地积淀于不同地域、不同区域的经济组织和经济个体之中。因此,区域合作的双方应在平等自愿、相互尊重的基本原则基础上,重视利益一致取向,通过转变旧观念,打破陈旧落后的规范和制度,不断加强相互之间对各自人文、历史等的价值认同,在诚信合作基础上获得共赢。

实现区域合作的基本途径中,包括了以下几种:第一种是根据区域各自的要素禀赋,区内的经济主体自发地根据市场形势和自身发展要求,寻求合作,这样就形成了由市场为主导的"自下而上合作模式"。第二种是各个区域的政府部门,以区域经济统筹协调发展为首要目标,在遵循基本的市场规律基础上,合理引导区域合作参与方之间进行经济合作活动,形成了由政府主导的"自上而下合作模式"。第三种是将前面两种有机地结合起来,形成了"市场+政府"或"市场+制度"的混合式合作模式。

四、区域经济一体化

(一)区域经济一体化的概念

区域经济一体化(Regional economic integration)这一概念的内涵与外延,与区域经济合作的实质内核是非常接近。当经济合作需要在超越国家主权的某一状况下进行时,一体化就出现了。与区域经济一体化相类似的术语还包括:经济一体化、区域一体化、国际经济一体化等。它们均剔除了政治(主权)一体化、文化同一化等非经济因素。

"一体化"英文为"Integration",源于拉丁文"Integratio",拉丁文原意为"更新",后来表示"将各个部分结合为一个整体",表达为整合、集成、结合等。作为经济学术语,一体化原指企业、产业组织等之间的联系,即厂商通过协定(Agreement)、卡特尔(Cartel)、托拉斯(Trust)以及其他兼并方式,联合而成的产业组织。就企业一体化而言,它们的主要形式包括了"水平一体化"(Horizontal integration)、"垂直一体化"(Vertical integration)两种。前者指竞争性厂商之间的合并,后者则指互补性厂商之间的结合。

区域经济一体化理论最早出现在西欧。1933 年德国经济学家 Herbert

Gaedicke 和 Gert von Eynern 发表了《欧洲的生产—经济一体化:一项关于欧洲国家对外贸易关联性的考察》,指出"一体化"就是各个国家或地区之间的经济关联性(Inter—relations)。① 1942 年左右,"国际经济一体化"这一专有名词出现,几乎包括了从贸易关系到资本、劳动力的跨国流动等国际经济活动及关系的各个环节。1950 年以后,专门研究国际贸易的专家以"经济一体化"初步厘清了其特定的含义。由此可见,区域经济一体化理论是伴随着丰富的区域经济合作实践而发展演变的(有关区域经济一体化的主要观点见表 1－3)。其基本内涵包括:首先,区域经济一体化的最明显标志是成员国之间关税等贸易障碍的消除。其次,实现最佳组合的国际生产分工是经济一体化的根本原则。最后,区域一体化的出发点,是促进每一个成员国能得到比起单一国家时更大更多的经济利益。

表 1－3　有关区域经济一体化的观点归纳②

年　份	作　者	主要观点
1950	A . M. EL-Agraa	通过商品贸易和服务等方式将不同经济实体结合成较大经济区的一种事务状态或者一种过程。
1954	J. Tinbergen	经济一体化指相关国家之间贸易的自由化。经济一体化可划分为"消极一体化"(Negative integration)、"积极一体化"(Positive integration)。前者指取消各种规章制度,即消除成员国之间的资本、人力和商品等生产要素流动的障碍;后者指建立新的规章制度去纠正自由市场的错误信号,强化自由市场的正确信号,从而加强自由市场的经济一体化力量。
1959	J. Pinder	是指两个或两个以上的国家,不仅允许商品在它们之间自由流动,而且运允许生产诸要素自由流动,为此消除各国在这些方面存在的各种歧视,作出一定程度的政策协调。
1962	Bela Balassa	经济一体化既是一个过程(A process),又是一种状态(A state of affairs)。就过程而言,它包括采取种种措施消除各个国家和地区的经济单位之间的歧视;就状态而言,则表现为各国间各种形式的差别的消失。

---

① 宋新宁:《欧洲一体化研究的政治经济学方法》,《国际观察》2004 年第 5 期。
② 参见丁斗:《东亚地区的次区域经济合作》,北京大学出版社 2001 年版,第 5—7 页。

续表

年　份	作　者	主要观点
1974	Victoria Cur-son	成员国之间生产要素的最佳配置。
1976	Maximova	一体化是国家经济间发展深层次且稳定的生产分工关系的过程；是具有同类社会经济体制的国家群体框架内的国际经济实体的形成过程,这一经济一体化过程显然由统治阶级所操纵,因而,也是一个商品政治化的过程。
1976	Holzman	一体化是一个成员国家间相似产品和同类要素价格一致化的状态。也就是说,经济一体化是成员国间在有关便利的制度支持下货物、服务和要素流动无障碍的状态。
1977	Machlup Fritz	一切市场上供应的商品、服务、资本、劳动力等要素的充分流动,以及无差别待遇是一体化的必要条件,经济一体化的本质特征是劳动分工。
2001	丁斗	对发展中发展来说,经济一体化表现出了两个重要特征:功能性一体化和生产性一体化。它们的生产性一体化往往走在市场一体化前面。

区域经济一体化是指地理位置相邻的国家、区域之间为促使商品、资本、劳动、技术、信息和服务等在特定区域内部自由流动并实现有效配置,共同采取较一致的经济发展战略、方针、政策和措施,这些国家和地区的经济逐渐构成统一体的经济合作过程。简单地说,经济一体化就是指相对独立的国家或地区之间经济边界的逐渐消失,并且最终聚合成为单一的经济实体。

区域经济一体化与同一市场是相辅相成的。我国学者李树甘、杨伟文指出,判断两个或两个以上国家或地区之间的经济一体化程度,可用它们之间是否形成了"同一市场"或者"单一市场"(A single market)来进行检验。而判断"同一市场"是否形成,则主要根据"一价定律"(The law of one price)①来实证分析和客观地计量。在某种程度上来说,区域经济一体化 ≈ 同一市场 ≈ 一价定律。"同一市场"的基本内涵是指,在一个所谓的实现了一体化的两个或以上区域之

---

① 参见王跃生、张德修、李树甘主编:《CEPA 与新世纪的内地香港经济关系》,中国发展出版社 2005 年版,第 25—26 页。

间,它们的市场内没有针对商品、服务和其他要素的区别性歧视,同时没有基于地理意义的分割。双方边境管制的绝对消除,尤显十分重要。跨境的外国供应商与国内供应商的待遇应是一样的。同时,在一个真正的同一市场内部,它们的人民在区域内部迁移时,将不会在不同的成员国内发现任何障碍。因此,所谓的"同一市场",就是所有商品、服务和要素市场等,均遵循着"一价定律",并且运行得有序和良好。在区域性同一市场中,对所有可贸易的商品、服务和要素来说,价格基本同一。反过来,"一价定律"在某区域内是否有效或是否具有主要影响作用,可通过市场内部是否存在空间套利来进行反证。

（二）区域化

区域化(Regionalization),主要指区域内社会性整合之成长与社会经济间互动作用的过程,是不同国家之间就整体经济或某些经济领域、经济地区的经济联合,并且达成了具有共同的组织形式和共同阶段目标,具有一定的主权让渡的状态和过程。一些研究者称之为"软性的区域主义"(Soft regionalism)。

从区域经济学的角度而言,区域化是一个形成更多更紧密联系的区域商品市场、区域服务市场以及区域要素市场的过程。在这一过程和变化状态之中,往往伴随着国家之间的区域贸易协议(Regional trade arrangements,缩略语为RTAS,)的签署施行,并且促成和完善了区域一体化的运成机制。区域化的过程包括了自下而上、自上而下等经济合作模型。

（三）区域经济一体化理论

从参与方合作紧密度等来看,区域经济一体化是在区域合作基础上的更高层次的经济融合。与区域经济合作相比,区域经济一体化是不同国家之间就整体经济或某些经济领域、经济地区的经济联合和整合,往往具有共同的组织形式和共同目标,且有一定主权让渡的状态和过程。

1. 区域经济一体化的主要形式

目前,学术界比较一致地认同经济学家贝拉·巴拉萨(Bela Balassa,1962)针对区域经济一体化的"五分法"。在"五分法"中,巴拉萨采用了有关制度和制度安排的分类标准,把经济一体化的层次由低到高分为五大类(见表1-4)。

表1-4 区域经济一体化的层次

	互惠贸易区	自由贸易区	关税同盟	共同市场	经济同盟
逐项互惠关税减低	√	√	√	√	√
废除所有关税		√	√	√	√
对外统一关税			√	√	√
要素自由流动				√	√
统一政策和货币					√

（1）互惠贸易区（Preferntial Trading Area）。其主要内容为会员国或地区之间逐项互惠的关税减免，但与非会员国或地区之间贸易则个别维持较高的原有关税税率。例如，英国与其前殖民地曾于1932年成立"大英国协优惠制度"（Commonwealth preferntial Systems），而1981年非洲的东部和南部成立"东南非优惠贸易区"，并于1994年正式成立"东南非共同市场"（Common market for eastern and southern africa，COMESA）。

（2）自由贸易区（Free trade area）。其主要内容为成员国或地区之间的商品关税完全废除，但与非成员国或地区之间之贸易则个别维持原来的关税措施。1992年成立的"北美自由贸易区"即为一例。

（3）关税同盟（Customs union）。其主要内容为成员国之间的商品关税将完全废除，并对非成员国采取统一的关税措施。与自由贸易区比较，关税同盟不会因成员国之间的不同关税措施而引致"贸易偏转"（Trade deflection）的问题，即非成员国利用关税差距，从低关税区的成员国把商品转运到高关税区的成员国，但自由贸易区则容易产生"贸易偏转"的问题。于2003年1月成立的"阿拉伯海湾国家合作理事会"（Gulf cooperation council，GCC）关税同盟便是新近的一例。

（4）共同市场（Common market）。除成员国之间的商品关税完全废除外，所有生产要素（如劳动力及资本）可在会员国之间自由流动而没有任何限制。1995年成立的"南方共同市场"即是一例。

（5）经济同盟（Economic union）。其主要内容即由共同市场再进一步，除商品和生产要素自由流动外，成员国共同采用统一的财政、货币和经济政策，是经济层面中最高层次的经济整合,会员国将会统一货币(或会员国之间的汇率永远固定)和成立中央的货币银行制度,也有学者称之为"货币同盟"(Monetary union),同时各成员国需放弃其经济政策自主权。

在贝拉·巴拉萨理论的基础上,理查德·利普塞(Richard Lipsey,1972)根据生产要素的流动程度级别,将经济一体化分为六种等级递增的状态:特惠关税区、自由贸易区(商品自由流动)、关税同盟(对外统一关税)、共同市场、经济同盟和完全经济一体化。

2. 一体化的理论基础①

(1)一体化贸易理论。一体化贸易理论包括完全竞争贸易理论,也包括不完全竞争贸易理论。其核心是关税同盟理论。关税同盟的建立,同盟国之间贸易量增加,产生了贸易创造效应;同盟国原先与第三国的贸易因建立同盟而转向了同盟国之间,产生了贸易转向效应。

(2)一体化直接投资理论。区域经济一体化理论要研究区域内各自的政府制度、关税与非关税壁垒、税收等诸方面的因素,对外投资方将针对各个区域建立一整套对外投资的运行与评估体系,对相关进入和运行条件、待遇标准、规则的稳定性、可预测性等,以及对区位优势、市场需求等经济因素,企业运行的便利性等进行全面综合的评估。

(3)金融货币一体化理论。金融货币一体化理论的研究基础是最适度货币理论,它包括了不完全货币理论、联盟汇率理论和完全货币联盟的金融货币理论等。② 该理论主张汇率制度选择必须有利于外部与内部同时平衡,并给予相应的货币政策、财政政策。而从现实中欧盟的实践来看,货币一体化比较完善的形态,只能是在实体一体化的基础上,从自由贸易区到关税同盟,到共同市场,到经济与货币联盟。货币一体化必须伴随实体经济一体化而存在。

(4)一体化政治经济理论。一体化政治经济理论包括了联邦主义学派(The federalist school)和功能主义学派(The functionalist school)。前者完全从政治一

---

① 参见陈泽明:《区域合作通论》,复旦大学出版社 2005 年版,第 34—39 页。
② 参见陈岩:《国际一体化经济学》,商务印书馆 2001 年版,第 4 页。

体化出发,主张逐渐削弱国家主权,让渡给超国家的机构,最终成立统一的联邦。后者认为可以非政治地从技术层面、从功能上来入手达到政治一体化;或从经济领域开始,强调超国家机构的能动作用,通过内在积累、溢出、扩张、加速等的动态过程,实现一体化的政治目标。

　　欧元经济区、欧盟等的出现,成为全球的区域经济一体化的范例。不过,全球范围内对区域经济一体化理论的研究,观点众多,出发点和研究角度不同,至今仍没有形成系统的、完备的理论实践规范体系。有关区域经济一体化的主要理论及其首创者,多为欧美经济学者等。因此,他们的研究视角和分析立场、制定的规则等,往往是根据较发达经济体的经验认知、实证分析而形成的。包括中国在内的广大发展中国家和地区,对区域经济一体化理论的研究尚在进一步探索阶段;发展中国家之间如何有效地推进区域经济一体化进程,尚有待深入地探索。

　　需要特别指明的是,本书中的"深港区域经济合作"、"深港经济合作"等,其概念的基本内涵和合理外延同"深港经济一体化"属于相同的范畴;在具体的合作实践过程中,深港经济合作也是首先从区域经济一体化初始层级(互惠贸易区),逐渐进入到第二层级(自由贸易区),再向第三、第四、第五层级推进。例如,2004 年,中国内地与香港之间 CEPA① 正式实施,其后陆续签订并实施了一系列补充协议,就是典型的类自由贸易协议。当前,深港经济合作正处于由第二层级转向更高层级发展。

第四节　我国区域经济合作实践

一、我国区域经济合作的发展阶段

　　我国由于地域辽阔,民族众多,因自然资源差异和社会发展差异而形成的

---

① CEPA:协议名称,中文为"内地与香港关于建立更紧密经贸关系的安排",英文为 Mainland and HongKong Closer Economic Partnership Arrangement,简称 CEPA,是中国内地与香港之间签署的自由贸易区协议。

区域差异十分明显。区域合作能够促使区域间生产要素的流动和重组,使同一领域的发展水平逐步趋向一致。对于经济落后的地区,则可以通过与发达地区的经济合作,获得技术、资金、人才等方面的资源优势,加快经济起飞。发达地区则可利用落后地区丰富而廉价的劳动力、自然资源等要素,转移成熟产业,优化产业结构。尤其改革开放以来,我国区域合作立足于中国特殊的转轨经济发展背景,各个地区根据各自的区位特点,积极创新,大胆探索多种区域经济合作模式,形成了各具特色的区域合作机制,大力改善了全国的生产力力布局,对条块分割、地区封锁的旧经济体制形成了巨大的冲击。

改革开放以来,我国区域经济合作主要经历了以下几个发展阶段。①

(一)20 世纪 70 年代末—80 年代中期:兴起发轫阶段

按照"扬长避短,发挥优势,坚持自愿,组织联合"的原则,国内各个地区之间广泛开展余缺物资的调剂和技术、资金合作协议。1984 年,全国达成的省际经济技术协作合同 17000 项,物资协作资金额达 88.8 亿元。在各级政府的推动下,地区、城市和企业之间不同层次、不同规模、不同内容的合作大量涌现,区域合作组织发展到 100 多个,特别是 1985 年以后,经济技术协作有了更新发展,全国普遍建立起了经济技术协作机构和区域经济协调组织。经济技术协作已从过去的物资为主逐渐转为资金、技术、人才等多方面的协作,从临时的协作开始向大中型企业联合发展,由流通领域扩展到生产领域,出现了地域性的城市经济联合体和跨地区、跨行业的经济联合体。

(二)20 世纪 80 年代后期——90 年代初:全面展开

1986 年,国务院颁发了《关于进一步推动横向经济联合若干问题的规定》,对横向联合的原则、目标,促进物资横向流通,加强生产与科技结合,发展资金横向融通,调整征税办法,保障经济联合组织合法权益等问题作了具体明确的规定。之后,地区、城乡、企业之间四位一体(物资、技术、资金、人员)的联合日益活跃,长期固定的协作增多,企业联合体大量涌现,区域合作的地域范围不断

---

① 参见孙海鸣、赵晓雷:《2003 中国区域经济发展报告》,上海财经大学出版社 2003 年版。

扩展,内容不断丰富,形式也不断多样化。据对全国各省市区、计划单列市和新疆生产建设兵团的不完全统计,"八五"计划前四年(1990—1994 年)共执行经济技术协作项目27.3 万项,协作资金总额3674 亿元,实现生产总值3994 亿元,新增税收 518 亿元。

（三）20 世纪 90 年代中后期至今:深化提高与规模化

以特大城市为中心的不同层次、规模不等、各有特色的经济区域网络先后建立,企业协作进一步发展为区域联合,有科研生产联合、工商联合、商商联合、资金联合等。城市联合群体、大都市圈、大都市带等的发展趋势日益明显。在这一阶段中,区域经济合作日益向着规模化、区域化、集团化方向发展,在促进产业结构、地区结构、企业组织结构和技术结构的调整、培育市场体系、完善市场机制等方面,发挥了巨大作用。特别在国务院实施了西部大开发战略、中部崛起战略、东北老工业基础改造等战略后,中国区域经济合作更是进入了一个崭新的发展阶段。随着市场机制作用的深入,企业自主地位的日益增长,区域经济集聚扩散效应的进一步显现,区域合作在多层次发展的同时,逐渐向一体化方向发展,如长三角和泛长三角、珠三角与泛珠三角、环渤海湾地区建立经济圈的步伐不断加快,"优势互补、互惠互利、联合开发、共同发展"的区域经济合作新格局逐渐形成。

从我国区域经济合作的历史和特点来看,主要类型包括:宏观经济合作与微观经济合作、垂直型经济合作与水平型经济合作、多次经济合作与双边经济合作等类型。

宏观经济合作是指不同地区之间、城市之间、地区与城市之间的经济协作活动,它一般是由各级政府部门、经济组织或行业协会发起和组织的,从宏观的角度协商规划地区间经济发展和生产力配置,如区域基础设施的网络化、东西部地区的对口支援等。而微观经济合作主要是指不同地区之间自然人和法人之间通过一定非正式的方式开展的经济合作活动,如企业的跨地区投资、劳务输出、企业建立购销网络、组建跨区域企业集团、市场互通等。微观经济合作大多通过协议、合作等方式,确立合作方式、内容及合作各方的权利与义务。微观经济合作是中国区域经济合作的基础和基本形式,宏观经济合作则规定了微观经济合作的对象、范围和性质,但它最终服务于微观企业的经济合作活动。随着市场经济的发展,微观经济合作将更加普遍和广泛,而宏观经济合作的作用也日益加强,而且更大程度上定位于规划、服务和引导。

经济发展水平差异较大的地区之间的经济合作大多是在产品不同阶段进行的经济合作,这就是垂直型经济合作。长期以来,我国东西部合作就是那种以垂直型分工为基础的资源互补性很强的经济合作,西部地区以生产原材料、能源工业为主为东部地区供应上游产品,而东部地区主要从事深加工的中下游产业的发展。与此同时,经济发展水平相近地区的合作则往往属于水平型经济合作,其产品生产主要根据技术层次不同,以规模经济为基础而进行的工序或生产环节上的分工合作,这种区域合作更多地体现在经济发达的城市之间。

多边经济合作主要是指两个以上的自然人、法人、政府、经济组织、行业协会、城市、地区之间的经济合作。双边经济合作主要是指主体一对一的经济合作。中国区域经济合作中既有多边经济合作,也包含双边经济合作,但是随着区域合作范围的拓展,多边经济合作已占主导地位,大多数地区的区域合作也是采取各个地区多方协作的方式来推进的。

二、我国区域经济合作的主要模式和实现途径

以上海为中心的长江三角洲地区,以广州、深圳为中心的珠江三角洲地区,是我国区域经济合作较为突出的两大区域,分析比较它们的区域经济合作模式具有重要的实践意义。

(一)由政府主导的自上而下的合作模式

长三角目前已成为我国经济实力最强的核心圈,形成了以上海为中心、南北两翼共同发展的全国最大城市密集区,具有共同的历史渊源和人文特征,是一个内在经济联系紧密、城市连绵、独具特色的经济区域。1992 年,国家作出"以浦东开发开放为龙头,开发建设长江三角洲及沿江经济带"的重大战略决策以后,长江三角洲地区经济发展突飞猛进。由于区域内生产力的飞速发展,该区域自然产生了在更大范围内实现生产要素自由流动和优化配置的强烈要求,避免重复建设和产业结构趋同,加强地区合理分工,强化联系和合作逐渐成为

区域内部的共同认识和发展选择。从长三角区域合作发展轨迹及战略选择来看，主要体现为如下四个方面的特征。

第一，以地方政府联合推进为依托，初步形成区域协调机制。目前，在长江沿岸中心城市经济协调会的组织框架下，组建起了以上海为核心的长江三角洲城市经济协调会，同时建立起了定期的 15 个地级以上城市的市长联席会议制度，分别就涉及全局性的重大基础设施项目、经济技术协作项目等进行协调和落实，初步形成了一个以城市为中心、打破条块分割、通过协调机构促进区域经济联合发展的长江三角洲经济区域。

第二，以培育区域共同市场为核心，不断拓展区域经济合作的范围。目前，长江三角洲地区已初步建立起一批与国内市场接轨的金融、技术、商品等要素市场框架，以上海的全国性生产要素市场为核心，江浙的商品市场为两翼的市场体系初步形成，这不仅促进了区域内外的商品交易和物资流通，更推动了各类生产要素的合理流动和优化配置。

第三，以跨地区基础设施建设为突破口，构建起现代化区域网络化交通和信息化体系。从区域基础设施建设来看，长江三角洲地区跨区域交通和信息化体系建设表现在，围绕国际航运中心——上海洋山港的建设，构建起发达的集疏运系统，包括长江口航道整治、千吨级内河航道整治、长江口越江工程和杭州湾跨海工程等。同时围绕城市间的现代化交通网络建设，合作建设三条环状高速公路及与上海空港相应的地市级疏运系统，增强上海、南京、杭州的辐射功能。在信息化体系方面，着重建设以上海为中心、各地级以上城市为接驳点的统一和便捷的信息平台。

第四，以产业结构调整和优化为主线，推动长三角地区产业一体化发展。长江三角洲地区经济发展总体上处于工业化中后期，但是地区之间也存在明显的梯度，如上海处于工业化后期向后工业化转换阶段，南京、杭州、苏州、无锡等处于工业化的后期，宁波、常州等处于工业化中期阶段，南通、嘉兴等处于工业化早期向中期转换阶段。这样，处于不再层次的地区可以通过产业的垂直分工实行区域合作，而处于同一工业化阶段的地区则可以通过互补性的水平分工来强化产业联系。

总体来看,长江三角洲地区的区域经济合作模式是一种具有强烈政府主导色彩的区域合作,基本可概括其为一种"自上而下的区域经济合作"模式,合作层次已从初级联合阶段进入深层次的经济整合阶段。

（二）以市场为主导的自下而上的合作模式

珠三角包括了分别以广州、深圳、珠海为中心而形成的三大都市区,并通过穗—深—港、穗—珠—澳两个发展轴带而组成珠三角大都市带空间格局,特大城市龙头作用明显,区域一体化特点突出。在该区域中,市场机制相对成熟,对外开放程度高,外向型经济发达,是我国区域经济板块中最具活力的增长极之一。

"前店后厂"的垂直分工合作模式,集中反映了珠三角经济合作的独特性,生产制造工序基本上都在深圳以及周边的珠三角地区,生产什么、如何销售等主要是通过香港来完成。合作的主要参与者是千千万万的中小型外资企业,尤其是港资企业。

相比较而言,珠三角经济合作中政府行政色彩较淡,市场作用与力量更为明显,资源配置、合作组合等往往随着市场变化而变化。政府的作用,较多体现为政策上鼓励与支持,因此被视为"自下而上"的经济合作。

泛珠三角区域合作,是以政府主导、由市场引导、企业自愿参与的紧密型区域经济合作。在泛珠三角合作中,政府主导的区域经济深度合作的内容变得更为丰富。"9+2"各方通过签署协议,成立了行政首长联席会议制度、政府秘书长协调制度、各成员方设立日常工作办公室,同时建立了部门衔接落实制度。并且通过常设的"泛珠三角区域合作与发展论坛"与"泛珠三角区域经贸合作洽谈会",广泛地在基础设施、产业与投资、商务与贸易、旅游、农业、劳务、科教文化、信息化建设、环境保护、卫生防疫10个领域展开全方位合作。以往的封闭式区域合作,逐渐转变为一个更具开放性的合作系统;合作内容不仅包括贸易壁垒的减少和消除,还包括了消除阻碍服务、投资、劳动力、观念等自由流动的藩篱的更广泛的区域协定、政策措施和行动计划。既有实体方面(如企业、产业、基础设施等)的协作、联合,也有非实体方面(如论坛、联席制度等)方面的合作。

不过,随着合作程度的加深与各方需求的增多,原来的"自下而上"模式逐步演变为"上、下结合"的经济合作模式。

三、区域统筹协调发展的战略思路和基本策略

(一)战略思路:由"两个大局"过渡到"扭转差距"

20 世纪 90 年代以来,我国区域经济发展格局呈现异常活跃又较为复杂的态势。这种局面的形成固然是由于我国对外开放政策的实施、体制转轨、社会主义市场经济发育的结果;同时也是与我国几十年来区域经济发展的过程和发展特点有关。由于我国是一个多民族的、幅员辽阔的大国,各区域自然资源禀赋差异巨大,物质技术基础差异巨大,尤其是东部沿海率先实行改革开放政策以后,东西部差距逐渐被拉大。

党和政府十分重视区域经济统筹协调发展问题。以邓小平为核心的第二代中央领导集体,早在 1988 年就提出了"两个大局"的思想。"沿海地区要加快对外开放,使这个拥有两个亿人口的广大地带较快地先发展起来,从而带动内地更好地发展,这是一个事关大局的问题。内地要顾全这个大局。反过来,发展到一定时候,又要求沿海地区拿出更多力量来帮助内地发展,这也是个大局。那时沿海也要服从这个大局。"以江泽民同志为核心的第三代领导集团同样高度重视区域经济统筹协调发展,按照"两个大局"的战略构想,提出并全面推行了西部大开发战略、振兴东北老工业基地战略等。

2005 年以来,在社会主义和谐社会理论和科学发展观的指导下,我国区域协调发展总体战略更为明确。党的十六届三中全会明确提出:到 2020 年,构建社会主义和谐社会的目标和主要任务是:逐步扭转城乡、区域发展差距扩大的趋势。而构建社会主义和谐社会,必须要遵循"五个统筹",即统筹城乡发展、统筹区域发展、统筹经济社会发展、统筹人与自然和谐发展、统筹国内发展和对外开放。可见,逐步扭转区域发展差距,推进我国区域经济的均衡发展,将成为未来 10 多年里我国区域经济统筹协调发展的总体战略。

(二)区域统筹协调发展基本策略

区域经济统筹协调发展是指区域之间在经济交往上日趋密切,相互依赖日

益加深,发展上关联互动的动态过程,其目的是实现区域之间经济关系的和谐,经济发展水平和人民生活水平的共同提高,社会的共同进步。区域经济统筹协调发展,是市场经济条件下区域之间经济关系的新模式,它与过去计划经济体制下区域之间的分工与协作关系有着本质的区别。在计划经济时期,区域之间的分工与协作模式,强调重点发展某些区域,以它们为中心与相关区域来开展分工,区域之间协作的目的是为了保证重点区域的发展,其他区域只是当配角。在市场经济条件下,区域之间的协调发展必须是在平等、互利、共赢的基础上进行,不以牺牲任何一个区域的经济利益为代价。我国区域经济协调发展的主要策略包括以下三个方面:

1. 发展各地特色经济

区域经济统筹协调发展是建立在发挥各个地区的特色优势、强化产业分工的基础之上。在社会主义市场经济体制下,地区之间的关系主要表现在两个方面:其一,通过中央政府协调各地区的社会经济政策和各项利益。也就是说,要使地区经济统筹协调发展,中央政府要根据各地区经济实力和收入水平的差异实行一定程度的多收或补贴,对欠发达地区给予财政支持或补贴;其二,建立合理的地区之间的社会经济关系。在这两种关系中,第二种关系尤为重要。而建立地区之间的社会经济关系必须要有合理的分工,而这种分工的基础就是充分发挥自身的优势。而一旦地区之间建立了在优势、分工基础上的经济联系(合作),那么这种经济联系必然是一种互补的、相互促进的关系,也是一种协调的地区关系。

2. 消除要素流动壁垒

区域经济协调发展要建立在消除要素流动壁垒,实现区域间要素自由流动的基础上。在我国,各个地区要素禀赋不同,发展特点不同,发展差距很大。生产要素充分的、自由的流动,既是市场经济发展的客观要求,也是地域分工的前提条件。我国传统体制下所遗留的要素流动壁垒,是实现地域分工和区域经济协调发展的主要障碍之一。要使各个地区按照其要素禀赋组织经济活动,实现合理的地域分工,区内的要素流动必须是自由的;而只有在要素自由流动的前提下,企业才能根据区内的要素供给价格,选择最能体现区域优势的要素配置结构,安排其经济活动的内容。同时,只有在区内要素自由流动的前提下,从动态上看,欠发达地区的劳动力价格的上升幅度才能高于发达地区,区域发展差距才能缩小。另外,在普遍意义上,区域作为一个空间利益共同体时,区际经济关系表现为一种竞争与合作的双重关系。当没有地方保护、区际贸易顺畅,没有市场保护与市场分割,并且区域之间要素自由流动时,区际经济关系将表现为一种平等开放、和谐共赢的互动关系。因此,只有较为全面地建立起了的区域合作规划、保障机制等,才能使地区之间的统筹协调发展更加深入,推动要素在各个区域之间无差异地自由流动。

3. 合理布局区域产业结构

区域经济协调发展要求合理规模区域间的经济结构,处理好区域间产业梯度推移的关系。从我国现实情况考虑,东部发达地区在经济发展速度和发展基础等方面明显高于或好于中西部发展中地区,呈现一种很典型的依序由东向西的梯度推移的趋势。因此,推进我国的区域经济统筹协调发展,必须高度重视各个地区产业结构的布局及其变化。

国家有关部门出台了一系列落实区域发展总体战略、促进区域协调发展的指导方针、发展规划等,从而在实际操作层面上,对区域经济协调发展战略内涵进行了严格的界定:引导地区经济协调发展,形成若干各具特色的经济区域,促进全国经济布局合理化,逐步缩小地区发展差距。最终实现共同富裕,保持社会稳定的重要条件,也是体现社会主义本质的重要方面。要按照统筹规划、因地制宜、发挥优势、分工合作、协调发展的原则,正确处理全国经济发展与地区经济发展的关系,正确处理区域经济与发挥各省区积极性的关系,正确处理地区与地区之间的关系。各地区要在国家规划和产业政策指导下,选择适合本地区条件的发展重点和优势产业,避免地区产业结构趋同化,促进各地区经济在更高的起点上向前发展。积极推动地区间的优势互补、合理交换和经济联合。

四、我国区域合作发展趋势

(一)区域合作途径逐渐向企业主导型转变

自下而上的以市场为主导的区域合作与自上而下的由政府为主导的区域

合作,最终都是由企业(机构)等主体来实施。因此,区域经济合作有序地由政府主导型或市场主导型向企业主导型转变,是决定某一区域经济地位发展变化的重要因素。这种转变是区内企业、区域市场与政府部门行为不断走向规范化、合理化的产物。

在市场经济体制建立的初期,区域合作的动力或自下而上,或由上而下;对经济欠发达区域来说,区域合作往往是在中央或地方政府的直接组织、指导与协调下发生的。而随着市场经济的建立健全,当众多企业逐渐地成为了市场主体,由于企业规模、发展空间的扩张,必然去寻求所占有市场范围与质量的扩大和提高,企业参与外部区域合作的动力与实力也越来越强大;由于产业升级及需求提升,企业对区域合作还会提出新要求、新目标,并产生新的合作方式。因此,企业主导型的区域合作,必将随着市场经济的建立健全、随着产业结构与经济发展水平而不断强化与自我提升。

(二)区域合作领域更广泛更全面,层级更高

我国新一轮的区域合作,是在扩大地区之间开放领域和开放程度基础上的全方位、多层次的区域合作。随着各个区域的生产分工与专业化的发展,区域合作将打破原来政府主导型合作的地域范围限制,在更广泛的范围、领域中进行。创新型的区域合作,不再仅仅是生产资料的贸易交换、商品的互通有无,也不仅是产业合作、项目投资和放松要素流动管制等,而是全方位的合作与全方位的开放相结合的,从各个区域的知识、资金、技术、人力资本等投入要素源头抓起的,遵循系列性、整体性、有序性、动态性及最优化等原则,依托科学的大型调研活动和超前规划发展策略,围绕着整体经济统筹发展战略、跨区域的重大基础设施建设、共同的要素市场体系以及要素与商品的便利流通、多区域产业结构安排与布局、及时协调与沟通的政府部门之间的沟通管道与平台等方面,鼓励不同合作主体参与,鼓励合作活动类型的多元化、多形式。

(三)跨国公司和大型集团成为区域合作的重要主体

大型的企业集团始终是区域经济合作的最活跃者之一。随着众多的跨国公司纷纷进入我国,以及国内的企业集团跨区域发展与产业布局的需要,大型跨国公司、大型企业集团等逐渐成为了我国区域合作的主体之一和最有力的推

动者。而大型企业内部的要素资源整合力十分强大,效率也高,对不同区域之间的经济一体化与经济合作产生的作用也更为直接和有效。

（四）区域合作产业内容的高技术化、服务业化趋势明显

随着我国各大区域内部产业结构的升级,珠三角、长三角及环渤海经济区尤其是核心城市区域的主导产业,主要是高新技术产业、现代服务业和其他知识产业等。以这三大区域为龙头,我国各个区域之间经济结构、产业结构也在相应变化着。因此,当前我国区域合作的产业内容的高技术化、服务业化和知识化趋势越来越明显;不同区域跨区设立技术研发中心、组织技术联盟,共同开发高新产业园区,以及推进现代服务业尤其是金融产业的一体化合作等,日益成为各个地区之间经济协作与联系的主要内容和重点项目。

五、科学发展观指导下的区域合作实践

社会主义和谐社会理论和科学发展观,是以胡锦涛同志为总书记的党中央,根据马克思主义基本原理和我国社会主义建设的实践经验,根据新世纪新阶段我国经济发展的新要求,根据我国现阶段社会经济方面出现的新趋势、新特点提出来的。

2005 年 10 月,《中共中央关于制订国民经济和社会发展第十一个五年规划的建议》明确提出:形成合理的区域发展格局。西部地区要加快改革开放步伐,加强基础设施和生态环境保护,加快科技教育发展和人力开发,充分发挥资源优势,大力发展特色产业,增加自我发展能力。东北地区要加快产业结构调整和国有企业改革改组改造,发展现代农业,着力振兴装备制造业,促进资源枯竭型城市经济转型,在改革开放中实现振兴。中部地区要抓好粮食主产区建设,发展有比较优势的能源和制造业,加强基础设施建设,加快建立现代市场体系,在发挥承东启西和产业发展优势中崛起。东部地区要努力提高自主创新能力,加快实现结构优化升级和增长方式转变,提高外向型经济水平,增强国际竞争力和可持续发展能力。国家继续在经济政策、资金投入和产业发展等方面,加大对中西部地区的支持。东部地区发展是支持区域协调发展的重要基础,要在率先发展中带动和帮助中西部地区发展。各地区要根据资源环境承载能力和

发展潜力,按照优化开发、重点开发、限制开发和禁止开发的不同要求,明确不同区域的功能定位,并制定相应的政策和评价指标,逐步形成各具特色的区域发展格局。同时,要健全区域协调互动机制。形成区域间相互促进、优势互补的互动机制,是实现区域协调发展的重要途径。健全市场机制,打破行政区划的局限,促进生产要素在区域间自由流动,引导产业转移。健全合作机制,鼓励和支持各地区开展多种形式的区域经济协作和技术、人才合作,形成以东带西、东中西共同发展的格局。珠江三角洲、长江三角洲、环渤海地区,要继续发挥对内地经济发展的带动和辐射作用,加强区内城市的分工协作和优势互补,增强城市群的整体竞争力。

在社会主义和谐社会理论和科学发展观的指导下,现阶段我国区域合作实践呈现以下的几大特点。

（一）新兴区域的发展定位更清晰

在 2008 年的全球金融危机背景下,区域经济对我国经济增长的刺激推动作用充分显现,2008 年、2009 年两年里中西部地区的经济增长明显高于东部地区;显然,这受益于西部大开发、中部崛起等区域发展空间激励政策。

目前,我国东中西和环渤海经济区的发展定位越来越清晰和明确。同时为了有效地应对 2008 年的全球性经济危机,我国近年来加快制订了一系列"区域振兴规划"。例如,相继批准设立上海浦东新区、天津滨海新区、武汉城市圈、成渝统筹城乡综合配套改革等改革开放试验区;相继批准了广西北部湾经济区、成渝经济区、海峡西岸经济区、江苏沿海经济区、辽宁沿海经济带、重庆两江新区、关中—天水经济区、海南国际旅游岛、黄河三角洲高效生态经济区、长株潭"两型社会"试验区、皖江城市带承接产业转移示范区等区域发展振兴规划。这些区域发展振兴规划,以区域制度创新为前提,以建立健全经济一体化和经济合作为发展机制,以基础设施建设为突破口,充分实现交通对接与资源整合。同时,以一体化市场建设为基础,促进资金、技术、人才、信息等生产要素的自由流动;以产业合作为核心,进一步明确龙头城市的职能定位,通过各城市产业结构的调整和空间重组,加强产业联系,打造产业内部纵向与产业之间横向联系的合理产业链和生产布局。并且积极引导各个区域之间的产业有序转移。例如,积极发挥东部地区资金、技术、人才、管理优势和西部地区资源、市场、劳动力优势,引导东部地区产业向西部地区梯度转移。依托交通干线、枢纽,选择一批具备一定基础条件的城市开展承接东部地区产业转移试点,推动建立承接产业转移的示范园区和东西部地区互动产业合作示范园区。

(二)东中西部合作方式更创新

我国区域经济非均衡发展的势头初步被改变。从总体上看,自1978年改革开放以来,我国区域经济发展格局属于典型的非均衡发展,区域发展差距尤其是东部与中、西部的差距趋于扩大。魏后凯等国内学者的研究表明,从最近几年的情况看,我国区域经济发展已经开始进入一个重要的转折时期,即从过去典型的非平衡发展进入到相对均衡发展。主要的标志包括:中西部和东北地区的投资高速增长,各地区经济增长率逐步接近并出现相对均衡的态势,东西部和省际差距已开始转变为缩小,外商投资和沿海企业西进的步伐加快。2008年全球金融危机爆发以来,中西部地区经济的复苏与增长,尤其是部分新兴经济区域的经济复苏与增长,明显快于东部发达地区。

相对均衡发展格局形成,反过来进一步推动了沿海企业、跨国大公司将更多的产业部门转移到中、西部等地区,进一步促进了中、西部和东北地区经济的内生增长,为推动区域经济合作创造出更有利的条件。

具体来看,在我国区域经济逐渐由非均衡发展过渡到相对均衡发展的时期,东部与中、西部之间的合作动力更足,政策支持更到位,合作平台更多样化,合作方式更具创新性。

第一,合作平台更加多样化。近年来,为全面推进区域经济合作,搭建了层级不同、对象不同、合作内容有所侧重的区域合作交流、沟通联系的平台。包括中国东西部合作与投资贸易洽谈会("西洽会")、中国西部国际博览会("西博会")、中国东盟博览会、泛珠三角合作联席会议、长江沿线商会、黄河协作区、欧亚大陆桥等平台。一些地方还从自身实际出发,积极搭建新的区域合作平台。例如,重庆规划搭建四个区域合作平台——党政交流平台、会展招商平台、东西合作示范园区平台、三峡移民对口支援平台;上海针对建设金融中心的定位,提出共同构筑金融中心平台;天津市规划建设电子口岸及物流信息平台,与中西部、东北地区等有关省市区联合建设"内地无水港"。

第二,区域经济合作被赋予了新的含义,即区域经济合作是严格地以市场机制为基础、以企业为主体、以体制创新为保证、以政府推动为动力的合作。因此,区域经济合作的创新方式更多。例如,不少地区采取政府出面、企业自主运作的办法,鼓励东部地区开发区尤其是高新技术产业开发区利用资金、技术、管理、人才等优势与西部地区开发区进行合作,通过租赁、股份经营等方式在西部地区现有开发区和产业园区内设立"区中区"、"园中园",联合建立异地产业园区,按生产要素投入比例分享利益,实现优势互补,互利共赢。同时,既重视"实在"的产业合作、园区合作,又重视"活"的人才合作。一些地区纷纷争取国家有关部委的支持,联合设立"人才创业基地",吸引东部地区人才以及海外留学归国人才等到西部地区创业发展。

第二章
深港经济合作历史

　　1979 年 3 月,香港时任港督麦理浩应中国原外贸部部长李强之邀访问北京,回到香港召开新闻发布会时专门指出:"香港在任何地方投资工业均备受欢迎,但广东省计划委员会则认为深圳是在广东省内最能吸引香港投资人士的地方。"①从那以后,港商、港资到深圳及珠三角周边地区投资逐渐成为一股商潮,深港经济合作大幕由此拉开。

　　真正意义上的深港经济合作,发端于 20 世纪 70 年代末 80 年代初期。1980 年 8 月 26 日,第五届全国人大常务委员会第十五次会议正式批准了《广东省经济特区条例》。条例第一条指出:"为发展对外经济合作和技术交流,促进社会主义现代化建设,在广东省深圳、珠海、汕头三市分别划出一定区域,设置经济特区。""一切在国际经济合作和技术交流中具有积极意义的工业、农业、畜牧业、养殖业、旅游业、住宅和建筑业、高级技术研究制造业,以及客商与我方共同感兴趣的其他行业,都可以投资兴办或者与我方合资兴办。"②《广东省经济特区条例》正式实施后,深港经济合作活动好戏连连,并在日后深刻地影响了对外开放及经济现代化建设步伐。

　　香港回归祖国后,适逢 1997 年亚洲金融危机,深港经济合作在 1997—2003 年之间进入了相对沉寂时期。2004 年后 CEPA 正式实施,2008 年广东出台了

---

①《香港与中国——历史文献资料汇编》,香港广角镜出版社 1981 年版,第 280 页。
②《广东省经济特区条例》1980 年 8 月。

《珠江三角洲地区改革发展规划纲要》(2008—2020 年),推进粤港澳共建紧密合作区等,深港经济合作重新步入全面发展时期。

从合作特点上看,在 20 世纪 80—90 年代前后,深港经济合作是典型的相互之间要素资源的互补互用,是在低成本和比较收益、市场利益驱动下的香港制造业单方向地向北转移。在 20 世纪 90 年代中后期至本世纪初,深港合作由于受到外在环境的影响,处于相对低迷期,转型求变,但民间合作进程从未间断,开始从生产性合作过渡到城市功能的对接合作等方面。2004 年至今,深港经济一体化进入到全方位、多层次的合作阶段中。

第一节　合作初期：生产要素的错位互补

从 20 世纪 70 年代末 80 年代初到 20 世纪 90 年代中期,是深港经济合作初始时期。在这一时期,深港最主要的经济合作方式是三来一补企业,以及这种经济合作活动所体现出的深港生产要素的错位互补;三来一补合作,是一种较简单、层级较低的生产性、加工性合作。在此时期,深港经济合作的基本内涵是基于双方比较利益关系,通过不同的生产要素的借位互补,通过发挥各自比较优势,形成产业合作、企业合作等关系。合作方式单一,要素组合手段简单,合作渠道大多类似,合作层级较初级。但是,三来一补在短时间内迅速解决了深港各自在经济发展中遇到的主要矛盾和困难。当时,香港发展经济的主要矛盾是劳动力不足、成本高,深圳发展经济的主要矛盾是除了土地、劳动力资源较为丰裕外,资金、资本、技术及管理经济等要素资源极为匮乏。

一、三来一补

三来一补(来料加工,来样加工,来件装配和对外补偿贸易)和三资企业(合资、合作、独资企业),是 20 世纪 80—90 年代深港经济合作的主要内容与基本形式。深圳 20 世纪 80—90 年代三来一补企业引进概况见表 2 - 1。

表 2 – 1　深圳 20 世纪 80—90 年代三来一补企业引进概况①

年　份	三来一补企业实际数量(家)	占全部引进项目比例(％)
1979	约 200	约 100.0
1983	2059	82.0
1989	3817	56.8
1991	6444	—

　　1979 年,中央开始在深圳市(县级市)试办出口特区,深圳市成立了"对外经济技术联络办公室",由当时的深圳市长兼任办公室主任并全权负责对外招商引资这一重大事宜。到了 1979 年年底,深圳共计引进了 200 多家三来一补企业,其中绝大多数是港资或者拥有港企背景的加工制造企业。

　　以今天的眼光来看,当时的三来一补企业显然是层级较低、生产方式较简单较原始的加工制造企业。它们的办厂资金绝大部分由外商港商负责,设备、原材料和元器件等也由外商港商从海外进口,生产技术、管理等由外商港商领头,产品则由外商港商出口海外市场。深圳方面呢,则主要提供劳动力、土地厂房和基础设施,有时派出少量的工作人员协助生产管理。外商港商卖出产品后,深圳方面可以收取一定额度的加工费、管理费、服务费以及厂房、土地租金。三来一补企业的盈亏完全由外商负责。

　　在三来一补企业中,香港因素占有最重要地位。由于香港与广东深圳地区在人口、地缘、语言、民俗等方面有着千丝万缕的联系,加之当时政策效应,在深圳廉价土地、廉价厂房和廉价劳动力等吸引下,一些胆子较大的、属于香港新界的商人和中小企业主,率先跨过深圳河,将自己的企业北迁进入深圳。新界的商人和中小企业主来到深圳后,渐次带动了香港九龙、本岛的大商人和大企业家。具有华资背景的企业北迁后,陆续又带动了欧美和日本等外国资本进入深圳经济特区。文献显示,最早的三来一补企业之一是港商开办的"威丝厂",该厂总面积还不到 50 平方米,员工约 14 人。

　　① 深圳博物馆编:《深圳特区史》,人民出版社 1999 年版,第 32—34 页。

20 世纪80—90 年代初,来深三来一补企业中,港资以及拥有港资背景的企业具有比例占多少,历年统计数据尚不全面,但绝大多数人认为港资背景三来一补企业数量比例应该超过60%。在深圳知名企业中,有"中华自行车厂"、"康佳电子"、"华强三洋"、"中冠印染厂"、"嘉年印刷厂"等最初均属于三来一补企业。

20 世纪80 年代中后期,来深三来一补企业呈现了三种发展方向:第一种方向是外方企业与深圳合作较好,逐步由来料加工直接发展为合作企业、合资企业。第二种是通过来料加工,深圳方逐步掌握了生产技术、管理经验等,有了一定资本积累,添置了先进生产设备,于是一方面继续合作保持来料加工,另一方面单独兴办企业实体。第三种是在来料加工基础上,扩大加工品种,提高技术水平,深化双方合作走向。后来,随着特区的经济规模扩张、外向型经济发展,来深三来一补企业数量和规模上,相对地呈现"前多后少"、"前小后大"的趋势。

二、三来一补是特定经济条件下的特殊产物

(一)三来一补适应了香港制造业转移的客观需要

20 世纪70 年代香港制造业发展迅猛,它的主要特点有:以纺织制衣、电子、塑胶、钟表、玩具等为主,产品外销率介于60%—80%之间;多为劳动密集型产业。受资源条件约束,内部产业结构呈现典型的轻型化。受劳动力资源条件的约束,工人工资增长、企业利润增幅下降等。而1973 年世界能源危机爆发,同时在1974 年诱发形成了全球经济危机,国家之间的贸易保护壁垒森严,欧美等国家加强了对纺织制衣、电子、塑胶、钟表、玩具等劳动密集型产业的进口限制,使香港纺织、钟表和玩具产业等受到了严重冲击。在经济危机背景下,国际竞争尤其是亚太区域的竞争日益激烈化,东南亚各国、东亚韩国、中国台湾等也在大力发展外向型出口经济,它们的产品种类与出口市场基本上与港产品趋同,对香港制造业构成了直接挑战和威胁。

为了突破发展障碍,在比较利益的驱动下,香港因势利导地对制造产业进行多元化发展和转型升级。加之深圳经济特区率先实行改革开放,内地鼓励外商港商直接投资且配合实施优惠政策,众多港商纷纷将失去了成本优势等的劳动

密集型产业,北迁深圳及珠三角周边地区。虽然仅仅迁厂几里或几十里,但却在短期内迅速地、大大地降低了生产成本,维持和提高港产品竞争力,港商们获得更多的经济利益,获得更大更广阔的发展生存空间。

香港制造业大量内迁,一方面摆脱了本地劳动力缺乏、地价成本上涨等发展瓶颈;另一方面集中精力在港发展市场推广、设计、技术开发等优势。通过深港"前店后厂"垂直分工合作,生产效率得到极大提高。后来,不少港资、港企在三来一补基础上,干脆将整个生产线、全部制造环节或工序,甚至整个工厂迁移到深圳,兴办起独资、合资或合作企业。这样,香港迅速实现了已经相对落后的制造产业的转移,腾出资金、人才和资源等来发展更高层次的技术与资本密集型产业。借此,香港完成了由"Made in HongKong"到"Made by HongKong"的成功转型,香港整体经济绩效获得大幅提升,香港的比较优势、成本优势和市场竞争优势获得进一步的强化,逐渐奠定了香港经济在全球产业链分工中的重要角色地位,促进了香港作为国际经济中心的发展壮大。

深圳经济特区,则努力制定和落实各项改革开放的政策,积极实施"两头在外,大进大出,以进养出"的经济发展方针,不断依靠低地价、低工资、低成本以及政策优惠措施,吸引外资港资。通过生产要素的对接与合作,深圳获得经济特区建设初创期所迫切需要的资金、技术和先进的生产设备与管理经验等,获得了对外开放、搞活经济、拓展海外市场、提高生产效率的先进管理经验,初步形成以加工工业为主体、两头在外的出口型、外向型经济。

(二)三来一补是深港之间生产要素和企业资源的互补互用

1. 从生产要素合作上来看,三来一补模式是层级较低的、不同地区之间的基于生产要素稀缺充裕度的互助、互补、互用

由于深港所拥有的要素资源的丰裕度差异十分明显,三来一补的资本主要由港商负责,设备、原材料和元器件等从海外进口。深圳方则仅仅提供劳动力、土地、厂房、水电等基础生活设施。

2. 从产业链合作方式看,是属于典型的垂直分工式的生产合作

技术研发、产品设计、企业管理、货物运输、产品销售和售后服务等几乎全由外商包办,产品的技术开发、产品设计、质量保证、市场推广和货物运输等产前服务、产后服务环节,大都保留在香港。而深圳方则只负责生产、加工、包装工序等环节。

3. 从分享利润的权利、多寡来看,具有明显的不对等

港商一方占据了利润率较高的价值增强型生产与服务环节,因此在香港、深圳双方各自分享到的利润上,具有明显的不对等关系。

4. 从微观企业主体的流动方向来看,是单向的

在这一时期,绝大多数是香港中小企业主体北移到深圳,深圳方的企业和资本很少甚至没有前往香港这边去投资。

(三)三来一补是由民间资本推动的自下而上的分工协作

与多数国家和地区制造企业以中小企业为主的情况不同,香港制造业企业主要是以微小型企业为主。20 世纪 60—90 年代香港微小型加工制造企业概况表 2-2。据有关资料,1999 年,香港共有各类制造企业 23079 家,其中 22337 家企业雇用员工不足 50 人,但这些众多的微小型企业总共聘用了全港制造业员工总数的 52%。

表 2-2　20 世纪 60—90 年代香港微小型加工制造企业概况

年　　份	工厂数目(家)	员工人数(人)	平均员工数(人)
1960	5346	218405	41
1970	16507	549178	33
1980	45409	892140	20
1990	49087	730217	15

资料来源:香港政府劳工处,香港政府统计处。

由于香港微小型企业大都由香港居民个人或家庭所拥有,因此三来一补主要是由私人的、民间的资本推动,而不是公共资本或政府力量推动。它体现出典型的"自下而上"的市场特点,容易受到"风吹草动"的影响。

三、三来一补的作用和局限性

(一)三来一补的作用

今天哪怕是从最挑剔的经济学角度,来分析深圳经济特区三来一补企业的发展历程和特点,仍然不能抹去其重要地位和巨大推动作用。

1. 三来一补企业构成深圳特区早中期工业体系的重要组成部分

在深圳市创办早中期,工业经济基础十分薄弱。在深圳经济特区成立早期,三来一补企业的总产值,基本上相当于全市的工业总产值。在 1984 年前,深圳市工业总产值增长了 5.5 倍左右,其中 70% 以上是由"来料加工企业"创造的。这一期间三来一补企业的发展,既为深圳市工业经济的进一步发展积累了一笔宝贵的初始资金,更重要的是经过与港商、外资的合作,为后来的合资、合作、独资企业打下了基础。例如,合资企业中华自行车厂、康佳电子等就是在此基础上发展壮大起来的。

2. 它是外商港商投资深圳的重要内容与方式

三来一补企业生产模式建立在深圳与香港之间的各自比较利益基础之上,充分发挥了两者之间巨大的区位"位势差",具有快、小、活等特点,是当时港商、外资们大举投资深圳以及珠三角地区的重要形式。

当时的三来一补企业还具有其他诸多优势。第一,它可以从低附加值产品向高档次产品转变。虽然三来一补企业大都是劳动密集型企业,但在当时其生产技术、管理经验的层次并不低下。不少香港企业生产的是国际名牌产品或者是高档产品零部件,面向欧美、日本等发达国家市场,从技术内涵和产品价格看都属于较高档次。第二,三来一补企业可从小规模投资向大型化、集团化方向发展。由于深圳经济特区的土地、厂房租金和劳动力价格等较香港而言十分低廉,一些较早将整个工厂迁至深圳的香港厂商的竞争力迅速增强,从而促使企业进一步地大型化、集团化。

三来一补企业有的会从试探性投资,向长期稳定的投资发展。在深圳,不少早期三来一补企业项目的投资合同多为三年以下,免税优惠期一过,就打算搬家了。但随着企业生产规模的不断扩大、政府优惠政策的延续以及面对中国内陆这一巨大的市场,不少企业在"三年免税期"过后,仍然扎根下来,致力于长期和稳定的增长。

(二)三来一补的局限性

作为一种较简单的、处于较低合作层级、要素组合手段并不丰富的生产性合作,三来一补不可避免地存在一定的局限性。首先,不少三来一补企业是低层级的加工工业,属于劳动密集型企业,耗能大,污染大,深圳方的相对收益少。其次,有的三来一补企业属于候鸟型的漂移企业,它的产、供、销等完全取决于外销环境。由于这类企业的产品工序、设备较简单、较低下,生产周期短,一旦外销市场发生大的变化,就马上可以转产或停产。如果地方政府的"三年免税期"优惠到期,有的企业就搬迁到其他地区、街道等,改名换姓继续享受免税优惠等,形成事实上的逃税漏税现象。同时,由于它的轻资产、易搬迁、可抛弃等特点,容易产生企业主外逃、劳资矛盾与纠纷等,影响社会经济的稳定局面。

三来一补企业大多是劳动密集型的轻加工企业,技术要求低,生产工艺较简单,对促进深圳经济特区的工业技术水平提高的作用并不很明显,从长远来看,不利于整个地区产业结构升级和核心竞争力的提高。

第二节　合作拓展：生产性合作过渡到功能性合作

20世纪90年代中期至2003年,深港经济合作步入拓展期,这一过程持续约五六年。在这时期,深港两地经济实力持续增强,经济发展遇到较深层次矛盾,因此,双方的经济合作,在保持早期合作特点与方式方向的基础上,合作层级开始逐渐从三来一补企业、合资合作发展制造产业,过渡到共同开发技术、人才等要素,发展高新技术产业,以及合作利用资本、管理等要素大力发展金融业、房地产业等方面。

随着双方经济联系、人员车流来往的频繁化、日常化,双方在基础设施建设、口岸合作以及旅游产业发展等方面的合作需求猛增。从合作方式上,双方开始由过去单一的、生产与贸易分工合作,逐步过渡到较全面的、涉及交通能源、口岸、城市基础设施等城市功能对接与合作。从要素流动方向来分析,双方之间的要素流动、企业流向开始呈现双向、互动的特征。

一、产业合作的初次转型

(一)香港制造工业完成了整体北移

香港制造业的整体北移,在深圳等珠三角周边地区兴办三来一补企业和"三资企业",大为延长了香港本地产业的生命周期,拉长、拓展了香港区域经济的兴起、成熟和衰退的生命周期,极大地增强了香港经济参与国际竞争的实力。香港企业不仅在深圳等珠三角地区直接获得了宝贵的土地、低成本劳动力、税收优惠和经济特区的各项政策优惠等,也获得了工业生产的高额利润;而且由于它们掌握了大部分原材料的进出口和产品外销渠道,还从中获得了巨大的转口贸易差额利润。

从20世纪80年代初到90年代初期,香港电子工业中的90%、纺织和成衣业中的80%、钟表业的80%以及鞋业和玩具业的70%左右,都已经将相关生产加工环节转移到深圳及珠三角周边地区。相关统计表明,1984年香港工业占本地生产总值的24.3%,但自1987年以后,制造工业领先的地位被服务所业取代。1994年制造业占香港本地生产总值的比例首度降至个位数,由表2-3可以看出,到了1995年前后,香港制造业在整体经济中的占比份额急剧下降;1995年以后,可以北迁的制造企业越来越少,几乎可用"门可罗雀"来形容了。2007年、2008年再分别降至2.5%、2.5%。在制造业中就业的香港劳动者比例在2008年、2009年分别仅占全港就业人数的4.0%、3.8%。若以固定价格计算,香港工业产值近年来仅约为450亿港元。

不过,香港本地制造业仅仅属于"转移出去",从实际而论,港资港企在深圳及珠三角周边地区拥有一个规模较香港本地大数倍的"巨型"跨境制造业基地,"Made by HongKong"由此出名。

表2-3 个别年份香港制造业占本地生产总值的比例

年 份	1980	1985	1990	1995	1999	2004	2009
百分比(%)	23.7	22.1	17.6	8.3	5.7	3.6	2.5

资料来源:香港政府统计处网站。

（二）特区增创新优势客观上要求深港合作走上新台阶

1992 年邓小平南方谈话以后,全国改革开放新格局逐步形成,上海浦东新区等进入全面发展。因此,深圳经济特区的政策优势、先发优势相对弱化,深港产业合作步入了初次转型期,以制造业、房地产为主体的港资开始"蛙跳"过深圳,进一步向北迁移到珠三角的东莞、中山,不少向长三角、环渤海经济圈转移。

1995 年,深圳市政府提出的基本任务是增创十大优势。即:增创产业新优势,保持国民经济持续、快速、健康发展;增创改革开放新优势,率先建立社会主义市场经济体制;增创基础设施建设新优势,实现城市功能现代化;增创人才新优势,努力建设教育强市;增创农法治市新优势,营造良好的法制环境;增创横向经济联合新优势,强化辐射和服务内地功能;增创深港衔接新优势,为保持香港的繁荣稳定发挥积极作用;增创管理新优势,全面提高城市管理水平;增创社会发展新优势,不断提高人民生活质量;增创社会主义精神文明新优势,全面提高人的综合素质。这十大优势概括起来,实际上是要完成两大转变:一是要从过去的政策优势向增创整体发展优势转变;二是要从过去的经济优势向综合优势转变。

如何增创新优势? 客观上要求深圳市应解决下面几大问题:一是在对外开放和经济合作中,必须提高经济合作、产业合作等的层次和水平,不能满足于三来一补,不能小打小闹,要实现从低层次的外向型经济向高层次的国际化经济体系迈进,直接参与全球性竞争。

（三）技术与资本密集型产业合作上升为主要的合作战略

1995 年 5 月,深圳市政府发布《关于加强三来一补管理的若干规定》。该规定首先指出开展三来一补的指导方针:一是开展三来一补应本着稳定、发展、提高,在巩固中优化发展,在调整中不断提高的指导方针,加以正确引导。要根据深圳整体经济的战略要求,正确处理开展三来一补与整体经济的发展关系。既要有利于充分发挥土地和劳动力资源的优势,加速发展生产力,又要有利于整体经济的优化和提高,不失时机地把深圳市经济推向新的水平。二是从实际出发,不同地区应有区别、分层次地发展三来一补。特区内要适度发展,宝安、龙岗两区要积极发展,山区和偏僻地区要鼓励发展。在开展三来一补的若干政策方面,明确提出:要充分利用现有厂房发展三来一补项目。在现有厂房未充分利用之前,一般不批准新建厂房。市政府有关主管部门和各区政府要加强对新建厂房的宏观调控。新建厂房,必须根据资源和招商引资情况,按规定程序报建并经规划国土部门审批后方得兴建,不得擅自兴建,以免造成厂房空置。尤其重要的是,开展三来一补的产业政策应与深圳全市产业政策相一致。积极鼓励发展资金密集型、技术密集型和全工序配套生产的项目,限制发展高耗能、高耗水等资源占用量大的项目,禁止兴建污染环境的项目。对已有的污染环境的项目必须限期治理,逾期达不到规定标准的,坚决停办或者搬迁。

在1995年至1999年中,深圳市不断加快经济特区产业结构调整,大力发展高新技术,提出了以高新技术产业为先导的发展战略,并正式确定了高新技术产业在深圳经济特区发展中的重大战略地位。1999年10月,首届中国国际高新技术成果交易会在深圳正式开幕,标志着高新产业战略在深圳经济特区迈上了一个全新平台。

随着劳动密集型企业的整体外移,香港本地厂商也逐渐转向技术密集、资本密集型产业。然而,正值香港在传统制造业"产业空洞化"、需要技术密集、资本密集产业快步跟上的关键时期,1998年亚洲金融危机全面爆发,这次金融危机引发香港经济的严重衰退,1998年香港GDP增长为−5.3%。亚洲金融危机直接引发了人们对香港国际竞争力的反思。长期以来,在香港政府"积极不干预"政策影响下,香港的科技研究与技术开发投入严重不足,高新技术产业基础薄弱,成为了影响香港整体经济竞争力的一大短板。因此,1998年以后,香港政府开始高调鼓励高新技术产业的发展,成立了由美籍华人科学家田长霖为主席的创新科技委员会,拨款50亿港元在1999年设立了创新科技基金,用于提高现有制造业和服务业的科技水平。1999年9月又新设立"创业板"股票交易市场,为拥有创新科技项目和产品的创业企业提供融资渠道。2000年,香港政府开始建立科学园和数码港,制定政策吸引高科技人才等。

在这一时期,深港经济发展和产业升级轨迹有些"不谋而合"。双方之间的合作重点,开始由传统的劳动密集型产业,转向了以技术密集、资本密集型产业为主体。1998年下半年,香港政府大型代表团、香港创新科技委员会代表团等先后到访深圳,专门参观了深圳的高新技术产业园区。香港创新科技委员会专门提出了深港之间开展高新产业合作的具体方案。1999年5月,深圳市与北京大学、香港科技大学联合正式宣布共建"深港产学研基地";1999年10月,由深业集团、香港中旅集团、香港创业资产共同投资组建中国(深圳)高科技基金正式设立;当年,香港大学、香港科技大学、香港浸会大学入驻深圳高新区虚拟大学园,次年,香港理工大学、香港城市大学等也加入进来。

二、由生产性合作逐步过渡到功能性合作

在1997年香港回归中国之际,深港之间的经济社会交往越来越密切,人流、车流、商品流、资本流及信息流等大量对流、往来十分频繁,边境口岸通关、金融服务、电信服务等需求大量增加。

1979年之前,深港之间日平均车辆通过量只有200多辆。深圳经济特区成立之后,深港双方在1982年签署了《深圳—香港关于增辟两地之间通道的协议》,深港之间的车流、商品流和人流不断增长。

1982年,深港之间的车辆通行量达到2000辆/日,2年内增长了10倍。1994年,深圳口岸出入境车辆达738.5万辆次,1995年达到850.1万辆次,占全国口岸出入境车辆次的70%以上。1996年,经深圳口岸出入境的人员达6321万人次,出入境车辆达850多万辆次。1997年,经深圳口岸出入境的人员达7329万人次,出入境车辆达882.62万辆次。1989年、1997年、2007年份深港之间人流、车辆流量情况见表2-4。

表2-4 部分年份深港之间人流、车辆流量统计表

年　份	人流量(万人次)	车流量(万辆次)
1989	3234	436.0
1997	7329	882.6
2007	17800	1539.3

资料来源:《深圳年鉴》(相关年份)。

伴随着深圳经济特区的快速发展以及旅游市场的开放和服务的日趋完善,吸引了大批港澳居民前来旅游、休闲和购物等。1990—1997年间,深圳共接待

海外来深过夜旅客 1390.1 万人次,其中港澳同胞为 1085.37 万人次,占比高达
78.08%。2006 年和 2007 年,深圳市接待的来深过夜的海外游客总人数分别为
712.74 万人次和 831.30 万人次,其中香港游客人数分别为 520.40 万人次和
610.69 万人次,占比分别为 73.01%和 73.46%。2009 年,来深旅游过夜的香港
居民占入境游客的比例超过 78%,这充分表明深港同城化趋势愈来愈明显。
2002 年、2007 年、2009 年份香港游客来深过夜旅游情况见表 2-5。

表 2-5　部分年份香港游客来深过夜旅游情况　　单位:万人次

年　份	2002	2007	2009
海外游客	449.35	831.30	896.36
其中:香港游客	319.87	610.69	706.15
占比(%)	71.19	73.46	78.78

资料来源:《深圳统计年鉴》。

　　随着深港之间人流、车流以及旅游购物、商品贸易(部分年份深港之间货物
贸易情况见表 2-6)等往来的高速发展,客观上要求深港之间在城市功能上进
一步对接,同时需要大幅提高口岸通行能力、跨境服务效率以及大批量货物能
力,提高金融结算、资金往来、电信服务等的质量与效率,等等。因此,在这一时
期,深港之间的经济合作除了深化、提升生产性合作外,在城市功能、社会往来等
方面的功能性合作日益增加,"深港衔接"、城市功能一体化成为发展和关注的
重点。具体合作措施包括以下几个方面。

表 2-6　部分年份深港之间货物贸易情况统计表

年份	深港贸易总额 (亿美元)	占全市比 (%)	对港出口额 (亿美元)	占全市比 (%)	从港进口额 (亿美元)	占全市比 (%)
1998	350.00	77.00	220.00	83.40	130.00	68.80
2002	200.08	22.94	182.92	39.29	17.16	4.22
2007	713.87	24.83	694.91	41.24	18.96	1.59
2009	623.78	23.09	612.60	37.82	11.18	1.03

资料来源:《深圳年鉴》、《深圳统计年鉴》及深圳统计局网站。

（一）口岸合作

深港口岸通关便捷化、大规模化是深港合作的重点。1997 年，深圳方面完成《深圳口岸管理体制改革试点方案》，当年国家有关部委、总署联合下发《关于对深圳皇岗、文锦渡、沙头角 3 个口岸的货运通道边检、海关分工的规定》，形成了"边检管人，海关管物，其他查验单位配合把关"的陆路口岸管理模式；深圳口岸的边检人员由现役制改为职业制，纳入国家公务员管理序列。深圳市政府拨款上千万元，对口岸旅游检查通道的电脑系统进行升级更新改造。在口岸基础设施建设上，深港西部通道、皇岗—落马洲轨道接驳工程、深圳地铁 4 号线等分别被批准立项或进入规划阶段。

在通关便利性安排等方面，深港之间也加强了进一步的深度沟通和全面合作。深圳皇岗—香港落马洲之间的过境穿梭公共汽车开通运行，15—20 分钟一班。1998 年 9 月 15 日，深圳口岸开始实施新的有关通关时间规定，罗湖口岸深圳一侧的开放时间延长，从早上 6：30 至晚上 11：00；皇岗口岸客运通道深圳一侧关闸时间延长至晚上 10：00。2000 年 9 月，由深圳市国资委控股的国有企业——深圳投资管理公司和香港上市公司深圳国际控股有限公司合资组建深圳首个提供物流、综合服务的企业——全程物流网络有限公司。2001 年 8 月，根据深港相关会议达到的规定，从当年"十·一"国庆节起，深圳罗湖口岸在香港公众假期当天以及前一天的开放时间顺延半小时。当年 12 月 1 日，罗湖口岸和皇岗旅检通道全年 365 天关闸时间延长到 24 时，皇岗货检从晚上 10：00—12：00 增开通道。2003 年 1 月 27 日零时，在深圳皇岗口岸实行了旅检通道 24 小时通关，这是皇岗口岸继 1994 年实现 24 小时货运通关的又一大突破，成为中国第一个全面实现 24 小时通关的陆路口岸。

（二）港口、航道建设合作

随着深港之间货物贸易量、运输量的剧增，深圳港口发展与建设进入快速发展期。2003 年，深港港口之间的集装箱水路驳运量达到 313.25 万标箱，比 2002 年大幅增长 55.5%，远远高于深圳港集装箱吞吐量的增长速度。

在港口建设方面，2000 年 6 月，由香港著名华商李嘉诚投资的盐田港二期工程竣工并交付使用。此外，深圳的盐田、蛇口和赤湾 3 大港区的集装箱公司，均是香港企业为主导来进行建设和管理经营的。相关数据表明,到 2003 年,驻深圳的深港合资港口企业总共 11 个,占深圳港口企业总数的 42.3%;双方共建成生产性经营泊位 48 个,占深圳港该类泊位总数的 55.8%;其中专用集装箱泊位 14 个,占深圳港该类泊位数的 100%;形成吞吐能力 400 万标箱,占深圳港总吞吐能力的 80.1%;形成散杂货及多用途泊位 31 个,形成吞吐能力 1754 万吨,占深圳港该泊位吞吐能力的 66.62%。

航道方面,铜鼓航道项目在 1997 年获得国务院批准立项,2003 年 3 月深圳市成立了"深圳铜鼓航道项目专家小组",专门具体负责在工作层面上加强与"香港铜鼓航道专家小组"的沟通与协商;按照相关可行性报告,铜鼓航道将建成 10 万吨级集装箱船全天候通航单向航道,以充分满足深圳西部港区运量的显著增加以及大型船舶航行。

(三)金融保险服务合作

早在改革开放之初,就有香港商业银行进入深圳开设分行。因此,深港之间在金融保险服务方面的合作,前期是以为生产筹资为主的金融服务合作,后期则是以互设金融机构、以市场需求为纽带,以融资为重点的广泛合作。双方金融服务与合作的发展,始终是伴随经济合作的广度、深度同步进行的。

自 1995 以后,香港最有影响的印钞银行包括渣打银行、汇丰银行、恒生银行、东亚银行、南洋商业银行(1982 年进入深圳)、香港民安保险公司(1982 年进入深圳)等,相继在深圳设立分支机构。深港两地银行之间建立了代理行关系,深圳专业银行受香港银行的支持经营外汇业务,以促进深圳市外向型经济的发展。在资金合作方面,采取联合投资、贷款、租赁等形式进行投融资活动。1997年 12 月,香港与中国人民银行深圳分行达成协议,设立联合清算机制,港元支票兑现和交换时间缩短至 2 天。后来随着金融业务的深化,深圳陆续与香港建立港币和美元的单向票据交换,双向票据交换。2002 年 2 月,由深圳金融电子结算中心运行的深圳外币实时支付系统开通,并与香港港元即时支付系统联网,从而使两地资金结算实现即时到账。首批入网的深圳银行有 20 家,香港银行有 128 家,深圳一方企业可以选择任何一家开户银行输同城或深港之间外汇划转。通过该系统,深圳企业向香港付款无须另行申请资格,且没有付款金额的限制,开户行对付款的审查要求与一般国际结算规则相同。在结算币种方面,深港结算只开办港元业务。外币实时支付系统开通后,深港之间的资金流通渠道形成了由票据、银行卡和港元实时支付系统构筑的双向立体流通体系,为深港之间两地企业和个人提供了更为便捷、成本更低的支付清算业务。实施该系统后,深港两地之间的港币、美元资金划拨和清算基本实现了"零在途"。

在保险服务方面,2001 年香港保险公司积极进入深圳市场。当年,香港中银集团保险有限公司和恒生保险有限公司分别在深圳设立分公司和代表处。至 2001 年年底,深圳保险市场共有港资保险公司 2 家,港资保险公司代表处3 家。

保险业合作方面最具标志的深港合作当属香港汇丰集团挟巨资入股 1988年在深圳成立的中国平安保险。2002 年 10 月,香港汇丰集团的全资附属公司香港汇丰保险控股有限责任公司宣布,公司与平安保险正式签署协议,以 6 亿美元(当时约合 46.8 亿港元)代价,认购平安保险扩大已发行股本中的 10% 普通股。同时,汇丰集团还与平安保险订立策略性合作协议,为平安保险提供技术及服务,在个人金融服务范围内形成多方面的策略合作及联盟关系。而后,汇丰集团陆续增持平安保险的股份,成为了平安保险的第一大股东。

(四)制度安排方面的协调与合作

在深圳大胆探索改革开放和现代化建设的过程中,香港的许多现成经验和做法起到了极为重要的作用。深圳正是通过深港经济合作,认识了解了全球市场,增强了市场经济意识,逐步与国际惯例和市场经济规则接轨。深圳许多重大改革举措的出台,都和直接借鉴香港的成功做法和经验有密切的关联。

1. 政府层面的高层次、高密度互访考察

1993 年 10 月,香港港事顾问访问团到访深圳;1994 年 3 月,首批港事顾问续聘仪式在深圳举行;1998 年 7 月,当时的深圳市委书记率大型访问团到港访问,双方共同商谈深化深港合作尤其是经济合作等事宜。1998 年 8 月和 9 月,香港特区政府、香港创新科技委员会大型代表团先后访问考察深圳,双方对加强深港经济合作达成诸多共识。尤其是在 1998 年 3 月,在中国国务院的高度重视和支持下,香港特别行政区与广东省政府联合召开了两地高层联席会议,简称

"粤港合作联席会议"。该合作联席会议的召开,正式宣告两地高层协调机构的正式组建与成立。这是第一个内地省份与香港特别行政区之间的合作机制,从而有力地保障了粤、深、港之间政府高层的定期会晤、工作探讨和制度安排等,在更高层级上定期地推动着粤、深、港在政府层面上的合作。

在粤港联席会议的框架内,双方陆续成立了信息、口岸、工业服务中心、旅游、高新产业、献策6个专家联合工作小组。"粤港合作联席会议"及合作机制的成立,标志着深港经济合作由以往民间为主体、非官方协调为主的"自下而上"合作模式,开始向以政府为主体、以中介组织为纽带、以官方协调为主的"自上而下+原有的自下而上"合作模式(或称为"上下互动"合作模式)。在此背景下,深港经济合作的主要内容、层次、合作方式等发生了根本性改变。深港双方之间的经济合作,开始逐步由之前的民间的、有限的合作,转变成由政府推动的全面的合作;由自发、分散的,完全由市场主导的微观企业群体单向流动的合作,转变为以市场导向为基础、市场推动和政府协调相结合的双向互动合作;从而为深港经济合作进入到一体化合作奠定了基石。

2. 协会、科研院所等公共部门频频交流

1997年4月和12月,"1997年香港回归学术研讨会"、"京九沿线经济合作与社会发展研讨会"等先后在深圳召开。1998年3月,深圳市计算器协会邀请香港生产力促进局率领香港软件产业代表团访问深圳;9月,香港创新科技委员会代表一行到访深圳;11月,应香港贸发局的邀请,深圳市人大常委会、经济工作委员会、市盐田港保税区管理局有关人员到香港专题调研。1999年8月,深港产学研基地首批8个项目正式启动,内容涉及高科技产业等多个领域;当年8月25日,深圳市风险体系重要组成部分——深圳境外风险基金中国(深圳)高科技基金在香港正式启动。11月,"深港餐饮发展学术交流会"在深圳召开。2000年8月,反映深圳经济特区改革开放和建设成就的大型图片展览《深圳20年》在香港展览中心隆重举行。12月,"深港口岸合作研讨会"在深圳召开。2001年6月,深圳海事局组织全国海事系统首次海事论坛,来自港、澳及国内有关部门领导参加了此次论坛。8月,深港产学研基地2001论坛在深圳举行,来自微电子、新材料领域的专家学者们进行了演讲。2002年10月,香港证券交易所、深圳市科技局、深圳市体改办共同主办了"深港技术与资本联动"研讨会,会议主题是"香港——中国本土国际资本市场"。当年当月,深港旅游合作座谈会在深圳召开,此后经多次座谈会晤,形成加强深港旅游合作的五条思路。

3. 双方在制度安排上的协作更紧凑更契合

早在1988年,深圳市法制局、市委政策研究室就联合展开探索,开始借鉴香港及国外经济法规。在一些具体的经济管理制度,例如,深圳福田保税工业区的最初构想、建设规划、管理模式、基本政策、具体规定等研究上,直接凝聚着不少香港专家学者、企业家们的智慧和才智。

1997年香港回归中国后,深巷之间在制度安排上的协调与合作更为紧密、契合。例如,1999年6月,深圳市旅游协会与香港旅游协会共同签署了《1999年深港两地旅游合作计划书》,该协议标志深港两地旅游为全方位合作的开始,该合作计划的内容包括:深港双方在业务、信息交流、市场秩序、行业管理等方面开展全方位合作。2000年,在深圳市关于制订国民经济社会发展"十五"计划的说明中,着重强调了积极推动深港双方在高新技术产业、跨境基础设施建设以及口岸、旅游、购物、环保等方面的深入交流与广泛合作。

在粤港联席会议的框架内,双方陆续成立了信息、口岸、工业服务中心、旅游、高新产业、献策6个专家联合工作小组。"粤港合作联席会议"及合作机制的成立,标志着深港经济合作由以往民间为主体、非官方协调为主调的"自下而上"模式,开始向以政府为主体、以中介组织为纽带、以官方协调为主调的"自上而下+原有的自下而上"模式。在此背景下,深港经济合作内容与层次发生了根本性的变化。即双方合作由1997年香港回归前的民间有限合作转变成由政府推动的全面合作;由自发、分散的,完全由市场主导的,单向性的合作转变为以市场导向为基础、市场推动和政府协调相结合的双向性的合作;进而由劳动密集型产业合作、"前店后厂"垂直式合作转变为科技创新、服务创新和资源优化配置为核心的、多层次的水平式分工合作。

第三节　合作深化：全面推进深港经济一体化

2003 年 6 月 29 日,中央政府与香港正式签署了《内地与香港关于建立更紧密经贸关系的安排》(Mainland and Hong Kong Closer Economic Partnership Arrangement,以下简称 CEPA)。2006 年 10 月,全国人大常委会批准授权香港政府对位于深港西部通道深圳一方的香港边境检查站实行口岸管理,在深圳一方的地表上实施"一地两检",这是国家立法机构在"一国两制"原则下边境管理模式的创新。该项举措对 CEPA 的顺利实施提供了充分的便利条件。以 CEPA 正式实施和试行"一地两检"为分界线,深港经济合作历程,由过去的生产性合作、功能性合作,全面走上了区域经济一体化合作历程,两大都市经济体的相互融合更为常态化、深度化。

一、CEPA 标志深港区域经济一体化进入更高层级

在 1997 年至 2003 年年初之间,香港先后受到产业空洞化、亚洲金融风暴以及 SARS 疫情危机等重大经济社会事件的冲击,经济发展进入相对衰退、盘整稳固时期,深港、粤深港之间的经济合作签署了一些重大战略、规划,实际效果并未显现,重大合作处于相对停滞时期。

2003 年 6 月,CEPA 正式签署,同时中国内地针对香港放开了"个人自由行"旅游政策,香港经济迅速从 SARS 疫情导致的低迷中获得大幅提振,2004 年 6 月,随着首届"泛珠三角区域合作与发展论坛"分别在香港、澳门和广州三地正式召开,深港合作、粤深港合作以及泛珠三角"9+2"合作为主要内容的区域经济合作,在中国南方掀起了新一轮高潮。

CEPA 正式签署与正式实施,标志着深港经济合作全面步入了深港经济一体化阶段。

（一）CEPA 名称由来、签署过程

1997 年至 1998 年,正值香港回归祖国前后,受到了亚洲金融危机的冲击和外部经济波动的影响,香港经济出现了暂时困难,1998 年 GDP 负增长。2003 年年初,香港受到 SARS 疫情的冲击,经济再度受到严重影响,香港恒生指数由17000 多点下跌到 8000 点左右,楼市价格指数比 1997 年下跌六七成,全港进入通货紧缩周期,失业率高达 8.5％,不少香港家庭沦为“负资产”一族。2001 年,正值中国正式加入 WTO 之际,香港各界担心香港竞争优势的全面失去,因此建议香港特区政府向中央政府提出两地建立类似自由贸易区,以支持香港经济的恢复和发展。2001 年年底,当时的香港特首董建华向中央政府提出了相关建议,受到中央政府的肯定。

2002 年年初,中央政府与香港特区政府开始了长达 1 年多的磋商。鉴于 CEPA 是一个自由贸易协议,而自由贸易区（Free Trade Area）多为国家与国家之间的互惠安排。因此,香港特区与中国内地在“一国两制”下的类似自由贸易区的磋商,被规范地称作《内地与香港关于建立更紧密经贸关系的安排》,CEPA 之称由此而来。

CEPA 类似于一项庞大工程,涉及的领域广、部门多,既要考虑香港特区的最大利益,又要符合 WTO 相关规则,同时要顾及可能对内地经济造成的冲击以及第三方的反应等。因此,前前后后举行了三次高层会议、十多次高级会议,耗时较长。2003 年 6 月正式签署 CEPA;2004 年 1 月 CEPA 正式实施。在 2004 年至 2009 年之间,中央政府与香港特区又陆续分别签署了 6 个补充协议,在货物贸易、服务贸易和贸易投资便利化等若干主要方面,对香港作出了优惠安排。

（二）CEPA 的协议性质、主要内容

CEPA 是中国作为国家主体,与其主权关系属下的单独关税区——香港之间签署的自由贸易协议,也是中国内地对外签署、全面实施并完成 WTO 审议的第一个自由贸易协议,是目前中国内地对外商签署的开放程度最高的自由贸易协议。

CEPA 是一个高标准的自由贸易协议,内容丰富,领域广泛。与其他自由贸易协议相比,CEPA 在 2 年内就完成了货物贸易的降税过程,全部实行零关税;

在服务贸易 38 个领域实行更加开放的措施;在贸易投资便利化 8 个领域作出全面合作的安排,为内地参与其他双边自贸区积累了丰富的经验,起到了开创性的作用。

CEPA 的主要内容包括内地与港澳逐步实现货物贸易自由化、服务贸易自由化和贸易投资便利化的各项措施:一是货物贸易的自由化,自 2006 年 1 月 1 日起内地对原产于港澳的产品全面实施"零关税"。二是服务贸易的开放,内地在法律、金融、旅游、物流等 38 个领域对港澳实施了 192 项开放措施,一些行业对港澳投资放宽或取消股权限制,降低对注册资本、资质条件等门槛,放宽投资地域和经营范围等。三是促进贸易投资便利化,内地与港澳加强了 8 个领域的合作,包括贸易投资促进,通关便利化,电子商务,法律法规透明度,商品检验检疫、食品安全、质量标准,中小企业合作,产业合作和保护知识产权合作。四是稳步推进金融合作,逐步开放内地居民个人赴港澳旅游,推动两地专业人士资格的相互承认。

统计表明,CEPA 对原产香港进口金额较大的 273 个税目的产品实行零关税,首先使深圳与香港更加紧密。从 2004 年 1 月至 2006 年 5 月,深圳口岸进口 CEPA 项下受惠货值和税款优惠均占广东口岸的 40% 以上;香港银行获得办理人民币存款、兑换、银行卡和汇款 4 项人民币业务,人民币在港畅通无阻。香港银行进入内地的资本规模降低到 60 亿美元,香港的大新银行、永隆银行、上海商业银行、中信嘉华银行抢滩落户深圳罗湖,使深圳成为 CEPA 后港资银行进驻最多的城市;2004 年 8 月,深圳市组织招聘团往香港招聘人才,包括 411 家单位招聘职位共有 3600 多个,涵盖城市规划、建筑、统计、金融证券、经贸、医疗、教育等 60 多个专业,香港方面有 1.1 万人次进场应聘,其中有 1200 余港人、100 多个港府雇员、21 个留学生项目达成初步意向,成为深港人才交流与合作的一个新的里程碑。

2009 年 5 月 9 日,经中央政府批准,中国内地与香港正式签署了《CEPA 补充协议六》。该协议涵盖了服务贸易开放、贸易投资便利化等方面内容,对香港共采取 37 项具体措施。《CEPA 补充协议六》主要内容包括:一是服务贸易开放领域继续增加。内地与香港《CEPA 补充协议六》在服务贸易领域新增加了研究和开发、铁路运输 2 个领域的开放内容。二是原有服务贸易领域的内容进一步深化。在法律、建筑、医疗、房地产、人员提供与安排、印刷、会展、公用事业、电信、视听、分销、银行、证券、旅游、文娱、海运、航空运输、个体工商户等领域，内地在原有开放承诺的基础上，进一步采取放宽市场准入条件、取消股比限制、放宽经营范围和经营地域、简化审批程序等措施。三是配合国务院批准的《珠江三角洲地区改革发展规划纲要(2008—2020 年)》中关于支持粤港合作发展服务业的要求，积极提出在广东省先行先试的措施。新协议在法律、会展、公用事业、电信、银行、证券、海运等领域采取了多项在广东省先行先试的开放措施。四是在法律、公用事业、电信、视听、银行、证券、旅游等敏感领域，内地采取了具有较大开放力度的措施。如公用事业领域，在广东省 100 万人口以下城市中，新协议取消对香港服务提供者建设、经营城市燃气管网的股比限制；银行领域，允许香港银行在广东省设立的分行，参照内地相关法规要求，在广东省内设立异地(不同于分行所在城市)支行；证券领域，允许符合外资参股证券公司境外股东资质条件的香港证券公司与内地具备设立子公司条件的证券公司，在广东省设立合资证券投资咨询公司。合资证券投资咨询公司作为内地证券公司的子公司，专门从事证券投资咨询业务，香港证券公司持股比例最高可达到三分之一；旅游领域，允许经营赴台旅游的内地组团社组织持有效《大陆居民往来台湾通行证》及旅游签注(签注字头为 L)的游客以过境方式在香港停留，以便利内地及香港旅游业界推出"一程多站"式旅游产品。五是《CEPA 补充协议六》实施时间提前。为支持香港应对国际金融危机，帮助香港业界更早地利用《CEPA 补充协议六》的优惠措施进入内地市场，经中央政府批准，《CEPA 补充协议六》于 2009 年 10 月 1 日起正式实施。

(三)CEPA 的主要特点

第一，CEPA 是一个高标准的自由贸易协议，内容丰富，领域广泛。CEPA 是内地迄今为止对外商签的内容最全面、开放幅度最大的自由贸易协议，也是香港实际参与的唯一的自由贸易协议。第二，CEPA 既符合 WTO 规则，又符合内地与香港地区经贸发展的实际情况。CEPA 中内地与香港在货物贸易和服务贸易中相互给予优惠待遇、实行自由贸易措施完全符合 WTO 规则。CEPA 签署后，香港地区仍维持其单独关税区及自由港的地位,也完全遵循了"一国两制"的精神。同时,CEPA 的实施也符合内地与香港经贸发展的实际情况,通过各项开放措施,减少内地与香港经贸交流中的制度性障碍,促进了内地与香港之间经济要素的自由流动和经济的融合。第三,CEPA 具有开放性。几年来,随着内地与香港经济的不断融合与发展,CEPA 一直在不断增加新的内容,先后签署了六个补充协议,并随着内地与香港经济一体化的进程而与时俱进地不断深化和扩展。第四,CEPA 首次建立了原产地证书电子联网核查系统。CEPA 实现了内地海关与香港发证机构的计算机专线联网,从根本上堵住了原产地的瞒骗空间,确保了海关对 CEPA 零关税货物原产地安全有效管理,开创了自贸区协议中对原产地进行有效监管的崭新模式。第五,CEPA 对如何界定"香港服务提供者"提供了科学规定,防止跨国公司以香港公司名义进入内地。各国在开放本国服务业过程中对"服务提供者"的定义都有难度,但 CEPA 率先将 WTO 规定的"实质性商业经营"原则具体化。充分考虑到香港经济高度国际化的特点,按照有益于香港整体经济的原则,CEPA 中规定香港服务提供者需按香港的法律在香港注册成立,在港从事实质性商业经营 3 年以上(少数敏感行业为 5 年以上),向特区政府纳税,多数员工为香港居民等。这样的规定既符合 WTO 规则,又能防止跨国公司利用 CEPA 提前突破我国对 WTO 的承诺进入内地,对内地服务业造成影响。第六,CEPA 在贸易投资便利化领域的内容设计远远走在了其他区域经济合作的前面。在 WTO 对 CEPA 的审议过程中,其他国家和地区都对贸易投资便利化的内容产生浓厚兴趣,认为这既是中国内地与香港经济融合的需要,也是对全球经济一体化的积极探索,值得学习和借鉴,具有重要的示范作用。

（四）CEPA 的经济推力

CEPA 对香港经济发展和内地与香港的经贸交流起到了积极的促进作用,并产生了强大的经济推力。

CEPA 的实施,减少和消除了内地与港澳在经贸交流中的体制性障碍,加速了相互间资本、货物、人员等要素的自由流动,对香港经济复苏和快速增长起到了积极促进作用,也推动了内地的经济建设和改革开放。同时减缓了香港制造业的外移,有利于香港服务业优势的发挥。减少和消除了经贸交流中的体制性障碍,促进了内地与港澳经济的互动与融合。在"一国两制"方针下,CEPA通过取消关税和非关税壁垒,互不采取反倾销与反补贴措施;放宽服务行业市场准入条件,减少审批环节;提高通关效率,增强内地法律法规的透明度等措施,减少和消除了贸易投资方面的制度性障碍,形成制度性的合作,促进了三地的经贸交流和经济融合。

CEPA的经济助推力十分显著。自2003年CEPA签署以来,2003—2008年之间香港GDP年均增长6.3%(1997—2002年为-1%),香港交易所的股票市值年均增长13.4%(1997—2002年为2.1%),商品零售总额年均增长9.6%(1997—2002年为-5.6%),与中国内地进出口总值年均增长18.4%(1997—2002年为6.4%),失业率由2003年最高时的8.7%下降至2008年年底的4.1%。香港地区逐渐摆脱了亚洲金融危机和SARS疫情等不利因素的冲击,经济得到恢复和发展。

截至2009年4月,内地累计进口享受零关税待遇香港货物总值21.7亿美元,关税优惠额13.4亿元人民币;2100多家香港服务提供者按照CEPA的优惠措施取得"服务提供者证明书",申请投资内地;香港共有41家银行开办个人人民币业务,存款余额530亿元;内地赴香港"个人游"旅客3887万人次;内地与香港在建筑领域共互认专业人员2458人,39名香港居民在参加内地注册会计师考试中豁免两门考试科目,31名香港居民取得内地计算机信息系统项目经理资质,100名香港居民取得内地证券类从业资格,10名香港居民通过内地期货类互认资格考试;内地海关在对香港陆路口岸切实推进统一进出境公路载货清单和绿色关锁等通关便利化措施,推进人员、货物通关便利化;内地取消了赴香港地区参会参展办展审批手续;两地商品检验检疫部门加强合作,保障供香港食品质量安全和数量稳定;两地电子商务合作不断得到推进;有关部门推出CEPA投资指南,增加了法律法规的透明度。

据《香港经济年鉴》(2003年)数据,在CEPA正式实施后,截至2008年5月31日,香港工业署已经收到原产地来源证申请书共计35378份,其中已经获批的34443份。其中,最多的行业属纺织及成衣业9331份,药用及护理用品4610份,食品及饮品8804份,化工产品1885份,纸品及印刷品1188份。在"香港服务提供者证明书"方面,收到的申请书 1258 份,获得批准的 1206 份。其中,运输及物流服务占 522 份,分销服务 257 份,广告服务 89 份以及建筑专业服务、建筑及相关工程服务 65 份。

根据香港特区政府的相关评估,2004—2008 年,CEPA 服务贸易优惠措施为香港居民创造 4.3 万个职位,特别是中国内地"个人游"访港旅客给香港带来了584 亿港元的额外消费。CEPA 也同样有助于吸引外国企业在香港设立公司。2008 年在香港开设或扩充业务的 257 家外资公司中,约有四分之一表示 CEPA是促使它们来香港投资的重要原因之一。同时,香港企业和人才以更加优惠的条件进入内地,为内地相关行业带来了先进的经营理念、优质的服务方式和广泛的海外经营网络,促进了内地相关行业服务水平的提高和结构的升级。据香港特区政府评估,CEPA 为香港服务提供者在内地的业务带来了 459 亿港元的服务收益,为内地创造了近 5 万个职位。

二、后 CEPA 时期的深港经济合作

由于自由贸易协议属于经济一体化范畴内的第二个层级。根据生产要素的流动程度级别,有关学者将经济一体化通常分为 6 个等级递增的状态,即特惠关税区、自由贸易区(商品自由流动)、关税同盟(对外统一关税)、共同市场、经济同盟和完全经济一体化。因此,深港经济合作、粤港经济合作以及更大范围的泛珠三角区域经济合作、中国内地与港澳之间的经济合作,开始步入区域经济一体化初始阶段。

(一)深港经济合作全面深化

2004 年 1 月 7 日,原产于香港的首批 CEPA 项下的 31 万个"无丝印一次性空白光盘"在深圳皇岗海关一次性报关成功,成为第一批最早享受 CEPA 项下零关税优惠的港货。2004 年 6 月,深港签署了《加强深港合作的备忘录》,同时签署了 8 项具体合作计划协议(简称"1+8"协议)。"1+8"协议涉及的合作领域包括口岸、基础设施、经贸投资、专业服务、金融、旅游、物流、科技、法律、教育、环保、文化产业、人员往来等诸多方面,共计 60 多项条款,内容十分广泛。"1+8"协议作为深港两地政府全面合作的系统框架,全面推动了深港合作步上新台阶,

进一步强化深港合作的互动性。

CEPA正式实施以后,深港经济合作全面地深入推进。例如,深圳市贸工局与香港投资推广署、贸工署、贸发局等密切合作,分别在新西兰、澳大利亚、日本、韩国等国家和北美地区举办多场联合招商、贸易旅游大型推介会;深圳市贸工局与香港贸发局组织两地企业,共同参加了4次境外大型全球性展览会;深圳市质监局与香港对口机构开展技术培训、工业品检验测试等合作,如深圳市计量检测研究院与香港TMTC、ITS、SGS等国际检验机构合作,为两地企业提供了1000多次的检验测试服务。

服务业方面,香港2004年在深圳新设立的服务企业达840家,合同引进港资7.8亿美元,实际引进港资3.43亿美元,分别占香港对深圳投资企业总数、合同港资总额和实际引进港资总额的43.23%、46.17%和32.12%。

金融保险业方面,2003年1月深圳市率先出台《深圳市支持金融业发展若干规定》;为CEPA正式实施后港资银行进入深圳推出优惠政策;2005年,深港签署《深港两地合作备忘录》,特别指出要"加强双方在金融业和金融产品创新方面的交流与合作,加强双方金融监管部门的合作和监管信息交换,促进两地资本市场合作"。2006年和2007年,深圳市在香港召开"深港金融合作恳谈会",为深港金融深度合作营造合适的契机。在金融监管方面,相关机构对合作十分重视,先后就两地金融基础设施建设、香港人民币业务的开展以及两地金融领域深层次合作等方面建立定期沟通机制,有效地促进两地金融合作与发展。人民银行深圳市中心支行与香港金管局签署了《关于深港金融基础设施建设合作》和《关于金融领域的合作安排》等文件。深圳银监局在银监会的监管框架下,制定了《深港银行监管协作实施方案》和《深港银行监管协作运行机制》,加强了日常协作与沟通。在保险监管交流合作方面,建立了粤港澳深四地保险监管定期联席会议制度。香港人民币业务开办后,中国人民银行深圳市中心支行和香港金管局建立了定期沟通机制,按季就香港人民币业务的运行情况、出现的问题以及业务的拓展方面交换意见,提出解决方案。中国人民银行深圳市中心支行在和香港方面的合作已突破了支付结算范围,加强了在香港人民币业务涉及的反洗钱、货币政策问题,如异常汇款业务、香港人民币业务利率等方面的沟通,并与香港金管局、香港警务处、香港保安局就反洗钱合作等形成共识。深港双方还共同推进深港支付结算应急合作机制的建立,加强了在支付系统应急机制建立和灾难备份中心建设方面的合作,建立跨境系统异常情况处理预案,确保一旦系统出现问题时最大限度减少损失,并以最快速度恢复正常运行。

在金融业务方面,港资银行开始实施"以深圳为基地,以珠三角为发展中心,辐射全国"的发展战略。永隆银行成为 CEPA 签署后首家在内地设立分行的港资银行。2004 年 3 月 29 日,永隆深圳分行正式开业,深圳市市长在当天的成立仪式上,奖励给香港永隆银行一张 200 万元人民币支票。其后根据《深圳市支持金融业发展若干规定》,在深圳设立地区总部的几家港资银行均获得深圳市政府 200 万元奖励金。另外,香港中信嘉华银行于 2003 年 12 月获得中国银监会批准,收购中国国际财务有限公司(深圳)全部股权,成为 CEPA 后第一家进入内地市场的港资银行;香港上海商业银行 2004 年 6 月在深圳设立了分行。截至 2009 年 8 月,在深圳的外资银行已达到 30 家,其中港资银行 17 家,深圳成为全国港资银行最多的城市;同时,港资银行在深圳的支行网点不断增加。在服务对象上,与欧美银行重点服务跨国公司不同,港资银行主力服务深圳及周边珠三角地区的港资企业。

在金融服务便利性方面,自 2004 年 2 月始,中国人民银行深圳市中心支行开始为香港银行办理的个人人民币存款、汇款、兑换和银行卡业务提供具体清算。香港清算行的现钞存取、平盘业务以及香港个人的汇款和南卡北用的资金清算通过中国人民银行深圳市中心支行办理。2005 年 4 月 1 日,香港银行经营个人人民币业务取得新的进展,经中国人民银行批准,香港清算行接入支付系统方式已由间连改为直连,人民币清算业务运作更加便捷、高效。2006 年年初,深圳银联与香港八达通公司签署开展小额支付业务合作的协议,在当年 8 月开通"八达通"卡在深圳的受理业务试点。截至 2008 年 6 月,"八达通"卡可在深圳的大快活快餐连锁店、大家乐快餐连锁店进行小额支付,月均交易额 40 万元以上。

在口岸通关方面,2006 年 10 月,全国人大常委会专门就"深圳湾大桥口岸"批准授权香港政府对位于深港西部通道深圳一方的香港边境检查站实行口岸管理,在深圳地面上实施"一地两岭",这是国家立法机构对"一国两制"原则下边境管理模式的创新。深圳湾该项举措对 CEPA 的顺利进行提供了充分的便利条件。2007 年 7 月 1 日,深圳湾口岸正式开通启用,它是迄今为止世界同类口岸中最大的现代化、智能化口岸。其主要特点是:深港双方的查验区域均设在深圳区域内,实现了深港口岸查验单位在一栋大楼内查验,入出境旅客由上下车两次减少至一次,大大缩短了入出境旅客的通关时间,使深港两地间的最短车程减至半小时。2007 年 8 月 15 日,深圳福田口岸正式开通,这是贯穿深圳地铁 4 号线和香港轻铁东部支线的口岸枢纽工程。福田口岸设计过境旅客通过能力为 25 万人次/日,通关时间长达每日 6:30—24:00 时。在硬件建设之外,深港双方面对日益增加的通关压力,建立健全沟通会晤、协调应急机制,充分保持了口岸的高效运行、和谐联动。同时加快探讨整合两地口岸资源,全面推进部分口岸查验管理信息资源共享,实现联合查验的口岸管理新模式,进一步促进通关、交通往来一体化建设和利用。

(二)"深港创新圈"的提出与实践

1. "深港创新圈"的提出

2004 年 CEPA 的正式实施,为深港经济一体化进程的加速提供了契机。在更广泛、更高层级上、更深入地展开深港经济合作,成为双方共识。CEPA 作为第一动因直接催生了"深港创新圈"构想的提出和它的实际运行。

"深港创新圈",是以深圳黄岗口岸为圆心,1 小时车程为半径的大致范围为核心区域。核心发展区域将以深圳、香港作为创新中心城市,共集聚了 46 家深港两地科研机构、60 家重点实验室、70 家工程技术中心和近 300 家国家级高新技术企业集团。该核心区域还可延伸至 2 小时车程为半径辐射的珠三角周边地区。

2005 年 1 月,深圳市政府出台当年的第 1 号文件——《深圳市融入泛珠江三角洲区域合作实施方案》。该文件进一步明确指出"深港创新圈"与深港经济合作的重要作用和地位,文件中正式提出打造"深港创新圈"的构想。2005 年 7 月 15 日,时任深圳市委书记的李鸿忠在北京向国务委员陈至立及有关部委领导汇报深圳自主创新工作时,第一次正式提出建设"深港创新圈",得到与会领导的肯定。2005 年 8 月 3 日,《繁荣的边境,繁荣的香港——全方位开发港深边境地区的方案与论证》专题报告完稿,撰写该报告的专家组指出,开发港深边境地带,由两地全方位合作效果最佳,深港边境开发将为香港带来巨大的经济效益。2005 年 12 月,当时的深圳市科技和信息局组织召开了中央部委领导、深港两地相关部门和专家学者们参加的"第一届深港创新圈论坛"。

2006 年 1 月 4 日,深圳市委市政府《关于实施自主创新战略建设国家创新型城市的决定》,以规范性文件的形式确认了建设"深港创新圈"的构想。2006 年全国"两会"期间,深港两地的全国政协委员香港科技大学原校长吴家玮、深圳市原市委书记厉有为等联名提出了建立"深港创新圈"的提案,北京大学校长许智宏及中科院院士李济生、江东亮等均认为"深港创新圈"应当进入国家发展战略。2006 年 4 月 21 日,深圳市科技和信息局与香港创新科技署联合组织召开"第二届深港创新圈论坛",同时开通"深港创新圈"直通巴士服务,为两地科研人员、企业家等的往来、交流考察等提供交通便利条件。2006 年 10 月,深圳市从科技研发资金中拨出专款,设立"深港创新圈计划",专项支持深港科技合作和创新圈建设。同时,拿出资金支持 50 家企业申报"深港创新圈"龙头企业支持计划,31 家企业申报深港产学研计划。

2006 年 6 月 8 日,香港六大研发中心在深圳举行推介活动,深圳市科技和信息局组织了近 200 家科技企业和科研机构等参加。2006 年 9 月 7 日,在履行完必要的法律程序后,香港特区政府宣布,将香港边境禁区现有的总面积 2800 公顷减至 800 公顷,面积缩小达七成多,日后的边境仅仅是一条狭长的通道。"禁区"解禁后,香港与深圳之间可以共同交流、合作开发的空间大幅增加。2006 年 11 月,香港特别行政区政府发言人表示,政府已就建立"深港创新圈"的问题,开始研究具体措施。在 2006 年,香港政府还通过了财政预算 20 亿港元资金,用于投资 5 个创新中心,与深圳以及珠三角周边地区的高新技术产业进行紧密链接。

2. "深港创新圈"实践

2007 年 5 月 21 日,深港两地政府共同签订《香港特别行政区政府、深圳市人民政府关于"深港创新圈"合作协议》,标志着"深港创新圈"的全面合作进入正式实施阶段。2007 年 7 月 1 日,连接深港的西部通道(香港称作"深圳湾公路大桥")正式开通,并实行一地两检制。该大桥的投入运作,标志着深港之间更紧密的融合与合作。2007 年 10 月,在深圳召开的深港创新及科技合作第一次督导会议,审议通过《深港创新及科技合作督导会议工作机制》;就"深港创新圈专项资助计划"、"高交会设立深港创新圈展区"、"联合建设深港创新圈公共资讯服务网"、"深港生产力基础建设"、"深港创新圈互动基地建设"等 11 个专项展开了交流,同时讨论了有关人才交流、资源共享等方面的合作,其中包括在两地科技园区共建互动基地以及加强知识产权的保护等。当年,深港两地各自安排 3000 万元(人民币/港元)专项经费,对具备产业化潜力、有助于经济社会发展的科研项目进行联合资助。经过磋商,双方确定重点支持无线射频共性技术、集成电路设计和数码电视等领域的科研合作。这一年,深圳市还批准了 49 个单方资助项目和 4 项创新资源平台项目,资助金额 2000 万元人民币。在深港创新圈互动基地建设方面,进展顺利。深圳方在新落成的深圳软件园区划出了特定区域作为产业基地,供第一批 14 家香港企业入驻;香港在香港科学园预留位置为深圳企业入驻提供条件。"深港生产力基地"的六大技术支援中心开始筹建,为深港及内地其他企业提供环保技术、电子及汽车技术、软件及动漫产业、知识产权和品牌建设、管理咨询等方面的服务。

2008 年 5 月 5 日,深港创新圈第二次督导会议在香港召开。2008 年 11 月 13 日,深港合作会议首次在深圳举行,两地政府就进一步推进深港合作达成诸多共识,并签署落马洲河套地区综合研究、教育、清洁生产等 5 项合作协议,合作项目中包括深港双方与美国杜邦公司合作开展太阳能光伏电科技项目,杜邦公司分别在香港科学园和深圳光明新区投资建设太阳能光伏电薄膜研发中心和生产基地。

2009 年 3 月 20 日,香港科学园太阳能技术支持中心及杜邦太阳能全球薄膜光伏电研发中心正式启用,这是"深港创新圈"建设迈出的重要一步,该项目是"深港创新圈"战略提出后,深港联合成功招商引进的第一个高新科技重大项目。2009 年 3 月 31 日,深港创新及科技合作第三次督导会议在深圳召开,会议审议并通过了《深港创新圈三年行动计划(2009—2011)》。在该计划中,深港两地政府将通过 3 年努力,建设一批深港创新基地、创新平台,完成一批重大项目。"深港创新圈"3 年行动计划分三大范畴,即创新基地——提供实验室或设备、服务平台——分享科技资源及提供科技服务的平台、重大研究专项——在特定的科技领域合作如太阳能电池等新能源领域。在 3 年之内,深港将联手推动包括汽车电子、节能环保等在内的 24 个"创新专项"。深圳市目前每年科研资金中确定的 3500 万元的专项建设资金将继续延续使用,香港政府方面也将拨出专项资金来予以支持扶助。2009 年 4 月 3 日,深圳市规划局发布落马洲河套地区 C 区规划招标公告。2009 年 6 月,深港创新及科技合作(深港创新圈)督导会议深圳方、香港创新科技署有关领导共同率领深港创新圈双方成员单位及合作机构代表,赴北京向商务部、教育部、国务院港澳办、海关总署及科技部做专题工作汇报。

2009 年 2 月 24 日,香港特区政府就"广深港"客运专线香港段与中国内地段的衔接技术方案与国家铁道部共同签署了备忘录。"广深港"高铁香港段是香港特区在 2007 年 10 月在《施政报告》中宣布的 10 个大型基建项目之一,"广深港"高铁香港段将与京广线、杭福深客运专线接通,将香港纳入国家高速铁路网络。该铁路还将连接珠三角城际快速轨道,进而强化香港与珠三角地区的联系。"广深港"高速铁路香港段的最高车速超过 200 公里/小时,通车之后,香港与广州的铁路行车时间将缩短至 48 分钟,由香港到长沙、厦门只要 4 小时左右,到达武汉、福州等约 5 小时,到上海、北京的时间分别约 8 小时、10 小时。据估算,"广深港"高速铁路 2020 年载客量可达到 10 万人次/日,2030 年达到 12 万人次/日。以节省的交通时间估算,它所带来的经济效益在 50 年的时期内为 830 亿港元/年左右。

2010 年 4 月 7 日,《粤港合作框架协议》在北京正式签署,此举标志着以深港合作为重要极核的粤港合作进入国家经济战略层面。《粤港合作框架协议》明确提出:"规划建设'深港创新圈',联合承接国际先进制造业、高新技术企业研发转移,开展技术研发,推进珠江三角洲地区区域科技合作和国际合作,支持广州—深圳建设国家创新型城市,扩展建成'香港—深圳—广州'为主轴的区域创新格局。"由于深圳高新产业在全国居于领先地位,拥有一定规模的高新技术产业集群,将这种优势与香港质素较高的高等院校、科研机构以及市场开拓、接轨国际等优势相结合,对于深化深港、粤深港的高新产业链分工、专业服务业价值链分工等,带动整个珠三角继续先行发展将奠定有力的基础。

第四节　深港经济合作理论的总结回顾

从 20 世纪 80 年代初期深圳经济特区设立伊始,就有了针对深港经济合作理论与实践的探索。此后,"深港衔接"、"深港同城化"、"深港区域经济一体化"、"共同市场"、"深港共建国际大都会圈"等术语成为众人熟稔的理论课题。香港及海外的经济学家和学者们较早地介入了香港与深圳的经济合作理论研究工作,研究角度与国际先进理念接轨程度高。内地相关学者们的视野独特,涉及范围广泛,现实针对性强,实践指导意义更为具体。

深港原先具有不同的基本制度,但中国改革开放以后双方的经济合作行为非常成功,对我国区域经济合作理论与实践作出重要的创新与贡献。从理论指导意义上看,经济特区的理论与实践在中国改革开放和全面推进现代化建设进程中,发挥了重要和不可替代的作用;深港经济合作问题,则构成了经济特区理论的重要组成部分之一。深港经济合作,是一种在"一国两制"下的区域经济合作,是在两种不同的经济制度下的"一体化合作",是在两种不同的经济发展水平状态下的经济合作。

深港经济合作极大地促进深港两地经济增长和发展速度,大大提升双方的竞争优势:既极大地推进经济特区的经济社会发展,又成为了香港长期繁荣稳定的坚实基础之一。这种"两赢"格局是全面贯彻执行"一国两制"方针政策的重大成就,验证了"一国两制"基本原则的正确性和科学性,又在实践层面上更加前进了一步。深港区域经济合作理论与实践的研究工作,很显然具有重大创新价值和现实意义。

一、海外学者对深港经济合作理论及实践的研究

(一)在区域经济一体化中的香港角色分析

早在 20 世纪 80—90 年代,海内外经济学家和专家们就认识到:香港强劲的经济表现,得益于它的独特的地理位置,也得益于它的独特的经济发展模式甚至香港居民的创业特性等。1996 年,哈佛商学院教授的经济学家米高·恩莱特 (M. J. Enright) 选择了香港九大工业项目作为研究对象,全面研究当时正处于转型过程中和回归祖国前夕的香港经济所面临的主要问题,包括:香港工业技术发展,香港作为海外企业的据点,香港在区域增值链 (Value-added chain) 中的位置以及竞争在香港经济中的性质等。在认真分析九大工业项目的基础上,他较全面地分析了香港经济体系的优势条件和不利条件:"香港凭着它突出的跨国才能和种种独特的组合,属于一个独一无二的地位,以致能在当地、在邻近区域内甚至全球经济中,担当各式各样的角色。香港企业是世界经济活动的统筹和协调者……香港和它的企业已经成为中国大陆经济现代化和中国大陆经济跻身世界市场的推动者,更是区域性发展的一股重要力量。"①

(二)海外学者围绕深港区域经济一体化的研究

1980 年,香港浸会学院社会学系首席讲师黄枝连在《美国 203 年:对"美国体系"的历史学与未来学的分析》中指出:20 世纪 80 年代后期,亚太地区将有可能出现一个"中国人共同体"(The Chinese International Community),或者叫做"中国人经济集团"(The Chinese Economic Community)。②

1989 年,香港学者周八骏在《从"中国人共同体"到华东南自由贸易区》论文中提出了"中国圈"、"大中华共同市场"、"中国经济圈"、"亚洲华人共同市场"等设想,从区域经济一体化范畴来研究审视香港与深圳以及华南经济圈的经济合作。他指出,在可预见的未来包括中国内地、港、台三地在内的区域经济

---

① [美]米高·恩莱特、伊迪芙·司各特、大卫·杜大伟:《香港优势》,商务印务馆 1999 年版,第 53 页。
② 转引自钟坚:《深圳与香港经济一体化关系研究》,人民出版社 2001 年版,第 15 页。

一体化没有可能采取共同市场的形式,而比较可行的是从自由贸易区做起。"自由贸易区"就是香港、澳门与中国内地华南乃至华东地区之间,就整体经济而言的一种"一体化"联系形式。① 后来,CEPA 成功实施无疑是对这种学术观点的最好印证。

1996 年,美国麻省理工学院教授苏珊·博尔格和理查德·李斯特带领一个研究小组,历时一年多,先后走访了 350 家香港公司和机构,进行了 516 次调查访问,在实证的基础上,探讨了'在香港制造"与"由香港制造"之间的关系,写出了相关研究报告;较早地提出了香港或香港企业要与中国内地尤其是深圳及珠三角周边地区一起,共同创建区域技术创新网络、知识经济创新平台等:"香港企业界(要)与中国内地先进的科技中心联成一个整体。""除了要组织生产设施、产品流动、运输枢纽这样的物质网络以外,还要创建一个与之并行的知识获取和知识创造活动的网络。新知识的来源广为分散,当企业有能力吸引并使用新知识的时候,每一项发明的价值都得到了成倍的增加。'由香港制造'生产网络所展示的最重要的启示之一是对香港内外新知识创造活动进行的互补性投资。"②

2002 年,香港学者杨英著书《香港经济新论》并指出:由于地缘、血缘、人缘的关系,内地与香港开展经济一体化最为密切的是珠三角地区。香港与珠三角的经济一体化,在过去的 20 多年中走过了由有限要素互补性一体化,逐步过渡到全面要素互补性一体化,并且处在向经济一体化的方向发展的过程。③

(三)海外学者围绕深港大都会经济圈的研究

2002 年 6 月,香港中文大学工商管理学院"珠江三角洲"课题组提出,香港应与珠江三角洲发展整体经济。今后,香港与珠江三角洲的经济成长,将依赖于整个地区(或称核心周边系统)共同提供的都会经济效益进行的生产活动。他

---

① 参见钟坚:《深圳与香港经济一体化关系的模式定位》,《特区理论与实践》2001 年第 5 期。

② [美]苏珊·博尔格、理查德·李斯特主编:《由香港制造——香港制造业的过去·现在·未来》,清华大学出版社 2000 年版,第 134 页。

③ 参见杨英:《香港经济新论》,暨南大学出版社 2002 年版,第 13 页。

们认为,香港与广东特别是珠江三角洲地区的经济关系,已不能再以单纯的投资地与受资地来看待。目前,两地的经济成长依赖性很强,因此,将整个香港—珠三角地区视为一个以香港为核心的都会经济区进行规划和讨论是有效的参考架构。并指出,未来香港应以整体都会区的架构制定长期经济发展策略,与邻近特区、市县相互协调与配合。在人流、物流有关的基本建设方面,如港口、机场、发电厂的发展或扩充,出入境与双向关卡手续的简化等均宜从整体大都会区的角度来审视,以避免功能重复。在具体项目上,例如大型现代物流中心的发展,亦应从粤深港的整体分工角度来规划安排。

2007 年 8 月,香港智经研究中心公布了《建构港深都会》的研究报告。报告指出,在很大程度上,港深两地已在多方面达到或接近国际大都会的标准。在经济规模上,2006 年香港与深圳 GDP 总量达 2590 亿美元,仅次于东京、纽约和伦敦等地,位居全球前列;在城市规模上,港深两地面积 3000 多平方公里,人口2000 多万,超过东京和伦敦;在产业优势上,香港是公认的区域性国际金融中心,拥有发达的服务业,而深圳是全球许多产品的制造中心;从交通看,香港的码头和深圳的港口均是世界排名前位的集装箱大港,香港机场的货运量名列世界首位,港深两地机场的客运总量加总后也排在全球前十位;从趋势上看,港深两地完全有条件经过进一步整合,发展成为一个具有高度竞争力的国际都会。

二、内地学者对深港经济合作理论及实践的研究

内地专家学者们对深港经济合作理论的探索与研究,从深圳经济特区成立以来就从没有停止过。20 世纪 80 年代,"经济特区"对很多人来说尚是新鲜事物;到了 20 世纪 90 年代,尤其是香港 1997 年回归前后,内地专家学者围绕"经济特区到底还该特不特"、"深港如何衔接"等问题,充分地展开探讨与研究。例如,国庆撰写了博士论文《深港经济合作一体化研究》(后来改名《港深经济一体化》正式出版),这是我国最早专门探讨深港经济合作问题的专著。国世平撰写了《香港经济平稳过渡及未来繁荣》(博士论文),林和立撰写《深港科技合作的研究》(博士论文),胡振国撰写《深港经济合作研究》(博士论文),汤山文撰写《论深港经济寻优合作选择》(博士论文),等等。同时,广州的冯邦彦、杨英,深

圳的钟坚、魏达志、谭刚等经济学家,陆续出版了大量论著、论文,专门探讨深港经济合作或经济一体化等课题。这些论著从不同的角度对深港经济合作问题进行了富有前瞻性的、具有重大理论价值和实践意义的探索,对当时推进深港区域经济合作发挥了有益的促进作月。

（一）深入探讨"经济特区"这一特定术语

深圳经济特区从设想到诞生,深港经济合作问题,既是一个重大理论课题,又是具有重大历史意义的实践活动。

1978—1979 年,在中央部委、广东省等的文件报告内,先后陆续出现过"出口基地"、"出口加工区"、"过境加工区"、"出口特区"等名称;而如何称谓既涉及兴办特区的政治指导原则、管理政策走向,又涉及如何操作等现实重大问题。经过反复论证、研讨,最终确定了"经济特区"这一提法。"经济特区"这一正式名称,在当时与中央举办特区的初衷最为吻合。它包含了两层意义:一方面,它是中国在经济领域进行多方面改革试验的区域,在对外的经济活动中可以实行特殊的经济政策、特殊的经济管理体制和灵活的经济措施,中国将利用经济特区这个"窗口",加强与中国港澳台地区和海外其他国家和地区的经济合作与技术交流;另一方面,经济特区将有别于回归祖国后的香港、澳门和祖国统一后的台湾。"经济特区"这一正式名称,凝聚了众多人的智慧。

1980 年 8 月,《广东省经济特区条例》经过 13 次修改后提交全国人大常委会审议并正式通过。该条例首次提出:鼓励一切在国际经济合作和技术交流中具有积极意义的(活动)。以及"特区鼓励外国公民、华侨、港澳同胞及其公司、企业(以下简称客商),投资设厂或者与我方(经济特区)合资设厂,兴办企业和其他事业,并依法保护其资产、应得利润和其他合法权益。"①全国人大正式审议通过了《广东省经济特区条例》这一举措,意味着以立法的形式正式确认了"经济特区"这一术语,从而全面地保障和促进了深港经济合作的向前探索与进一步实践活动。

---

① 《广东省经济特区条例》1980 年 8 月。

（二）针对"自由港区"设想的探讨

1992 年,经济学家刘国光提交了深圳经济特区在 20 世纪 90 年代经济发展战略专题报告——《自由港区:经济运行机制创新的试验》,论证提出了深圳经济特区建立自由港区、并与香港自由港区深度衔接的设想和理论。

2002 年,内地经济学家冯邦彦提出建立"香港—珠江三角洲高科技湾区"设想,其目的主要加强两地经济优势互补,帮助香港实现经济成功转型。他提出,应首先从香港与深圳的一体化开始做起,形成港深科技走廊,再由此向珠江三角洲内各县市的高技术产业开发区辐射、转移,进而形成整个高科技湾区。①

（三）围绕深港区域经济一体化的探索与研究

2003 年以后,随着深港口岸 24 小时通关、CEPA 签署与正式实施等,深港区域经济一体化理论的研究活动更趋活跃,层次更为丰富,范畴更为广泛。

众多国内学者几乎一致认为,CEPA 正式实施后,深港区域经济一体化将进入一个层级更高、合作障碍更少的阶段。不少人指出,在一国两制的政治框架下,深港区域经济一体化的理想模式应当从"自由贸易区"逐渐过渡为"共同市场",即实现两地双向的商品、人力、资金、服务四大流通,使深港两地的发展条件、贸易结构、资源组合、增长方式发生深刻的变动,促使两地的市场分布、区域体系、网络组织、商业模式发生全面优化,从而使两地在功能性和制度性两方面形成真正的经济命运共同体。在 CEPA 框架下,粤港澳区域经济的整合(包括经济辐射)是一个系统工程,应当全方位地从观念整合、市场制度整合、协调机制整合、基础设施整合、信息整合、产业整合、政府职能整合、发展战略整合,甚至资源整合、城市整合、文化整合等,进行通盘考虑。

一些专家学者更是指出,深港区域经济一体化、粤港经济一体化经过 20 多年深入发展,在现有社会制度、法律制度等框架下的经济整合发展空间有限。因此,深港、粤港区域经济一体化要重点从制度安排上着手实施。

---

① 参见冯邦彦:《香港产业结构研究》,经济管理出版社 2002 年版,第 353—356 页。

第五节　深港经济合作理论与实践的重大历史价值

一、深港经济合作在经济特区建设中的重大作用

在深圳经济特区设立之初,港资、港企以及香港企业家是深圳利用外资、对外开放的最大来源;港商在深的投资数量、项目数多年来独占鳌头。从某种意义上来看,在经济特区建设早中期,深港经济合作对我国改革开放和推进现代化建设以及较好地促进香港长期繁荣与稳定等重大战略,发挥了重要作用。同时,在对外技术交流和经济合作方面,具有"杀出一条血路来"的历史地位和开创性的价值意义。

从政治经济制度来看,1980 年正式实施的《广东省经济特区条例》,第一次在我国以具有法律效力的政府文件形式,允许外商资本在中国境内从事以营利为目的的经济活动,第一次以"在国际经济合作和技术交流中具有积极意义"、"客商与我方共同感兴趣"为标准,而不是以国家计划、政府指令为唯一根据来确定投资项目和上马生产企业。

在经济活动来看,深港经济合作以当时发展深圳经济特区外向型经济为主要目标,以实现参与全球经济大循环为要求,充分体现出尽量按照国际惯例、市场规则发展经济的原则立场。这在当时,无疑地具有重大的历史意义。

从微观的经济主体来看,中国首家国营涉外运输企业,深圳第一家三来一补企业,中国第一家外资商业银行深圳分行,深圳市第一家驻境外贸易业务机构……十分鲜明地印上了深圳与香港、中国内地与香港进行开创性经济合作的标记。

早中期的深港经济合作,是深圳经济特区发展进程中的"定海神针"和"涡轮推进器",为深圳、香港两地经济社会发展带来了巨大的动力。深港经济合作为充分发挥经济特区在全国改革开放和现代化建设中的窗口作用、试验田作用、排头兵作用,发挥了自身独特的优势,积淀了许多的宝贵经验。(1986 至 2009

年部分年份深圳实际利用港澳资金及协议项目概况见表2－7）。

表 2－7　深圳实际利用港澳资金及协议项目概况

年　份	签订的协议（合同）项目情况		实际利用港澳资金额（万美元）	
	项目数	占外资项目比例（%）	金额	占外资比例（%）
1986	387	85.24	38587	78.86
1991	885	89.76	32375	55.83
1997	1576	88.24	203035	70.70
2002	1498	68.37	216516	44.17
2007	3427	81.60	223877	61.13
2009	—	—	274863	66.07

资料来源：《深圳统计年鉴》（2008年），深圳市统计局网站。

二、邓小平有关深港经济合作的重要论述

邓小平特区理论是邓小平理论的重要组成部分。邓小平关于我国区域经济协调发展以及加强对外经贸技术合作、加强深港经济合作与共同发展的论述，都是一代伟人有关经济社会发展进步的最耀眼的思想光辉之一。其中，排除各种困难、障碍与各种阻力，千方百计地加快推进对外开放和深港合作发展，为香港回归及长期繁荣稳定创造良好的内外条件，是邓小平特区理论的出发点。

首先，对特定空间全面实施空间激励政策，是邓小平特区理论的一个基本出发点，也是深港经济合作理论与实践的合理内核。空间激励政策的内涵理念，与邓小平最初设立特区的构想基本上是一致的。在特区空间激励政策的巨大催化效应下，我国在20世纪80年代初期取得了改革开放和经济建设的巨大成功，基本完成全国范围内的改革开放战略布局。1978年12月召开了中共中央十一届三中全会，确定党的工作重心向经济建设的转移。但是，经济建设与对外开放的"撬点"与"杠杆"在何处呢？如果选择得当，将顺利地打开国门、加快对外开放的步伐；若选择不稳妥，则可能引发甚至形成某些消极影响。在1979年4月召开的中央工作会议上，当时的广东省委负责人汇报了在原宝安县内划出一块地来设置类似海外的出口加工区、吸引外商投资办厂的工作设想，邓小平听完汇报

后指示说道：可以划出一块地方，叫做特区。陕甘宁就是特区嘛。中央没有钱，要你们自己搞，杀出一条血路来。① 后来邓小平又明确说明："那一年确定四个经济特区，主要是从地理条件考虑的。深圳毗邻香港，珠海靠近澳门。"②1980年5月，邓小平倡导、设计和给予大力支持的第一批经济特区——深圳、珠海、汕头、厦门宣布成立；其后，邓小平进一步提出了逐步对外开放一些有条件的沿海港口城市、沿海经济开放区、沿江和内陆开放城市和沿边开放城市，从而一举奠定了中国对外开放的整体空间战略布局。在最初的几个经济特区中，邓小平对深圳经济特区关心备至，相关的重要论述、指示等也最多，其中最重要因素是，深圳经济特区毗邻香港。可见，邓小平非常看重深圳（中国内地）与香港（主权属于中国的国际大都会）之间的经济联系，成立深圳经济特区的目的之一，就是要借鉴香港经验、借道香港，来打通中国内地对外开放的大通道。

在深港之间具体的经济合作实践中，邓小平有着非常清晰的思路。20 世纪80 年代初期，深圳走上了努力发展外向型经济的路子。但是究竟如何加快外向型经济的发展呢？那时深圳，才建立经济特区不久，几乎没有什么工业基础，生产设备、技术及资金都严重匮乏，凭当时实力，很难同外商洽谈合资办企业、搞经营等。根据当时具体情况，深圳市确定了大力发展对外加工业、实行以进口反哺出口的经济措施，提出在一段时期内，全市的对外引资引企工作主要围绕三来一补来开展；然而这却在当时招来了某种批评，说深圳主要引进了一些"破破烂烂"的企业。这时邓小平就明确指出："现在搞建设，门路要多一点，可以利用外国的资金和技术，华侨、华裔也可以回来办工厂。吸引外资可以采取补偿贸易的方法，也可以搞合营，先选择资金周转快的行业做起。"③实践证明，邓小平的指导思想是完全正确的。三来一补促进使深圳及内地的大量劳力有所用武之地，为深圳发展外向型经济积累了宝贵的初始资金。邓小平十分重视通过对外经

---

① 中共中央党史研究室科研局编：《再造中华辉煌——邓小平纪事》，中央党史出版社1994 年版，第 325 页。
②《邓小平文选》第三卷，人民出版社 1993 年版，第 366 页。
③《邓小平文选》第二卷，人民出版社 1994 年版，第 156 页。

贸、技术技术来促进经济增长,获取生产、技术、管理及劳动力培训等经验。他曾专门指出:"发展经济,不开放是很难搞起来的。世界各国的经济发展都要搞开放,西方国家在资金和技术上就是互相融合、交流的。"①通过对外开放,进行经贸、资金和技术的交流学习,经济特区快速地掌握熟悉了国际营商惯例,打通了出口通道,迅速地促进了深圳经济特区等的外向型经济、出口型经济的发展。

邓小平对经济特区的性质、作用和战略地位曾作过科学的概括。他指出:"特区是个窗口,是技术的窗口,管理的窗口,知识的窗口,也是对外政策的窗口。"②经济特区的窗口作用,是要不断地加强对外经贸、技术交流与经济合作,在兴办三资企业的过程中,学习现代管理经验,开阔视野,更新观念;同时,包括深圳在内经济特区由于地理区位条件佳、政策优惠、信息灵通,对境外的先进技术、知识、管理经验等容易吸引引进,从而加快了向外界展示中国改革开放步伐和决心,从而不断地把社会主义现代化建设推向了新阶段。

1984年,邓小平提出了进一步扩大经济特区的设想,指出:"厦门特区地方划得太小,要把整个厦门岛搞成特区。这样就能吸收大批华侨资金、港台资金,许多外国人也会来投资,而且可以把周围地区带动起来,使整个福建省的经济活跃起来。厦门特区不叫自由港,但可以实行自由港的某些政策。"③1988年6月,邓小平又提出要在内地造几个"香港"。1989年5月,邓小平在谈话中进一步说明:"我过去说过要再造几个'香港',就是说我们要开放,不能收,要比过去更开放。"④邓小平提出在内地再造几个"香港"、实行自由港政策等,对深港经济合作具有重大的实践指导意义。在带头多造几个类似香港的经济中心和增长极上,深圳、珠海等经济特区纷纷加快了探索的步伐。

按照邓小平的设想,实施特区政策、加强深港经济联动的战略意图,是通过特区发展带动邻近省、市以及内地的经济增长。即以特区为发展"极核"和"增

①《邓小平文选》第三卷,人民出版社1993年版,第367页。
②《邓小平文选》第三卷,人民出版社1993年版,第51—52页。
③《邓小平文选》第三卷,人民出版社1993年版,第52页。
④《邓小平文选》第三卷,人民出版社1993年版,第297页。

长极",有层次、有梯度地推进沿海开放城市和开放带、沿边沿江开放城市和开放带,最终盘活全国改革开放大格局。邓小平多次强调指出:"沿海地区要加快对外开放,使这个拥有两亿人口的广大地带较快地先发展起来,从而带动内地更好地发展,这是一个事关大局的问题。"①根据这一战略部署,深圳经济特区在区域经济合作方面已经发挥了和正在发挥着良好的示范、带动作用。20世纪90年代初期,当深圳经济率先发展后,就开始着手把实现共同富裕作为特区工作重点之一,推动经济特区生产要素向欠发达地区流动,把特区的资金、技术和管理优势等与相对落后的粤北地区、中西部的资源优势等结合起来;或者直接通过资金扶持、技术协作和帮扶建设重点项目等方式、措施,去带动国内后发区域经济增长。深圳更积极利用毗邻香港优势,依托内地走向海外,构建"三点一线"辐射模式(内地—深圳—香港等国际市场)的形成,来充分地发挥特区经济辐射力和推动力。

邓小平提出用"一国两制"基本原则来妥善处理港澳台问题,实现祖国统一。这一开创性构想具有两大基本前提:一是有利于早日和平统一祖国;二是有利于保持港澳台地区的长期繁荣与稳定。他提出建立经济特区,就是为了寻求在一个国家之内两种制度之间进行成功衔接的结合部,促进内地和港澳台地区之间能够发挥各自的比较优势,合作交流,互补互利,共同发展。对于深圳经济特区来说,其主要使命之一就是通过学习、借鉴香港的优势、经验,通过深港衔接,促进了香港的顺利回归和回归后的长期繁荣稳定。1984年2月,邓小平第一次视察深圳经济特区时说:"听说深圳治安比过去好了,跑到香港去的人开始回来,原因之一是就业多,收入增加了,物质条件也好多了。"②在邓小平理论体系中,通过深港合作和特区经济的发展,展示国家新形象,促进香港及周边地区的长期繁荣稳定,是充分地落实"一国两制"基本原则的具体举措和保障。

在对外经济合作中,如何处理好速度与效益质量等关系,邓小平辩证地分析其有机统一关系。1979年1月,他在会见胡厥文等工商界人士要求:"过去耽误

---

① 《邓小平文选》第三卷,人民出版社1993年版,第277—278页。
② 《邓小平文选》第三卷,人民出版社1993年版,第52页。

的时间太久了,不搞快点不行。但是怎样做到既要搞得快点,又要不重犯 1958 年的错误,这是个必须解决的问题。"①1992 年 1 月南方讲话中,邓小平指出:"能发展就不要阻挡,有条件的地方要尽可能搞快点,只要是讲效益,讲质量,搞外向型经济,就没有什么可以担心的。低速度等于停步,甚至等于后退。……我国的经济发展,总要力争隔几年上一个台阶。当然,不是鼓励不切实际的高速度,还是要扎扎实实,讲求效益,稳步协调地发展。比如广东,要上几个台阶,力争用二十年时间赶上亚洲'四小龙'。比如江苏等发展比较好的地区,就应该比全国平均速度快。又比如上海,目前完全有条件搞得更快一点。上海在人才、技术和管理方面都有明显的优势,辐射面宽。"②"从国际经验来看,一些国家在发展过程中,都曾经有过高速发展时期,或若干高速发展阶段。"③在邓小平南方讲话精神指引下,深圳经济特区加快了对外经济合作、招商引资的步伐,迅速地在国内掀起了新一轮改革开放高潮。据有关统计,1992 年深圳市赴港澳、出国招商引资、学习考察的共计 28549 人次,比 1991 年增加三成多;其中出国 5738 人次,比 1991 年增加七成多。1992 年,深圳市赴境外举办展销会和参加国际性展览共 21 次,市投资促进中心共接待了来自欧美、亚洲等 32 个国家和地区的投资咨询客商 280 多批次、8300 多人次。通过大量境外学习考察、招商引资和引智活动,增加了相互之间的了解,学习和借鉴了海外的有益经验,广泛地宣讲了经济特区的特殊优惠政策、良好投资环境、达成了一大批经济合作项目、招商引资项目,拓宽了经贸、科技、人才等方面的交流合作渠道,扩大了深圳对外开放的影响力和知名度,为深港两地的合作与发展、城市功能一体化衔接以及对外开放的大局等开创了新的局面。

---

① 《邓小平文选》第二卷,人民出版社 1994 年版,第 156 页。
② 《邓小平文选》第三卷,人民出版社 1993 年版,第 375—376 页。
③ 《邓小平文选》第三卷,人民出版社 1993 年版,第 377 页。

第三章
科学发展观与深港
经济一体化

当前,我国正在全面树立和落实科学发展观,推动经济社会又好又快发展。科学发展观的基本要求是全面协调可持续,"协调发展,就是要统筹城乡发展、统筹区域发展、统筹经济社会发展、统筹人与自然和谐发展、统筹国内发展和对外开放"①。"统筹区域发展"与"统筹国内发展与对外开放"的内在要求,与深港经济一体化具有十分密切的联系。我国《国民经济和社会发展第十一个五年规划纲要》专门针对"东部地区率先发展"要求:东部地区要率先提高自主创新能力,率先实现经济结构优化升级和增长方式转变,率先完善社会主义市场经济体制,在率先发展和改革中带动帮助中西部地区发展。加快形成一批自主知识产权、核心技术和知名品牌,提高产业素质和竞争力。优先发展先进制造业、高技术产业和服务业,着力发展精加工和高端产品。促进加工贸易升级,积极承接高技术产业和现代服务业转移,提高外向型经济水平,增强国际竞争力。而在健全区域协调互动机制方面,明确要求:健全市场机制,打破行政区划的局限,促进生产要素在区域间自由流动,引导产业转移。健全合作机制,鼓励和支持各地区开展多种形式的区域经济协作和技术、人才合作,形成以东带西、东中西共同发展的格局。

---

① 《科学发展观重要论述摘编》,中央文献出版社、党建读物出版社 2008 年版,第 35 页。

珠三角作为我国东部沿海的重要经济板块,在推进区域经济统筹协调发展、经济合作与一体化发展等方面,具有十分重要的战略地位。2010 年 4 月正式签署的《粤港合作框架协议》中明确粤港合作的主要目标:"在国家'十二五'规划期内,粤港深度合作机制基本建立,落实《珠江三角洲地区改革发展规划纲要(2008—2020 年)》、深入实施 CEPA 及服务业对港开放在广东先行先试政策措施取得明显成效,跨界基础设施网络初步建成,产业转移与转型升级、生产和生活要素流通、公共服务体系衔接、重点合作区发展等取得较大突破,区域功能布局进一步优化,生态与环境质量明显改善,共建优质生活圈初显成效,大珠江三角洲世界级城市群格局基本形成。到本世纪二十年代,基本形成先进制造业与现代服务业融合的现代产业体系、要素便捷流动的现代流通经济圈、生活工作便利的优质生活圈、国家对外开放的重要国际门户,香港国际金融中心地位得到进一步巩固和提升,建成世界级城市群和新经济区域。"①深港之间的深度经济合作与经济一体化,则是粤港合作、乃至泛珠三角经济合作的引擎。

第一节　深圳与香港的区情

一、深圳区情

(一)基本概况

深圳市的前身是广东省宝安县,秦代时隶属番禺,晋朝始设宝安。地处广东省中南沿海,陆域位置东经 113°46′—114°37′,北纬 22°27′—22°52′。东临大鹏湾,西连珠江口,南与香港接壤,北与东莞市、惠州市为邻。深圳属亚热带海洋性气候,面积 1953 平方公里,海岸线 230 公里,历来拥有优良的海湾港口,通海条件优越。

1980 年 5 月 16 日,党中央国务院转发了广东、福建两省会议纪要,批准在

---

① 《粤港合作框架协议》,《深圳特区报》2010 年 4 月 8 日。

深圳、珠海、汕头、厦门试办经济特区。这样特区的名称就正式定名为"经济特区"。1980 年 8 月,第五届全国人大常委会第 15 次会议批准公布了《广东省经济特区条例》。1981 年 5 月 4 日,深圳市委向广东省委提交了《关于深圳经济特区范围和管理的请求报告》中,把深圳经济特区范围确定为:"东起大鹏湾的背仔角,往西南延伸至蛇口、南头公社一甲村止的海岸边界线以北,北沿梧桐山、羊台山脉的大岭古、打鼓嶂、嶂顶、九尾顶、髻山、大洋山以及沙湾、独树村、白芒大队以南的狭长地带,总面积 327. 5 平方公里。"①整个特区呈不规则狭长形,东西长 49 公里,南北平均宽度为 7 公里。是当时全世界最大的经济特区。

(二)区位条件

从世界地图上来看,深圳(包括它的近邻香港),正好位于东亚地区的地理中心位置。乘飞机到达日本东京、韩国首尔以及泰国曼谷、新加坡、印尼雅加达等,需时在 3—5 小时之间。深圳机场已开通国内航线 112 条,国际航线 23 条。2008 年,深圳机场旅客吞吐总量 2140. 04 万人次,国际旅客吞吐量 72. 06 万人次,机场货邮吞吐量 59. 79 万吨。

深圳港是从中国内地进入太平洋的主要通道之一,是珠江的出海口。东部的盐田港和西部的蛇口港、赤湾港、大铲湾港都是天然良港。从深圳港出发,大约有 200 条集装箱航线可通往全球各地。全市有港口泊位 165 个,其中万吨级以上泊位 64 个。2008 年,深圳港集装箱吞吐量达到 2141. 65 万标准箱,港口货物吞吐量达 21125. 47 万吨。深圳港连续 6 年居全球集装箱枢纽港第四位。

毗邻香港是深圳所处经济区位的重要特点。深圳口岸是我国最大的入出境口岸,拥有与香港、澳门之间的陆、海、空方面的通关线路 20 余处。2008 年,经过深圳一线口岸入出境人数 1. 82 亿人次,占全国口岸入出境人员总量的 52%、广东省的 64. 5%,入出境交通工具 1558. 65 万辆(艘)次。经特区边防检查管理线进入特区内的海内外人数高达 5. 43 亿人次,车辆多达 1. 67 亿辆次。2008 年、2009 年,深圳市外贸进出口总额分别高达 2999. 55 亿美元、2701. 55 亿美元,其中外贸出口总额连续 17 年位居全国大中城市榜首。深圳口岸长期是全国最繁

---

① 深圳博物馆编:《深圳特区史》,人民出版社 1999 年版,第 28 页。

忙口岸。

（三）人口

截至 2008 年年末,全市常住人口 876.83 万人,其中深圳户籍人口 228.07 万人,占常住人口比重 26.0%;非户籍人口(在深圳居住半年以上、没有深圳红印户口簿的)648.76 万人,占比 74.0%。在人口密度上,特区内人口密度远远高于特区外,2007 年,特区外人口密度为每平方公里 3453 人,特区内每平方公里 8181 人;而特区内的福田区、罗湖区人口密度最高,分别为每平方公里 15369 人和每平方公里 11084 人,分别是全市平均水平的 3.5 倍和 2.5 倍。深圳市常住人口,其受教育程度在不断提高。2000 年大专及以上受教育人口有 83810 万人,2007 年则达到 152070 万人(深圳市主要年份常住人口受教育程度情况见表 3－1)。

表 3－1 深圳市主要年份常住人口受教育程度

年份 受教育程度	2000	2005	2006	2007
大专及以上(十万人)	8381	13331	14255	15207
高中(十万人)	23291	24547	24466	24359
初中(十万人)	54259	48836	48024	47241
小学(十万人)	12563	11953	12202	12269
人均受教育程度(%)	9.77	10.19	10.27	10.34

资料来源:《深圳统计年鉴》(2008 年)。

（四）经济发展

改革开放以来,尤其是近几年来,深圳市以科学发展观统领经济社会发展全局,国民经济稳步健康发展,综合经济实力连年跻身全国大中城市前列。2008 年,经初步核算的本地生产总值 7806.54 亿元。其中,第一次产业增加值 6.66 亿元。第二次产业增加值 3815.78 亿元,规模以上工业法人企业(即年主营业务收入 500 万元及以上的企业)增加值 3527.77 亿元;全年高新技术产品产值 8710.95 亿元,具有自主知识产权的高新技术产品产值 5148.17 亿元,占全部高新技术产品产值比重 59.1%。第三次产业增加值 3984.10 亿元。第一、第二和第三次产业增加值占全市生产总值的比重分别为 0.1%、48.9% 和 51.0%。根据年平均常住人口计算的人均生产总值约为 89814 元,按国家外管局公布的供计划统计用的人民币对美元折算率计算,人均生产总值为 13153 美元。全社会劳动生产率 11.77 万元/人。

2009 年,深圳经初步核算的 GDP 为 8201.23 亿元,按可比价格计算,比 2008 年增长 10.7%,超过预期目标 0.7 个百分点,分别比全国、广东省增速高出 2 个和 1.2 个百分点。从运行轨迹看,呈现率先触底、企稳回升、积极向好的特征,第一至第四季度本市生产总值累计增速分别为 6.5%、8.5%、9.6% 和 10.7%。从产业发展看,第三次产业成为推动经济增长的最重要力量,实现增加值 4363.12 亿元,比上年增长 12.5%;高端服务业加快发展,金融业增加值 1148.14 亿元,比上年增长 20.5%,占 GDP 比重提高至 14%;第一次产业增加值 6.47 亿元;第二次产业增加值 3831.64 亿元。从产业结构看,第二、第三次产业协调互动发展,三次产业结构发展为 0.1∶46.7∶53.2,其中第三次产业所占比重比上年提高 2.9 个百分点。从发展质量看,初步估算,每平方公里 GDP 产出 4.2 亿元,比上年提高 0.2 亿元;GDP 能耗、水耗持续下降,领先全国大中城市水平。

（五）近年深圳经济的主要特点

1. 服务业增长态势明显

2005 年第一、第二和第三次产业增加值占全市生产总值的比例是 0.2∶53.2∶46.6,2006 年分别是 0.1∶52.5∶47.4,2007 年为 0.1∶50.1∶49.8;2008 年则是 0.1∶48.9∶51.0,2009 年则分别为 0.1∶46.7∶53.2。几年一比较,第三次产业所占比重从 2005 年的 46.6% 提高到 2009 年的 53.2%,大幅提高了 6.6 个百分点。从增长情况来看,速度超过 10% 的服务行业依次为金融业、信息传输业、计算机服务和软件业等,上述行业对深圳经济持续增长和第三产业向高端服务转型发展等,发挥了重要作用。

金融业高速发展是深圳市经济增长的亮点之一。截至 2008 年年末,深圳市国内金融机构人民币各项存款余额 13011.24 亿元,比年初增长 13.2%;国内金融机构人民币各项贷款余额 9058.46 亿元,按可比口径计算,比年初增长 14.4%。在各项贷款中,短期贷款 2206.68 亿元,比年初增长 6.2%;中长期贷款

6007.63亿元,比年初增长11.0%。在中长期贷款中,个人消费贷款余额2573.62亿元,比年初增长4.3%,其中个人住房贷款余额2333.19亿元,比年初增加57.84亿元。全年累计现金支出12662.25亿元,现金收入11314.85亿元,货币净投放1347.40亿元,比上年增长0.6%。最新数据表明,截至2010年2月,深圳市国内金融机构人民币各项存款余额、各项贷款余额分别高达17613.63亿元、12530.37亿元。2008年,深圳证券交易所上市公司共计740家,比2007年增加70家,上市股票782只,增加70只,其中A股727只,增加70只;B股55只,与2007年持平。总发行股本3441.86亿股,增长23.7%;总流通股本2023.75亿股,增长33.9%。2009年,深圳证券市场股票、基金、债券、衍生品累计成交198734亿元,上市公司股票融资1713亿元,深圳证券交易所通过构建多层次资本市场服务实体经济、支持中小企业与自主创新的功能作用进一步显现。深市主板市场继续做优做强,34家公司再融资931亿元。中小企业板较2008年新增上市公司54家,公司总数达327家,年内共融资577亿元。筹措多年的创业板平稳顺利推出,2009年年底创业板上市公司达到36家,融资204亿元。进入2010年,深交所创业板发展速度进一步提升,平稳规范运作得到进一步强化。在保险市场方面,2008年深圳保险机构保费收入240.82亿元,比上年增长31.1%。2009年深圳保险业克服了欧美金融危机带来的影响,当年实现保费收入271.59亿元,同比增长12.78%,超出同期深圳GDP增速2.08个百分点。

总体来看,深圳金融业连续几年同比增幅达到20%以上。随着经济结构转型的深化,近年来深圳市金融业业务量快速增长,2007年全市金融业实现增加值778.66亿元,比2006年增长50.2%,占GDP的比重达到11.4%,比上年提高3.3个百分点;对GDP增长的贡献率为27.2%,比上年提高8.6个百分点,拉动GDP增长4个百分点。2008年,深圳市金融业实现增加值1012.16亿元,同比增长了21.5%。2009年,深圳全市金融业增加值1148.14亿元,比2008年增长20.5%,占GDP比重提高至14%。

2. 具有明显的知识经济特性

深圳工业产品中,通信设备、计算机及其他电子设备制造业增加值较高,互联网经济发展迅猛、效益突出,知识经济、信息经济的特点十分明显。

2006 年,深圳高新技术产品产值共计 6293.68 亿元,比 2005 年增长 28.8%。2007 年,深圳生产的通信设备、计算机及其他电子设备制造业增加值 1515.01 亿元,比 2006 年增长 21.2%,占规模以上工业增加值比重 49.0%,同比提高了 1.6 个百分点。2007 年高新产品产值 7598.76 亿元,其中具有自主知识产权的高新产品产值 4454.39 亿元,同比增长 21.9%,占全部高新产品产值的比重为 58.6%。2008 年,全市高新产品产值 8710.95 亿元,其中具有自主知识产权的高新产品产值 5148.17 亿元,增长 15.6%,占全部高新技术产品产值的比重达到 59.1%。2009 年,受到全球经济危机的影响,深圳高新技术产业增速下降,但从企业主体来看,那些拥有自主知识产权的高新企业强势发展;从主导产业看,占深圳高新技术产业产值 90.5% 的电子信息产业逆势增长,显示了较强的抵御经济危机风险能力。其中,深圳全市的通信设备、计算机及其他电子设备制造业实现增加值 1721.23 亿元,比 2008 年增长 12.6%。

截至 2007 年年底,深圳市拥有科研事业单位 221 家,从事高新技术产品研究、开发的新科技人员 19.3 万人,从事高新技术产品研发、制造的企业约 3 万家,高新产品产值超过亿元的企业有 547 家,形成了"四个 90% 以上"格局:90% 以上的研发机构设立在企业,90% 以上的研发人员集中在企业,90% 以上的研发资金来源于企业,90% 以上的科技发明专利出自于企业。高新技术产品研发与开发经费支出高达 221.87 亿元,占 GDP 比重为 3.28%。2007 年,深圳市专利申请量 3.58 万件,居全国大中城市第二位,其中发明专利 1.92 万件,占全部申请专利数的 53.62%,居全国大中城市第一位。全市 PCT 国际专利申请数 2480件,居全国大中城市第一位。截至 2009 年,深圳累计招收博士后人员 650 人,在站博士后约 230 人,在站人数和设站单位数均居广东省第一。截至 2010 年 3 月,深圳拥有博士后流动站和工作站共计 60 家,博士后创新实践基地 40 家。

3. 经济绩效、资源利用率逐步提高

2006 年,深圳平均每平方公里土地产出 GDP 为 3 亿元,比 2005 年提高了 0.47 亿元;2006 年 1—3 季度,万元 GDP 水耗 31.98 立方米,下降 3.52 立方米。2007 年,每平方公里土地产出 GDP 3.46 亿元,提高了 0.46 亿元。万元 GDP 能耗在不到全国平均水平一半的基础上仍有所下降;万元 GDP 水耗 27.7 立方米,下降 7%,相当于世界平均水平的一半,二氧化硫和化学需氧排放量分别下降 6.9% 和 4.7%。2008 年,每平方公里 GDP 产出近 4 亿元,比 2007 年提高 0.52 亿元,万元 GDP 能耗继续下降,万元 GDP 水耗下降 10.5%,二氧化硫和化学需氧量排放量分别下降 9.3% 和 6.8%。2009 年,初步估算每平方公里 GDP 产出 4.2 亿元,比 2008 年提高 0.2 亿元,GDP 能耗、水耗持续下降,领先全国大中城市水平。

(六)深圳经济运行中的问题

虽然深圳连年实现经济社会的快速增长,但是深圳人多、资源少、环境压力大、经济转型尚不充分等紧约束条件并未完全改变,在全球经济危机的多重影响下,深圳市各大产业的后续发展仍然将遇到严峻的冲击和挑战;而在深圳经济长期高速增长后,其历年来沉淀和积累的根本性结构矛盾问题将逐步显现,从而影响到经济社会的可持续发展。深圳经济未来发展过程中的结构性问题中主要包括以下 4 个方面。

第一,现代高端服务业发展水平有待大幅提升。在现代高端服务、知识服务业方面,深圳同香港、纽约、东京、新加坡等世界先进城市平均水平相比,仍然存在相当大的差距。对高端服务业项目引进和培育,相对滞后,培育办法和措施尚不全面,总部经济遇到北京、上海甚至广州等的强力挑战,会展经济、现代物流经济等的发展有待进一步创新与提高。

第二,基础工业薄弱,先进制造业竞争优势不突出。深圳历来基础工业薄弱,工业体系具有一定程度的“飘移”特性。在先进制造业和高端制造业方面,核心竞争优势尚不充分突出,遇到了高级技术人才流失、高端品牌出现不多等深层次发展矛盾。相对而言,目前深圳的工业经济体系,对一般加工工业的依存度依然偏大。

第三,核心技术和核心产业价值链环节比较欠缺。由于历史上深圳的研发力量较为薄弱,科研院所较少,导致高新技术产业的核心技术和自有知识产权的创新能力仍然欠缺。以 2009 年为例,在深圳对外贸易出口总额 1619.79 亿美元中,“三来一补贸易”和“进料加工”贸易金额分别为 138.24 亿美元、794.02 亿美元,占比分别为8.53%和49.02%。由此可见,深圳出口产品在核心技术与产业链环节尚未建立起根本优势。

第四,产业升级转型的能力有待提升。产业关联度高、带动力强的高增长、新兴行业相对不足,高端制造业和发展速度较慢,国际影响力、主控力不足,中小企业创新动力不足,竞争实力不够全面。而近年来由于成本不断增加,部分低端产业加速向中西部实施梯度转移和进行"腾笼换鸟"。因此,深圳部分产业未来有可能出现空洞化现象。

二、香港区情

(一)区位

香港位于广东省的东南沿海地区、珠江口东侧,部分陆地、海域与深圳紧紧相连。西北距广州约150公里,九广铁路、广深高速公路以及几年后将开通的广深港高速铁路、深港西部城际轨道等均可进入香港境内。面积约1104平方公里,海岸线约870公里,包括香港岛、九龙和新界及离岛,全区属海岛型丘陵地区,土地资源十分有限,矿产资源几乎没有开采价值,水资源严重匮乏。

香港是中国华南地区最重要的港口,处于亚洲航运和国际贸易的有利中心位置,由欧洲、非洲和南亚次大陆往来东亚之间的航运,都以香港为必经之地。美洲和东南亚、南亚次大陆间的航运,多以香港为中转站。香港亦处于澳大利亚、新西兰和东亚之间的航运要道上。

在时间节点上,香港正好是英国伦敦与美国纽约这两大全球金融中心之间的中间时段和连接节点,有利于金融、期货、股票及各种金融衍生产品的全球不间断交易。时区优势、毗邻中国庞大的内地市场的优势等十分有利于香港资本等金融市场的发展。

在经济规模上,2009年香港以当时市价计算的本地生产总值高达16335亿港元,人均GDP为233239港元。

(二)人口

截至2009年,香港临时统计人口数为700.37万人,劳动人口369.47万人,常年拥有持外国护照总人数50万多人。在2004年之前,香港人口数量伴随着经济社会高速发展而迅速攀升,从 1985 年至 2005 年,新增人口 150 万左右,年增长率约 1% ;2004 年以后,人口增速有所下降,从 2004 年至 2009 年之间,平均每年香港人口总数增长约 0.7% 。

香港是全球人口密度最大的城市之一。据历史数据,1985 年香港平均人口密度 5072 人/平方公里,较当时的东京 5390 人/平方公里低,较新加坡 3907 人/平方公里高。香港平地面积占比 16% 左右,导致市中心区和主要城区的人口密度非常高。2009 年,港岛人口密度为 16220 人/平方公里,九龙为 43970 人/平方公里,新界及离岛为 3820 人/平方公里,平均人口密度为 6480 人/平方公里。

在人口就业结构中,香港从事第一、第二产业的就业人口仅占总就业人口的 5.5% 左右,94.5% 的就业人口从事与服务相关的行业。年龄构成方面,65 岁以上的香港人口比例逐年轻微递增,显示"老龄化"趋势。在教育程度方面,香港 15 岁以上受过专上教育及以上(相当于内地的大专及以上)的人口占比,从 2000 年 19.3% ,逐渐递增到 2004 年的 22.3% 、2005 年的 23% ;2009 年,这一比例提升到 25.2% ,表明整体社会的受教育程度、知识化趋势得到提升,知识城市的基础初步夯定。

目前,香港劳动人口 369.47 万人,自 2004 年到 2009 年平均增长 1% ,就业不足率为 2.3% 。按照行业主类划分的就业人口分布为,从事农渔林业、制造业和建造业的比例分别为 0.2% 、3.8% 、7.5% ,进出口贸易、零售、运输仓储及邮政速递服务、住宿及膳食服务、金融保险及其他服务等接纳的劳动人口最多。其中,进出口贸易就业人数占比 15.1% ,从事运输仓储及邮政速递服务业、零售业、住宿及膳食服务业、金融保险业的比例,分别为 9.2% 、8.5% 、7.3% 和 6.0% 。

(三)香港经济发展概述

1. 香港产业结构的变迁

1950 年前,香港产业结构以转口贸易为主。从 20 世纪 50 年代起,受到中华人民共和国成立、朝鲜战争爆发两个历史重大事件的影响,香港快速走上了工业化道路,产业结构由较单一的转口贸易,成功转型为转口贸易与轻工业并重的结构。1955 年,香港制造业占本地生产总值的比重从 5 年前的 9.0% 增至 21.8% ,

5年内翻了一番多,成为当时香港最大的支柱产业。20世纪60年代—70年代,香港的本地生产总值年均增长率为13.6%和19.3%,约2倍于当时的日本经济增长率,4倍于当时美国的经济增长率;至1983年,香港本地生产总值为2079.48亿港元,人均本地生产总值超过6000美元。在1980年至2000年的20年之间,香港的经济增长继续保持高速态势。到2000年,香港人均本地生产总值高达24016美元,成为亚洲最高地区之一,超过不少西方工业化国家的水平。香港经济曾在1997年因亚洲金融危机步入衰退,2002年年初逐步步出谷底,全港经济2002年至2005年稳定增长。在基数较高的情况下,2004年、2005年的本地生产总值分别增长了8.2%、7%,反映了经济扩张动力强劲。在内部经济方面,就业、本地消费和固定投资三者互动的良性循环已经形成。在对外贸易方面,受惠于岛外市场持续畅旺,内地贸易保持蓬勃以及到港游客数量激增,全港2005年商品出口和服务输出表现强劲,分别增长11.1%和11.3%。尤其是内地经济的蓬勃增长以及持续稳定的金融业改革,促进了香港的资本市场的稳定和繁荣。

香港产业结构的第二次转型——经济服务化,发轫于20世纪70年代后期,在20世纪80年代中期取得显著进展,20世纪90年代进入完成期。在这一时期,香港迅速成为亚太区域的国际金融中心和生产服务业中心。中国改革开放、深圳经济特区的设立与发展,是香港成为区域性的国际金融中心和生产服务业中心的重要机遇。2001年至2006年期间,香港的整体服务业在本地生产总值中的所占比重由87.3%增至91.2%,而制造业及建筑业所占比重则分别由4.8%和4.6%下跌至3.2%和2.7%。香港第三次产业在GDP中所占比率,是随着经济结构的转型而发生明显变化的,第三产业(服务业)由1987年占比71%升至1997年的86%,2007年高至92%。这一时期,服务业就业人数中所占比率也持续上升,由1988年占比57%升至1998年的81%,在2008年再升至87%。2008年,香港三次产业比重为0.3:12.6:87.1,其中金融、保险、地产及商用等生产性服务业在GDP中的比重最大,占29%,随后为批发、零售、进出口贸易业、饮食及酒店业(27%)、小区、社会及个人服务业(17%)、运输、仓库及通信业(9%)。

香港产业结构的几次转型,均是在外部因素的推动下,发挥和调整自身比较优势、根据市场法则自动调节的结果。因此,香港产业结构的转型,其主导因素并不是以技术进步为主的内生增长模式。

2. 香港经济的特点和主要功能

香港是一个自由港,是全球市场经济发育最充分、城市竞争力优势明显的城市之一。香港历年的经济发展,较充分和典型地体现了英国古典经济学家亚当·斯密"自由放任"学术观点。在美国传统基金会一年一度发表的"全球经济自由度指数报告"中,香港的"经济自由指数"(Index of Economic Freedom)连续十几年为全球第一,被誉为全球最自由的经济体系。在城市竞争力方面,瑞士洛桑国际管理学院(IMD)发布的《全球竞争力年度报告》显示,全球 61 个国家和地区中,2005 年、2006 年和 2007 年度香港分别位列第二名、第二名和第三名,而分项目"政府效率"和"商业效率"的得分值均排名全球第一。在人口少于 2000 万的城市和地区中,香港竞争力排名全球第一。

从经济功能上看,香港无疑是一个国际性的、多功能的经济中心。国际性出口加工业运营中心。香港有 10 多种轻工业产品,包括成衣、玩具、人造花、钟表、收音机、蜡烛、首饰等的出口值或出口量居世界首位。20 世纪 80 年代后,随着香港制造业的大规模外迁,虽然港制品的出口规模及其在世界上的比重急剧下滑,但却由"Made in HongKong"转变为"Made by HongKong",由香港企业所控制的分布于深圳及珠三角周边地区的制造业的规模,极大地获得提高。这些位于香港周边地区、主要在深圳及珠三角周边地区的制造业,其订单承接、产品设计、原材料组织、产品质量监控和出口管理等环节均为香港企业家所控制,这些地区的轻工业制成品的出口规模远比原来港制品出口规模大。香港也是一个国际性贸易中心。对外贸易始终是香港经济的支柱。

从外贸依存度来看,香港这一指标远比其他国家和地区高,1997 年、1999 年和 2000 年分别高达 263%、223% 和 254%。香港对外贸易总额占全球贸易总量的 3.6%,连续位居全球前 10 位。2008 年和 2009 年,香港贸易总额分别高达 58494 亿港元、51614 亿港元,相当于本地生产总值的 3 倍多(2004—2009 年香港对外贸易情况见表 3-2)。

表3-2　近年香港的对外贸易情况　　　　　　　　　单位:亿港元

年　份	港产品出口 （离岸价）	转口 （离岸价）	出口额 （离岸价）	进口额 （到岸价）	贸易 总额	贸易 顺差
2004	1260	18931	20191	21111	41302	920
2005	1360	21141	22501	23295	45796	793
2006	1345	23265	24610	25998	50608	1388
2007	1091	25783	26875	28680	55555	1805
2008	908	27334	28242	30253	58681	2011
2009	577	24113	24691	26924	51614	2233

资料来源:《香港经济年鉴》、《香港统计年报》。

国际性航运中心。香港拥有世界上三大天然良港之一的维多利亚港的港口资源、极为灵活的自由港制度和发达的金融保险、信息、贸易等配套产业的软环境。就航海来看,在天然良港之外,香港现有80条国际远洋班轮航线,每周提供超过400班货柜船,抵达全球100多个国家500多个港口目的地。截至2008年3月底,香港船舶注册处的注册船舶为1263艘,共3686万吨。2007年,香港的港口处理了2400万标准货柜单位、吞吐量达2.45亿公吨,成为全球最繁忙和最具效率的海运船务中心之一。在2005年、2007年,香港港口分别被新加坡港、上海港超过,退居全球第三位,同时还受到排名第四位的深圳港的强力挑战。香港拥有世界最先进的国际机场,近百个航空公司经营着分属40多个国家的120多个航线。1995年、2000年、2007年、2008年和2009年进出香港的飞机分别为15.0万、18.2万、29.53万、30.1万和27.9万班次,2008年和2009年进出香港的远洋船舶注册吨位分别为76800万吨、75600万吨。2008年、2009年,进出香港货物分别高达1.29亿公吨、1.17亿公吨,港口货柜吞吐分别为2449.4万、2098.3万个标准货柜单位,全港进出旅客人数1.114亿、1.115亿人次。近年来,香港国际客运量约在全球第五位,国际货运量则位居第一位。在香港处理的空运货物、进出旅客中,约七成与珠三角有关联。

国际性金融中心。香港金融业十分发达,聚集了数量众多的金融机构及拥有成熟且水平高的金融市场,是全球第六大外汇中心,全球最大的黄金市场之一。香港股票市场位列全球前 7 名、亚洲前 3 名。以首次公开招股的股本集资额计算,在世界排行第四,在亚洲排行第二。香港是亚洲第三大国际银行中心,中国内地则是香港银行业对外服务输出的最大市场。香港的银行机构数量在全球位居前列,全港 71 家银行跻身全球首 100 家最大银行之列,有 275 家海外银行或金融机构在香港设立了地区办事处,还有 128 家海外银行或金融机构在香港设立代表办事处,是全球国际性银行最集中的城市之一。香港是亚洲除日本外最大的基金管理中心、银团贷款中心,从事资产管理业务的持牌或注册公司有 700 多家。2008 年、2009 年,香港外汇储备(包括土地基金)分别为 1825 亿美元、2558 亿美元(见表 3-3、表 3-4、表 3-5)。

表 3-3　香港已在运作的认可银行机构及存贷款情况

年　份	2004	2008	2009
认可银行机构数(家)	207	198	197
其中:持牌银行	133	143	143
有限制牌照银行	39	27	26
存款公司	35	28	28
客户存款(亿港元)	38661	60595	63810
贷款及垫款总额(亿港元)	21557	32856	32886

资料来源:香港政府统计处网站。

表 3-4　香港外汇储备资产情况

年　份	2004	2008	2009
外汇储备资产(亿美元)	1236	1825	2558
按人口平均计算(美元)	18178	26117	36502
按留用进口货物计算(月数)	21.1	22.0	33.9
对流通货币的比率(%)	6.3	7.6	9.5

资料来源:香港政府统计处网站。

表 3-5　香港证券交易成交额、股票市值及恒指情况

年　份	2004	2008	2009
主板成交总额(十亿港元)	3948	17601	15439
主板市场总值(十亿港元)	6629	10254	17769
恒生指数当年最高(点)	14266	27616	22944
恒生指数当年最低(点)	10967	11016	11345
恒生指数当年收市(点)	14230	14387	21872
创业板成交金额(十亿港元)	25.8	52.1	75.8
创业板市场总值(十亿港元)	66.7	45.2	105.0

资料来源:香港政府统计处网站。

　　国际性信息中心。香港是全球首个采用全面数字化电话网络及推行手机号码可移服务的城市。香港的电话线路普及率、个人手机普及率在亚洲居前茅,有超过 155 个互联网服务供应商,拥有上百家报纸、电视台、电台及网站。香港还集中了众多机构总部、研究中心及相关机构。其中包括跨国企业集团的区域总部、其他国家及地区的办事服务机构,众多具有信息开发及传输功能的半官方机构,大量高水平的商业性信息咨询公司,大财团及银行属下的信息机构。统计表明,已有 2500 多家国际机构在香港设立了地区总部、办事处等机构(见表 3-6)。

表 3-6　其他国家和地区驻香港的代表处、办事机构数量　　　单位:个

年份	2007	2008	2009
地区总部	1246	1298	1252
地区办事处	2644	2584	2328
当地办事处	2550	2730	2817

资料来源:《香港经济年鉴》(2008 年)、香港政府统计处网站。

　　香港还是中国经济门户,在内地经济开放过程中担当下列四大功能,即融资人、贸易伙伴、中间人和促进者的角色(见表 3-7)。

表 3－7　香港作为中国门户的功能角色

香港作为中国门户的功能角色		
香港发挥的功能	功能详情	角色活动
融资人	直接投资	
	间接投资	
	银团贷款	
贸易伙伴	商品贸易	
	服务贸易	
中间人	各类中介活动	直接贸易的中间人
		旅游
		银团贷款
		商业咨询
		转口贸易
		转运
促进者服务中心	营销	
	技术引进渠道	

（四）香港经济运行中的主要问题

香港经济除了受制于本地市场狭小,资源—环境结构的先天不足之外,近年其经济运行过程中存在着的问题主要有以下几个方面。

1. **人口老龄化,本地人才储备不足,优质人才呈外流趋势**

根据香港统计处 2007 年发布的报告,截至 2006 年,香港 65 岁以上的长者人数从 1961 年到 2006 年之间,增加了 764878 人,平均每年增长 5.1%,长者的年平均增长率远较同期全港人口平均增长率的 1.7% 为快。截至 2006 年,65 岁以上的长者总人数达到 852796 人,抚养比重(即 1000 名 15 岁及以上人口中长者的比率)由 1961 年的 50% 上升至 2006 年的 168%。在人口日趋老龄化的同时,本港人才储备不足,优质营商及管理人才、技术人才等随同产业转移不断地呈现外流趋势,从而导致香港本地人才需求出现长期萎缩趋势。

2. **制造业与服务业出现脱节现象**

由于大量港资特别是制造业资本流入内地,22 年来共有 2000 多亿美元的港资从香港地区进入内地,其中一半在珠三角,开设5.3万多家工厂,雇用1000万工人。香港为珠三角的经济发展注入了巨大动力,也促使自己的经济上了一个新台阶。香港制造业在本地出现了严重空心化,造成香港服务产业的支撑体系出现问题。

3. 生产与消费活动相对脱节

由于大量港资投向珠三角,使港商及香港居民前往内地更为频繁,加之回归后交通便利条件不断完善,特别是香港居民可以自由来往两地,从而导致本港出现了生产与消费的脱节现象。同时由于深港之间、香港与内地之间在房价、商品与服务等方面价格存在巨大差异,价格因素强化了港人消费外移趋势,又对本港消费活动雪上加霜。因此,香港经济在与内地特别是深圳及珠三角周边地区的经济循环过程中,由于体制差异、要素价格差异、消费行为趋势变化等,导致这一循环过程出现脱节,在某种程度上导致了本港再生产障碍。但是反过来,2003年之后内地居民"个人游"、CEPA实施等所产生的效应,部分地抵减了本港生产与消费脱节而形成的消极因素。

4. 经济高度依赖性、不稳定性和脆弱性未获得改善

香港的服务业占比已经超过了90%,本港经济增长高度依赖于以境外生产、境外服务和转口贸易等为主体内容的环节。由于服务业经济本身很容易受到内、外部多因素影响,加之香港作为自由港,经济稳定性更容易受到包括金融危机在内的外部冲击;而且香港国际金融中心地位还受到了新加坡、上海等城市的挑战和分流。同时,由于本港经济结构转型迟缓,知识型城市、知识经济体的核心竞争优势、高素质人才优势尚未充分建立,因此本港经济结构的脆弱性问题,在全球经济危机影响下不但未获得根本性改善,反而有所加剧。

三、深港经济圈与沪苏经济圈的比较

在中国经济体之内,深港(深圳—香港)经济圈与沪苏(上海—苏州)经济圈无疑最具"瑜亮情结",可比性很强。在本地生产总值方面,深圳与苏州不相上下,排名靠近,均以高新技术产业作为支柱产业,经济增长长期保持高速度。香港与上海的GDP均超万亿大关,在金融中心、航运中心方面明显构成了"同质竞

争"。在空间可达性方面,深港、沪苏各自市中心之间车程均在半小时左右。下面是深港经济圈、沪苏经济圈的比较分析。

（一）人口与经济总量

2008 年,深港 GDP 总量约 23409 亿元人民币,沪苏经济圈 GDP 总量约 20399 亿元人民币,差距并不大。但后者的土地面积为深港面积总和的 4. 746 倍,人口还多了 500 多万。因此,从发展空间、人口—资源结构来看,未来沪苏经济圈是深港经济圈的潜在超越者（见表 3-8）。

表 3-8　2008 年深港/沪苏经济圈的基本情况比较

项　　目	深圳	香港	合计	上海	苏州	合计
总人口（万人）	876. 8	700. 3	1577. 1	1888. 4	629. 7	2518. 1
总面积（平方公里）	2020. 0	1104. 0	3124. 0	6340. 0	8488. 0	14828. 0
GDP（亿元）	7806. 0	15603. 0	23409. 0	13698. 0	6701. 0	20399. 0
人均 GDP（元）	—	—	14843. 0	—	—	8101. 0

资料来源:各地政府统计局（处）网站及统计公报,其中香港 2008 年本地居民生产总值为 16752 亿港元,按 1 元≈1. 0736 港元换算,有误差。

（二）经济增长态势

2005 年以来,苏州、上海的经济持续快速增长,其中 2006 年苏州的经济增长率在 4 个城市经济体之中为最高,超过了 15%。反观香港,GDP 增速变慢（见表 3-9）。这正好印证了随着经济总量和基数的变大,在经济发展到一定规模后,增长速度将适当变缓的经济规律。

表 3-9　深港/沪苏经济圈 2005—2009 年 GDP 增长比较　　　　单位:%

年　　份	2005	2006	2007	2008				2009			
	—	—	—	1 季度	2 季度	3 季度	4 季度	1 季度	2 季度	3 季度	4 季度
深圳	15. 0	15. 0	14. 7	10. 2	10. 5	11. 5	12. 1	6. 5	8. 5	9. 6	10. 7
香港	7. 3	7. 0	6. 4	7. 3	4. 3	1. 7	-2. 7	-3. 1	2. 9	0. 4	2. 3
上海	11. 1	12. 0	13. 3	11. 5	10. 3	—	9. 7	3. 1	5. 6	7. 1	8. 2
苏州	15. 3	15. 5	16. 0	13. 9	13. 5	12. 6	10. 2	9. 4	10. 3	10. 9	11. 5

资料来源:各地统计年鉴、各地政府统计局（处）网站。

从表 3–9 可看出,苏州市本地国民生产总值从 2003 年约 2080 亿元起步,连续跨过 3000 亿元、4000 亿元、5000 亿元、6000 亿元大关,2008 年达到 6701 亿元,年均增长率超过 16%,增速最快。深圳 2005—2009 年期间,GDP 增长率从最高的年增长率 15% 左右,回落至 2009 年第一季度的最低 6.5%,显示受到了全球经济危机的影响较大,抗风险能力并不强。当然,作为外向型经济体,香港受全球经济危机负面影响最大,本地生产总值在 2008 年第三季度大幅下降,第四季度负增长 2.7%,2009 年第一季度继续负增长 3.1%。上海受到经济危机影响较香港轻、较深圳重,它的 GDP 增速下滑度明显超过深圳,但好于香港。但若将深港经济圈与沪苏经济圈作为一个整体来比较,由于香港经济规模约为深圳的 2 倍。因此,深港经济圈的经济回落态势则更明显,受到全球经济危机的外在影响更大。

（三）产业结构的变化

在这四大城市经济体、两大都市经济圈中,苏州市 2008 年国民经济三次产业比例为 1.6 : 62.0 : 36.4,全市工业经济出口依存度达到 137.6%,外资工业增加值占规模以上工业的比重超过 65%,外资税收占全部税收的比重超过 45%;地区生产总值和地方一般预算收入居全国大中城市第五位,工业总产值和实际利用外资继续保持第二位,出口总额居第三位。2008 年,苏州市服务业在产业结构"调优、调轻、调高"政策引导下,努力促进传统服务业品牌化、生产性服务业规模化、现代服务业高端化。2008 年实现服务业税收 416.5 亿元,增长 22.4%;服务业完成投资 1328.8 亿元,增长 16.1%,占全社会投资的比重达 50.9%。服务业投资总量首次超过第二产业,实现了投资结构的历史性转型。从发展层次上看,沪苏经济圈服务业发展重点,已经全面转向了生产性服务业,金融、信息服务业等高端领域高增长态势明显。

数据显示,2008 年上海市第三产业增加值占 GDP 比重达到 53.7%,比 2007 年提高了 1.1 个百分点。上海口岸服务辐射功能不断增强,2008 年关区进出口商品总额 6065.57 亿美元,比上年增长 16.3%;其中进口总额 2129.07 亿美元,增长 10.3%;出口总额 3936.5 亿美元,增长 19.9%。外贸出口商品结构进一步优化,高新技术产品和机电产品出口快速增长;2008 年高新技术产品出口

713.08 亿美元,比上年增长 19.8%,占全市外贸出口总额的比重达到 42.1%。2009 年上半年,第三产业继续在金融、信息服务、批发零售、房地产的带动下,增长速度加快,且快于第二产业 17.8 个百分点,同时在建设"两大中心"取得一定突破。在上海国际金融中心建设方面,2008 年实现金融业增加值 1442.6 亿元,比 2007 年增长 15%。金融机构加快集聚。当年新增各类金融机构 82 家。其中,银行业机构 12 家,保险业机构 30 家。截至 2008 年年末,共有各类金融机构 689 家。其中,银行业机构 124 家,保险业机构 291 家,证券业机构 94 家。在沪经营性外资金融机构达到 165 家。其中,2008 年内新增 14 家。在沪经营的外资银行及财务公司 93 家,资产总计 7606.98 亿元,获准经营人民币业务的约 57 家,拥有的人民币资产总计 3970.6 亿元。2008 年,上海股票交易所通过资本市场筹资 3294.91 亿元,其中发行新股筹资 733.54 亿元,再次发行(增发、配股和配售)筹资 1504.62 亿元,发行可转换债券 61 亿元,上市证券数量为 1184 只,其中股票 908 只,全年各类有价证券成交额总计 27.18 万亿元人民币。在国际航运中心建设上,2008 年上海市货物周转量 15866.76 亿吨公里,货物吞吐量 5.82 亿吨,连续四年保持全球第一;港口集装箱吞吐量达到 2800.6 万国际标准箱,继续名列全球第二位,其中洋山深水港区完成 822.7 万国际标准箱。洋山深水港国际标准集装箱"水—水中转"比例达到 49.8%。上海浦东、虹桥两大国际机场全年共起降航班 45.1 万架次,进出港旅客达到 5103.85 万人次。其中,国内航线进出港旅客 3456.35 万人次,国际及地区航线进出港旅客 1647.5 万人次。

　　深港经济圈方面,深圳 2008 年三次产业增加值占本地生产总值的比重分别为 0.1%、48.9% 和 51.0%,第三次产业增加值在近几年内首次超过了半成,增速 12.5%,低于苏州市的增速,略高于上海市的 11.3%。然而,在 2008 年第四季度至 2009 年第二季度期间,香港经济则严重地受到了全球经济危机带来的外围经济低迷影响,出现负增长。2009 年,香港商品贸易持续萎缩,其中转口贸易总额负增长 11.8%,港产品出口额大幅下跌 36.4%。商品整体进口金额下跌 11%。2009 年香港服务输出方面,各类服务输出总额为 6700 亿港元,同比下跌 6.6%;服务输入方面,输入总额为 3441 亿港元,同比下跌 6.1%。不过仍体现为高额的净盈余。

第一、第二、第三次产业结构的调整和升级,不仅是经济增长的重要源泉,更是经济综合竞争力的重要表现,沪苏经济圈近年来经济增长轨迹的背后,是产业结构的随势演变过程,也是综合竞争力提高的过程。对比深港经济圈,虽然深圳经济稳定发展,但香港由于处于区域生命周期"成熟后阶段",各产业都存在着资源约束与增长瓶颈。因此,深港经济圈的经济结构与产业结构的转化,大都市圈综合竞争力的提高,在今后仍然将面临诸多不确定的因素。比较而言,今后沪苏经济圈的服务业尤其是金融服务业、生产性服务等方面发展空间更大,增长潜力更充沛。对此,深港需要多多学习"竞争方"的优点,扬长避短,在通力合作中加快发展步伐。

第二节　深港经济圈在珠三角的功能角色

一、珠三角、大珠三角及泛珠三角

（一）珠三角

"珠江三角洲经济区"（以下简称珠三角）作为一个正式的经济术语,是 1985 年国务院正式发文设立"珠江三角洲开放经济区"、1994 年由广东省政府正式确定的。

传统上的珠三角,不包括香港、澳门特别行政区,由广州、深圳、珠海、佛山、江门、东莞、中山、惠州部分地区(即惠州的市区、惠阳区、惠东县和博罗县)和肇庆部分地区(即肇庆的市区、高要市和四会市)9 个城市组成,面积约 54744 平方公里。2009 年,珠三角包括户籍人口、非户籍常住人口及流动人口在内的人口总数 8000 万人左右,本地国民生产总值约 32106 亿元,城镇化率 80.1%。从时空可达性来看,珠三角区内基本形成"半日工作圈",三大核心城市圈层内基本形成"2 小时经济圈"。

（二）大珠三角

"大珠三角"由珠三角及香港、澳门共同构成,人口总数近 9000 万人。从经济体总量上看,大珠三角约相当于环渤海、长三角两大经济区域的 GDP 总和。大珠三角所形成的珠江口东岸、西岸经济湾区,被称为中国大陆的"旧金山湾经济区"。

(三)泛珠三角

"泛珠三角经济区"包括福建、江西、广西、海南、湖南、四川、云南、贵州和广东9个省区以及香港、澳门2个特别行政区(简称"9+2")。泛珠三角经济区面积200.68万平方公里,人口总数超过了全国三分之一,总面积超过五分之一。从扩大的经济地理关系来分析,考虑到辐射范围,越南、泰国、新加坡、马来西亚等东南亚国家均为泛珠三角的经济腹地。

从战略上看,泛珠三角将依托中国内地经济的迅猛发展,以香港、深圳、广州等大都市为极核,以珠三角为内圆,不断向外分层扩散,从而形成了典型的"极核—中心—腹地"经济发展模式。

二、深港经济圈在大珠三角中的区位角色

在20世纪80年代改革开放前夕,珠三角龙头城市是广州,大珠三角的龙头城市是香港。后来,深圳依托经济特区的优势、毗邻香港的区位、先行发展的势头等,一举取代广州成为大珠角区内的"增长极"。

珠三角城市的经济空间结构显示,广州作为中心城市,周围集聚了佛山、南海、顺德和番禺市,形成中部大都会经济圈。但在大珠三角中,经济重心明显朝向深港都市圈倾斜。深港都市圈无论在经济总量规模、经济增长动力等方面,还是在经济外向性与开放度、结构水平与技术层次等方面,均处于领先地位(见图3-1和表3-10)。

表3-10 深港、珠三角及大珠三角、泛珠三角的基本概况

项　　目	深　港	珠三角	大珠三角	泛珠三角	全　国
陆地面积 (平方公里)	3057	54744	55880.8	2006800	—
覆盖城市	深圳、香港	穗、深、珠、莞、惠、中山、佛山、江门	珠三角、香港、澳门	粤、闽、赣、湘、桂、川、黔、滇、琼、港、澳	—
2009年GDP (亿元)	22574	32106	47929	120927	335353

资料来源:地方政府网站及相关经济指标统计公报。由于当年汇率中间值的取值等问题,大珠三角GDP数据有误差。

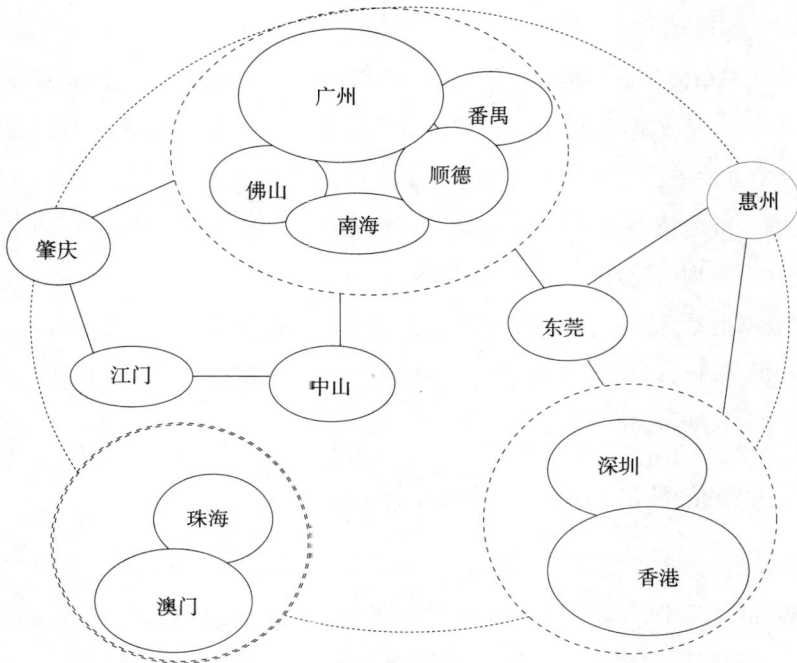

图 3-1　大珠三角三大都市圈空间结构简示

三、深港经济圈与珠三角经济圈的相互关系

(一)珠三角发展目标定位

2009 年 1 月,国家发改委正式发布《珠三角地区改革发展规划纲要(2008—2020 年)》(以下简称《珠三角发展规划纲要》)。《珠三角发展规划纲要》首先指出,在改革开放 30 年来,珠三角地区充分发挥改革"试验田"的作用,率先在全国推行以市场为取向的改革,较早地建立起社会主义市场经济体制框架,成为全国市场化程度最高、市场体系最完备的地区;依托毗邻港澳的区位优势,抓住国际产业转移和要素重组的历史机遇,率先建立开放型经济体系,成为我国外向度最高的经济区域和对外开放的重要窗口,经济辐射带动能力强大。

在战略定位上,珠三角要成为"两区一门户一基地一中心"。

首先,成为探索科学发展模式试验区。国家赋予珠江三角洲地区发展更大的自主权,支持率先探索经济发展方式转变、城乡区域协调发展、和谐社会建设的新途径、新举措,走出一条生产发展、生活富裕、生态良好的文明发展道路,为全国科学发展提供示范。

其次,深化改革先行区。继续承担全国改革"试验田"的历史使命,大胆探索,先行先试,全面推进经济体制、政治体制、文化体制、社会体制改革,在重要领域和关键环节率先取得突破,为实现科学发展提供强大动力,为发展中国特色社会主义创造新鲜经验。

再次,扩大开放的重要国际门户。珠三角地区要坚持"一国两制"方针,推进与港澳紧密合作、融合发展,共同打造亚太地区最具活力和国际竞争力的城市群。创新国际区域合作机制,全面提升经济国际化水平,完善内外联动、互利共赢、安全高效的开放型经济体系。

在世界先进制造业和现代服务业基地建设上,要坚持高端发展的战略取向,建设自主创新新高地,打造若干规模和水平居世界前列的先进制造产业基地,培育一批具有国际竞争力的世界级企业和品牌,发展与香港国际金融中心相配套的现代服务业体系,建设与港澳地区错位发展的国际航运、物流、贸易、会展、旅游和创新中心。

在全国重要的经济中心方面,珠三角的综合实力要继续保持在全国经济区前列,辐射带动能力进一步增强,形成以珠江三角洲为中心的资源互补、产业关联、梯度发展的多层次产业圈,建设成为带动环珠江三角洲和泛珠江三角洲区域发展的龙头,成为带动全国发展更为强大的引擎。

（二）深圳的功能角色

《珠三角发展规划纲要》中明确指出,促进区域协调发展方面,首先要按照主体功能区定位,优化珠三角地区空间布局,以广州、深圳为中心,以珠江口东岸、西岸为重点,推进珠三角区域经济一体化,带动环珠江三角洲地区加快发展,形成资源要素优化配置、地区优势充分发挥的协调发展新格局。

在深圳的功能与角色定位上,《珠三角发展规划纲要》指出:"以深圳市为核心,以东莞、惠州市为节点的珠江口东岸地区,要优化人口结构,提高土地利用效率,提升城市综合服务水平,促进要素集聚和集约化发展,增强自主创新能力,面向世界大力推进国际化,面向全国以服务创造发展的新空间,提高核心竞争力和辐射带动能力。着力建设深圳通信设备、生物工程、新材料、新能源汽车等先进制造业和高技术产业基地。加快东莞加工制造业转型升级,建设松山湖科技产业园区。积极培育惠州临港基础产业,建设石化产业基地。珠江口东岸地区要加快发展电子信息高端产品制造业,打造全球电子信息产业基地。大力发展金融、商务会展、物流、科技服务、文化创意等现代服务业,推进产业结构优化升级,构建区域服务和创新中心。"①

(三)深港经济圈在珠三角中的地位作用

在过去30年,深港经济圈事实上成为珠三角经济增长的"极核"、"发动机"和"领头羊",未来若干年内仍将担负起相同的角色,在珠三角经济增长中占据最重要地位。

香港处于中国内地与全球主要发达经济体之间交流、互动的策略性位置,是全球贸易、金融、商业和电信中心。随着香港经济因应全球化而日益开放,近30年来按实质计算的货物贸易大幅扩张几乎6倍,服务贸易则增长4倍。自1978年以来,香港与中国内地之间的有形贸易增长了256倍,以货值计算,平均每年上升20%。2008年,包括转口、港产品出口及货物进口在内的有形贸易总额58680亿港元,相当于香港GDP总量的350%,远远超过1988年至1998年间平均210%的水平。若把香港服务输出与输入的总额计算在内,总贸易额约为2008年GDP的414%。

香港和内地分别是世界第十三位、第三位贸易体,中国内地一直是香港最大的贸易伙伴,2008年内地占香港贸易总额的48%。香港的转口贸易有90%与内地有关,70%与珠三角有关,内地成为了香港转口贸易的最大市场和最大来源地。在所有国家与地区中,香港2008年是内地第四大贸易伙伴(紧随欧盟、美国和日本之后),占内地贸易总额近8%。

香港是亚太区内主要的国际金融中心之一,流经的资金数量十分庞大。首

---

① 《珠三角地区改革发展规划纲要(2008—2020年)》,国家发展与改革委员会网站。

先,香港的外来直接投资总额相当可观,这是反映香港经济深植全球、日趋国际化的重要指标。截至2007年年末,香港的外来资本市值达91870亿港元,相当于本地生产总值的569%。2007年、2008年,香港对外直接投资分别为78890亿港元、59062亿港元,远高于香港本地生产总值,在亚洲国家和地区中的对外直接投资额排名同样处于前列。

据统计,香港多年一直是内地最大的外来直接投资者。截至2008年年末,香港在内地的实际直接投资额累积高达3480亿美元,占内地外来直接投资总额的41%。截至2007年年末,香港在广东省的实际直接投资额已累积为1210亿美元,占广东省外来直接投资总额的62%。港资在珠三角开办了5万多家企业,在泛珠三角开办了约12万家企业,雇用了数千万内地员工。不过,近几年来,香港在内地的直接投资组合,已由最初的制造业,重点转至基础设施建设、金融保险、房地产等行业。香港又是内地企业的主要资金筹措中心。截至2008年年末,共有465家内地企业在香港上市,其中2008年有28家上市。虽然受全球金融危机加剧的影响,首次公开招股的集资总额2008年内大幅下跌,但内地企业仍然筹得2941亿港元的直接融资。

中国内地也是香港最大的外来直接投资者。截至2007年年底,内地在香港总共投资4790亿美元,占香港外来直接投资总额的41%。2008年,223家内地企业在香港新设地区总部或地区办事处,另外还有499家内地企业在香港设有办事处。

深圳作为中国最大的经济特区和对外开放的"窗口",是内地唯一的与香港在陆地接壤的城市经济体。由于香港与中国内地在社会经济基本制度、货币与关税、本地税制、资本管制等方面上,存在着差异巨大的、有些完全不同的经济体系、金融体系。因此,深圳成为了香港与内地经济、金融等相互连接、互动的大通道和"转换器"。同时,深圳经过30年的飞速发展,具备与香港经济完全对接的基础条件,经济特区功能与地位作用强大,经济总量在全国处于前列,拥有强大的高新技术产业和数量众多的港资企业、企业家,拥有高速发展的金融保险服务业等。以深港经济圈来概算,2008年"深圳+香港"的GDP总量已经超过3500亿美元,对外贸易额接近万亿美元大关,年货运集装箱吞吐量超过4000万标准箱,两地股票总市值共约 3 万亿美元。从经济总量与规模来看,深港都市圈已是纽约、东京、伦敦等发达都市经济体的有力竞争者之一。未来,深港经济圈必将通过充分发挥先行优势,充分发挥桥梁与通道的作用、"导入与孵化"作用等,在对外贸易与经济交流、招商引资、引进先进的技术与管理经验、现代服务业与构建知识城市等方面,为珠三角、泛珠三角的经济增长发展作出更多更好的贡献。

第三节　科学发展观指导下的深港经济一体化

一、科学发展观与深港经济一体化

（一）科学发展观是深港区域经济一体化的基本指针

树立和落实全面发展、协调发展和可持续发展的科学发展观,对于又好又快地推动深港经济一体化,具有重大意义。科学发展观的第一要义是发展,核心是以人为本,基本要求是全面协调可持续发展,根本方法是统筹兼顾。推动深港区域经济一体化的根本目的,就是要逐步摆脱深港区域范围内阻碍经济社会发展、影响生产力提高的障碍性因素,克服现存的经济结构不尽合理、资源环境压力大、区域核心竞争力不太强等问题和矛盾,更好地统筹这两大都市经济体之间的协调发展和协同提升,统筹国内发展与对外开放的要求,更好地、更大程度地发挥市场在资源配置中的基础性作用,进一步提升区域核心竞争力,在日益激烈的全球经济竞争中牢牢地掌握着发展的主动权。

合理调整和优化经济结构,转变经济增长方式,是落实科学发展观的必然要求。推动深港区域经济一体化,目的是为了保持深港区域内经济社会的良好发展势头和发展后劲,提高经济增长的质量和效益,实现速度与结构、质量和效益相统一,实现经济发展和人口、资源和环境相协调,同时保护和增强深港经济发展的可持续性。因此,深港经济及其经济一体化与共同发展,必然地成为一个转变合作与发展观念、创新发展模式、调整优化经济结构、提高发展质量的动态过程。

（二）推进深港经济一体化,是落实科学发展观的具体体现

推进深港经济一体化,必然导致对深港经济全面、协调和统筹发展和可持续发展提出一些更科学、更客观、更好的要求。推进深港经济一体化,客观要求要逐步实现经济增长由过去主要依靠政策激励向挖掘内部潜力的转型,实现由过去的主要依靠外来投资、出口拉动向依靠内部消费、投资与出口的协调的转型,实现由主要依靠增加物质资源消耗向主要依靠技术进步、劳动者素质提高和管理创新的转变,实现由第一、第二、第三产业非协同带动朝着协调发展的转型,实现由不可持续、非循环经济向着可持续发展和循环经济模式的转型,最终形成低投入、低消耗、低排放和高效率、环境友好的低碳经济增长方式。

推进深港区域经济一体化的过程,将是一个创新区域发展模式的过程,它必然要求不断提高深港经济圈的自主创新能力。科学发展观明确指出,提高自主创新,是保持经济长期平稳较快发展的重要支撑,是调整经济结构、转变经济增长方式的重要支撑,也是提高国家和区域国际竞争力和抗风险能力的重要支撑。因此,推动深港区域经济一体化的过程,意味着深港将联手把增强自主创新能力作为发展战略和转变增长方式的中心环节,共同致力于提高原始性创新能力、集成创新能力和引进消化吸引再创新能力,走寻优合作、创新发展的新路子。可见,通过推进深港区域经济一体化,将更好地贯彻落实科学发展观关于提高区域自主创新能力的主要要求。

推进深港区域经济一体化,是实现国内发展与对外开放统筹兼顾的具体体现。30多年来,对外开放已经是我国的一项基本国策。在内地市场和国际市场联系越来越紧密的情况下,我们必须树立和坚持全球战略意识,实施国内国外两个市场互利共赢的开放格局。因此,推进深港区域经济一体化,将有利于内地转变对外贸易增长方式,有利于全面提高对外开放水平,扬长避短,趋利避害,实现在更大范围、更广领域、更高层次上参与全球经济技术合作和竞争,使对外开放更好地促进国内改革发展。

（三）推进深港区域经济一体化的现实作用

深港区域经济一体化的实现过程,是一个在两种不同社会制度、不同关税区、不同货币区之间推进一体化的过程,是两种不同经济运行机制、不同法律制

度、不同管理理念等之间进行的区际合作,是我国区域经济合作的一个全新尝试和大胆突破。因此,深港区域经济一体化,是我国区域经济合作与发展的重要里程碑,具有很强的现实意义。

推进深港区域经济一体化合作,是我国各区域内生产力发展的内在要求,适应了经济全球化与区域经济一体化的发展趋势。众所周知,经济全球化与区域经济一体化是当今世界经济发展的两条主线。推进深港经济一体化,将不断地推进深港经济圈形成更加紧密的、更互动、更互补、更互用的合作关系,进一步促进区内贸易自由化和要素自由流动,提高区域分工效率,提高市场对资源的基础配置效率,进而提高深港经济圈的综合竞争力。

推进深港区域经济一体化,可加快实现两大区域之间的优势互补,加快形成新的区域经济增长点和竞争优势。香港金融、物流、服务等产业发达,是内地各省区市引进世界先进技术和资金、建立经贸合作的桥梁。深圳高新技术产业发展迅猛,高科技人才众多。双方毗邻而居,自 20 世纪 80 年代初改革开放以来,经济关联度天然紧密。因此,推进深港经济一体化,将更好地实现区内资源优势的互补与转化,有利于共同发挥比较优势,为区域经济注入新的活力。

加强深港经济合作,有利于扩大香港和深圳经济的发展空间,促使深港经济圈竞争力的持续提升。深圳、尤其是香港土地资源储量十分有限,后续利用空间严重不足。加强深港经济一体化建设,有利于进一步延伸、拉长香港经济的"极核作用",强化香港经济对周边经济地带的辐射、渗透效应;同时直接扩大了香港企业的增长发展空间,对促进香港持续繁荣稳定具有重大的战略意义。

二、深港经济全方位合作与寻优合作的关系

(一)深港经济一体化的目标愿景

根据区域经济一体化的基本规律和客观要求,借鉴欧盟经济一体化的实践经验,深港经济一体化的目标愿景是:争取在未来 5—10 年内,在"一国两制"基本原则指导下,通过 CEPA 的深入实施和合作的全面深化,推动深港地区由经济一体化的第二层级——"自由贸易区","蛙跳"跨过第三层级——"关税同盟"和第四层级"共同市场",在某些经济发展领域直接迈入到经济一体化的较高层

级——"经济同盟"。值得指出的是,深港之间的这种"经济同盟"一体化关系,是在"一国两制"框架下的、不同关税区和货币区之间的、特定的经济同盟关系,属于一种"类经济同盟"或"类经济共同体"关系。

首先,由于香港一直奉行自由企业和"自由放任"的经济基本政策,几乎不设任何进口关税,只向本地制造或进口的烟酒、甲醇和若干碳氢油类征税。虽然在经济全球化时期,各个主要贸易体之间的关税是逐渐地向下减少的,但是要让市场容量如此巨大的中国内地市场,包括深圳地区市场,与香港一样共同实行"零关税进口"的基本经济政策,即形成双方之间的"关税同盟"一体化关系,显然是不符合经济现实的。

其次,深港经济一体化要实现"共同市场"也存在相当大的难度。因为共同市场的基本要求是:要素流动自由,双方市场尤其是要素市场价格要基本等同化、同一化,资本、人员、劳务、商品等绝大多数可流动要素均可实现自由流动。然而,目前人民币尚未国际化,未实现自由兑换,中国内地尚存在着一定程度的资本项目管制,尤其是 2008 年国际金融危机的负面影响尚未完全散去,中国内地包括香港随时都在提防"热钱"的破坏性冲击。另外,香港本地就业市场天生狭小,深港两地工资水平相差甚远,若放开深港之间的劳务、劳工等的自由往来与就业、定居,那么对香港就业者的短期冲击将极大,不利于香港经济社会的稳定与繁荣。因此,放开边境管制、资本管制等而让深港间的生产要素自由流动,在短期内也是不符合经济社会现实情况的,是难以推行的。可见,"共同市场"目标是不切实际的。

推动深港经济一体化,必然要求以适当的策略与方式,"蛙跳"避开"同一关税"、"同一生产要素市场"等具有很大障碍性的经济领域,而在其他经济合作领域中直接进入到更高层级的一体化关系——"经济同盟"。因此,深港一体化的"经济同盟",是一种特殊情况下的特殊经济同盟,力争在"一国两制"基本原则下来实现"一体两制":即深港两座大都市越来越同城化,经济关系越来越紧密甚至基本上成为了一个经济体。

深港之间特殊的"经济同盟"特征,将主要体现在以下几方面:第一,双方是在同一主权国家内的区域一体化;第二,深港之间可以形成一种"类经济同盟"。

深港双方并不共同制定由主权或国家名义的关税政策、财政政策和基本货币政策等,绕开这些约束力刚性、障碍性很大的基本经济制度,而是在本地政府权利范围之内,共同讨论、联手规划"深港经济一体化发展策略",然后通过强有力的发展策略的约束,共同实施一致的经济行动,共同推动深港经济的和谐发展、科学发展。

深港之间形成"类经济同盟"关系,具有客观的政策条件、空间条件等。在社会主义市场经济条件下,中央政府、各大区域、地方政府和企业等分别构成了宏观、中观和微观的经济利益主体。中央政府是国家经济利益的最高代表,各大区域经济活动的宏观调控是由中央政策引导的。地方政府依法管理行政事务,且是构成了所辖地区的利益代表,属于相对独立的中观利益主体。为使地区利益最大化,地方政府可合理运用法律等赋予的权利,或掌控、或影响区内经济活动。科学发展观和社会主义和谐理论的基本要求之一,就是要求"统筹区域发展",即从全国一盘棋的角度,有重点、分阶段地解决区内各种经济增长的矛盾问题,通过有目的的调控,协调好区内生产关系,促进经济增长。深圳是我国最大经济特区,香港是我国最大的特别行政区,深港经济圈是我国东部经济增长极中的"龙头"和"极核"所在。因此,深港经济一体化的根本目标,必须首先统筹于中央政府的统一规划,服从于全国大局。

事实上在共同经济政策指导上,我国早在 2006 年就首次将香港、澳门纳入国民经济五年发展规划范畴。《国民经济和社会发展"十一五"规划纲要》中明确指出:鼓励东部地区率先发展的区域发展总体战略,健全区域协调互动机制,形成合理的区域发展格局。在涉及香港的经济政策、目标定位上,"十一五"规划纲要指明:"支持香港发展金融、物流、旅游、资讯等服务业,保持香港国际金融、贸易、航运业中心的地位。"2009 年 5 月,国务院批准的《深圳市综合配套改革总体方案》对深圳今后发展进行了明确定位,要求深圳要争当科学发展的示范区、改革开放的先行区、自主创新的领先区、现代产业的集聚区、粤港澳合作的先导区、法制建设的模范区,强化全国经济中心城市和国家创新型城市地位,加快建设国际化城市和中国特色社会主义示范市。同时深圳要同香港一道,实现功能互补、错位发展,推动形成全球性的物流中心、贸易中心、创新中心和国际文化创意中心。可见,涉及深港经济一体化的共同的基本政策,国家已经明确地发文和努力推行。而深港经济圈要成为粤港澳经济合作的先导区和极核区,共建深港"四大全球性中心"(全球性物流中心、贸易中心、创新中心和国际文化创意中心),这一在科学发展观指导下、由中央政府制定的发展纲领,获得了包括香港政府、市民在内的高度认可。

因此,推动深港经济一体化,既可由国家制订出一体化的基本政策和规划指导,也可由香港及深圳市政府共同组织制订"合作发展规划纲要",制订"类经济同盟"的实施细则。当然,深港之间的"类经济同盟"关系,将完全符合"一国两制"基本原则,而且具有现实的经济、制度基础和空间约束力,是有利于深港经济和谐发展、科学发展。

(二)深港经济一体化的现实定位

目前,香港与深圳之间形成了很强的经济联系,城际交通、口岸等基础设施建设完备,现代通信、互联网等完善,城市居民在日常生活工作中大量往来,城市功能上逐渐"一体化","同城化"趋势越来越明显。CEPA正式实施后,深港经济进入自由贸易区范畴,两地车流、人流、商品流、信息流,甚至包括资本流更畅通,规模更为庞大。

深港经济一体化的现实目标定位是,按照国家"十一五"规划纲要的宏观指导,根据建设粤港澳更紧密合作区的要求,深港共建全球性的物流中心、贸易中心、创新中心和国际文化创意中心,加快金融自主创新等步伐,进一步发挥深港经济圈在中国改革开放和现代化建设中的示范、辐射和龙头作用,由原来"香港—深圳—内地"三点一线模式逐步演变为"深港—内地"这种高效率的直接传导与对流模式,"引进来"与"走出去"充分结合;共同扩大开放领域,优化开放结构,提高开放质量,完善内外联动,构建起了互利共赢、安全高效的开放型经济体系,形成经济全球化条件下参与国际经济合作和竞争的新优势。

(三)深港经济的全方位合作模式

以往深港经济合作的主要模式是在比较利益的引导下,以香港劳动密集型制造业北移深圳,把香港的资金、生产设备以及市场和管理优势,同深圳的土地、劳动力以及政策优势等结合起来,优势互补,分工协作,在产业关系上形成了绝对的互补关系,即"前店后厂"分工协作模式。

当前,香港与深圳都面临如何更有效参与全球经济竞争,确保经济快速健康发展、持续优化发展等问题,"前店后厂"合作模式,基本不能够充分适应新的经济发展要求。深港经济的深度一体化以及双方在更深更广层级上的合作与发展,成为历史的必然要求。当前,深港经济圈正在朝着"制定共同经济发展策略"的"类经济同盟"合作阶段目标迈进,而走向"经济同盟"或"类经济同盟"的最佳策略,无疑就是深港之间去充分追求并实现经济的全方位合作。

深港区域经济全方位合作模式是一个泛指概念。在深港走向"同城化"的客观经济条件下,双方之间车流、人流和商品流以及资本流、信息流和服务流,正在以越来越大的规模参与到对流与传导过程中。因此,深港经济的全方位合作是经济发展的必然要求。除了原来的生产型合作、贸易型合作以及单向输入型合作等之外,还必须过渡到区域政策一体化合作、城市功能一体化合作及区域产业链合作、双向互动型合作等。以往"前店后厂"合作模式,要转型为"厂店合一"、"厂仓合一"或"厂店交错"等模式。以往的民间的、自发的、规模偏小、抗风险能力不强的合作关系,要改变为政府主导的、符合市场规律的、规模庞大的、抗风险能力强的合作联盟。

在经济现实中,深港经济合作与竞争是一个不可分割的系统,它往往与"深度一体化"成正相关,包含了生产一体化、贸易一体化、城市功能一体化、区域政策一体化等合作内容与形式。概括地说,深港经济的全方位合作主要包括了以下三大内容。

第一,生产性的全要素合作。深港通过创新"前店后厂"合作模式,进行合理化的专业化分工,实现市场对资源的基础性配置作用,以充分满足提高生产效率的各种要求和条件。

第二,功能性的深度一体化。为了规避各种市场风险和种种不确定性,深港推动和促进科学的要素组合方式,为区内所投入的生产要素之间的最佳产出组合,创造充分条件。在城市功能方面,共同规划,充分协商与协调,通过良好的促进策略与措施等,推动区内生产要素之间的全面互补与高效对接。

第三,政策性的一体化合作。深港有意采取超出一般国民待遇的特殊措施,通过配合、协调或调整各自政策及执行机制，尽量减少微观经济管理机制所带来的市场分割、效率低下等方面的负面性，为要素更自由地流动、要素组合更加多样化、市场化等，创造出必要的基础条件和保障条件。

深港经济的全方位合作，往往与经济的深度一体化密不可分。深港经济的深度一体化，指深港经济圈在金融、商品、技术、劳动和服务等自由流动条件下，各种要素实现了有效配置与更优组合的状态和过程。在深度一体化阶段，深港共同制定并执行相对一致的经济发展策略，双方发展目标契合，经济活动行为协调。

深港经济的全方位合作与深度一体化，既是深港经济合作的长期的愿景目标，也是一个现实发展状态与过程。自从改革开放和深圳经济特区设立以来，深港经济的一体化以及深度一体化合作从未停止过。

（四）深港经济的寻优合作模式

通常来说，寻优是事物发展的一般趋势。科学发展观的要求是"又好又快"。而实现经济又好又快的发展的重要方法就是"寻优"。"寻优"是实现又好又快发展的重要途径。寻优发展是寻优合作的前提条件，寻优合作又进一步地提升了寻优发展。深港经济要实现又好又快的经济发展，既要求双方各自寻优发展，又迫切需要双方共同寻优合作。因此，在深港走向全方位合作、深度一体化合作以及构建深港"类经济同盟"的愿景目标下，仍然可以不断地推进和深化深港经济的寻优合作。

在"一国两制"框架内，在当前经济社会发展客观条件下，深港的经济合作与生产融合等仍然受到了一定约束，双方之间展开经济的寻优合作是较佳的现实路径选择。因此，深港经济的寻优合作模式，是在深港全方位合作、深度一体化的基础上，有目的、有选择地挖掘双方具有比较优势的要素资源，因地制宜，与时俱进，采取综合措施，促进区内生产函数关系的转变，促进要素组合的优化，从而整体地提高整个经济区域的产出效率和核心竞争力。

目前深港之间已经具备了寻优合作的良好客观条件：深港经济圈产业结构较二三十年前大为提升，大量由传统的劳动密集型、出口导向型为主体的来料加工企业，已被技术密集型、资本密集型及出口内销并举的先进制造业更替。深港

"飞地工业"、"飘移工业"逐渐被"本土工业"和"扎根工业"所取代。以金融服务、专业服务等为增长主体的现代服务业,在周边区域甚至亚太区域内均建立起了明显的竞争优势。深港经济圈的知识经济水平、区域自主创新能力等得到较大提升,也成为了最重要的发展策略,像深圳腾讯、比亚迪、华为、平安保险、招商银行及香港的汇丰银行、长江实业等,若干家具有核心技术、拥有自主创新能力以及在全球拥有国际竞争力的大企业、大集团,成为了深港经济圈的经济增长支柱。而随着深港区域经济的趋同度提高,双方经济发展水平、经济规模和实力提升以及技术力、管理力等竞争力日趋靠近,双方有条件从过去的有限的处于某一产业范畴的互补型合作,过渡到涉及经济活动多种层面、多个企业主体的要素寻优合作模式。

深港经济寻优合作,主要包括了生产要素、产业和创新空间、智力"合谋"等多层次、多范围的寻优活动。

(1)深港经济的产业寻优合作。是指双方围绕优势产业,整合优势资源,在共建全球性的物流中心、贸易中心、创新中心和国际文化创意中心等方面取得重大拓展。

(2)深港经济的空间创新寻优合作。是指双方根据城市功能一体化的基本原则,优化创新空间结构,共建"深港创新圈",提升区域自主创新体系,促进深港早日成为"亚太区域知识与智慧集聚带"。

(3)深港的智力寻优合作。它主要是指实现生产要素之间的合作,即发挥深港各自拥有的知识、技术、人力资本等要素资源优势,形成知识、人才与智慧集聚高地。

(4)深港经济的制度寻优合作。在进行深港经济的要素寻优、产业寻优以及空间创新和智力寻优合作的同时,深港之间的制度安排同样地需要开展寻优合作活动。通常来说,在很大程度上和诸多范围内,制度安排制约着双区域合作中的资本、劳动力、技术等生产要素的组合方式、配置效率和交易成本等。深港之间的制度寻优合作,是指在制度安排上更好地实现的组织,通过制度创新与合作,构建起更有利于深港经济又好又快发展的组织变革。

推进深港经济寻优合作,必然要求深港以更深入更全面的全方位合作为愿景目标,以经济的深度一体化为内在要求,优化配置与组合知识、技术以及人力资本、企业家才能等高级要素,并且采取共同经济发展策略,促进双方产业结构优化升级与共同协作,实现区域经济的帕累托最优,不断地提高区域自主创新能力,将深港打造成为亚太区的高层次人才、知识与智慧集聚高地,形成全球化竞争条件下的核心竞争优势和可持续增长。

三、深圳与香港的经济竞争关系

深港经济一体化合作的发展,历来具有地缘、人缘、血缘和史缘关系。深港经济圈的独特地理、人文结构等在全球范围内都不多见。两座城市一河之隔,山水相连,唇齿相依。原居民同源、同语、同文、同俗、同饮一江水,人际社会关系紧密联结。直到 1842 年英国割占香港后,两地才分属不同主权管辖。1997 年香港回归后,两地又在“一国两制”基本原则下属于同一主权国家。两座城市的经济活动既十分紧密,又在历史上有所“间隔”,因此双方在经济发展过程中必然存在着一定程度的竞争关系。

20 世纪末,香港、深圳及珠三角的经济发展均进入了新的发展时期。随着深圳经济的高速发展和经济服务化趋势加深,深港之间的产业结构出现一定程度的同质化。目前,深圳与香港均进入了经济较发达、知识产业较集中的现代化城市之列,城市区位相同,经济腹地基本相同,均属外向型、出口型的移民城市经济体。香港是一个以服务业作为绝对主体的、高度成熟的处于后工业化阶段的国际大都市,深圳服务业比例已经连续多年过半且保持着较快增速。在城市经济功能、港口物流等方面,香港作为珠三角的航运中心、贸易中心、经济枢纽中心的功能与角色,受到了包括近邻深圳等内地城市的极大挑战。

深圳与香港的经济竞争关系主要体现在以下几个方面。

首先,两者之间的竞争关系,表现为对国际、国内实际投资的吸引能力方面。由于深圳经济的高速增长,营商条件、生活条件等的持续改善,在市场诱因下,在便捷的交通、居住条件下,香港的高层次人才、跨国公司地区总部等有可能在短期内迅速北移,这样在香港的投资持续减少,而在深圳等周边地区的实际投入增加,并且常态化、长期化,从而导致香港本地的经济竞争力、吸引投资能力步入

"负反馈",加速了香港从成熟的区域经济生命周期向成熟后周期甚至是衰退周期的演变。

其次,两者之间的竞争关系,表现为两地之间消费需求吸引能力方面。深港之间的要素绝对价格差十分巨大,导致香港的居住成本、营商成本、生活成本等长期相对高企。由于香港以服务业为主的经济特点,更易受到刚性价格的制约;港人北上居住、周末到深圳度假旅游、购物等现象成为常态,加剧了香港本地消费需求的萎缩。深圳因素,可能成为香港内部消费需求持续不振的重要一环。

再次,两者之间的竞争关系,也将体现在高层次人才的培养与争夺等方面。深圳作为中国内地最年轻的城市,人口平均年龄极低,知识结构较为合理,拥有后续的人才梯队。而香港人口开始逐步地老龄化,优质人才随着制造业、服务业的向外迁移而不断外流,后续的人才梯队缺乏有力的保障。这种人才结构方面形成的"软性竞争",十分可能影响到深圳、香港今后各自的经济态势,影响到各自的劳动力就业与失业状况,从而对深港经济圈的重大经济政策、经济发展与合作的具体措施等,产生重大的影响。

综合地看,深港之间的经济合作关系是矛盾的主要方面,两者之间的竞争关系是矛盾的次要方面。深港之间的经济合作,是在特殊条件下的、具有一定特殊关系的寻优合作,并不完全等同于常见的区际合作关系。它们之间的竞争关系,也是在一定特殊的经济地理条件下、在特殊的时空背景与经济发展变化过程的区际竞争关系。

第四章

深港经济寻优合作的
本质内涵

深港区域经济一体化,是两个毗邻地区之间的、以城际合作为核心的经济整合(Economic integration)过程。两座城市一河之隔,山水相连,交通便捷,拥有合作交流的优势区位。深港区域经济一体化,又是处于同一时空变化轴上的成熟城市与新兴城市、先发区域与后发区域之间的经济一体化整合。香港拥有百余年的经济社会发展历史,在金融、贸易、现代物流、商业服务、旅游、购物等产业上,拥有全球领先的运营水平,香港是亚太区经济枢纽中心和国际大都市、金融中心,但是区内人口渐趋老龄化,自然资源严重缺乏,土地开发空间相对有限。深圳是中国改革开放的"窗口"和最大最早的经济特区,资源条件相对良好,经济腹地广阔,人口众多且年轻化,后续开发潜力巨大,但深圳整体营商环境、经济营运水平等处于相对较弱层级,与国际接轨经验欠缺,金融服务、生产性专业服务等的发展水平相对不足。

因此,深港经济寻优合作的本质内涵体现为,深港经济合作始终是一个优势互补、资源互享、要素互动并且力求实现最优组合的过程与状态。它既要根据区域经济实现全面协调与可持续发展的现实基础,又要按照实现和谐发展、科学发展和又好又快发展的内在要求,来探索与实践深港之间的生产要素最佳组合方式、路径与一体化的合理机制。

第一节　要素概念的新内涵

由于深圳、香港基本进入了后工业知识社会,因此本书对要素及其要素流动等理论的分析,主要是以后工业知识社会作为研究背景。

一、要素

要素(Factors)或生产要素(Factors of production),是任何社会要获得产品所必须具备的基本条件或投入物。传统要素说包括了土地、劳动、资本三要素。其中,土地(Land)属于传统要素或基本生产要素之一,它不仅仅指一般意义上的土地或耕地,还包括地上和地下的一切基本的、自然的物质材料,如土地本身、空气、水和森林、矿藏等大自然的礼物。我们通常所说的自然资源、环境资源也应包括在内。土地的供给主要受到地理状况的决定,在西方经济学理论中,"租金"等于"土地的边际产品"。

劳动也是一种公认的传统要素和基本生产要素。通常来说,劳动作为一种基本生产要素,是由人们花在生产过程中的时间和精力所组成。劳动只有在投入生产时才具有实质经济价值,劳动供给是指人们愿意在有经济收益的活动中工作的小时数,并由许多经济或非经济因素决定。出售劳力的工作人员的所得报酬被称为"工资"(Wages),"劳动的边际产品"等于"工资",劳动市场(Labor market)是有关它的一种概括说法。在概念内涵上,劳动或劳动供给,与人们常说的"劳动力"(Labor force)、"人力资源"(Human resource)不同,后者是指一个国家或地区的人口总体所拥有的劳动能力,它具有物质性、可用性和有限性。

资本(Capital)也是传统要素之一,它首先就是一种被生产出来的要素,一种本身就是由经济过程生产出来的耐用品和投入品。资本可以分为实物形态和货币形态,实物形态又被称为投资品或资本品,如厂房、机器、动力燃料、原材料等,资本的货币形态通常称之为货币资本。

随着经济社会的不断发展,要素的本质内涵、基本内容等将伴随着经济社会发展在不断演变。

以资本要素为例,1979 年美国经济学者西奥多·舒尔茨由于首次提出人力资本概念等开创性研究而获得了诺贝尔经济学奖。1986 年,美国著名经济家罗默在《政治经济学》刊物发表了著名学术论文《收益递增与经济增长》,将生产要素分为资本、非熟练劳动、人力资本(以受教育年限来衡量)、新思想(以专利数量来衡量)四大方面。并且指出:特殊的知识和专业化的人力资本能够促进自身收益的增加,使物质资本的投资产生递增效益,体现为知识"外溢效应"(External effect)。今天,资本要素通常被划分为物质资本(Non-human capital)与人力资本(Human capital,或称非物质资本)。我国学者李玉江等指出,人力资本主要是通过教育、培训、保健、劳动力迁移、就业信息获取等方式获得的凝结在劳动者身上的技能、学识、健康能力和水平的总和。① 人力资源与人力资本的各自形成方式不同,研究客体不同,各自对社会发展和经济增长的作用方式不同,但它们之间却是相互联系、相互影响和相互转化的。在后工业知识社会中,人力资本理论应时代产生,它将人力资本纳入资本范畴,提出了人力资本的外部效应和溢出效应以及知识、技术、人力资本自身将不断产生递增收益,并促进追加的生产要素的收益呈现出递增状态。

随着知识经济社会的不断深化和经济学理论的发展,技术(Technology)、企业家才干(Entrepreneurship)等也被列为生产要素资源。技术作为生产要素,一般具有几个明显特征:技术是一种知识、技能,它可以被很多人同时使用或拥有,这有别于普通商品,普通商品当某个人拥有时,它就不能为其他人所有;普通商品是独享性商品,而技术则是一种非独享性商品。技术是人类活动的产物,如果没有人参与,技术是不会自动产生的。在经济现实活动中,经常可以发现有些厂商和某些人因某项发明或知识而获得市场垄断力量、垄断利润等,这表明技术虽然具有非独享性,但又不完全是一种公共物品,它具有一定程度的排他性。归纳

---

① 参见李玉江主编,吴玉麟、陈培安副主编:《区域人力资本研究》,科学出版社 2005 年版,第 23—24 页。

起来,技术作为一种特殊的生产要素,是指制造某项产品、应用某项产艺或提供某项服务的系统知识,但不包括又涉及货物买卖或器物出租的知识。技术要素通常融载于以下要素中:一是拥有生产技术知识的劳动者;二是物化成某些的机器装备和装置;三是用于生产的工艺、操作技术以及专利、技术秘诀等;四是传播技术本身的知识信息等。在投入既定条件下,技术变革能够使产出增加,因此技术是经济增长的关键因素。

经济学家们还逐渐明确地认识到,技术进步或技术变革并不只是生产过程中的变革或新产品新技术的发明以及新工艺新服务的引进;高效的技术进步还必须培育企业家们的精神与才干。因此,企业家才干也被列入生产要素之一,它通常指企业家筹措资本、组建企业及组合生产要素的能力以及制订企业经营方针、实施管理、追求成功承担失败的企业家精神等。与凯恩斯齐名的经济学家熊彼特认为,企业家最为重要的才干之一是创新,创新则是指生产要素的新的组合或创造性的破坏过程,企业家从事创新的主要目标是为了获得超额利润;有时,企业家功能与作用在一些经济活动中起着重要的主导作用。

同传统的生产要素土地、劳动与资本三要素相比较,技术及企业家才干等要素的特点体现为:非磨损性,它们在使用中本身不被损耗,可重复使用、也不可回收。相克性,或称为可共享性,有时技术及企业家才干等可成为一种公共品,可以被很多人使用、借鉴却没有物质上的损耗。低成本复制性,产生某一种新技术、新知识的成本很高,但复制所花费的资金成本或物质成本却很低,一旦复制量非常巨大时,它们的复制成本几乎可以忽略不计。高度增值性,它们具有不断被充实、被再创造和被再增值的可能性。最后,它们具有与主体(人)之间的不可分割性及不可绝对继承性的特征。传统生产要素如土地、资本等可通过产权的二重性,将其经营权、产权等持续转让且从中获得利润。但是以人作为载体的技术要素等,若要实现绝对意义的产权转让,则必须随着载体或所有者一起进行转让且不能割开。有时,它们还会随着主体消失而不复存在。

二、技术进步成为经济增长的决定因素

早在 1996 年,经济合作发展组织(OECD)在《科学、技术和产业展望》报告

中,就首次提出"以知识为基础的经济"(Knowledge based economy)理论,从而宣告了知识经济时代的到来。知识经济,是指直接建立在知识与信息的生产、分配和使用上的经济。在知识经济时代,传统上以劳动密集型、资本密集型为主体的经济发展模式已逐渐式微,取而代之的是知识与技术密集型的新经济。传统生产要素——土地、劳动和资本等不再是驱动经济增长、实现科学发展和可持续发展的主导因素;技术与知识、智力与智慧以及企业家才干等,成为了推动经济增长的决定因素。包括企业家才干在内的技术进步与技术创新,在后工业知识经济社会中的决定性作用越来越凸显,对一个国家或地区经济增长的贡献率越来越大。实证表明,在有的欧美发达国家和地区,技术进步对经济的贡献率甚至达到70%—90%。

　　知识经济迥异于传统的农业经济和工业经济形态,它的主要特征为:技术与知识、智力与智慧以及企业家才干等,成为了经济增长拥有较高的边际产出的、具有一定稀缺性和市场垄断意义的要素资源。(见图4-1)技术与知识、智力与

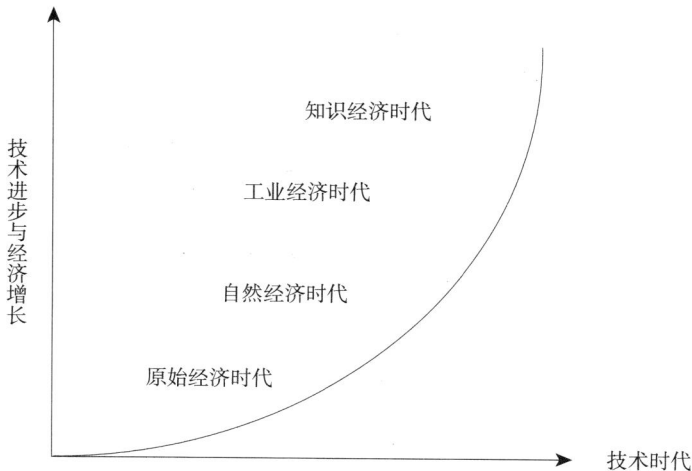

图4-1　知识及技术进步与经济的结合度①

---

　　①　参见高洪深、杨宏志:《知识经济学教程》,中国人民大学出版社2001年版,第14页。

智慧以及企业家才干等的投入与产生,在规模经济与多样化经济中的实际效益,直接取决于技术、知识的折旧率、更新度等,领先优势与创新速度逐渐成为了国家和地区之间产业竞争的关键。技术与知识、智力与智慧以及企业家才干等,本身将沉淀为生产活动产出的部分或生产过程的有机组成部分。在知识经济中,终端产品呈现出了低度物质化的重要趋势,加工制造与生产环节同服务环节之间,硬件与软件之间的分界线愈来愈趋于模糊。

新增长理论经过近20年的发展,目前已经超越新古典增长理论成为主流的经济理论体系。新增长理论重点研究了后工业知识社会中最重要的要素:知识,指出了技术创新、人力资本积累、知识溢出等对经济增长的重要影响,通过对技术、知识等要素是如何生产出来并发挥作用的实证分析,在理论上确立了由知识积累或人力资本积累引起的内生技术进步是经济增长源泉这一重要思想,并指明了技术进步是推动经济长期成功的决定因素;而且技术进步对区域经济增长的作用与劳动、资本要素的作用具有根本上的区别(见图4-2)。

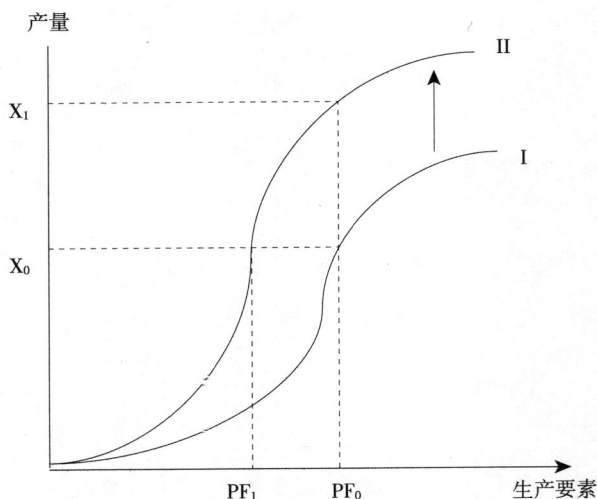

图4-2　技术要素等流入导致区域生产函数的变化①

---

① 参见陈秀山、张可云:《区域经济理论》,商务印书馆2003年版,第318页。

劳动与资本要素的流出使输出区域的生产潜力减小,由于要素存量减少一般会形成收缩效应;新技术知识的输出并不改变输出区域的要素存量,至少在短期内不会发生衰退效应。而新技术知识的流入,像劳动与资本要素的流入一样,提高了要素输入区域的生产潜力,技术进步导致可以用更低成本生产现有的产品,促使生产函数发生变化。如图 4-2 所示,当总收益曲线从 I 向 II 移动,由于技术进步,同样的要素投入(PF_0)带来更大的产量(X_1 代替了 X_0),或者同样的产量(X_0)只使用了更少的要素投入(PF_1 代替了 PF_0)。

(一)保罗·萨缪尔森的"四个轮子"①

保罗·萨缪尔森等在《经济学》一书指出,经济分析传统上将生产要素分为三种:土地、劳动和资本。前两种叫做生产的初始或初始要素,资本或资本品(Capital or Capital Goods)则是一个生产者已经生产出来的要素,它既是一种投入又是一种产出。他指出,经济增长(Economic growth)代表了一国潜在的 GDP 或国民产出的增加,它的发动机必须安装在四个轮子上。这四个轮子主要包括:人力资源(劳动力的供给、教育、纪律、激励);自然资源(土地、矿产、燃料、环境质量);资本(机器、工厂、道路);技术(科学、工程、管理、企业家才能)。国家不同,车轮也可能大不相同,有些国家对这几个车轮的组合使用要比另一些国家有效得多。萨缪尔森使用了总生产函数(Aggregate production function, APF)来描述这几大经济增长因素之间的关系。总生产函数将国民总产出、总投入和技术联系在一起,其数学表达式是:

$Q = AF(K, L, R)$

其中,Q = 产出,K = 资本对产出的贡献,L = 投入的劳动力,R = 投入的自然资源,A 代表经济中的技术水平,F 是生产函数。随着资本、劳动力、资源等投入要素的增加,可以预计产出也会增加;而随着更多生产要素的持续投入,总产出将会发生收益递减现象。保罗·萨缪尔森指出,在四大要素中,人力资源与资本是一国经济增长的最重要的因素;自然资源则是决定总产出的第二大传统要素,但

---

① [美]保罗·萨缪尔森、威廉·诺德豪斯:《经济学》,华夏出版社 1999 年版,第 419—420 页。

自然资源的拥有量并不总是经济发展取得成功的必要条件。值得注意的是,他将人力资源、自然资源与资本并称为三大传统因素,而将技术进步称之为"国民经济增长的关键因素"。因为技术进步总是推动总产出曲线"向上移动"。保罗·萨缪尔森的"技术"要素,实际上将科学技术、工程、管理、企业家才能等全都包括了。

（二）索洛的技术进步理论①

罗伯特·M·索洛（Robert Solow）是新古典经济增长模型（Neoclassical model of economic growth）的最先创立者之一,并获得 1987 年诺贝尔经济学奖。新古典经济增长模型是理解发达国家经济增长的基本工具,常常被用于有关经济增长源泉的实证性研究。

索洛 1957 年发表《技术变化和总量生产函数》一文,发展了生产函数有关理论,把柯布·道格拉斯生产函数形式本身和"技术水平恒定"的限制加以改进,从希克斯中性技术进步出发,推导出增长速度方程并分离出技术进步的作用,指出了经济增长中技术进步所占的决定性地位。索洛的总量生产函数公式为:

$$Y = f(K, L; t)$$

出现在函数 f 中的时间变量 t 是用来表达技术变化的因子,技术变化是生产函数任何形式变更的一种简略表达。索洛模型中,有一个与时间有关的描述技术水平的变量,技术进步的内涵被描述为:产品和装备水平的提高,工艺的改进,劳动者素质的提高,管理决策水平的提高等。由索洛模型导致的结论是,经济的总产出增长率、总消费增长率、资本增长率等于技术进步率与劳动力增长率之和,人均收入增长率等于技术进步率,从而表明人均收入增长完全是由外生的技术进步引起的。

（三）新增长理论②

新增长理论,或称内生技术变革理论,主要由保罗·罗默（Paul Romer）、卢卡斯（R. Lucas）等人在 20 世纪 80 年代后提出。新增长理论将技术进步作为内

---

① 高洪深、杨宏志:《知识经济学教程》,中国人民大学出版社 2001 年版,第 84—85 页。
② 高洪深、杨宏志:《知识经济学教程》,中国人民大学出版社 2001 年版,第 87—88 页。

生增长的来源,强调经济增长是经济体系内部力量作用的结果,重视知识外溢、人力资本、技术开发、递增收益等问题的研究。

1969 年,阿罗(K. J. Arrow)首先提出"干中学"的模型。1986 年,罗默把外部效应(Externalities)引入生产函数,阿罗考虑是"干学"涉及的规模效应,罗默考虑的是与技术相关体现在总资本中的知识效应。卢卡斯则在《论经济发展的机制》著名论文中开发了一个有关人力资本的模型。罗默和卢卡斯的模型,本质上是依赖技术和人力资本的外部效应,以促进递增报酬的形成,最终推动经济增长。罗默提出的模型是在垄断竞争条件下构筑内生技术增长的模型,他认为递增报酬和持续增长是通过不断研究以创造新的资本来实现的。

1990 年,罗默提出了第二个内生经济增长模型,他假设三个条件:技术变革是经济增长的核心,技术变革来自企业利益驱动下,根据市场激励信号所进行的研究与开发活动,关于生产的知识与其他一般产品不同,知识生产出来可以无价地重复使用。在此基础上,罗默构造了一个包括最终产品、中间产品和研究与发展活动的三部门模型,对生产的投入也增加了生产知识的人力资本的投入。然后,罗默从规模报酬不变的柯布·道格拉斯生产函数中推导出下述结论:人均收入的增长率与社会投入研究与发展的人力资本成正比,与人力资本在研究与发展的边际产出率成正比,与时间贴现率成反比。因此,对研究与发展的投入是决定经济增长的最主要因素,无论是企业还是国家(区域),要提高产出率和经济增长率都必须充分利用研究与发展部门这一资源,提高知识积累率。

1994 年,罗默在《内生增长的源泉》一文中,认为经济增长的理论应当合理地考虑下述事实:市场经济条件下有许多企业在竞争;发明与其他投入要素不同,它可在同一时间被许多人利用;重现(复制)物质生产是可能的(物质生产可以成倍扩增);技术进步来源于人们所做的事情(有意识的研究工作);许多个人和企业拥有强大的市场潜力,能够从发明的垄断中获利,并能得到发明的垄断权。罗默认为,以索洛为代表的新古典经济增长模型较好地考虑了前三种事实,内生经济增长理论将第四个事实引入了经济增长模型,但是包括罗默在内的各种内生技术经济增长模型都未能将第五种事实考虑进去。

罗默的增长模型是:

$$Y = A(R)F(Rj, Kj, Lj)$$

在该模型中,A(R)为公共知识存量,Rj 是 j 公司研究与发展费用引起的存量,Kj 是 j 公司的资本,Lj 是 j 公司的劳动。罗默模型中,把知识作为最主要的投入要素,知识又分为各企业拥有的专门知识和公共知识。前者可以产出内在的效应,给个别企业带来垄断利润;后者可能产生外在的经济效应,使所有企业都获得规模收益。

（四）熊彼特的创新理论[1]

约瑟夫·熊彼特(J. A. Schumpeter)1911 年发表《经济发展理论》。他针对经济发展,包括企业家特点与功能、生产要素新组合,创新含义和作用等问题,作了开创性论述。他的追随者,后来将其"创新理论"发展成为西方经济学的两个重要理论分支:以技术变革和技术推广为研究对象的技术创新经济学派,以制度变革和制度形成为研究对象的制度创新经济学派。

在创新理论中,熊彼特认为创新是企业家的特有职能。根据他的定义,创新是指企业家使生产要素实现新组合,并对"生产过程中执行新的组合"给予了具体描述。他认为,生产是把所能支配的生产要素(原材料和力量)进行新的组合,或者加入新的要素组合(新的生产方法,新的市场,新的原材料供应源等),包括一种新产品的引入(生产创新)、制造现有产品的技术变革(生产方法创新)、开辟新的市场或新的原材料来源、引入新的生产组织形式等。基于"新的组合"基础上的企业家创新活动,是经济增长的内生变量。因此,经济增长又表现为一种创造性破坏过程。

第二节　市场经济条件下的深港要素流动

一般而言,区域要素流动机制是以市场机制为主导、以政府宏观调控为补充

---

[1] 参见朱勇:《新增长理论》,商务印书馆 1999 年版,第 47—48 页。

的多层次的流动机制。

一、区域要素流动机制及成因

具体分析区域要素流动的原因时,可发现要素的流动总是遵循一个脉络:要素禀赋——要素价格——优势区位——政府调控,如图4-3所示。

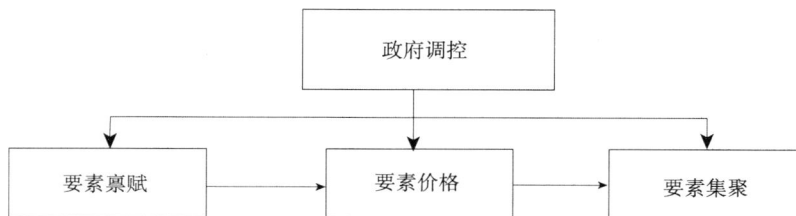

图4-3　区域要素流动机制

要素具有明显的区位特点,不同地域空间的要素禀赋天然地存在差异,导致要素价格的变化,进而形成要素区域流动的动力。要素流动导致要素在优势区域的集聚,这种集聚效应使各种生产要素的潜力得到进一步发挥,利用效率得到提高。但是,区域之间的关系是复杂的,有时纯粹是竞争或合作关系,有时又竞争又合作。因此要素流动并非完全按市场机制流动,而是受到地方政府的政策干预,这种干预的有效性和合理性,往往是要素有序流动的关键所在。

不同区域间要素流动的内因是十分复杂的。通常来看,要素跨区域流动的客观基础,是由于不同的经济空间、地理空间等之间存在着的要素差异性——"要素差"。所谓"要素差",主要是指区域发展的各种要素在不同的区域,其数量、质量、种类、地域空间配置等所具有的客观差异,正是这种差异构成了要素流动的客观性基础,它也是生产要素在不同区域的优劣、高低、丰歉、大小及有无的综合表现。优对于劣、高对于低、有对于无等均构成了客观差异,并且决定了要素在区域中的相互联系与各自地位。要素差,侧重表现为两区域之间要素的各种客观差异性;要素势能差则体现为要素在区域之间的相对多寡、优劣、高低等位置状态。

在生产要素流动受到一定约束时,区域要素差将对区域经济增长产生影响。

首先,我们可这样假设:有两个区域(a和b),两种商品(x与y),两种生产要素(劳动与资本)参与区际贸易;两个区域在生产中使用相同的技术;在两个区域中,商品市场、要素市场属于完全竞争市场,要素在一个区域内可以完全自由流动,但在区际间则不能自由流动,要受到一定的约束;两个区域中的商品x都是劳动密集型产品,商品y都是资本密集型产品;两个区域在两种产品的生产上具有规模报酬不变的特点,即单位生产成本不随着产量的增减而变化;两个区域的需要偏好相同,即两区域的社会无差异曲线的位置和形状相同;没有运输成本或影响区际贸易自由进行的其他壁垒,这意味着生产专业化过程可持续到两区域商品相对价格相等为止;两区域资源均得到了充分利用;两区域的贸易是平衡的。

根据赫克歇尔和俄林研究和预测的贸易模式,两个区域之间仍然会存在着这样的关系:一区应当输出那些在生产中密集地使用了这个区域最丰富的生产要素的商品,而输入那些在生产中密集地使用了这个区域供应最短缺的生产要素的商品。贸易的直接结果会提高一区的生产资源利用效率。商品价格的区际绝对差异是由于商品成本的绝对差异造成的,而成本不同则是由于各区生产要素禀赋不同和不同的产品在生产过程中所使用的要素比例不同导致的,要素禀赋是区际贸易中各区具有比较优势的基本原因和决定因素。因此,区际贸易的流向应该是,劳动力资源丰富的区域应集中生产劳动密集型产品,并输出到劳动力资源相对缺乏的区域去;资本丰富的区域应集中生产资本密集型产品,并输出到资本相对缺乏的区域去。

二、要素流动的影响

我们可以假定,在较发达的知识经济社会以及发达的市场条件下,要素流动是几乎完全自由的,要素的跨区域流动,必然将对两个或两个以上区域的经济增长与经济合作等,产生重要的影响和作用。

(一)要素流动导致生产成本和配置效率变化

其一,自然条件、要素资源禀赋对区域经济活动成本和劳动生产率表现出直接的影响。各区域的自然条件和要素资源禀赋差异,直接影响到生产成本和交易费用,导致区际间的劳动生产率差异和经济活动成本差异,使同一劳动或同一资本可以获得不同的产出,或提供相同的产品和劳务需要不同的劳动。其二,区域制度差异也会导致对不同区域经济主体激励和交易费用节约的差异,从而导致不同要素的不同流向差异,最终影响到资源地域空间配置效率和结果。

(二)要素流动导致分工和专业化水平产生变化

要素的区域禀赋差异是生产的劳动分工和专业化水平的客观基础,而区域制度安排和经济发展状况是劳动分工和区域生产专业化的社会经济基础,不同区域由于要素禀赋差异,会出现不同的劳动生产率和发生不同的生产成本,从而形成不同种类、各自优势的产品和劳务,导致劳动地域分工和专业化的出现。在后工业的知识经济社会中,劳动分工的最主要特征,越来越表现为某一区域专门生产某类产品、提供某种服务,或者专门生产某类产品的一小部分。

区域差异的客观性和普遍性,在不同区域生产同一产品、提供同一服务的投入产出效率方面具有很大的差异性,而经济增长和技术进步又不断创造出新的社会需求,在市场机制的作用下,同时由于知识社会中时空可达性的不断收敛,要素流动将呈递增状态地推动某一具体经济活动,不断朝向最有利的空间区位集中或集聚,从而推动劳动分工和专业化水平的深化发展。

(三)要素流动直接促成要素空间集聚

生产要素的空间集聚,带动了产业的空间聚拢,进一步强化了区域的区位优势和核心竞争力。

要素空间集聚产生的直接内因,是各种生产要素希望获取最大化的利润。要素集聚,推动了集聚经济的出现。集聚经济是指各种要素和产业及各种经济活动在空间上集中产生的经济效果以及吸引生产要素向一定地区靠近的向心力,是导致城市形成和不断扩大的基本因素。区域经济学认为,集聚效果产生了经济集聚。集聚效果是指在社会经济活动中,有关生产和服务职能在地域上集中产生的经济和社会效果,强调规模经济以及外部经济是实现的基本途径。集聚经济或集聚效果,是通过规模经济与外部经济产生了集聚。但是,过度集聚将产生集聚不经济,并导致扩散。集聚经济包括企业规模经济、产业规模扩大和地方规模的形成。另外,要素在短期内在某一区域的集聚,将直接影响到该地区的经济增长效益,产生常说的空间激励效应。

（四）要素流动影响区域生产力布局

生产力布局作为生产力的地域空间分布和组合,本身是由不同层次的因素组成的系统,是各具特色的生产力因素在特定的结构方式和数量配比下,在适当的时间和地域空间形成的能够创造出特殊产品和劳务的有机总体。区域差异对区域生产力布局的影响主要是通过两条途径实现的:一条是通过"生产要素——产业——经济"的途径,即要素差异首先对一个区域的某一经济部门产生影响,由此引起对第二、第三个或更多相关产业的经济活动产生影响,进而形成特定的区域生产力布局;另一条是通过"生产要素——制度安排——经济"的途径间接影响区域生产力布局,即要素差异通过影响特定区域的生活方式、经营管理理论、组织结构、产权关系等,对区域生产力布局和区际经济联系产生广泛的影响,进而影响区域产业结构的演进。产业结构优化是指通过产业结构的适当配置和有序演进,使各产业部门之间在国民经济发展过程中保持合理的质的联系和量的比例,产业结构作为具有一定性质和组合形式的产业子系统的集合,其形成和发展内生于产业结构内部的矛盾运动,而产业结构的具体形式又受到各种外部条件,如政治经济和社会历史条件的影响。区域产业结构是以区域差异的存在为前提、在发挥区域优势的基础上形成的。区域差异对各具特色的区域产业结构形成有直接作用,而建立在区域差异之上的区际要素流动同样对区域产生结构的演进有巨大的影响作用。

三、深港要素流动特点

（一）双方要素的互补性很强

20 世纪 80 年代末至 90 年代期间,深港之间要素势能落差和经济落差体现得最为明显。深圳一侧拥有大量的初级生产要素和生产资料,而香港一方的资金、技术、管理等高级生产要素十分丰裕。这一点,从深港产品贸易结构上可充分看出。深圳是香港的水资源、食品和初级原材料的主要生产与供应基地。例如,1997 年深圳供应香港的鲜活农副产品如蔬菜、活鸡、乳鸽和牛奶等品种,占有香港 20%—60% 的市场份额;深圳东深水库向香港输送的淡水占香港用水总量的 70% 左右,深圳大亚湾核电站的 70% 电力供应香港。深圳还为港商的三来一补企业、三资企业等提供了大量劳动力、土地等。直到今天,香港鲜活市场的禽蛋、鱼肉、蔬菜、鲜奶等农副产品仍然主要由深圳一侧供应。

但是,随着深圳经济高速发展,香港的要素资源单向地北移模式出现了根本性的改变,深圳对港投资逐年增加,香港成为深企境外投资首选地。2007 年,深圳市经核准新增境外企业和机构 67 家,其中 37 家是驻港企业和机构;注册资本 3693.27 万美元,投资总额 5412.79 万美元,其中深圳方投入 5404.48 万美元。另有 8 家深圳驻港企业增加投资总额 4046.24 万美元。

（二）深港之间要素价格落差巨大

生产要素的价格是由要素供给与市场需求的相互作用来决定的。而生产要素的供给依赖于要素的特性和所有者的偏好。一般说来,要素供给与价格正相关。然而,对于供给量固定的要素如土地、物业等,供给曲线则是几乎完全没有弹性的。

1. 土地与物业的价格落差巨大

香港作为"弹丸之地",土地资源十分匮乏,加之政府财政长期依赖于土地出让收入,因此深港之间的土地绝对价格落差十分巨大。

虽然,土地和地面附着的物业,是不可流动的生产要素;它在不同国家与区域之间的巨大价格差异(相当于投入的生产成本差异),属于较正常的现象。但是,深港两座城市间仅一河之隔,同处半小时生活商贸经济圈。因此,这两座城市之间的土地、物业等的价格落差,直接地表现为双方在要素价格、生产成本等方面的巨大落差,并对两地经济增长以及经济一体化及其寻优合作与寻优发展等,产生了重要影响。

香港土地及物业价格的情况,我们可以较近的 2009 年下半年的一些数据来说明。在 2009 年 10 月 14 日,香港有名的地产商——恒基地产开盘销售港岛干德道的"西半山天汇",其中一个高层复式户型售出价格高达每平方米约 71.28 万港元,成为当时"全球最贵房产"之一。虽然仅是个案,但不难看出,深港之间在土地要素价格方面存在着巨大落差。根据 2008 年的相关统计数据,2008 年香港地铁上盖物业套均价为 640.55 万港元/套,而一般来说,香港地铁上盖物业都是小户型,套均面积在 68 平方米左右,因此换算后香港地铁物业的均价约为 9.42 万港元/平方米,根据当时港币兑人民币 1∶0.8816 的汇率换算,约相当于 8.3 万人民币/平方米。2009 年上半年,香港地铁上盖的物业套均价涨到 757.18 万港元/套,涨幅为 18.2%。每平方米房价飙升至 11.14 万港元,约 9.82 万人民币/平方米。2009 年 9 月,香港未上市的地产公司南丰公司竞标投得香港跑马地云晖大厦 A、B 座(高端住宅),每平方尺(相当于 0.093 平方米)价格约 1.2 万港元,预期售价约为 1.8 万港元/平方尺 16.74 万港元/平方米左右,高达 13.777 万元人民币/平方米。

深圳的土地、物业等价格,很明显是远远低于香港的。同样以深圳地铁上盖物业、市内豪宅片区为例,每平方米物业的均价为 3 万元人民币左右。以 2009 年 10 月为例,根据当时深圳市房地产信息网的相关监测,当月深圳市销售物业均价 20234 元人民币/平方米。其中,罗湖区的成交均价近 32000 元/平方米,南山区均价接近 26000 元/平方米,龙岗区均价 11776 元/平方米,福田区、盐田区均价在 27000 元/平方米左右,宝安区的均价为 20217 元/平方米。而且,深圳市政府还可以通过适当降低土地价格等调控杠杆,来吸引适合企业前来投资。2009 年 10 月 16 日,深圳市福田区 CBD 片区的四块商业性金融企业办公用地,最终全部低价出让,土地竞得人分别为"生命人寿保险公司"、"国银金融租赁公司"、"中国人寿保险公司"、"民生金融租赁公司 & 民生银行深圳分行",拍卖土地的最低价为 7636 元/平方米,最高价为 8583 元/平方米。很明显,深圳市政府通过这 4 宗金融业用地的定向挂牌出让,通过对竞买申请人企业主体资格的严格限定,以低价成交等方式对适合企业及产业投资实施政策鼓励。

2. 劳动力成本价格落差巨大

土地和其他自然资源的数量、质量是由地理状况决定的,不可能有太大的改变。劳动力供给则由许多经济和非经济因素决定的,重要的决定因素包括劳动的价格和人口特征,如年龄、性别、教育程度和家庭结构等。就深港两地来看,两地之间的劳动力成本、劳动力价格等落差同样较大。

深圳市职工工资总额 2006 年、2007 年分别为 629.66 亿元、733.58 亿元,年平均货币工资分别为 35107 元(2926 元/人月)、38798 元(3233 元/人月)。根据

2007 年深圳市 600 户居民家庭抽样调查推算,当年深圳市居民可支配收入约 24870.21 元,较 2006 年增长 10.2%(深圳近年来职工工资见表 4-1)。

表 4-1 深圳近年来职工工资情况

时　　间	2008 年	2009 年前 3 季度
在岗职工工资总额(亿元)	575.46	660.75
在岗职工月平均工资(元/人月)	3281.00	3685.00

资料来源:深圳市统计局网站。

香港 2006 年、2007 年本地居民按当时市价计算的可支配总收入总额为 14859.05 亿港元、16584.60 亿港元。2007 年,香港所有行业的平均工资为 11325 港元/人月,其中,制造业平均工资为 10406 港元/人月,运输服务业为 12457 港元/人月,金融、保险、地产及商用服务业为 11164 港元/人月。其中,银行业为 16955 港元/人月,投资及控股公司为 17046 港元/人月,个人服务业包括如清洁工服务等为 6925 港元/人月。

由此可见,深港两地在劳动力这一要素成本、要素价格等方面存在着巨大的价格落差。

3. 资本等要素数量与配置效率差异较大

资本的供给,主要依赖于企业、家庭和政府在过去的投资;在短期内,资本存量是像土地一样相对固定的,但从长期来看,资本等要素的供给对于风险和回报率这样的市场因素较为敏感。

香港作为经济自由港和小型经济体,通过逾百年的发展,集聚了庞大的资本存量。例如,2004 年至 2006 年之间,外来资本直接投资香港的年底头寸分别为 35219 亿港元、40563 亿港元、57719 亿港元,与当年香港本地生产总值的比例分别为 243%、264%、357%。由于香港经济的高度自由化、外向性等,资本等要素易受到各种风险、预期回报率等的影响,易聚也易散。这体现在资本等要素的供给状态和过程中,则极可能表现为"来得快,走得也快"。

深圳自成立经济特区、实施改革开放 30 年以来,资本、技术等要素持续涌入,在资本等要素的外来投资年均增幅、抗风险度、资本预期回报率等方面,较香港具有某些方面的明显优势。

在资金的运作效率方面,由于香港成功实行了自由金融制度,包括资本及黄金均可以自由地进出香港、各种货币可在香港自由兑换、金融市场对外来投资者实行完全的国民待遇等,形成了较完善的金融多层次监管体系,再结合十分发达的市场经济的多方面优势,香港方面对资金、资本等要素的综合运作效率和运作水平,应该较深圳方面为高,对资金的运作手段更丰富。

(三)香港的要素资源在历史上大规模地单向北移

20世纪80年代初,国家对深圳实施改革开放政策下的、典型的空间激励政策——"特区政策"。在国家空间激励政策的引导下,以港资、港企及相关的管理、技术等为主的要素,在20世纪80年代初开始大规模地北向转移至深圳及邻近的珠三角地区。国内经济学家陶涛(2004)等将深港的经济数据导入两要素生产函数增长模型后,获得的相关数值表明:香港直接投资及要素流入等,是深圳特区经济增长的最主要驱动因素,港资投入对深圳经济增长的拉动作用,其贡献率在改革开放初期超过了2/3。实证研究也说明了这一点,在改革开放之前深圳利用外资金额几乎为零;而1979—2003年,深圳实际利用外资额共计365.61亿美元,其中来自港澳的资金多年来一直占到深圳协议利用外资额、实际利用外资额的第一名;截至2003年,深圳市累计批准港商投资项目2.68万个,合同利用港资300.78亿美元,实际利用港资220.69亿美元,分别占全市外商投资项目的83.54%、合同利用外资的63.33%。直到今天,港资仍然是深圳市最主要的投资来源,占据了深圳实际利用外资总额的七成以上。2007年,港资投资深圳还在大幅增长,比2006年增长了52.97%,合同港资66.54亿美元,增长85.05%,实际使用港资22.33亿美元,增长33.97%。而且,港商投资进入到主要以独资企业为主,在2007年新设的港商独资企业多达3266家,占同期成立的所有港资企业的96.09%。在产业领域方面,港商加速向服务业方面布局。2007年,投资深圳市服务业领域的新设港资企业,占到深圳市外商投资企业总数的82.48%,当年港商共计在深新设立了2750个服务业企业,占同期新设港资企业的80.91%。

据《深圳商报》报道,截至2007年6月8日,深圳市拥有各类港资(法人)企业 13224 家,注册资本 253.8 亿美元,投资总额 420.6 亿美元,港方认缴金额 184.3 亿美元,分别占深圳市外资企业总数、注资总额、投资总额及外方认缴总额的 73%、59%、62% 和 63%。港商投资深圳的产业形态在不断升级,港企的投资规模也在不断提高。在 1997 年香港回归祖国之前,95% 以上的港资企业投资规模在 1000 万美元以下,投资总额在 1000 万—3000 万美元之间的仅有 437 家,超过 3000 万美元的仅有 100 家。而截至 2007 年上半年,投资总额在 1000 万—3000 万美元之间的港资企业增加到 526 家,投资 3000 万美元以上的增加到 214 家。

据深圳工商部门相关统计,截至 2009 年 12 月,深圳市共拥有各类外资企业、机构等 33386 家,注册资本金 512.00 亿美元,其中外方认缴出资额 442.03 亿美元,外资在深投资总额超过了 879.58 亿美元。根据经验,在深圳所有外资企业、机构等里面,港资企业与机构的数量往往超过了六七成。

四、深港区域的经济趋同

(一)大规模要素流动呈现"同城化"态势

深港之间人流、车流、商品流、信息流、资本流和服务流等高速地双向互流,既是两座城市逐步迈向"同城化"的具体表现,又是"同城化"的具体结果。

近几年来,深港经济的空间结构发生了重要的变化。时空可达性方面,深港间的时空距离由以往的几个小时缩短为半小时左右,空间交易成本急剧下降,结构收敛性趋强。

以深港间的人流、车流、商品量为例,1978 年通过深圳口岸入出境旅客仅 274 万人次/年,1979 年前深港间日均车辆过境量仅 200 多辆,几乎不能对两地经济增长产生影响。2002 年,从罗湖、皇岗、文锦渡、沙头角 4 个陆路口岸出入境客流量高达 1.15 亿人次,车流量达 1249 万辆次。2003 年分别达到 1.27 亿人次/年、1336 万车次/年。2007 年,深港签署《关于加强深港合作的备忘录》和 8 项具体合作协议框架后,深港口岸建设和通关合作实质性地迅猛发展:深圳皇岗口岸实行旅客 24 小时通关后,初步形成全天候"无缝对接"。罗湖口岸人行通道桥改造、皇岗口岸跨境新大桥、沙头角口岸公路新桥等跨境工程项目相继完工,深圳湾大桥及口岸、福田中心区地铁口岸在 2007 年 7 月 1 日和 8 月 15 日分别正式投入运营,西部大铲湾海港口岸一期 2 个泊位投入运行等,大大提高深港整体通关能力。

在通关软环境方面,深圳海关、边检、检验检疫等口岸联检部门不断改革通关模式,推进电子化通关,开通深港物流绿色通道,简化通关手续,通关效率不断提升,旅客自助通关只需 8 秒钟左右,车辆通过海关、边检的电子通道可在几秒钟内完成。通关环境的改善和通关效率、速度的提升,疏通了香港与深圳之间的物流经脉,两地初步形成海陆空及铁路口岸齐备的网络通关、立体通关格局,深港两地"半小时生活商贸圈"逐渐地成为了现实。2007 年,经深圳陆地口岸出入境人员 1.78 亿人次、日均 48.7 万人次,占全国口岸出入境人员总数的 52%,其中 80% 为深港两地居民;出入境车辆 1539.3 万辆次、日均 4.2 万辆次,占全国的76%(见表 4-2)。

表 4-2　深港之间陆地口岸部分年份的人流、车流和物流量

年　份	人流量(万人次)	车流量(万辆次)	物流量(万吨)
1991	3973.00	557.00	1703.00
1997	7329.00	883.00	4636.00
2003	12700.00	1336.00	8093.00
2007	17800.00	1539.30	—
2008	18200.00	1558.65	—
2009	18496.80	1474.20	—

资料来源:《深圳年鉴》,深圳市统计局及深圳市口岸办网站。

(二)要素配置效率提高贡献度提升

生产要素从先发区域香港一方,如潮水般地朝着后发区域深圳一侧转移与输入,这些持续流入的要素,首先构成了深港区域经济趋同的先导条件。同时,深港要素资源基本实现了新的更有效与更合理的配置组合,则成为深港经济一体化与经济趋同的根本原因。

通常来看,区域经济市场化程度、对外开放水平、经济效率等的差异,将直接

或间接地决定要素组合与配置效率的差异,随之影响到相关产业转移及产业结构的变迁,再进一步地形成区域经济一体化过程状况与各地经济增长的差异。这些因素,也是影响深港区域经济发展的重要内外条件和动力。另外,从企业主体来看,企业或机构个体在微观层面上成为要素资源的最终使用者,企业或机构个体的总体效率首先直接与主体内部的技术层次、管理水平、劳动者素质、企业家才干等密切相关,又间接同区域营商环境、制度安排、人文条件等有关联。深圳作为后发区域,GDP 增长率相对较高,其根本内因是大量要素资源的迅速集聚、要素配置与组合新方式的产生以及产业转移、结构变化的正相关效应。

自 1980 年以来,绝大部分香港制造商将其生产线迁入深圳、东莞及周边珠三角地区,在 122809 家贸易及制造类香港注册公司中,有 53000 家企业转移到内地。来自香港等的外资企业主体的移入,伴随着要素资源集聚质量、配置组合效率等迅速提升,大大推动了作为后发区域的深圳追赶先发区域香港的追赶速度和质量,同时还为深圳培养集聚了大量的优质劳动力要素资源,在深圳形成了人力资本规模提升、结构优化。在劳动力素质方面,深圳受过大专及以上教育人口比例逐年提高,2003 年年末每 10 万人受过大专及以上教育程度人口为 10970 人,高素质人口比例增长很快。截至 2008 年 12 月,深圳市各类人才总量超过 70 多万人,全市高新技术产品研发型员工 269594 人,长期从事生产、开发高新技术产品的职工总数 126.88 万人,占长期职工总数的比重为 21%,其中大专以上研发员工 248540 人,本科学士 238253 人,硕士 65848 人,博士 3904 人;每年来深圳的各类境外专家超过 3 万人。深圳还通过政策激励、加快培育和集聚以知识、技术等为主的要素资源。

从 1997 年起,中国(深圳)国际高新技术成果交易会(以下简称高交会)每年均在深圳召开。以此作为标志,深圳高新技术产业不断迈入新的发展平台。深港之间在科技实力等方面的差距逐渐缩小。例如,在国内专利申请量方面,深圳市 1988 年的专利申请量仅为 84 件,2003 年则增加到 6033 件,2007 年高达 35808 件。香港年均专利申请量保持在 1600 件左右,截至 2008 年 11 月,香港政府知识产权署累计批出并登记 225108 件商标、30214 件标准专利、2305 件短期专利以及 34726 件注册外观专利(见表 4-3、表 4-4)。

表4-3　深圳市的国内专利申请量与授权量　　　　单位:件

年　份	国内专利申请量	授权量	发明专利的授权量
1988	84	20	—
1998	2093	1364	—
2001	6033	3506	—
2007	35808	15552	—
2008	36249	18800	5404
2009	42279	25893	8132

资料来源:《深圳年鉴》及相关政府网站。

表4-4　香港近年的标准专利申请量与授权量　　　　单位:件

年　份	港人港企申请量	总申请量	总授权量
2007	160	13766	4839
2008	173	13662	4001
2009	149	11857	5625

资料来源:香港政府知识产权署网站。

胡军(2005)等的研究表明,在深圳工业化初期,深圳工业化表现为资本主导型,外来的资本要素投入等占主导地位,资本投入对产业贡献份额较大。在深圳工业化中后期时,工业化表现为技术主导型,提升内部的存量要素运作效率为主要的经济增长点,技术进步对产出增长的贡献率上升很快。在深圳工业化初期(1980—1993年)、中期(1994—2000年)、中后期(2000—2002年),资本投入贡献份额从46.18%下降到33.61%、22.21%,下降幅度达1倍之多。劳动投入贡献份额分别为33.55%、20.66%、27.79%,体现得较为均衡。而技术进步贡献份额分别从20.27%上升到45.73%、50%,增幅1倍以上。因此很显然,深圳经济增长与增长动力初步实现由外生变量依存度较高的粗放型模式,向内生变量依存度较高的集约型模式转变。在要素质量、要素集聚与规模等方面,深圳实现在人力资本要素、技术、管理与企业家才干等方面的质的变化和量的扩张(见表4-5)。

表 4-5　深圳工业化不同时期要素投入对产出增长的贡献①　　单位:%

阶　段	时　　期	产出增长率	资本投入增长率	劳动投入增长率	技术进步拉长率	资本投入贡献份额	劳动投入贡献份额	技术投入贡献份额
初期	1980—1993 年	36.87	40.05	21.36	7.48	46.18	33.55	20.27
中期	1994—2000 年	17.28	13.80	6.16	7.90	33.61	20.66	45.73
中后期	2000—2002 年	14.13	7.46	6.78	7.07	22.21	27.79	50.00

第三节　深港经济寻优合作的本质内涵

保罗·萨缪尔森、威廉·诺德豪斯在《经济学》一书中分析"经济增长的四个轮子"——人力资源、自然资源、资本、技术时,指出:"使欧洲、北美和日本的生产潜力获得巨大提高的正是永无止境的发明和技术创新的涓涓细流。"②"在投入既定条件下,技术变革能够使产出增加,因而是国民经济增长的关键因素。"③有鉴于技术进步对经济增长的决定作用。因此,深港经济寻优合作的本质内涵是,在深港经济圈的经济增长过程中,双方不断地强化"以知识为基础"的软、硬件基础设施建设,促进双方以知识、技术、人力资本等要素为主体的区域流动,构成要素配置与最优组合,摆脱传统型区域发展中大规模的要素单向投入产出模式,促使区域经济增长的关键环节围绕着知识创造、技术进步、智慧增值等环节来循环推进,全面提升人力资本在区域发展中的战略地位,促使城市的知识产品、知识产业和创新产业在整体经济中占有相当大比重。

---

① 参见胡军、杨亚平、郑海天:《深圳工业化过程中的要素贡献分析》,《特区经济》2004年第 4 期。

② 保罗·萨缪尔森、威廉·诺德豪斯:《经济学》,华夏出版社 1999 年版,第 420 页。

③ 保罗·萨缪尔森、威廉·诺德豪斯:《经济学》,华夏出版社 1999 年版,第 426 页。

一、深港共建知识城市与寻优合作

根据经济社会发展水平与层次,区域可划分为传统型区域、知识型区域。在传统型区域内,投入生产的要素是以土地、资本、劳动等要素资源为主的,要素供给往往是大规模地单向投入。而在知识型区域内,投入生产的要素主要是以技术要素等为主,"以知识为基础'的经济活动和经济体系占据着主导的、决定的地位。根据某一知识型区域的万史多样性、复杂性和时期性,我们可以将它分为:简单认知型、被动学习型、主动学习型、创造性学习型、核心知识型区域。显然,后一种相对于前面的一种更处于高级形态(见图4-4)。

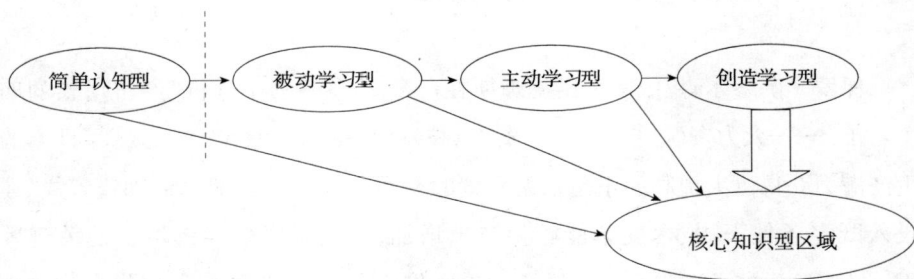

图4-4 知识型区域的四种类型

对核心知识型区域来说,其经济发展水平、知识产业结构层级通常处于较高级阶段,知识密集型、技术密集型或"知识与资本"密集结合型产业蔚然成型,"知识三角"(教育、研发、创新)基本形成,区内拥有大量的人力资本,同样的市场需求始终处于旺盛阶段。在核心知识型区域中,人力资本的量与质,与构建又好又快的区域竞争力和经济增长等形成了良性循环(见图4-5)。

分析图4-5可见,在一个国家或地区内,技术、人力资本等要素的产生与创新、累积与交流、开发与应用,是经济增长最强劲的助推力。为充分释放这一强劲的内推力,一个国家或地区必须建立高效循环的技术流、知识流等,作为实现经济可持续增长的最重要手段之一。

2009年11月5日,第二届世界知识城市峰会在深圳市召开,并评选出"最

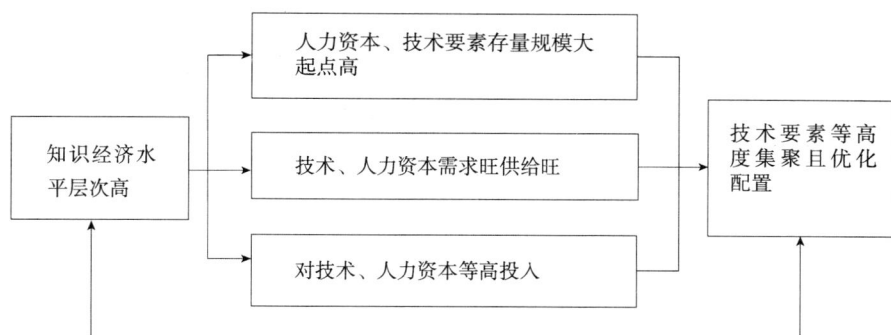

图4-5　核心知识型区域中技术要素等的良性循环体系

受尊重的知识城市(英国的曼彻斯特、西班牙的瓦伦西亚)"、"最受尊重的知识都会(西班牙的巴塞罗那、美国的波士顿)"、"杰出的发展中的知识城市(中国的深圳)"。世界知识城市峰会在深圳的召开以及深圳获得"杰出的发展中的知识城市"荣誉,标志着深圳开始初步从传统型的经济区域向着知识城市转型,同时也标志着深港经济的寻优合作站在了新的经济条件与历史起点之上。

二、寻优合作的本质与内涵

目前,受到非同一货币区、非同一关税区、出入境登记管制等方面的类边界限制,深港之间的全方位合作在某种程度上还是一种愿景目标。同时由于深港之间的要素落差曲线十分陡峭,双方不完全具备实现"关税同盟"、"同一市场"或者"经济同盟"的客观经济条件。因此,在"一国两制"框架下,深港经济一体化的主要实现手段和较佳选择是深港经济寻优合作。

深港经济寻优合作,是指在"一国两制"基本原则指导下,在深港经济圈尚不能全面一体化的条件下,深港双方共同开发利用区内丰裕度较高、已经具有相对的条件优势的技术、人力资本等要素资源,形成最佳的双区域要素配置组合,共同打造信息流、知识流和资本流(包括人力资本在内)的高度集聚区和创新经济圈;双方既寻优发展又共同寻优合作,大力推进区内知识产业、知识经济的发展,形成深港这个大型知识城市的核心竞争优势并更充分地发挥它的经济辐射力。

（一）深港经济寻优合作的前提条件

深港经济寻优合作具有较充分的优势条件，两地互为邻居，交通相连，形成了半小时都市生活商贸圈；知识产业与知识经济已经具备良好的基础，两地政府高度重视发展知识产业与知识经济。

1. 深圳的优势条件

深圳是我国最早实行改革开放的经济特区，其综合竞争力长期处于前列，目前居全国第二位，综合生产率居全国第二位，综合经济计划增长率和综合收入水平均居全国第一位，综合市场占有率和综合就业增长率排名全国前五位。深圳人才竞争力居全国第三位，仅次于北京、上海；人力资源质量高，创业型人才和各类专业人才极其丰富，人力资源的消费需求、投资需求非常旺盛。深圳的资本竞争力居全国第三位，是重要的区域性金融中心。

深圳的科技竞争力十分强大，科技基础和创新能力提升快，科技转化能力极强，高新技术产业集群发展迅速，产业结构竞争力提升很快，经济体系和市场制度较为健全、灵活高效。在基础设施建设方面，深圳对外经济交流的基础设施与对内社会服务的基础设施，均居全国第四位，信息技术基础设施位居第一位。在企业管理竞争力、政府管理能力等方面，深圳优势明显，企业管理技术和水平、管理激励和约束机制都居于全国前五位。政府财力水平居全国第一位，在城市发展规划、城市营销、规范执法和服务创新等方面优势突出。"创新城市"、"杰出的发展中的知识城市"既是深圳的荣誉，又是近年来知识经济迅猛发展的结果和体现。同时，深圳是新兴知识型城市和典型的移民之都，不乏创业、创新精神，人力资本、技术要素等高度集聚。

2. 香港的优势条件

香港的优势条件主要体现为，香港经济繁荣主要取决于一个有效利用和提升投入的商业环境和众多专业服务机构。资本（包括人力资本在内）、技术、劳动力等在经济体系内高度流动，整个城市的经济力相比较起它的规模来异常强大，城市居民的创业、创新精神充足。除了经济决定因素，香港作为知识城市还具有相当雄厚的软硬件条件，城市经济运行的"策略性决定因素"，包括政策制订与制度安排,优势明显。香港的人力资本充裕,内源性专业人才众多,具有国际水准的高级人才集聚(一些具体的统计情况见表4-6、表4-7、表4-8)。

表4-6　香港家庭拥有个人电脑、连接互联网的情况

年　份	有个人电脑的家庭(%)	接上互联网的家庭(%)
2000	49.7	36.4
2004	71.1	64.9
2007	74.2	70.1
2009	75.8	73.3

资料来源:《香港经济年鉴》(2008),香港政府统计处网站。

表4-7　香港按职业划分的就业人数比例情况

职业类别	1996 年	2006 年
非技术工人及其他	17.8	18.9
机台及机器操作员及装配员	9.8	6.5
工艺及有关人员	11.1	7.6
服务工作及商店销售人员	14.1	15.1
文员	18.3	15.6
辅助专业人员	13.9	19.3
专业人员	5.2	6.9
经理及行政人员	9.8	10.1

资料来源:《香港经济年鉴》(2008)。

表4-8　近年来香港的研发开支费用情况　　　　　　单位:亿港元

年　份	工商机构	高等教育机构	政府机构	总计	占香港 GDP 比率(%)
2004	45.90	47.07	2.08	95.05	0.74
2005	56.22	50.85	2.15	109.22	0.79
2006	62.87	54.11	2.49	119.47	0.81
2007	60.55	60.57	2.96	124.07	0.77
2008	52.65	66.50	3.79	122.93	0.73

资料来源:香港政府统计处网站。

由上述表中可以看出,香港家庭个人电脑拥有量、连接互联网的住户家数近10年一直在增加,比例超过70%以上。在政府教育投入上,教育开支相对本地生产总值年平均保持在3.5%以上,由于香港本地 GDP 基数大,人口少,居民人均教育费用数目巨大。从香港居民的就业结构中可以看出,"文员"、"辅助专业人员"、"专业人员"、"经理及行政人员"的就业人数累计总比例,已经从1996年的47.2%上升到2006年51.9%,知识企业与知识产业的比例不断增加。香港由于是一个小型的自由经济体系,政府"小",企业"大",因此政府的科研经费投入年均缓慢增长,但企业及工商机构的研发费用近年来大幅提高,也说明了香港经济正在不断地走向服务型的知识经济体系。

从长期发展、可持续发展的角度来看,深港都市圈未来在要素成本、资源空间等的挤压下,都必须大力发展消耗要素资源少、高增值的知识产业与知识经济,最终形成全球领先的核心竞争力。只有通过寻优合作,深港经济圈才有可能超越纽约、东京等大都市圈。

(二)寻优合作有利于深港形成要素的最优组合

2009年之后,全球经济受到欧美金融危机深刻影响,正在转向一个新的全球分工格局,经济技术化、知识服务化以及技术、金融等的融合速度愈来愈快,全球知识经济的劳动地域分工与合作的总量规模更大。像深港大都会圈,只有成为技术进步、知识产业发达、引领创新经济的中心地带,才能在全球开放经济体系中拥有更具力量的"创造性的破坏",并获得较佳的一席之地。

韩国经济学家赵东成在迈克尔·波特(Michael Porter)"钻石竞争力模型"基础上,提出了城市竞争力"九要素动态理论模型"①(见图4-6)。

"九要素动态理论模型"将人力资本看做经济增长的决定因素之一。赵东成指出,评价区域竞争力,要充分而优先地考虑技术、物质资本和人力资本等,它们之间的最优组合,是城市竞争力的真正源头。九个要素包括了在特定时间段一个区域具有的要素禀赋、需求条件、相关与支持性产业、商业资源四种物质资

---

① 倪鹏飞主编:《中国城市竞争力报告》(NO.3),社会科学文献出版社2005年版,第346—347页。

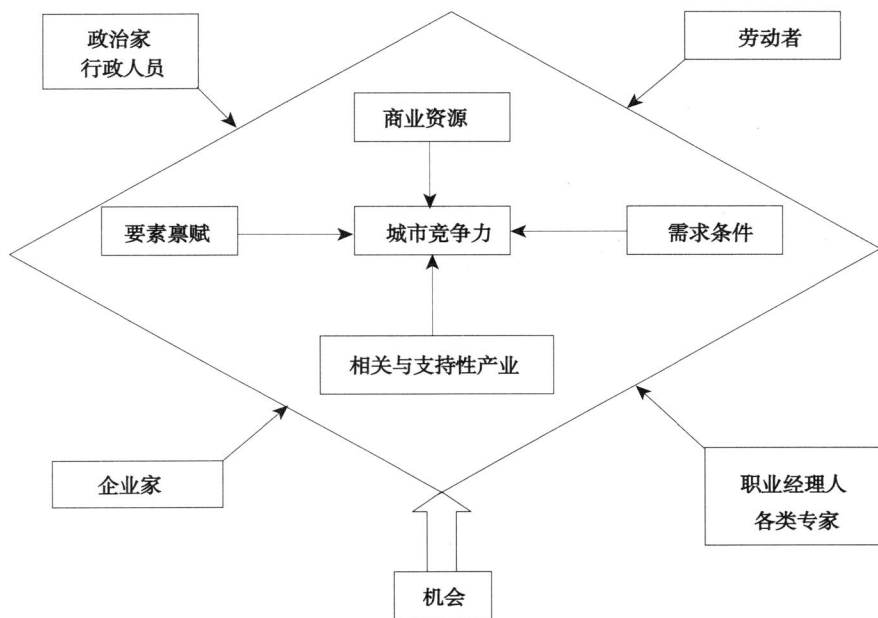

图 4 - 6　影响城市竞争力的九大要素

源要素,以及劳动者、政治家与行政人员、企业家、职业经理人与各类专家四项人力资本要素,最后还包括机会要素(Chance events)。"九要素动态理论模型"强调物质资本与人力资本的有机统一,同时考虑了创新空间变化对于物质和人力资本的影响。在模型中,各种生产要素相互作用、相互影响,所构成的生产函数关系直接决定了城市核心竞争力。

在理论模型中,城市竞争力不是静态的,而是一个动态演化过程。城市的核心竞争力就是在动态过程中进入了良性循环或恶性循环之中。

根据"九要素动态理论模型",深圳与香港作为两大毗邻的知识城市,处于同一时空发展轴,自然地理条件等几乎相同。因此,深港经济通过寻优合作,共同构建知识经济条件下的城市核心竞争力,首先要从商业资源、需求条件、相关与支持性产业、政治家与行政人员、企业家、职业经理人与各类专家、劳动者等八大要素资源抓起,构建要素资源之间的最优配置结构和最佳组合。其中,政治家与行政人员、企业家、职业经理人与各类专家、劳动者四个要素均归属"人力资本"。总起来讲,深港经济寻优合作,将高度强调对于区内的知识配置力、技术共享力、管理诀窍分享力等的合理开发、配置利用。深港经济的寻优合作,将更为重视基于以人本资本、技术要素等资源为主体的"软性合作"。

(三)深港经济寻优合作的本质内涵

1. 深港经济寻优合作不同于传统的经济合作

深港经济的寻优合作,是要在深港都市圈内,构建一个适应各种技术要素、人力资本等高度集聚、要素资源拥有最好的配置方式与最佳组合的网状创新空间模型。在该区域内,各种技术要素,甚至包括人力资本等,通畅地跨区流动,根据市场法则进行互享共用。各种要素通过创新组合,构成具有开放的网状系统,互补互动而且互相增值。

图4-7 单区域对技术等要素的线型开发模式

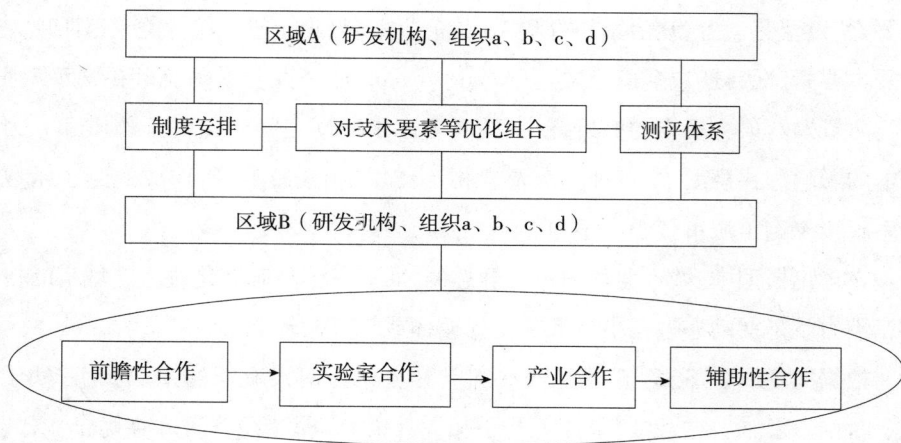

图4-8 两个或以上区域对技术要素等的优化配置组合模型

由图4-7、图4-8可发现,区域A和区域B的要素优化组织模式均为"线型"的。但相比较而言,两个或以上区域的对技术要素等优化组合模型,在要素资源的利用数量与开发范围上,在要素对流与扩散上,更具有优势。在现实经济活动中,在"两个或以上区域要素优化配置组合模型"基础上,区域 A、区域 B 还可以通过寻优合作,共同与其他区域 C、D 等进行合作,并形成"多区域的要素网状配置组合模型"。

深港经济寻优合作,客观上要求实现对区域内包括技术、人力资本等要素在内的要素网状配置组合模型(见表4-9)。

表4-9　深港经济寻优合作与传统的经济合作之比较

	传统的经济合作	深港经济寻优合作
组合内容	传统要素为主	技术、人力资本等为主
增值路径	产品、项目或产业	知识、技术和管理诀窍
类别	单向的线型模型	双向的网状模型
目的	解决问题	提高能力
管理	基于自体与个案数据	基于群体和组织知识
联系方式	自我优先	双向优先
关注重点	合作且分享	协作且共享
评估	双方评估	第三方评估

2. 深港经济寻优合作需要引进第三方评价

传统意义上的区域经济合作,往往是自我评价居多。作为新型的寻优合作,深港两方需要引进更为客观的第三方评价体系。

针对深港经济寻优合作的第三方评价体系可以从以下几个方面来确立:首先,评价深港经济寻优合作,是否利用于共同的区位、地缘优势和先发优势等,是否是以全球经济体系为坐标,是否在寻优合作形成了创新优势、核心竞争力。其次,在具体的经济指标上,要评价深港的转口贸易比重如何,与寻优合作更为密切的知识产业、创意产业等在经济总量所占比例是否上升。再次,第三方必须建立一个全方面的量化测评体系,它包括但不仅仅限于:各种技术要素、人力资本等的投入数量与质量,技术合作项目多寡、水平层次如何,共同的专利申请与被授权专利数量与质量,研发中心、研究机构的共建数量与质量,双方各种经济技术等交流活动次数、频率和绩效等。

（四）深港经济寻优合作的基本内容及实现路径

深港经济寻优合作,是在深港都市圈尚未实现全要素合作及深度一体化的前提下,双方优先整合、优化配置流动性较强、最具增值效应的技术、人力资本等要素资源,形成知识流、信息流、技术流和资本流等高度集聚带区,促进更多创新要素因子在区内形成与创新优势、竞争优势的循环累积,最终成为具有全球领先竞争力的知识城市体。

从发展方式及内涵来看,深港经济寻优合作与共建深港创新圈在本质上是一脉相承的。

1. 深港经济寻优合作的基本内容

深港经济寻优合作的基本内容包括:

（1）深港的制度寻优合作,是打开新型合作关系之门的"钥匙"。深港的制度寻优合作,是指双方在制度安排上创造有利于优势互补、协调发展的体制环境和营商环境。

在"一国两制"框架下,深港现有各自的制度安排,存在相当大的差异性和非均衡性。从制度安排及变迁的方式上看,香港的制度创新是一个内生化发展过程,强调深港经济合作的制度安排要符合自身利益的最大化。深圳方面的制度安排具有一定外生性,有时需要基于整个国家、省级行政区的整体利益来进行规划,要受到来自上级行政单位等的制约。制度安排的非均衡状态还体现为:所有制、企业产权制度、管理制度等存在差异,市场运行与调控机制有所差别,分配制度和激励机制等存在差别,等等。由于深港间制度安排的非均衡状态和差异性,在寻优合作过程中,双方首先需要强化制度寻优,一方对另一方的制度安排必须给予足够的重视和理解,消除误解,增强共识,消除合作中的自发性、盲目性和短期目标性等弱点。

制度寻优合作,是深港经济寻优合作和共建深港创新圈的前提和保障。双方要努力创造有利于优势互补协调发展的体制环境、市场环境和营商环境,提高寻优合作的档次和执行力。要建立合理的利益分配机制与利益补偿机制,避免

"同质竞争"和"非合作博弈"。要建立有效的信息沟通机制、统筹协调机制,及时处理合作中的困难和问题,将寻优合作机制推向长效化、规范化。

(2)深港的智力寻优合作,构建区域人才价值链。深港的智力寻优合作,是指共同发挥各自拥有的知识、技术、人力资本等优势,优化配置组合知识、技术及人力资本等要素,构建区域人才价值链,打造区域自主技术创新体系,共建全球创新中心,是深港智力寻优的根本目的之一。深港要围绕知识、技术和人力资本等要素资源,进行多层次的、全方位的优中寻优以及优中创优的合作。

深港智力寻优合作的目标是,要力争用5—10年时间,使深港真正成为亚太地区的"知识、技术和人才高地"。在电子信息、生物工程、环保、自动化等技术研发方面,在金融服务、管理咨询、现代物流方面,在动漫、建筑设计、工业设计、服装设计和创意产业等方面,拥有数量庞大的各类专才、优才。区内的经济活动,对人力资本、技术等要素的利用开发达到较高层次,各种要素资源被充分地优化组合,研发工程师、专家学者、大学教授、发明家、金融与管理专才等成为了最活跃的经济活动参与主体。

(3)空间创新寻优合作,深港经济寻优合作的重要载体。深港空间创新寻优合作,是指按照创新空间功能一体化和产学研官商等有机结合的基本原则,持续推进空间创新,构建形成创新空间,共建"深港创新圈"和"亚太区的知识与智慧集聚带"。以配置组合知识、技术与人力资本等要素资源为内在特征的技术进步,是区域空间结构演变的根本动力之一,也是区域空间创新的源泉。知识城市的创新空间,将为各种要素的开发与配置、组合提供最合适的"土壤与空气"。深港空间创新寻优合作的实质内容,是以构建创新空间为载体;创新空间或空间的创新,均是以知识与智慧、技术与人力资本等配置组合、开发利用等作为核心。创新空间的形成,同人才栖息的"梧桐树"是否枝繁叶茂具有重要联系。

(4)产业寻优合作,深港经济寻优合作的基础平台。深港产业寻优合作,指双方围绕优势产业,在知识服务业、现代物流、国际贸易、高新产业以及高端制造业、文化创意产业等方面,优势互补,共同发展。深港地区共建全球性的物流中心、贸易中心、创新中心和国际文化创意产业中心,其实质就是要求深港产业通过持续的寻优合作,围绕现代物流业、贸易业、高新技术产业、文化创意产业以及其他创新产业等,从产业层面上落实寻优合作的成果。深港产业寻优合作,必须以建设"四大中心"为出发点,利用深港"走廊"、"通道"的优势,统筹协调产业发展规划与策略,共同加大对资金、知识、技术和人本资本等要素投入,优化配置,提高组合效率,在深港产业发展中尤其是知识产业的兴起与发展过程中,实现帕累托最优(Pareto-efficiency)。

2. 深港寻优合作的实现路径

深港经济寻优合作与共建"深港创新圈"的内涵与外延是辩证统一的。2005 年 6 月,深圳市政府在北京首次提出深港创新圈概念。"深港创新圈"是以科技合作为核心,整合各种创新要素,全面推进并加强深港作为知识城市在科技、产业、人才培训及商贸等领域的合作,形成创新资源集中、创新活动活跃的区域。在定位上,"深港创新圈"分为三大方面:一是以科技创新为核心,聚集、整合圈内创新要素,将区域产业的尤势升级为创新优势。二是构筑深港区域创新体系,引领、支撑和提升区域自主创新能力。三是将"深港创新圈"建设成为一个国际级的科技活动枢纽,加快建设在国际上有较大影响、在国家战略中有重要地位、对区域发展有突出贡献、创新资源最为集中、创新活动最为活跃的"半小时经济圈"。2009 年国务院批复了《深圳综合配套改革试验总体方案》,提出"四个先行先试",要求对内地与香港经济合作的重要事项先行先试。"深港创新圈"本身是先行先试产物,它的主体目标服从于区域自主创新体系的建设。因此,深港经济寻优合作与深港创新圈之间的关系,是有机统一的。"深港创新圈"既是寻优合作的重要载体,又是寻优合作的最终目的和合作成果。共建"深港创新圈"是深港经济寻优合作的内容之一,也是实现制度寻优合作、智力寻优合作、空间创新寻优合作和产业寻优合作等的主要手段之一。寻优合作的最终目的,就是在站在新的高度上,立足于新的起点和新的要求,既寻优发展又寻优合作。因此,深港经济寻优合作 是共建"深港创新圈"的组成部分和基本内容,也是它的重要途径和措施。

通常来看,围绕某一知识型区域的知识、技术和人力资本要素等而构成的创新系统,主要存在于区域内部的三个层面——地区机构、工业结构和公司个体。地区机构包括政府组织,比如大学、研究院所、政府部门以及专业技术协会、俱乐部等。工业结构则指某些产业部门或产研环节,第三个层面则是公司内部组织。在任何一个创新系统之内,知识与技术、智力与人才等创新要素资源,既要拥有适宜生长的土壤、便捷的沟通平台和传播通道,更要拥有及时的支援与服务。只有在可靠的制度安排下,才能充分保障后台支援、辅助服务及时到位。体现在深港区域内,只有通过双方政府的常设部门、常设工作委员会等,才能又快又好地把各种保障措施落实。以"创意香港"活动为例,香港特区政府除了通过半官方组织、咨询委员会等组织机构来推动"创意香港"活动之外,还专门成立"创意香港"办公室,专责推动香港创意产业发展。因此,推动深港经济寻优合作的首要措施,就在深港双方之间共同成立常设机构、专责部门。例如,在粤港联席会议制度下,共同成立"深港经济合作工作委员会",它可以是一个纯官方组织,也可以是一个半官方、半民间的组织。工作委员会的最重要职责是,全面研讨制定一系列支持深港经济寻优合作的制度、规划纲要和后台支援系统等,从组织上、规划上和管理目标上构建长效机制;工作委员会是枢纽,是关系网络,是无边界、无界限的合作构想与推进平台。

其次,在高新技术产业发展方面,深港之间既构成了很强的结构互补性,又拥有共同开发、合作攻关的战略互补性。推动深港经济寻优合作的重大措施之一,就是要研究成立深港经济合作联盟。合作联盟的成立目的,是要共同推出深港经济寻优合作的纲领文件,制定统一的合作发展规划,推动要素资源、要素市场、要素配置组合等的优化。"深港经济合作联盟"的本质是命运共同体、发展共同体和合作共同体,它以强大的组织、协议和联合方式,最充分地去实现了知识、技术和人力资本等要素资源在区内的共同培育开发、优化配置组合和可持续利用。深港经济合作联盟成员包括但不限于各种科研机构、工业组织、公司个体以及优秀人才等,组建公共研究院对共性的核心技术进行研究开发,为深港经济圈内企业与产业的发展提供技术后援,共同设立"大孵化器",联手开展技术与管理信息咨询、招商引资、设备引进、市场拓展、技术交易和产权交易等,促进科技成果在区内转化,共建"深港优才、专才交流中心",促进优秀人才在区内合理流动,利用共同优势吸引海内外优才、专才,同时加快双方教育资源的整合共享等。

再次,对深港经济寻优合作的各类活动,双方要大力提供启动资金、金融服务和专门服务等。多渠道、多门类的资金投入与培育与退出机制,本身也是深港经济寻优合作的具体内容之一。深港可以合作发起、设立"深港经济合作基金"及其相关的创新金融服务机构。而"深港经济合作基金"包括三大序列的子基金:一是"深港经济创新合作天使基金",为处于萌芽状态的优才、专才等提供初始资金支持服务;二是"深港经济产业寻优合作发展基金",为处于成长期的、具有一定成熟度的技术、产品提供支持与服务;三是"深港创新文化产业基金",为各种推动深港经济圈内的文化交流活动、创意策划会、研讨会等提供资金支持与服务。深港经济合作基金的日常管理、具体运作等需在"深港经济合作工作委员会"指导下,与合作联盟联合起来,在第三方投资基金、第三方智脑机构等共同推进来协同进行。

最后,深港联手围绕制度寻优、智力与人才寻优、创新空间寻优及产业寻优等,每年定期开展声势浩大"寻优活动",营造良好氛围环境,形成鼓励寻优合作的空气与土壤。深港每年度都联合起来,开展有关深港经济寻优合作新优势、新情况的调研与考察活动,聘请第三方机构定期、不定期地发布分析报告。同时在"深港经济寻优合作工作委员会"的指导下,根据相应的制度与规则,依靠第三方调查与评选活动,在深港区域内广泛"寻优",结果向社会公示。例如,评选"年度优秀人才、专才"、"寻优合作产业项目与技术"等,将这种寻优合作活动广泛地与经济活动的具体实践有机结合一起,相互促进,鼓励支持了寻优合作的先行者,带动、启发后来者,绵延不断地将深港经济寻优合作活动向更高级层次、更深化阶段推进。

第五章

深港经济的制度
寻优合作

第一节　制度安排与区域经济合作

一、区域制度安排合作的功能角色

（一）制度安排及其合作

关于制度，不同经济学家往往给出不同的解释。凡勃伦指出："制度实质上就是个人或社会对有关的某些关系或某些作用的一般思想习惯"。"人是生活在制度——也就是说思想习惯——的指导下的，而这些制度是早期遗留下来的。""今天的制度——也就是当前公认的生活方式。"①新制度经济学的代表人物之一道格拉斯·诺思的定义较具代表性："制度是一个社会的游戏规则，更规范地说，它们是为决定人们的相互关系而人为设定的一些制约。"②通常来说，制度是指社会组织的结构和机制以及人们在经济社会活动中的交往规则。制度可以对社会经济活动与行为、经济增长与发展产生大的影响，反过来，社会经济发

---

① ［美］凡勃伦：《有闲阶级论》，商务印书馆 1964 年版，第 139—140 页。
② ［美］道格拉斯·诺斯：《制度、制度变迁与经济绩效》，上海三联书店 1994 年版，第 87 页。

展水平与阶段等又将影响到制度的形成与演变。制度一般可划分为制度环境和制度安排。制度环境,是指决定生产、交换与分配的一系列基本的社会、政治和法律规则,如决定选举、产权和合约权利的规则等。制度环境大体相当于日常生活中常说的基本政治经济制度。制度安排,则是指决定经济单元之间的合作与竞争方式的一种安排。制度安非可以是正式的,也可以是非正式的;可以是暂时的,也可以是长久的;可以是自愿参与合作的人所提出的决策和制度,也可以是由政府制订和要求施行的。

区域经济合作的重要范畴之一,就是生产要素在循环往复的各种经济活动层级上的更有效组合、更优化配置。经济学的主流观点认为,在经济增长与发展中,至少有四种生产要素发挥着较为重要的作用,即劳动力、资本、技术和制度。而在某种意义上,制度安排如经济组织方式等,深刻地界定着和影响着土地、劳动、资本和技术等要素资源的配置方式,因而其本身是生产力提高、经济增长的源泉。因此,以制度作为主要研究对象的制度经济学(Institutional economics)和新制度经济学(New institutional economics)长期以来受到了各个国家及地区的充分重视。

"有效的经济组织是经济成长的关键,一个有效率的经济组织在西欧的发展正是西方兴起的原因所在。"①要保证经济组织的有效或有效率,合理的制度安排及其合作成为了一种客观需要。一般来说,强化安全意识和实现经济功能的要求,往往是制度安排及其合作出现并合理存在的主因之一。出于安全目的而存在的制度安排的例子,包括家庭、合作社、保险、银行等经济安全项目;实现经济功能的制度安排则有企业、输水系统、铁路体系、学校或农技推广站等。在区域制度安排合作中,在很多时候,是基于这种意义和动机上的制度安排。例如,成立欧盟的最初动机在很大程度上是出于共同安全的目的:欧洲共同体是以经济合作作为初始的非争议领域(Non-controversial area),通过一种外溢过程(Spill-over process)在原有合作者中产生收益、进而引起了对更多经济合作的需求,逐渐达到政治联合的目标。而在在某些时期、某些国家和地区,区域经济合

---

① [美]道格拉斯·诺斯、罗伯特·托马斯:《西方世界的兴起》,华夏出版社 1989 年版,第 1 页。

作一开始是服务其他目标的手段,合作活动中的经济合理性并不是首要考虑问题。以区域主义(Regionalism)为例,它是产生于 20 世纪 50 年代,发展于 20 世纪 60—80 年代,正在逐渐成为一种世界性现象的区域经济合作的实践形式。区域主义的理论核心,是从制度安排上来推动区域经济合作,通过地理相邻、位置相近的国家与地区、政府与非政府组织等的多边合作过程,促进共同的福利增长和经济发展,并将这种合作活动制度化。区域主义在经济领域的代表性理论,就是巴拉萨的"市场+制度"理论。欧洲联盟、北美自由贸易协定、CEPA 安排等较成功的区域合作典范,大都是采取巴拉萨"市场+制度"模式。

(二)制度安排合作将降低交易费用①

交易费用是经济学中的重要的基本概念,并引起了经济学的深刻革命。以前几乎所有的经济理论都建立在收益来自贸易的坚实基础上。从亚当·斯密起,经济学家就认识到,专业化和劳动分工构成了经济生产率的基础,并且允许和鼓励新技术和更有效率的生产方式的发展。但是,经济学家的这一个经典理论基础实际上只是半个理论,它忽视了贸易的成本——即由于专业化和劳动地域分工所产生的费用,也就是交易费用。罗纳德·科思的贡献就在于指出市场的运行是有成本的,并提出了著名的"科思定律"。

专业化、劳动分工与交易费用的相互关系,可从图 5-1 中反映出来。

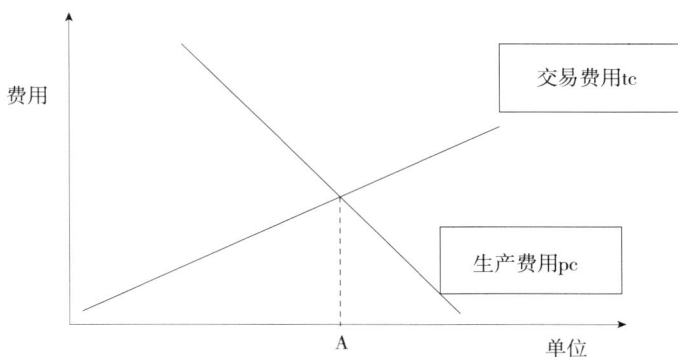

图 5-1 专业化、劳动分工与交易费用的相互关系

① 参见丁斗:《东亚地区的次区域经济合作》,北京大学出版社 2001 年版,第 151—154 页。

在图 5-1 中,生产费用曲线的弹性大于交易费用曲线的弹性,也就是说,每提高一个单位的专业化水平,所引起的生产费用的减少大于相应增加的交易费用。从图上直观地看,就是 pc 曲线比 tc 曲线更为陡峭些。交易规则或契约的出现,例如经济合作组织,一定会使专业化程度的每一步提高所节约的生产费用,正好大于或等于由此所引起的交易费用的增加,也就是在两条曲线的交点所决定的 A 点的右侧,A 点就是交易规则或契约存在的根据。

现代经济学的分析表明,从社会角度看,至少一方不同意的交易比双方都同意的交易所产生的总效用要低。微观经济学中著名的埃奇沃思盒状图(Edgeworth box)很直观地反映了这种情况:任何偏离契约曲线的情形,即至少一方不同的情形,都会带来较差的结果。同意的一致性构成了"合作解"(即双方都满意的结果)。但是,埃奇沃思盒状图忽视了交易费用。实际上在很多区域经济合作或经济合作的实践中,合作的交易费用之高甚至使得经济合作得不偿失。

人缘结构的一致或分歧,对于区域经济合作的交易费用的测定具有很明显的含义。人缘可以指语言、历史、文化、风俗、习惯等。在经济合作成员具有同样的人缘结构的情况下,经济合作的制度安排、社会规则就相对比较明确,合作方对潜在的经济合作利润的分割就有关较好的包容性和共识预期,合作秩序的成本就可能趋向于最小化;但是,如果经济合作成员的人缘结构是对立的话,那么每一方成员就将感到有必要限制对方可能采取的欺骗、搭便车、道德风险等行为,因此合作方都要通过制定一系列契约规划来限制对方、保护自己利益,从而使得合作的交易成本大大增加。而如果双方制定的契约规划不能够足以反映各自的利益关切,经济合作就有可能难以为继。

同时,市场制度是能够使生产要素自由流动最有效率的经济组织形式。它涉及一系列法律、法规等权利界定形式(如产权),为生产要素的流动提供良好的信号,从而使得生产要素的流动最大程度地回避流动的风险,即流动的不稳定性和不确定性。经济合作实质上是生产要素最有效的配置,而生产要素的流动又是一种交易行为,必然涉及交易费用问题。流动越不稳定和越不确定,交易费用就越大。因此,市场制度安排的完善程度与否,直接强烈地关联到交易费用的高低,甚至决定着合作双方交易的意愿。

在一般意义上的区域经济合作中,经济合作的参与方都是有个体理性的。参与方的个体效用函数不仅依赖于它自己的选择,而且也依赖于经济合作其他参与方的选择;也就是说,经济合作参与方的最优选择是其他参与方选择的函数。那么,经济合作参与方是怎样判断其他参与方的选择呢? 它又是怎样理解与其他参与方之间的交易费用呢? 这里我们试图建立一个制度安排条件下"人和规范"的模型予以解释(见表5-1)。

表 5-1　按照个人行为所依据原则区分的人和关系模型

人和类型	收益最大化的标准
强人和	弱考虑
弱人和	强考虑
无人和	机会主义

强人和关系是一种伤害别人、并在别人需要时愿意提供很大帮助的关系。无人和关系是追求无约束的收益最大化,不考虑与他人的关系,是纯粹的机会主义行为。这两种关系在很大程度上只具有理论的意义。弱人和关系是实际生活中经常存在的人际关系,在理论上介于强人和关系和无人和关系之间。收益动机占主导地位,但是当对收益的追求严重威胁到与对方的关系时,收益动机就会被维持这种关系的愿望所弱化。例如,一个人可以从他的朋友那里赚取利润,但赚取的利润超过一定水平便会明显地损害这位朋友的利益时,这便是一个显示关系危机的警告信号,这个人便见好就收。用弱人和的观点可以解释区域经济合作的参与方行为。经济合作的参与方以收益动机为主,但同时又不能明显地损害其他参与方的利益,关键的问题是它怎样判断对方对"损害对方利益"的判断。它的选择就是这两种动机的函数。不过,"利益损害"在实际经济生活中是一个具有相对性、较强的主观性的概念。怎样弱化对方对"利益损害"态势的判断是一个交易费用很高的行为。而且如果经济合作参与方的人缘结构关系良好,那么弱化"利益损害"的交易费用就很低。

　　语言、历史、文化、习惯等人和因素的一致或分歧，以及由此影响的经济合作的社会规则和经济制度，在很大程度上决定了区域合作的参与者对合作利益"获得"与"损害"的价值判断，进而在一定程度上直接决定着合作参与各方之间的交易费用高低。这就是制度安排在交易费用法则下的对于区域经济一体化的价值与意义。

　　（三）制度安排合作可制约"行政区经济"

　　过去几十年里，我国行政区划体系、行政区划级别设立较完备，级别相同的行政体均设立相同的管理职能部门，以行使的行政管理权力。另外，从建国到20世纪90年代初，我国一直实行计划经济体制，各级行政区的经济活动，基本上完全按照行政区体系及其运行机制来组织布局和贯彻实施。因此，"行政区经济"一度在我国的发展和作用达到了空前的最高阶段。同时，地方利益机制和利益保护主义，又进一步强化了"行政区经济"。

　　各个区域通过在制度寻优合作和制度创新安排，将有效地克服传统的"行政区经济"产生的发展阻碍。

　　制度寻优合作与制度创新安排，第一，强调对区域大系统和各个地区子系统的区情特点、发展条件与比较优势等进行综合分析，强调在区域大系统层面上的统筹规划与合理分工、互补合作。例如，深港经济一体化的相关制度安排，是以国家"十一五"规划为基本方针，遵循《珠三角发展纲要规划》的指导原则和基本要求，按照"粤港澳建立更紧密经济合作区"的具体实施措施，立足珠三角区情，结合深港经济圈自身优势和经济运行特征等，通过共同制定经济社会合作发展规划纲要，从而实现统筹兼顾、全面协调与可持续发展的宏伟目标。

　　第二，通过不同地区之间的制度寻优合作，可以在区域协同发展宏观运行机制中，对各个地区的发展方向、规模与结构、速度与效益等，从有关政策方面提供合理的引导和必要的约束，同时建立起利益共享机制和利益协调机制。

　　第三，通过不同地区之间的制度寻优合作，可以制定出科学评价地区经济增长和发展绩效的测评体系，充分保障各个行政区按照市场规律、顾全大局地合理指导本地区经济的各项活动。

　　第四，通过制度寻优合作，将有效地冲击计划经济体制残留的部门条块分割、行政审批卡位等不良现象。在传统的严格行政管理体制下,行政审批、地方性法规等层出不穷,且各自为政,条块分割、重视局部利益、行政官员寻租现象仍然存在。通过制度安排上的寻优合作和创新发展,将有效地打破陈规陋习,促进各个区域的互利互补。

二、区域制度安排合作特点

在我国,制度安排在区域经济合作占有重要的地位。过去在高度集中的计划经济体制下,区域经济合作的制度安排主要是在行政组织下、进行地区之间经济协作与支援等。

改革开放以来,我国对传统的计划经济体制进行了全方位改革,加上30多年我国区域经济合作的外在经济社会环境已经发生了根本性的变化:市场经济机制作用深入人心,企业主体经济地位凸显,政府部门功能专业化,加之劳动分工与地区协作机制日益成熟,时空距离缩小导致全国大市场加快形成,促使企业、要素资源等在地区之间的流转更为顺畅。这些都为我国新型的区域经济合作关系奠定了客观基础条件。

但是,中国经济社会仍然处于较长期的内部体制转轨、外部与国际惯例接轨的过程中,政府行政力量、国企力量等的强势状态短期内难以彻底扭转,而东中西部等的经济社会发展水平、市场经济发育程度等仍然处于非平衡状态,特别是要素市场不足等因素,直接影响到各个地区参与经济合作的积极性。因此,我国各个区域之间的制度安排的合作特点并不完全一致,合作水平与层次不尽相同。

总体地看,目前我国区域经济合作的制度安排和体制环境具有下面几个特点。

（一）区域制度安排合作基础更坚实

中国加入 WTO 后对外开放步入较成熟阶段,反过来促进了我国尤其是各大区域经济制度、内部运营体制的转变。各大区域经济体制改革的重点逐步从市场经济运行方式的规范化、制度化和国有企业改革等,过渡到政府体制、金融体制以及企业制度等深层次的上层领域,而且法律、法规等制度建设也将逐渐与国际通行规划接轨。这意味着伴随行政管理体制改革的新突破,金融体制的不断完善,国有经济战略性调整逐步到位,行政条块分割的障碍将趋于消除,这从根本上促进市场力量的壮大,促进了各个区域市场发育程度提高及均衡发展,从而有利于形成全国统一市场。在市场配置资源作用进一步得到加强的基础上,各大区域的制度安排合作关系必然获得强化。从这个意义上讲,市场化改革的不断深化,为各大区域的制度安排合作提供了良好的大的制度环境和广阔的发展空间,加快了区域经济向一体化方向协调发展的步伐,又提供了制度安排创新合作的各种可能性。

(二)"市场+制度"是主要导向

过去我国在高度集权的计划体制下,形成了以"条条"为主的区域经济管理模式,在空间资源配置上要求是均衡的"全国一盘棋"布局,但却造成"条条分割"怪现象:地方工业自成体系,地区重复建设加剧,区域产业结构趋同,区际联系削弱。

在市场化取向的改革开放过程中,我国实施了地方分权改革,中央政府先后下放了财政收支管理权、投资管理权、外资外贸管理权、价格管理权和企业管理权等。通过各种经济管理实权的下放,地方政府获得了越来越大的经济控制权和决策权,利益主体地位得到强化,所以地方政府实际上成为具有独立权益的区域经济主体,主导和控制着地区经济活动。但是地方分权后,形成的"块块"为主的区域经济管理模式也造成了一些新的问题:区域之间有时过度竞争,重复建设和资源浪费严重,地方保护三义盛行,区际到设关卡,乱收准入费用等。20世纪90年代以后,中央政府虽然出台了一系列综合配置改革措施,通过深化体制改革进行了区际利益整合,这在一定程度上削弱了地方政府的干预强度,但并没有从根本上予以消除,这是中国区域合作面临的一个重要的体制背景,也是区域经济合作制度安排需要解释的关键性难题之一。

随着全国各个区域的经济外在大环境、投融资环境、产业环境等逐渐趋同,区域合作的推动力量转向市场力量和民间力量,以企业为主体的合作模式成为了推动区域经济合作的主流力量,也成为了制度安排服务的主要对象之一。

区域经济合作对参与各区域而言,实质上也是一种交易行为,合作方往往通过对收益的评估来作出是否合作、怎样合作和以什么具体方式合作等,以政府为主导的经济合作制度安排,合作方对潜在的经济合作利润的分割将具有较好的包容性和预期,合作秩序可能最为趋向于优化,合作交易成本趋向于最小化。而且在强力的政府规划下,可以较有效地避免合作参与方可能采取的欺骗、偷懒、搭便车、道德风险等行为。同时,这也涉及一个市场运作制度的管理和完善的过程。如何建立健全和规范发展以"市场+制度"为主导模型的区域制度安排合作活动,是发达市场经济条件的需要解决的课题。同时,由于发达市场经济条件下,强大而天生的市场自发性、主体利益的不协调不稳定性等,更需要在政府主导下的区域制度安排与制度创新合作。

三、区域制度安排合作目标

区域经济一体化及区域经济合作的过程,是不断地增加了有关参与区域方的利益的过程。制度安排合作的内在动力之一,是希望为参与方带来或形成区域利益的帕累托改进。区域利益的帕累托改进,是指在至少不降低其他相关区域的利益的前提下的区域利益增进。[1] 简言之,就是至少做到利己不损人,或者对有关区域均产生利大于弊的合作结果。帕累托改进是区域分工与合作、经济一体化的基本前提与合理效应。然而,并不是任何条件下的区域利益的帕累托改进,都能够导致区域的制度安排合作的出现和走向深化,都能够导致区域之间的经济合作关系更协调、更科学。外部性、信息不对称、区域经济差距与不合理的区域经济政策等,都可能会导致区域利益矛盾,很多因素也会妨碍区域利益帕累托改进的产生;同时,区域分工与交易范围扩大,有时会增大外部性与信息不对称程度,从而增大合作障碍这一内在矛盾。区域经济差距与不合理的区域经济政策,也还会妨碍区域利益的帕累托改进,甚至在某些情况下,区域经济合作不一定会导致区域利益帕累托改进。

各个区域在制度安排合作活动的开展与深化,是为了更好地协调各个区域的经济发展关系,协调各自的功能角色定位。制度安排的主要参与主体是地方政府。因此,地方政府干预,事实上可能将影响区域经济合作以及区域制度安排

---

① 参见陈秀山、张可云:《区域经济理论》,商务印书馆 2003 年版,第 402 页。

合作等各个层面。另外,在区域经济发展的制度安排及其合作上,中央政府与地方政府的作用是不完全一致的。中央政府干预各个区域之间的经济合作,主要着眼于处理好各区域的经济格局关系,而地方政府干预区域经济合作活动的主要目的是为了促进自身经济发展、获取最大化的区域利益。

地方政府作为主体参与到制度安排合作时,其基本目标主要应该包括但不仅限以下几个方面:

制定区域合作发展战略纲要,全面促进和支持区域经济的各种合作活动;努力建立健全自上而下合作以及自下而上合作的多层次的、多角度的"市场+制度"的合作模式;在合作规划纲要和共同发展目标的总的指导下,进一步明确相应政府部门、企业主体及机制的功能角色,协调制定合作的具体方针措施;组织动员机构、企业组织和个体在特定范围内合理运用地区资源、优化配置要素;致力于通过制度安排来促进区内主导产业的竞争优势建立,并统一实施或适当改善各个产业在合作区域内的总体营商环境与评判标准;制定规划合理促进合作区域方的多层次的同一要素市场的发育;为促进合作区域内的经济结构调整,建立与实施积极的长期机制;共同设立可以量化的合作目标、合作成效监测体系等。

针对像区域经济政策这样的制度安排,陈秀山、张可云指出,导致区域利益空间分布点向不完全合理的与完全不合理的区域政策利益空间分布区演变的区域政策,不可能推动区域经济合作;因为这种合作所导致的结果是非帕累托或无效率的,因而不可能产生协调区际经济关系的作用。在一定的制度框架和利益可能性边界下,现状利益空间分布点离利益可能性边界越远,合理的区域政策利益空间分布区就越大,通过区域政策促进区域经济合作,从而增强区域利益与社会整体利益的潜力越大。合理的区域政策意味着政府应该致力于扩大利益可能性边界,即通过制度创新使双方收益边界外移。①

---

① 参见陈秀山、张可云:《区域经济理论》,商务印书馆2003年版,第406页。

第二节 深港经济的制度寻优合作历程

深港两地之间在制度寻安排上进行寻优合作,从深圳经济特区设立伊始就诞生了。邓小平理论中"再造几个香港"的论点,较为形象地指明了这一点。

在深圳经济特区成立之初,特区就是一个学习与港资等海外资本对接、学习按经济规律和国际惯例办事、学习现代经济管理的"学校"。在深圳经济特区的运行早期,针对深港经济合作的制度安排,最重要的合作性纲领文件几乎都是内地政府或深圳市政府单方面制定的。例如,1978 年 4 月由当时的国家计委和外贸部完成的调研报告《港澳经济考察报告》;1980 年审议通过的《广东省经济特区条例》;等等。这些有关深港经济合作的纲领性文件,只是邀请了香港方面的友好人士、权威专家学者等提出相关意见。在严格的意义上,它们仅是内地与香港、深圳与香港之间制度安排方面的初级合作状态。

在深港两地之间制度安排上的寻优合作上,具有重要意义的开创性文件,当属在 1997 年香港回归祖国前夕由深圳市政府邀请了包括香港方面的官员、专家学者,经过论证后发布的《深港经济衔接方案》。

1996 年 6 月,深圳市政府牵头召开了"深港经济衔接方案论证会",市有关部门将筹划、研究、修改近 8 个月的深港经济衔接方案正式提出。来自国内和香港方面的 100 多位政府领导官员、专家学者等参加了论证会,针对方案展开讨论。其中包括中央政府、广东省政府部门的领导如当时的国家计委、特区办、口岸办、国务院研究中心等领导,也包括香港特别行政区筹委会经济召集人、筹委会副秘书长、香港上海汇丰银行有限公司经济顾问、香港中银集团负责人等。在当时,《深港经济衔接方案》的制订以及联合论证会的召开,对于深港两地之间就未来经济发展的战略合作及其相关制度安排,产生了十分重要的影响。《深港经济衔接方案》是从经济角度提出了深港衔接的内容,但在 1997 年香港即将回归祖国前经过充分论证后发布,实质上集政治因素、经济合作内容于一体。因此,该方案实际上为后来深港之间的制度安排方面的合作,开辟了一个合作新领域。同时,它在当时又具有实实在在的深港经济合作内容,从制度层面上,为深港经济衔接设下了较好的合作路径。

2003 年 6 月 CEPA 签署后,深港两地之间的制度安排及其寻优合作,更是获得了长足的进步和发展。在 CEPA 正式实施半年后,深港两地在 2004 年 6 月签署《关于加强深港合作的备忘录》为总则的涉及 9 个方面的合作计划(简称"1+8"合作计划)。该合作备忘录标志着深港之间的制度安排方面的寻优合作,进入到实质操作阶段。合作备忘录的主要内容包括:为推广深圳与香港的长期共同繁荣,双方愿意加强两地间的合作,实现互惠互利、优势互补、共同繁荣,双方将按照 CEPA 的总体要求,加快相关合作措施在深港两地实施,为 CEPA 在香港与内地之间全面推行积累必要经验。双方将继续推进口岸及跨境基础设施项目的建设,不断完善口岸交通配套设施,提高通关效率;双方将致力于加强经贸领域的合作;深圳向香港投资者开放基础设施、公益事业及其他项目的投资、建设、营运、管理,积极引入香港的设计、管理、咨询、评估、法律、会计等专业服务;加强港口、机场等物流资源的整合,强化以香港为核心、接轨全球、辐射内地的泛珠江三角洲地区物流体系;加强双方旅游企业互访交流,共同开展旅游联合促销;建立科技合作协调机制,共同策划科技合作计划;加强生态环境保护方面的合作,共同检测大气污染和海域污染情况,及时通报生态环保信息;加强教育、文化领域交流合作;等等。深港两地签署"1+8"合作协议后,香港贸发局和深圳市贸工局,多次联合起来,以"香港—深圳:您在中国的取胜之道"的投资环境推介会为重要推介内容,联合"香港+深圳"区域概念,在欧洲、北美及日本、韩国等地联合招商。这标志着深港两地之间的制度寻优合作诞生了具体的合作成果。

2007 年 5 月 21 日,深港两地政府共同签订《香港特别行政区政府、深圳市人民政府关于"深港创新圈"合作协议》。该合作协议,是深港第一次通过制度安排方面的寻优合作,共同签署的大型合作项目。

2007 年 10 月,在深圳召开的深港创新及科技合作第一次督导会议,审议通过《深港创新及科技合作督导会议工作机制》;就"深港创新圈专项资助计划"、"高交会设立深港创新圈展区"、"联合建设深港创新圈公共资讯服务网"、"深港生产力基础建设"、"深港创新圈互动基地建设"等 11 个专项充分交流沟通,并签署相关合作文件。

2007 年 12 月,深圳主动提出"向香港学习、为香港服务"的合作口号,深圳市政府率团到访香港,双方共同签署"深港 1+6 具体合作协议"。双方同意深港两地建立更亲密合作关系的重点是,加强城市规划的合作与衔接,创造条件推动两地人员、资金、货品、技术、信息等要素更便利流动,支持香港巩固和发展作为中国的世界级国际金融中心的地位,支持深圳建设区域性金融中心,推进两地成为总部运营中心、现代物流中心、高端服务中心和创新产业中心。同时,深港双方成立两个联合专责小组,即"港深机场合作联合专责小组"及"港深边界区发展联合专责小组",加速推进两地机场协作,共同探讨发展落马洲河套区的可行性以及督导其他跨界事宜的研究和规划工作;之前共同推进的"深港兴建莲塘—香园围口岸前期规划研究"业已基本完成。

2009 年 2 月,深圳市政府工作报告中在阐述"深港经济合作"时,首次提及将推动与香港共同编制区域合作规划,促进深港融合发展,建设与香港共同发展国际性城市的主张。共同的区域合作规划,将涵盖城市定位规划、产业规划、区域空间规划、区域环保规划等诸多内容,甚至涉及社会问题、民生问题等。此举意味着深圳市政府将与香港共同编制区域合作规划摆上了议事日程,标志着深港两地政府之间的制度安排合作已经开始逐步提升到经济一体化进程的"经济同盟"层级。

2009 年 3 月 31 日,深港创新及科技合作第三次督导会议在深圳召开,会议审议并通过了《深港创新圈三年行动计划(2009—2011)》。

2009 年 8 月,粤港合作联席会议第十二次会议召开,深圳市市长率团出席会议。粤港在会上达成了加快实施《珠三角发展规划纲要》、共同制订粤港紧密合作框架协议、共同编制"共建优质生活圈"和"基础设施建设"专项规划等方面的共识。粤港双方共同签署了 8 个合作协议,分别是《关于推进前海深港现代服务业合作的意向书》、《粤港教育合作协议》、《粤港共同落实 CEPA 及在广东先行先试政策措施的合作协议》、《粤港研发生产药物(疫苗)合作安排》、《粤港环保合作协议》、《关于推进深港西部快速轨道合作安排》、《粤港金融合作专责小组合作协议》和《2009—2010 年粤港知识产权合作协议》。

值得指出的是,在粤港层面签署的一系列经济合作协议,全面标志了深港两地之间在制度安排方面的寻优合作,已经在行政层级方面被提升到更高级别,合作内容进一步深化,合作范围更广泛,合作水平与层次得到提升,合作本身更具备了制度的保障性和约束性。

第三节　深港经济的制度寻优合作内容

要加快推进深港经济一体化进程,将深港经济圈天然的、无法割舍的经济社会联系纳入规范化、日常化和制度化,深港两地之间就必须拥有全面而长期的、拥有充分共识并行之有效的合作方针政策与基本原则,同时还要拥有强有力的区域利益协调机制、常设机构和第三方督办与测评机构。

一、深港制度寻优合作指导原则

在深港两地推进经济一体化进程中,其制度安排方面的寻优合作、创新合作,有必要遵循以下两条基本原则。

（一）相互尊重求同存异

深港两地原有制度安排存在较明显的非均衡性。首先,从制度供给角度上,双方制度安排的区际差异很大,在具体制度出台过程中,双方的速度、密度和制度层次和议定程序不一致;其次,从制度安排及变迁的方式上看,香港的制度创新是一个内生化发展过程,它主要以需求诱致性变迁和中间扩散性制度变迁相结合,需要有关经济合作的制度安排符合自身利益的最大化。而深圳的有关双方经济合作的制度变迁,具有一定的外生性,有时更多的是基于国家整体政治经济利益、基于整个珠三角的发展规划来进行通盘考虑,部分时候受到了中央政府、省级行政政府等因素的制衡;再次,从对制度安排的利用效率来看,有鉴于香港更为特殊的政治经济地位、比较成熟的政府管控体系等,香港方面对制度安排的实际利用效率处于相对较高水平,由经济一体化合作而产生的制度性收益较大的可能性更多,而深圳方面对制度安排的实际利用效率较低,对相关制度的推进不力的可能性较大。

综合地分析,涉及深港两地经济一体化的制度安排非均衡状态的其他因素还要包括:双方所有制结构、产权结构方面存在着较大差别;微观企业运行机制存在着较大差异;市场制度有所差别;分配制度存在差别;政府宏观调控角色、政府管控力存在着较大差异;社会法律制度、文化管理观念等方面也存在较大差别。因此,在深港经济一体化进程之中,必须对各方原有的制度安排互相尊重,全面理解,求同存异。有了这一个基本前提,才能有效地保证双方在经济一体化进程中能够充分地实现"强人和"。

（二）加强相互学习与借鉴

有鉴于深港两地在区域经济一体化制度安排上可能形成的先天性非均衡状态和区际差异性,因此,在深港经济一体化进程中,双方的政府部门、行业协会、研究机构、智库组织等,必须经常性、常态化地进行相互交往与沟通交流。在对各方原有的制度安排尊重理解的前提基础上,认真学习、领会对方的制度安排的历史沿革、相关规范性文件的具体内涵,通过沟通交流,消除存在的不理解或误解之处,增强制度安排方面共识,从而弥补日后工作的自发性、盲目性和短期目标性等缺陷,将深港经济一体化推向长效机制化、范围更广泛、更深化的利益机制平衡状态,形成制度安排上的帕累托改进。

二、深港制度寻优合作及其创新发展

从后发区域与先发区域的角度来说,后发区域可以将先发区域的较好的制度安排进行"移植",通过一系列学习和创新活动,以充分发挥制度性的后发优势。

深港经济一体化进程的制度寻优合作及其创新发展主要体现为,深圳作为相对欠发达的后发区域,要高度重视对引进香港等相对发达地区的制度供给,尤其在深港经济合作这种涉及双方利益诉求的经济活动之中。同时,深圳一方也要将"移植"香港方面较好的制度规范,作为双方经济一体化的重要途径和合作内容。

例如,2005 年 12 月深圳市规划局牵头发布了《深圳 2030 城市发展策略:建设可持续发展的全球先锋城市》(以下简称《深圳 2030》)研究报告。对于《深圳 2030》,深圳市政府高度重视,还通过人大赋予它一定的法定化形式。深圳市人大常委会将《深圳 2030》作为一个经济社会发展重大问题来进行审议,审议后正式公开地发布相关的决议,使这个决议具有法规性。

《深圳 2030》项目的启动、最终规划报告的公开发布,其实就是一个深圳向香港学习的过程;它的出炉,最初设想便是要与《香港 2030:规划远景和策略》(以下简称《香港 2030》)实现规划层面上的对接。

早在 2001 年,香港就启动"2030 年战略规划"工作,香港特区政府规划署首先在 2001 年 2 月公开发布《香港 2030》研究计划纲要,并在整个珠三角地区范围内广泛征求公众意见。深圳市规划部门迅速获悉了这一信息,向深圳市政府汇报后也在 2002 年启动了与《深圳 2030》有关的城市发展规划战略研究工作。经过四年多的调研、论证和探讨,在 2005 年 12 月 6 日,深圳发布《深圳 2030》研究报告。在城市规划体系中,城市发展策略属于最高级别,它对随后的总体规划、分区规划、法定图则都将产生影响;深圳除了为自身描绘未来发展蓝图、出于自身发展需要外,也是为了与香港的城市规划相衔接。《深圳 2030》尤为强调与香港对接发展、联手发展。2005 年,香港特区政府先期发布《香港 2030》的最初正式文本。2007 年 10 月正式发布了《香港 2030》的最终文本。《深圳 2030》与《香港 2030》进行了主动对接,这种主动对接既体现在城市功能定位、产业、基础设施等方面,也体现在社会、人文等方面。在城市发展策略方面的深港对接,自深圳经济特区成立以来,尚是第一次。在项目运作过程中,深圳市规划局多次将《深圳 2030》初稿带到香港,征求香港规划界同行的意见与建议。像深圳这样的后发区域,通过对先发区域及其制度的"学习"与"主动内植",并且在"学习"基础上进一步地加以创新发展,必然会极大地推动合作双方在经济一体化过程。

根据制度经济学理论,社会知识存量的增长是制度演化的动力,知识存量增长与现行价值观念结构之间的矛盾和协调关系,决定了制度安排中移植和相互演化的各种方式。不同文化的接触交流之所以往往引起制度安排的演变,是因为社会知识存量由于大量接触后而迅速增长,而社会知识存量的形成和增长的根本途径便是学习和"集体学习"(Collective learning)。而集体学习,不仅仅是一个静态的集合物,而是一个动态的获取、积累、筛选和传递知识的过程,它将不断改变人们对于机会、选择和制度合法性的认识。这正是寻优活动催动制度变迁的持续动力源泉。因此,深港经济一体化进程中的制度寻优合作,是基于两地机构、企业组织和个体"集体学习"的创新演化过程。两地机构、企业组织和个体的学习能力增强,知识存量、人力资本存量迅速增长,社会经济自组织能力提高,它的制度安排、制度变迁方式,将逐渐由强制性的刚性变迁,过渡到诱导性的软性供给式变迁。深港两地之间基于经济一体化基础上的制度寻优合作和制度创新,就"黏合"成为良性的、自觉的和主动的行为,并且有能力主动地自主创新。

制度寻优合作与创新发展,对于香港来说,两样都具有十分重要的价值和意义。在 1997 年香港回归之前,原港英政府长期实施"自由放任"、"积极不干预"基本经济政策,其长期意识形态、经济发展理念以及一般的社会心理预期、文化包含性,都较难保障香港特区政府短期内以一种主动的、积极进取型的姿态,来推动深港经济一体化的基本方针、发展纲要和实施细则。香港回归 10 多年以来,尤其是 CEPA 实施、内地居民到香港"个人游"等刺激经济措施明显地收到成效后,香港政府在不改变"积极不干预"基本经济政策基础上,通过加大对深港经济一体化、香港与内地经济整合优势等方面的宣传教育,越来越多的香港市民通过自我学习,主动地接受"合作意味着双赢"的理念,在社会心理预期、文化包容性等方面为政府之间的制度寻优合作和创新发展,形成了良好的社会氛围,从而有效推动该项事业创造出新的动力空间。

三、推进寻优合作的创新举措

我们不必讳言,深港经济之间既存在着良好的合作关系,也由于处于同一时空轴上存在着一定的竞争关系。在某种程度上,深港经济圈的理想态势是——双方在适度竞争中充分合作,在寻优合作中合理竞争并寻优发展。有时,深港两地之间难免会出现一些竞争冲突和阶段性的合作障碍。因此,只有通过制度安排上的寻优合作和创新发展,才能妥善解决深港经济一体化进程中可能出现的消极因素和合作困局。

(一)全面完善深港两地之间制度安排的机制基础

在深港区域经济协调机制和合作机制的建立,仅仅停留在短期的政府高层会议层面是不够的,是服务不到位的,还应当建立多层面的、多领域的、多渠道的日常沟通协调机制,总体上还要在民间、企业、行业和政府合作上,建立一个广泛的、较为完善的合作机制;而且,不能仅仅停留在大型基础设施建设、口岸通联效率、个体的科技项目合作等方面,还应当逐渐把全面完善深港经济圈内的市场经济体制——这样的深层次整合问题,放置于优先安排、重点探讨的位置。

首先,在常规性制度安排上,深港两地要全面加强对法律法规和合作协议的规范完善,与时俱进制订新制度,强化各自法规和政策的统一性,提高各自的透明度。在规范市场环境方面,深圳需要尽快与香港实现对接,为区域经济一体化创造先决条件。

其次,深港两地要精诚协作、积极探索。在"一国两制"框架下,在不同关税区与货币区以及资本管制条件下,深港经济如何又好又快实现一体化呢? 深港两地就必须在制度安排上展开充分的寻优合作和创新探讨,通过区内"集体学习"和有效借鉴,摸索出切实可行的实施方案。我们认为,在深港经济一体化、积极构建"经济同盟"愿景目标下,深港两地要共同学习并实践"拿来主义",认真研究、学习甚至仿效欧盟经济一体化的经验。在路径方向上,遵循产业联盟——互惠贸易区——自由贸易区——关税同盟——共同市场——经济同盟的一体化层级关系,通过强有力的制度安排合作及制度创新合作,促进"经济同盟"的部分功能与角色的先行先试和先期实现。

当前,深港两地需要在粤港联席会议框架下,制订出共同的、宏观的、中长期的合作发展规划——即类似于欧盟的共同经济合作与发展纲领一类的规范性文件,通过统一认识,两地之间充分地构建起固定的交流沟通与协调合作的、由政府部门主导把守的合作平台,在《珠三角发展规划纲要》、《粤港澳建立更紧密合作区》等文件的指导下,共同编制出有具体指导性的"深港区域经济一体化规划",并且根据此规划,从组织机构、管理目标、运营基金和日常经费等方面分部门、有步骤、有重点地推进深度一体化。

（二）通过制度保障来发挥区域协调机构的领导力和执行力

区域协调机制是否完善和有效,最重要的一点是区域之间是否拥有强大的领导力和行动力的区域合作与协调督办的常设机构。要推动深港经济一体化,常设协调机构是不可或缺的组织保障;只有如此,才能尽快建立、完善和发挥协调作用,才能保障区域内部各个利益主体参与协商。

在常设区域协调机构的前提下,深港两地要充分保证政府主要官员定期会晤制度、会议制度的落实。在粤港联席会议制度下,深港可以探索以联合政府部门、民间机构和企业组织等,发起设立类似"深港经济一体化工作推进委员会"这样的组织。它的一个最重要职责就是:通过"自上而下"的方式,研讨制定、适时推出一系列支持深港经济一体化合作的方针制度、长远规划、发展纲要和支援条例等,在组织、规划和管理目标上为全面推进该项工作建立起长效机制。目前,深港经济圈仍然没有一个区内各方可以参与的决策机构和协调机构,缺乏一体化战略规划作为深度合作的引擎,而类似"深港经济一体化工作推进委员会"这样的组织机构,就可适当地填补上空缺。

（三）从制度安排上共同推进深度一体化

目前深港两地经过多年的合作发展,尽管区域逐渐趋同,但是在制度安排、决策咨询等方面存在着"机制落差",在社会文化环境等方面也存在着"落差"。香港政府公众服务职能优势突出,行政管理规范,社会中介组织发达,市场经济成熟度、自由度极高,重大政府决策实行议会制,必经民意咨询和议会表决程序,偏重于"自下而上"模式。深圳政府则正在不断深化行政体制改革,不断发展完善社会主义市场经济体制,遵循"自上而下"与"自下而上"相结合的决策程序,决策效率高,政令较畅通,执行力强大。在文化环境方面,深港两地在法律法规、文献资料、合同条款、教育模式、群体文化相容性等方面,客观上也存在一定的障碍。

深港两地在制度寻优合作上的一个突破口,就是要创新地推出一系列关系到深港两地经济深度一体的运行机制和办法措施。例如,针对深港两地之间在

"同一市场"建设方面较为滞后的状态,双方不妨通过深化合作,在"一国两制"框架下,在遵循 CEPA 的基本方针政策的基础上,消除双方市场的分割状态,充分打破行业垄断和区际市场封锁,促进商品和各种要素的自由流动,加快深港两地之间各种要素市场对接贯通,实现双方要素价格市场化,渐进地推进要素市场的同价化,从而形成"同一市场"。

类似的具体制度措施应该包括:制订"深港经济圈内部优才交流制度",促进人才的区内合理流动;制订双方的"技术与产权交易制度",促进区内技术要素市场的形成和发展;围绕"四个全球性中心",分门别类地共同制订规划发展纲要,建立健全常设机构协调实施;等等。

(四)建立合理的利益分配机制与利益补偿机制

利益分配有时会成为区域经济合作中的核心和难点。从理论上讲,区域内的自由贸易和同一市场会增加全民的福利,但实际上区域间的自由贸易状态仅仅是存在于书本上的理论状态。缪尔达尔指出,市场力量的作用倾向扩大而不是缩小地区间的差距,因为一个区域的发展速度一旦超过了平均发展速度,它的"效率工资"就会趋于下降,于是该区域获得了其他发展速度缓慢的区域所不具有的累积性竞争优势,并且导致区域之间的差距越来越大。因此,深港双方应适当建立一个利益分配机制,使专业化分工获得的收益在内部比较合理地分配。利益分配机制主要通过两个方面来实现:一是深港两地通过产业政策的调整,使同一产业的利益差别在不同地区间合理地分布,尽可能照顾到双方的利益;二是通过调整产业政策,利用各自不同的比较优势,合理实现产业上的纵向配置,使不同产业通过产业链的不同分配来实现合理利益分享。

深港之间的利益补偿机制,可以主要表现为财政转移支付制度,具体方式可以采取设立类似"深港经济一体化合作与发展基金"这样的方式。通过共同基金,双方加大资助各种项目合作、人才培育计划、技术研讨等,为区内共享的公共服务设施、环境设施、基础设施等及时提供资金,资助具有重大意义和全局价值的基础研发、核心产业技术项目、市场项目等。

从长远来看,深港经济合作中的制度寻优合作与创新发展,应该始终关注于如何提升区内的内生动力。以深圳与香港的整体产业结构而言,香港已经高度服务化,深圳的产业同样趋向服务化,金融业、港口物流和旅游业均是这两座城市的支柱产业。因此,合理的制度安排和制度创新,将有效避免双方的同质竞争,排除双方出现"非合作性博弈"的可能性,优化区内经济结构,推动新兴产业创新发展,实现在全球性经济竞争背景下的区域核心竞争力的大幅提高。

第六章

深港产业寻优
合作（上）

当前,深港作为我国领先的知识城市区,大量知识、技术及人力资本等要素高度集聚并产生外溢效应,区内知识产业的比较优势初步建立。因此,深港产业寻优合作必然成为在整体经济寻优合作的重要领域。深港产业寻优合作,主要是指深港共同采取推动产业发展的合作与创新举措,将深港地区建成全球性的物流中心、贸易中心、创新中心和国际文化创意中心,推动区内的高新技术产业、金融服务业、生产者服务业和创意产业等高速成长为深港共同参与全球竞争的主体竞争角色,并且在一系列核心战略产业上具有全球领先的地区竞争优势。

第一节　深港产业寻优合作初始形态

一、前店后厂是深港产业合作的初始形态

以三来一补为主要产业合作内容的前店后厂模式,是深港产业领域合作的初始形态。(见图6-1)20世纪80年代初期,大量香港加工制造企业、工贸公司等将其生产线,尤其是劳动密集型的加工制造工序,转移到深圳及其周边的珠三角地区,但仍在香港保留营运总部及其后台服务支持部门等。香港工业总会2002年对122809家香港制造企业、贸易公司进行了调查,其结果表明:在总数

超过 12 万家的香港工贸企业之中,超过 52% 的 63000 家企业在 2001 年以后,陆续转移至深圳及中国内地从事经济活动。其中,43% 左右的在内地投资办厂,51% 拥有内地工厂设施的管理权和营运控制权,45% 与内地工厂订立代加工合约或相关事项。估计内地总计有 5.9 万家工厂,为香港工贸公司进行制造加工环节的生产活动,其中 2.5 万家为外资企业,3.4 万家以其他合同形式提供生产支持服务。而在 5.9 万家工厂中,5.3 万家在广东省境内。

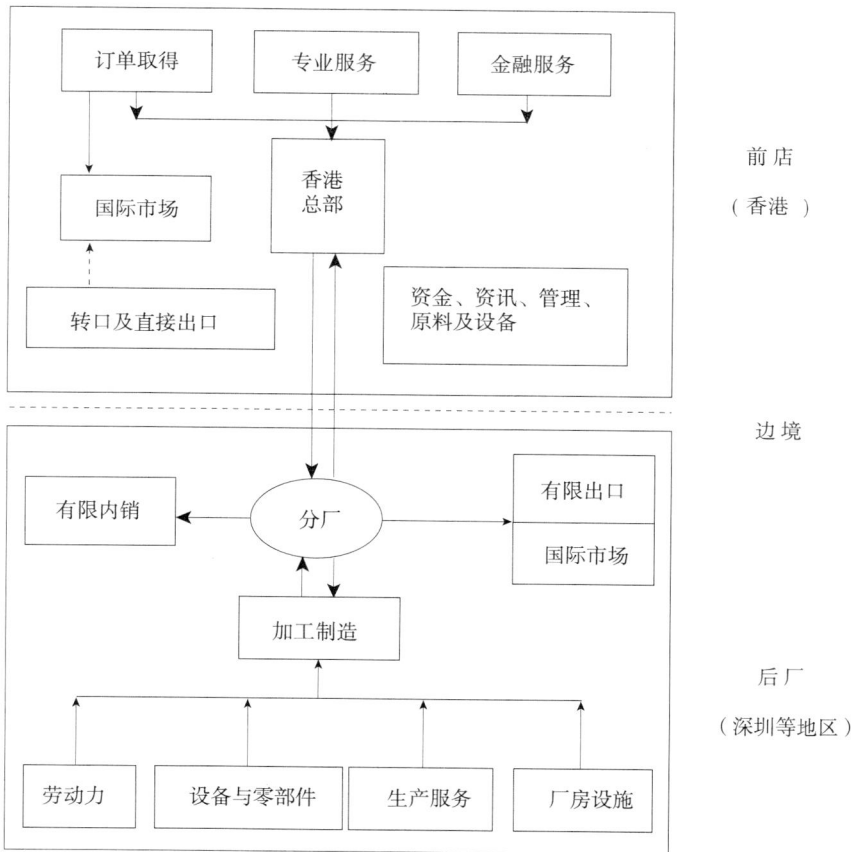

图6-1　深港之间前店后厂的分工模式

香港企业通过生产线的北移,大大降低了营运成本,企业利润大幅提高,公司在全球市场的竞争优势被充分地强化。以三来一补为主要产业内容的前店后厂模式,推动了香港加工制造业、贸工型企业的规模扩张,降低了成本,拓展了企业发展空间,拉动了相关配套服务需求,客观上还推动香港本地金融服务、专业服务等产业的迅速发展。

前店后厂模式推动了香港产品的高度出口导向性。与香港有联系的内地企业的生产产品中,平均超过71%出口到海外,19%转往其他内地工厂再加工,仅余10%左右在内地销售;在当时,87%的香港企业是利用香港的港口实行货物出口。从原材料来源上看,平均49.7%的香港工贸企业,在内地生产活动所用的原材料是从香港/海外市场进口的,16.7%是从内地其他工厂转来的,33.6%是在内地采购的。

二、前店后厂的历史局限性

前店后厂模式,实际是一种基于有限要素基础上的互补性生产合作。它的实质,仍然是根据比较优势原则,在发挥各自要素禀赋特点的基础上的互补合作。它是20世纪80年代深港经济寻优合作的历史性产物。在20世纪70年代末期,在中国内地推动改革开放、深圳经济特区成立之时,适逢香港的低成本营销模式在国际市场上受到东南亚廉价制成品的竞争与挑战。为提高产品竞争力,香港的工厂逐步北迁到深圳等珠三角地区,一方面继续利用香港的市场推广、资金、管理及技术优势等;另一方面充分利用深圳等珠三角的廉价土地及劳动力优势,从而大大降低了制成品的生产成本,提高了港制品在国际市场上的竞争力。深圳经济特区等珠三角地区,客观上也因为港资、港企及大量生产要素资源的迁入,盘活了区内的要素存量,从而快速地推动了经济增长。

前店后厂模式曾经发挥过三大的作用,但也具有不少的历史局限性。有限要素之间的互补性合作,它直接地决定了这样的一种生产方式和获取利润的方式,即合作双方虽然拥有大量互补性的要素资源,但是,双方之间合作,仅仅是简单、直观地利用了那些在短期内可以形成巨大收益的互补性生产活动。在前店后厂模式下,港资、港企方面将其资金、技术与管理优势以及可迁移的生产设备等,与深圳方面的土地、优惠政策和低廉劳动力互补结合。其生产出来的商品对两方或某一方来说,仅仅属于"加工品"。由于这种空间套戥活动的利润空间巨大,投资一方往往缺乏提升其产品成为全球品牌的动力。从长远来看,反而让合作两方或投资一方失去了创新技术能力与创意设计能力等。

前店后厂模式的历史局限性主要表现为:香港工业的内迁,使其在深圳等珠三角地区复制了一个与香港本土制造业近似的新的制造业体系,即两地制造业"雷同化"、"同构化",使两地相互贸易的"可通性"变差,原材料进口市场及制成品的出口市场结构非常趋同,导致日后产生的相互竞争因素不断增多。随着时日变迁,珠三角的劳动力、土地成本大幅上涨,港制口的成本优势又面临着来自越南、印尼和马来西亚等一些周边国家的挑战。如按照传统思路,香港工贸企业只有将工厂迁到成本更低的内地或其他成本更低的周边国家,但工厂远离本港后,港商们又会面对管理成本的提高、管理距离时效的延长和文化差异等方面的困难。深圳等珠三角地区由于产业结构的转型优化和提升需要,已经不再像过去那样全力鼓励类似"三来一补"的企业。深圳等珠三角地区的支柱产业向高新科技、高附加值的转型调整,无疑将削弱香港与深圳在劳动密集型产业基础上的互补合作。深圳等珠三角的内地企业正成为香港制造商的强大竞争对手。过去香港企业在生产技术和产品质量等方面明显优于内地企业,但内地企业通过"模仿"和"学习",与香港制造商的差距逐步缩小。面对内地企业的日益强大的竞争,港商对设在内地的企业或与其业务有紧密联系的企业的控制权将逐步减弱。而当这种"控制优势"失去后,港商势必不会再投入更多的资金支持,反过来将会影响到前店后厂模式的维持和发展,同时影响到深港经济区域内部产业结构的优化升级。

经过 30 多年高速发展,深港经济圈的资本、人力和技术等的生产投入量,要素禀赋的结构及空间分布状态,区内要素流动状、要素总体配置效率等已经发生了根本性变化,深圳与香港之间,产生了明显的区域趋同现象,虽然这种有限趋同仍然具有一定的历史条件偶然性与经济地理的特殊性。数据表明,1979 年,深圳 GDP 仅 1.9 亿元人民币,香港为 896.48 亿港元,前者是后者的几百分之一。1988 年,两者间 GDP 比例差距缩小到 1/50 左右。1998 年,两地之间 GDP 倍数差距缩小到 1/10,2004 年缩小到 1/4,目前则不到 1/2。两地人均 GDP、人均国民收入、政府财政收入、外贸进出口总额等经济增长指标差距同样急剧缩小。在区域趋同的背景条件下,客观要求深港重新按照各自产业特点和要素禀赋,重新审视原来的"前店后厂"合作模式,将"前店后厂"模式转变为"前厂后店"、"厂店合一"、"店面与品牌优先"等多种优势互补、分工协作的合作发展模式。

第二节 知识经济条件下产业结构变迁

深港已经构成我国的知识城市带,区内知识、技术与人力资本等要素属于高度集聚带区之一,是国内知识产业、现代服务业的中心和极核。分析研究深港产业寻优合作,首先需要分析一下在知识经济条件下区域产业结构的变迁及其经济增长。

一、产业结构优化与区域经济发展[①]

（一）产业结构与产业结构优化

结构（Structure）一词有两层含义:一是表示某种关系的组合,其中部分之间的相互依赖以其同整体的联系为基础;二是指各个组合部分在整体中的地位。产业结构,从广义上讲,是指产业间的技术经济联系与联系方式。这种联系与联系方式可以从"质"与"量"两方面来考察。从"质"的方面来讲,就是动态地揭示各产业在经济发展中的变化规律和起主导作用的产业部门不断替代的规律;从"量"的方面讲,就是静态地揭示和研究各产业间的"投入"与"产出"量的比例关系。例如,研究产业结构变动的一般趋势的"克拉克定律"、"库兹涅茨法则"、"钱纳里标准产业"、"赛尔奎因模式"。

狭义地讲,产业结构是指国民经济各个产业之间以及产业内部的比例关系和结合状况。而广义的产业结构是指产业之间的投入产出及其联系。

---

① 参见王必达:《后发优势与区域发展》,复旦大学出版社 2004 年版,第 94、110 页。

产业结构可划分为静态产业结构、动态产业结构两大类。静态产业结构主要指产业部门间的比例、产业部门间的联系与产业部门间的相互影响。动态产业结构则是从各产业部门之间的传递和传递反馈等变动影响上来划分。动态产业结构需要分析各产业间在动态变化条件下的关系机制，找出在给定条件下的产业结构关系及运行机制。其中，主要按照三种不同标准来进行区分与分析。按部门比例划分，可将一个国家或地区的产业结构分为第一产业主导型、第二产业主导型和第三产业主导型三种基本形态；按技术发展程度划分，可将产业划分为现代产业部门和传统产业部门两大类；按生产要素的密集程度，可将产业结构划分为劳动密集型产业、资本密集型产业和知识密集型产业。

产业结构的优化，则主要是指产业结构的高度化和合理化。产业结构的高度化，是指产业结构根据产业演进的规律，不断从低级层次向更高级层次的演进过程。而产业结构的合理化，则是从本质上反映了一个产业结构系统的聚合质量，它具体表现为系统的产出与市场需求的关系、各个产业之间的协调、对资源的转换与利用效率等方面。产业结构的高度化与合理化是相辅相成的两个方面。合理化是高度化的基础，没有产业结构的合理化，高度化就失去了基础条件；产业结构的高度化则是合理化进一步发展的目的，产业结构的合理化本身是为了使产业结构向更高层次转换。

（二）产业结构变迁对区域经济增长的推动作用

静态地看，产业结构状况对区域经济增长的作用反映在以下方面。

第一，区域产业的结构比例直接关系到区域再生产实现条件。社会生产和再生产若要继续顺利进行下去，各个生产部门之间必须保持一种统筹、协调的比例关系，对要素资源的利用要具有可持续性；否则各种生产和再生产过程就要中断，经济增长就要受到影响，资源的利用效率就要降低。

第二，产业结构是否合理直接决定了区内要素的配置效率。产业部门之间保持一定的比例关系，是区域社会生产和再生产顺利进行的必要条件。但是，社会生产的不同部门仅仅保持一种能够使区域社会总产品实现的比例关系，使社会生产可以进行下去，还不能说明就是一种合理的、优化的产业结构。因为仅仅如此，还不能保证区域经济增长的高效益和高效率。从不同部门的需求差异来看,只有合理的区域产业结构,才能保证区域经济增长的高效益和高效率。因为区域需求增长不是均衡地分布于所有的部门,因此社会在配置资源时,总是把资源优先地分配给那些需求增长较快部门,使这些部门的生产优先得到发展,形成"合理"的产业结构。而当社会需求结构发生变化使供给结构不再与其吻合时,有些产业部门的产品就会发生积压,从而导致生产这些产品的部门有相当一部分的资源只有投入而没有实际产出,造成了资源的浪费,降低了整个产业部门单位资源的使用效益。在市场经济条件下,就可以通过及时调整产业结构,以促进要素优化配置与最优组合,加快对闲置资源的配置利用及其效率,推动区域经济又好又快地增长。

第三,区域主导性产业的变迁是区域经济的决定性力量。经济总量的增长是以各产业部门的增长为基础的。主导产业部门以及主导产业部门综合体系有一个较高的增长率,并通过多种方式的影响带动整个区域经济的增长。

按照罗斯托的解释,主导部门有三种影响:对那些向自己供给生产资料的部门有回顾影响;对周围地区有旁侧影响;对新工业、新技术、新原料、新能源的出现有诱导作用,即主导部门将诱导新工业、新技术、新原料、新能源的出现,以便解决生产中的"瓶颈"问题,因而它又有前瞻影响。[①] 因此,主导产业会带动整个经济的共同增长。对绝大多数区域而言,主导产业的形成和发展以及被新的主导部门所代替的过程,是与其经济增长紧密联系的。新的主导产业取代原来的主导产业,就会以更快的技术和更高的劳动生产率促进区域经济更快地增长。

二、知识经济对区域产业结构变迁具有决定性影响

知识经济,是当今全球经济发展所呈现的最强烈形态,是人类进入 21 世纪时占据了决定性地位的一种经济形态,它是相对于传统农业化时期、传统工业化时期、后工业化时期的新型经济形态。它脱胎于高度发展的后工业化经济,也是工业高度发展的必然结果。在传统农业经济朝代,以土地作为最主要的生产要

---

① 参见[美]W. W. 罗斯托:《从起飞进入持续增长的经济学》,四川人民出版社 1988 年版,第 9 页。

素；在传统工业经济时代，以资本和大规模劳动作为主要的生产要素；在知识经济时代，则是主要以知识、技术、信息以及智慧等作为最主要的生产要素。

知识经济的主要特征是科学和技术的研究日益成为知识经济的最重要基础。互联网、通信信息技术处于经济增长的中心地位。服务业尤其是生产性服务业、知识服务业在经济中扮演重要角色。制造业、服务业的边界趋于模糊和一体化。知识、技术、信息和智慧既是主要的生产要素，又是"最花钱"的消费方式之一。智力、技术和技能成为实现知识经济的基础条件。知识经济使某些传统的经济学原理不再适用，工业经济时代的收益递减逐渐为知识经济条件下收益递增替代。知识经济促使新的社会组织形式、新的管理模式的出现。

知识经济对区域分工与合作、产业结构变迁的主要影响体现为，在知识经济浪潮下，大量产生并运用于产业部门的科学技术，通过对劳动手段、对象和劳动力等要素的影响，决定着社会分工的发展和深化。社会分工日益朝着集约化方向发展，生产方式越来越分散化和非标准化，不断创新的技术产品通过产业部门间的分工联系实现流动和转化，各个工业部门越来越多地采用高科技，产业结构摆脱了资本积累的束缚，实现了结构动态均衡发展和产业结构的软化。而随着知识经济的演变，新的产业部门不断增多，不仅产业结构各主体部门的内部结构不断分离出更多的行业，而且产业结构的主体部门也在增加，出现了新的部门，因而社会分工更为细化和专业化，产业之间的关联度日益增强，社会生产的专业化和一体化使结构效益上升到重要地位，成为知识经济增长的一个基本支撑点。这时区域产业结构的变迁主要是由于技术结构的变化所造成的。而新技术对区域产业结构的作用主要通过两种方式进行：一是由技术创新导致新产业的出现和迅速增长，并向其他产业不断扩散实现经济总量的增长；二是由技术创新导致现有产业的改造更新和发展，从而促进资源的更有效配置，提高劳动生产率。而这两种方式的合力会推动区域整个经济的迅速增长。

科学技术的高度发达，是知识经济发展的重要前提条件。通过大力发展高新技术产业，提高产业中的知识含量和技术含量，是知识经济及其发展的客观要求；而知识经济与新的市场需要的充分结合，必然产生出新的产业部门，例如不少地区中知识密集型服务部门的持续出现与高速增长。另外，传统产业部门的改造和升级,同样必须依靠科技进步和集约化增长。

第三节　区域产业结构软化与产业寻优合作

一、区域产业结构软化是知识经济时代的主要趋势

　　20 世纪中期以来,以互联网技术、通信信息技术、生物技术等为主导的新兴技术革命兴起,催生了知识经济时代,引发全球范围内的产业革命,加快了全球经济结构的全面变革。最显著的变化是,在高新技术革命的推动下,产业结构中关键环节逐渐向信息产业、知识产业及现代服务业等转换,以知识、技术及人力资本等重点投入要素的新型产业结构关系基本建立。所谓产业结构软化[1],是指围绕知识、技术及人力资本等要素资源的生产、分配和使用,在社会生产和再生产过程中,土地、劳动力、各种物质资本等的投入量相对减少,知识、技术及人力资本要素等的投入量相对增长。与此相适应,劳动密集型产业的主导地位日益被知识产业、高新产业等技术密集型产业所完全取代。产业结构软化至少有两个层次的含义:第一层次是指在产业结构的演进过程中,软产业(主要指第三产业)的比重不断上升,出现了产业知识化、经济服务化的重大趋势;第二层次是指随着高加工度化和技术集约化,在整个产业的发展过程中,对信息和服务、技术和知识以及人力资本等"软要素"的依存度不断加深。

　　要较全面地概括出产业结构软化的含义与特点,揭示出产业结构变化的总趋势,必须从产业结构高技术化、融合化、国际化、服务化等方面来理解。

　　(一)产业结构高技术化

　　产业结构的高技术化是伴随着经济社会的技术进步而产生的。技术进步不仅仅包括科学发明与新工艺、新知识等,而且包括了在整个经济活动中对现有要

---

[1]　参见马云泽:《产业结构软化及其对世界经济发展的影响》,《当代财经》2004 年第 4 期。

素资源的最大化使用与最佳配置，同时还通过教育培训、科学管理、企业家才干等的不断加强发现了崭新的资源及生产方式等。

产业结构高技术化，狭义地讲，这里主要指利用新技术、新工艺及新知识等来改造传统产业的过程。这里讲的传统产业，不仅仅是指传统工业，而且是指整个传统的第一、第二、第三产业。产业的高技术化的发展最先突出地表现在用高新技术改造传统工业上。科技进步导致的劳动工具、劳动手段和劳动对象的创新，极大地促进了工业劳动生产率的提高，推动着传统的工业向高新技术产业的转化，使整个工业日益呈现高技术化。同样，其他产业高技术化的发展也在日益加强。

按照发达国家的道路，农业（第一产业）要先后经过机械化、电气化、化学化，一直过渡到工业化社会，这也就是第一产业的高技术化发展过程。当前第一产业的高技术化主要表现在：电子计算机可以广泛应用于农业生产、农业经营管理及农业信息服务等；在激光技术方面，可通过激光对作物的照射使农作物染色体变化而增产，也可通过用高能激光照射农作物而治虫；在航天航空技术方面，可通过农业遥感技术进行资源调查、环境监测、农作物增产和病虫害探测等；核辐射技术创造农作物遗传资源、选育良种，用同位素跟踪技术改良土壤，防止病虫害和保护环境等；生物技术尤其在农业上的应用更是得天独厚。

第二次世界大战后，信息业高技术化的发展尤为引人注目，一个全球性的互联网、物联网等目前正在形成；另外，人造视网膜、超导神经元电子计算机元件等为高速计算机开发揭开了序幕；全球信息网络的形成，使得信息在全球范围内实现了在瞬间的准确传递，使全球经济活动和经济过程相互渗透、作用与有机统一，被联结成一个紧密的大市场。发展中国家由于实施了鼓励工业化和制成品出口的政策，并且通过承接产业转移等使工业生产能力大幅度提高，用新技术改造传统产业的步子也大大加快。因此，工业相对其他产业在技术化的发展上更加突出，新兴工业化发展中国家的工业技术化发展水平与程度越来越接近发达国家。同时，其他各种产业的高技术化也有不同程度的发展。

（二）产业结构融合化

产业结构融合化又称"产业结构重叠化"或者"产业边界模糊化"，是指在知识分解和技术进步融合基础上,由于大量新生技术日益趋同而形成新的知识产业集群以及产业技术融合而导致的产业重叠加深,使产业边界具有了越来越不清晰的趋势。无论是源于技术进步还是规制缓和,产业融合已经成为当今世界产业结构变化的势不可挡的潮流与趋势。产业结构融合化就是产业边界模糊的具体表现。

首先,知识的高度渗透性使产业迅速分化,形成了核心技术趋同的诸多新兴产业群,原有产业边界日趋模糊。知识、技术等要素本身具有高度渗透性,主要表现在知识的快速分解、衍生和新的知识学科体系的建立,这就为产业的大量繁衍打下了知识基础。如以生物技术与生物工程为代表的生态产业是近年来发展较快的知识产业,也是产业分解衍生较快的领域。随着生物工程技术和知识的不断创新与向各产业的渗透,使原有的生物产业分离出生物农业、生物化工、生物材料、生物信息等十余个门类的新兴产业部门。但诸多被分离出来的新兴产业部门的核心知识与技术却都是建立在生物工程技术基础上的。产业间核心知识与技术的趋同使传统的划分原材料、技术工艺和产品的产业标准已经弱化。原有的农业与工业、材料工业与信息产业之间的明确的产业边界也因此模糊。随着知识要素渗透速度的加快,知识子系统的分离也将以几何级数进行,产业的分化也必将加速,产业边界就会因此而日趋模糊。

其次,产业技术的融合化导致产业重叠加深,使原有的以单一知识及其技术作为产业的划分标准遇到了强大的挑战。知识要素除具有高度渗透性致使产业分化以外,同时还具有良好的融合性。新知识往往是两个或多个知识学科融合的结果。知识的融合带动了产业的融合,使原来专业分工明确的产业组合成新产业,形成难分彼此、专业界限模糊的新产业形态。建立在知识融合基础上的产业技术融合更使各产业重叠逐渐加深。大量的依附行业衍生的"边缘行业"的崛起,使传统的以单一技术为基础的产业界限开始在产业融合中日益不清晰,产业划分标准面临产业发展的现实挑战。当然,在产业融合中,各产业融合与重叠的程度有所不同。比如,与基础知识关系密切的产业,在基础知识不断创新、发展的前提下,产业的生命周期将会有相当长的创新与发展阶段,这些产业的融合和重叠的程度会更深;相反,与基础知识关系较疏远的产业,一般都处在技术扩散的边缘，当新的替代性技术出现时，产业将迅速从成熟趋向衰落，这些产业的融合与重叠就不明显。尽管如此，知识经济条件下，产业的融合与重叠已成为一种重要趋势。

（三）产业结构国际化

产业结构国际化，又称产业结构"无疆界化"，是指一国或地区的产业结构变动通过产业构成的核心要素而形成的跨国流动，并在全球产业结构调整升级状态中实现转换的过程。

首先，产业结构的持续变动是产业发展客观规律。在工业经济时代，经济全球化和知识经济尚未形成前，产业结构的变动一般是在一国国内伴随着本国经济发展的不同阶段循序渐进地进行的。随着以信息技术产业为核心的知识产业的兴起，逐渐出现了全球性产业，其迅速发展突破了地区和产业的界限，推动着全球范围内的现代产业发展，引起了世界新的产业革命和全球性产业结构调整浪潮。其显著特点是它不仅涉及一些产业的整体转移，更重要的是涉及同一产业部分技术与生产环节等要素的转移。世界范围内产业结构变动的这一特征打破了产业结构变动局限在一国国内的传统格局，出现了产业结构变动无疆界的新趋势。具体表现在：产业构成各要素在世界范围内的流动与配置，直接反映了产业结构国际化进程。产业结构的变动是通过产业构成基本要素的转移来实现的。产业构成基本要素包括劳动、技术、资本（包括人力资本）等，当这些要素由传统的第一产业逐渐向第二、第三产业转移和集中时，产业结构的重心也因此由第一产业逐渐向第二、第三产业偏移，这一偏移过程也就是产业结构升级的过程。当产业构成要素来自本国又在国内各产业之间流动，便形成了国内的产业结构变动；当产业构成要素不仅来自国内，而且来自国外并在国际范围内流动，就必然形成产业结构变动的国际化。因为随着知识创新和信息、网络等高新技术的迅速发展，大大降低了世界不同国家之间相互联系和获取信息的成本，推动了经济一体化程度的加深，加速推动知识、技术及其人力资本等可流动性要素在国际间的加速流动。

其次，高技术产业国际关联的形成，使产业结构变动不断国际化。由于技术本身的复杂性、综合性日益突出，技术开发的程度及所需财力、物力和人力空前增大,有时一国不太可能开发所需要的全部技术,或者没有独自开发某个大型项目的经济必要性,因此跨国度的技术交流与研究协作不断发展。这种国际间的技术交流与协作一般采取几种形式:一是共同研究开发。由两国甚至多国在某个领域进行合作,共同分享研发的技术成果;二是在技术开发与技术利用之间形成的国际合作;三是跨国公司内部自组织形态的研发合作。这种合作以技术的所有权与技术的使用权分离为特征。这种分离使一些国家通过大量使用外来技术形成新生产能力和新的产业;而另一些国家则成为研究、开发进而输出技术和技术产业的基地。无论哪种形式的高新技术研究开发与利用,都是国际间合作的结果;所形成的知识产业、高新技术产业等以及由研发、利用而出现的产业关联也具有国际性。这就不仅使一国的产业结构调整和升级,受到全球知识产业、高技术产业发展以及关联产业的影响,而且一国的产业结构转换过程借此突破了边界限制,呈现产业结构国际化的趋势。

(四)产业结构知识服务化及专业服务化

产业结构服务化不仅表现为第三产业内部服务业的不断扩大,同时还表现为第一、第二产业内部对专业服务、知识服务的需求量的不断扩大。

首先,从第三产业内部服务业来看,可分为三大类:第一类是为企业、事业部门提供的服务。随着企业内部事务处理和办公自动化的发展,与软件开发相联系的信息处理、程序设计等行业不断扩大;企业分工的不断发展,使原来属于企业内部的业务逐渐趋向独立化,企业转为从外部购入这些服务,这大大促进了批发、运输和仓储业的发展;企业技术革新周期的缩短,办公自动化程度的提高,不仅使投资数量增大,同时也加大了投资风险,为解决这一问题,使租赁业飞速发展起来;随着筹集资金、分散风险、市场调研和促进销售等必要性的提高,金融业、保险业和广告业不断扩充;企业、事业部门的合理化和服务的高级化,还使安全保障、楼宇管理等建筑物服务业以及饮食供应业和废弃物处理业得以迅速发展。第二类是对个人提供的服务。随着个人收入的提高和闲暇时间的增加,使零售业、饮食业、旅游业、短期租赁业以及体育俱乐部和文化中心等休闲产业飞速发展。第三类是对社会提供的服务。社会基础设施的日益完善以及国民在福利方面需求的增加,使得旅客运输业、电信电话业以及广播、电视、医疗等方面的服务不断扩大。

其次,以第二产业来看,其内部的专业性、专门性服务量也在显著增加。在企业生产活动中,信息管理、综合计划、研究开发、市场调查、广告宣传、产品销售等与服务有关的业务比重急速增大。与此相适应,第二产业的产品成本中,与服务有关的价值含量也在扩大。此外,企业已不仅仅是销售有形产品的主体,更多的企业还利用各自的优势出售自己的专利技术、专有技术、管理技术和商标,从而也成为提供服务的主体,使企业的产品生产和服务生产成为整个生产过程中不可分割的两个方面:制造业内部的软化和服务化促进了第三产业的发展;而第三产业的扩大又使第二产业进一步趋向软化和服务化。各大产业在相互联系中相互促进,使经济体系日趋软化和服务化。

二、产业结构软化推动区域产业合作新形式新内容出现

区域分工的基础决定了区域资源的组合关系及其比较优势的客观存在。在知识经济条件下,区域内的大量存在的知识,通过信息及其控制技术能够有效地改变某区域的资源组合关系和特征,进一步强化其优势资源、要素的地位,促进区域经济的发展。具体表现在,在知识经济占主导地位的知识通过与区域内自然资源、资本和劳动力的结合,进一步促进了区域分工的深化。区内的知识和技术水平越高,对自然资源的利用程度越高,利用越加多样性和专业化,从而为区域分工发展出越来越多的细分行业领域。例如,传统的煤炭产地,开始对外输出的仅仅是煤炭,而随着技术进步,煤炭产地将煤炭就地转化为各种煤化工产品和电力输往外地,从而实现了区域产业的专业化和细分化,推动了区域产业结构优化升级。区内的知识和技术水平越高,资本越发达,产业智能化的水平越高,行业分工更为细化,区域整体经济效益就越高。因此,随着区域分工的更为专业化和细分化,对于区域之间的经济合作要求愈来愈高。区域优势产业的地位更为明显和得到加强,区域产业之间寻优合作程度更为深入,范围更加广泛,合作方式更为专门化。

由于知识经济潮流推动知识和信息的获得、处理、传播与消费成为整个经济的核心,而高度发达的信息使全球经济趋向一体化。因此,任何区域都不可能是

封闭的,区域之间的开放程度空前扩大,区域间生产要素及产品的流动限制性障碍越来越少,"世界变得越来越平"。同时,知识经济打破了传统的大都以自然资源和人力资源优势为基础的传统区域分工格局,使区域分工格局建立在以知识、信息这样的无形的软要素所形成的比较优势上,也从根本上改变了传统意义上的区域合作形成的基础,诱导区域之间的产业寻优合作朝着合作通道更为快速便捷、专业化程度更为软性和细分、更注重优势产业的优势互补等方向发展。

产业结构知识服务化、高技术化、融合化和国际化,助推了区域分工与区域合作在产业层面上新的合作形式与新的合作内涵。因此,在知识经济条件下,区域之间的产业合作将在合作内容更加深入的寻优合作层面上推进。

第四节　深港产业寻优合作存在的问题

深港两地在制定推进产业寻优合作的过程中,始终面对两种不同的基本社会制度、不同的宏观经济政策和微观企业管理模式、不同的经济发展水平和发展模式、不同的法律体系,甚至不尽相同的利益要求等系列问题,这使得两地在产业寻优合作方面仍然存在一些缺失之处,产业资源未能实现更好的整合与配置。

一、深港两地产业合作深度与黏度不够

以香港传统制造业北移深圳为例。香港传统制造业自 20 世纪 70 年代末 80 年代初大举北迁,90 年代中期基本完成整个过程。据统计,到 1994 年,有 70%的香港大中型企业在内地尤其是广东省设有分厂或从事加工业务,另据有关资料显示,香港的电子、制衣、纺织、玩具、钟表、制鞋、塑料等主要制造业部门已将70%—90% 的劳动密集型生产加工工序和生产线转移到珠江三角洲地区进行。

据统计,香港在中国内地进行的外发加工业务有 94% 是在广东,仅在深圳和东莞两地就占到 60%(分别为 43% 和 17%)。香港制造业的北移使香港由过去的生产与管理合一的制造中心转变为离岸生产的管理服务中心。众多在内地

设厂的港商把主要的劳动密集型的生产工序和生产线配置在内地,而在香港保留的公司转向为进行生产的前期和后期的管理与服务,从事寻取订单、扩大市场、组织原材料供应、收集加工信息、开发设计产品、营销策划、品质管理、财务管理及改进包装等工作。

然而,部分转移到深圳、东莞的制造业,后来又向惠州、江门等珠三角地区及内地转移,但主体仍在深圳、东莞、惠州的珠三角东岸地区。这导致在包括香港在内的大珠三角东岸地区,形成一个完整的传统制造业产链,在产业走向上形成"香港—深圳—东莞惠州(内地)",成为典型的三级垂直分工体系。

从香港传统制造业离开深圳的现象中可发现,改革开放以来深圳虽然吸引了数量庞大的香港制造企业,但是,在深圳土地上却没有诞生出像日本本田、美国通用等这种大型的、在先进制造业具有综合优势的集团公司,甚至也没有出现一批像中国内地的青岛海尔、四川长虹、珠海格力、中山美的、格兰仕等这种立足传统制造业领域的大品牌厂商。由此可见,深港两地之间的合作顾虑、制度安排、企业管理差异、文化整合难度大等综合因素,直接影响了双方在经济合作、产业合作等方面的长效性和稳定性,形成了一大批具有技术与管理优势的制造业从香港北移深圳、又从深圳北移内地的产业现象,导致了两地产业合作黏度不够,从而影响到区内产业发展与经济增长的长远目标实现。

二、深港产业合作渠道不够畅通

深港产业全面合作渠道不畅,首先体现在两地政府之间、企业之间、高校及科研院所之间、中介机构之间以及各种服务支撑体系之间,在机制衔接、人才、核心资源共享、产业互补、企业一体化并购等方面,形成有效的沟通交流渠道和良好的合作氛围。其次,由于深圳有关产业、科技的社会团体与中介机构数量太少,规模太小,功能缺乏,国际化水平程度不高,导致两地产业领域内的中介机构作用发挥不够,直接影响了深港两地产业合作进程。

三、关联产业合作力度不够

伴随着深港经济一体化的深化,深港两地之间不少产业的关联度明显增强。

深港两地的相关经济政策、法律法规等,都会直接或间接地影响对方相关产业的发展。以房地产业为例,据统计,在深圳市的所有购房者里,香港人占比约为20%,有时甚至超过了该比例。港人纷纷在深圳置业及香港房地产商进军深圳,形成了两地房地产市场近30年来逐步融合的趋势,而这种趋势随着深港两地经济往来的日益密切而日渐增强。在旅游、商贸购物方面,深港两地旅游、商贸购物发展基本实现"你中有我,我中有你"的局面,每年黄金周和旅游旺季,一方客源滚滚也带动了另一方的人头攒动。在环保产业方面,深港两地山水相连、在同一片天空下,深圳湾、大鹏湾是双方共同的内海,深圳河则是双方的界河,河流和海域的污染事关双方利益。深港之间环保产业及环保事项的合作也越来越密切和重要。虽然近几年来,深港在这些产业关联度很强、城市功能关联度很强的领域里,已经展开了不少合作行为,但两座城市之间的合作尚未完全到位,合作方式尚不彻底,合作渠道也没有实现日常化、长效化和机制化。

作为具有高度自组织能力的开放系统,深港经济圈在区内关联度十分紧密的产业领域内以及各自的支柱产业领域里,一直存在着序列不同、禀赋不同的要素流。这些要素流不但客观存在,且可具体量化。由于各种各样的、规模庞大的要素流,通过跨越深港空间而自由流动,直接形成了深港经济圈内的投入产出链,间接地构成产业动态体系。深港经济圈的产业资本流、人才流、技术流、信息流与管理流等,通过相互的交互流动,结合深港两地的不同经济关系,直接成为了影响着深港经济圈的空间经济结构和产业状态体系。

在"一国两制"基本原则下的深港产业寻优合作,客观要求从深港双方最具有比较优势的产业源头上抓起;唯有如此,双方产业寻优合作的成效才能更大、合作才能更为持久。从具体方面来讲,深港双方的产业制度安排、市场化程度、对外开放程度、要素成本及产业结构现有状态、集聚程度、核心技术的领先优势等,将直接决定着双方产业寻优合作活动中所投入要素的配置利用效率。深港产业寻优合作,不可避免地受到知识、技术及人力资本要素流的影响与作用。在不同时期,以主导产业为寻优合作主体内容应该有所不同。

深港产业寻优合作必须在目前的经济背景、发展条件和发展目标指导下,认真找出所存在的各种问题;深入分析后,再结合区内的要素资源的质量与数量、流动状态与路径等,进一步探索双方产业寻优合作的方式、方法等,通过合理的制度安排与制度寻优合作,引导以知识、技术与人力资本等优质要素为主体的市场配置与创新组合,从而实现双方利益的最大化。2009 年,广东省《关于推进与港澳更紧密合作的决定》明确提出,到 2012 年,广东全省的产业结构要进一步优化提升,与香港国际金融中心相配套的现代服务业体系更加完善,重大基础设施实现对接,绿色大珠三角优质生活圈稳步建立,人员、货物等要素流动更加便捷,借鉴港澳先进经验改革广东社会管理体制机制取得突破,政府、民间等多层次的合作模式和机制逐步建立健全,与港澳经济逐步融合发展,形成分工合作、优势互补、错位发展的国际航运、金融、物流、贸易、会展、旅游和创新中心,成为全球最具有综合性的核心竞争力的大都市圈之一。《粤港合作框架协议》则提出:"到本世纪 20 年代,基本形成先进制造业与现代服务业融合的现代产业体系。"①因此,深港必须实现产业结构优化提升,错位发展、优势互补,通过全面的产业寻优合作来推动共建"四大全球性中心"。

第五节　深港产业寻优合作的典型案例

一、港口业合作——深港合资合作建设盐田港

（一）盐田港概况

盐田港拥有优越的地理位置,它位于深圳经济特区东部,盐田港位于深圳市中心以东 10 公里的大鹏湾,与香港九龙半岛隔海相望,是进港航道吃水最大限制 14 米左右的深水良港,华南地区国际集装箱远洋干线运输枢纽,曾获"2005—2006 年度全球最佳集装箱港口"。盐田港深水岸线长达 10173 米,规划建设27—29 个大型集装箱泊位,投产泊位 16 个,年处理量超过 1000 万伪装集装箱标准箱（TEU）,操作效率名列世界前茅。货运腹地辽阔,可以延伸到珠三角及沿海

---

① 《粤港合作框架协议》,《深圳特区报》2010 年 4 月 8 日。

各大城市;拥有完备的道路运输网络,连接多条高速公路,24 公里的平盐铁路专用线直通深圳平湖铁路货运枢纽中心。2007 年盐田港集装箱吞吐量一举突破千万标箱大关,达到 1001.6 万标箱,2008 年集装箱吞吐量为 968 万 TEU,成为全国首个年吞吐量超千万标箱的单体港区,在世界单体港区排名中名列第七。

（二）合作过程

1. 深港双方参与合资合作的公司

深圳市同李嘉诚方面进行合作合资的国有企业,是深圳市盐田港集团有限公司(简称盐田港集团),公司原名"深圳东鹏实业有限公司",成立于 1985 年 2 月 26 日,1994 年 11 月 15 日开始使用现公司名。它是由一家深圳市政府授权经营的国有独资有限责任公司,深圳市国资委持有 100% 股权。盐田港集团受深圳市政府委托,负责统一规划、建设、经营、管理盐田港区及其后方开发区,建设盐田国际中转大港、港口配套服务和港口卫星城,经营范围包括港口开发和经营、港区仓储等配套服务设施的开发与经营、疏港铁路经营管理、疏港隧道、公路等配套设施的建设与经营等。截至 2008 年,盐田港集团资产规模已达 151 亿元,净资产 105 亿元,利润总额 16.72 亿元,国有净利润 12.77 亿元。

知名港商李嘉诚是全球的"港口大王",他的旗舰公司香港和记黄埔有限公司拥有专门投资全球港口的专业公司——和记黄埔港口投资有限公司(简称和黄港口,英文缩写 HPH),HPH 是全球最大的港口投资、发展及经营商,业务遍及 25 个国家,分布于亚洲、中东、非洲、欧洲、美洲及大洋洲,在全球 49 个港口拥有 300 多个泊位的经营权,设有多家与运输服务相关的公司。2008 年,HPH 全球货柜总吞吐量达 6760 万标准箱。

2. 双方合资成立 YICT，共同开发盐田港一期、二期与三期工程

1992 年 7 月 31 日,李嘉诚提出与深圳特区共同合作,加大力度投资开发盐田港,同意把第一期工程的总投资作价 25 亿元,其占股 70%。1993 年 10 月 5 日,当时的深圳市东鹏实业有限公司与 HPH 正式签约,合资成立深圳盐田国际集装箱码头有限公司(简称盐田国际,英文缩写 YICT),注册资本 12 亿港元,HPH 占股 70%,根据当时签订的《深圳盐田国际集装箱码头合资合同》,双方将共同投资数十亿元人民币建设 2 个 3.5 万吨级和 3 个 5 万吨级集装箱泊位。

2001 年年底,HPH 与盐田港集团再度合作,双方共同投资 60 亿港元建设盐田港三期集装箱码头,持股比例分别为 65% 和 35%。同时,双方签订了《盐田港区集装箱码头统筹经营合同》,该合同规定,盐田港三期泊位建成后,将委托 YICT 统一经营管理一、二、三期集装箱码头业务,按照岸线、经营期限、资产规模等有关公式,对盐田港三期与一、二期箱量进行分配。

盐田港一、二期码头设计能力为 200 万标箱,2003 年实际处理集装箱量为 518 万标箱,占盐田港区集装箱吞吐量的 98.52%,年处理能力日显窘迫。2002 年 9 月总投资 66 亿元人民币的盐田三期工程动工,2003 年 10 月第一个码头#6 泊位投产,2004 年 10 月三期的 4 个码头全面投产。

3. 合作建设盐田港三期扩建工程

2005 年 11 月,盐田港集团再与 HPH 签订盐田港三期扩建工程合作协议,总投资 110 亿元。此时,HPH 的股份比例相对下调,HPH 与盐田港集团的投资比例分别为 65% 与 35%,其中 HPH 对三期扩建工程的投资将超过 70 亿元。在投资额上,三期扩建工程总投资额超过 100 亿元,是三期的 1.67 倍;岸线 3292 米,是三期的 2.35 倍;设计吞吐能力 370 万标箱,是三期的 1.85 倍。

2005 年 3 月,三期扩建工程动工,计划建设 10 万吨级泊位 5 个,3 万吨级专用泊位 1 个,设计能力 370 万标箱,总投资超过 100 亿元,全部工程 2010 年完工。2006 年 8 月 9 日,三期扩建工程的#12、#13 泊位通过验收投入运营。2009 年 7 月 25 日,三期扩建的#15 新泊位投入生产性试运行,从而使合资港口企业 YICT 拥有的集装箱泊位达到 15 个。该新泊位岸线总长约 419.2 米,陆域面积 38.87 万平方米,泊位与航道水深均为 16 米,配备 8 台外伸距达 65 米的集装箱岸吊。新泊位着眼于超大船舶的挂靠要求,不仅可操作 12000 标箱的超大型集装箱船,还配备目前世界最先进的 40 英尺双箱并排岸吊,使超大船舶的服务效率得到保证。以此为标志,YICT 已发展成为全球最具创新能力和拥有先进集装箱处理设施的码头公司,吸引了超过 33 家全球知名船舶公司前来挂靠,每周航线 80 余条,航运服务覆盖世界各地。

4. 合资设立盐田西港区公司

2004 年 12 月,盐田港集团下属的深圳市盐田港股份公司与 HPH 签订协议设立合资公司——深圳盐田西港区码头有限公司（简称盐田西港区公司），双方合作建设、经营西港区，起始注册资本 2 亿多港元，2005 年 4 月 1 日注册资本为人民币 10 亿元人民币，其中盐田港股份公司持有 58.33% 股权，和记黄埔持有 41.67% 股权。2007 年 9 月，盐田港股份公司同意将持有的盐田西港区公司 23.33% 股权以人民币 2.71 亿元左右的价格，转让给 HPH。股权转让后，盐田港股份公司持有西港区公司 35% 的股权，HPH 持有西港区公司 65% 的股权。

盐田西港区公司拥有西港区 1、2、3 号泊位的经营权，以经营集装箱为主，兼营部分件杂货的多用途泊位。港区码头有限公司由深圳市盐田港股份有限公司与和记黄埔盐田港口投资有限公司合资经营。西港区首期工程共有 3 个泊位，年设计吞吐能力为集装箱 57 万标准箱。未来，盐田西港区规划将建设 7 个泊位（万吨泊位 1 个，2.5—5 万吨级泊位 6 个），岸线总长度 1815 米，平均水深 12 米，陆域总面积 80 万平方米。

5. 合资成立物流公司、独资的仓储公司

有了盐田港这一强大的港口平台后，HPH 及其下属多家企业纷纷踏入深圳，以深圳平湖、盐田、蛇口等多个物流基础为中心，广泛地拓展业务。例如，1997 年，和记黄埔与一家英国公司在英国注册成立了和黄天百物流有限公司。而公司成立当年，就同深圳蛇口招商局旗下的运输骨干企业安达实业股份有限公司合作，在深圳成立了天百安达物流有限公司，安达实业占 25% 股权，和黄天百占 75% 股权。双方成立深港物流合资企业的主要目的，就是合作开辟内地道路。

和记内陆集装箱仓储公司（简称和记内陆仓储）是 HPH 属下的另一家公司，专门在深圳及珠三角周边地区从事专业的仓储业务。2009 年该公司宣布，在已经投产的一期仓储工程基础上，增建两个占地均超过 2 万多平方米的出口监管仓，其中一个 2009 年动工 2010 年投入使用，另一个预计 2011 年建成。和记内陆仓储还计划筹备二期仓储工程约 25 万平方米的仓储基地。而一、二期加起来的总面积达到近 60 万平方米，成为华南地区最大型物流仓储。和记内陆仓储是首批实施"入仓就给予退税"的企业，也是深圳大鹏海关区域首批 24 小时操作的出口监管仓及唯一设在内陆的口岸关口，提供一站式清关服务。出口货

物可由已配置全球卫星定位系统的车辆运抵盐田港直接上船,通关手续简化。和记内陆仓储设有货柜堆场用地,供盐田港存放空柜,随时按需调配,是盐田港物流后勤服务重要的后方基地。在物流增值服务方面,包括自行开发多个先进计算机管理系统,"仓储管理系统"详细记录库存信息,让国内外客户可在仓储外随时进行盘点。"海关联网系统"协助海关监管、查询、统计及处理申报事宜。各仓库内均有安装闭路电视远程监控系统,让客户全面观察货物库存情况。和记内陆仓储更是深圳独家可代客户办理货物出口前的最后品质检验,对海外客户来说既十分方便又节省了不少成本。和记内陆仓储同时发展远程配送(Distribution Centre Bypass)业务,原本在其他国家进行的组合工序可转为在仓储内完成,进出口商可节省大量生产成本,这种多项增值服务除为客户节省成本、提供便利外,也为深圳市创造不少就业机会。

（三）合作意义

第一,大大缓解深圳港吞吐量不足矛盾,有力支持特区经济建设。首先,深港在盐田港开发建设上的合资合作,尤其是李嘉诚财团及其旗下 HPH 与深圳市在港口产业、物流产业等方面的深度一体化的高水平合作,大大缓解了深圳经济特区集装箱吞吐能力不足的矛盾,适应了深圳经济增长、对港口集装箱吞吐需要不断增长和运输船舶大型化的迫切需要,全面促进了深圳特区经济增长和对外贸易业务的大发展(见表6-1)。

表6-1 深圳港口泊位数量、盐田港主要年份全社会客货吞吐量

年 份 项 目	2002	2003	2004	2005	2006	2007
泊位(个)	128	130	137	142	152	159
万吨级	39	45	51	56	61	68
盐田港吞吐量(万吨)	2326	2732	3518	4175	4868	5432

资料来源:《深圳统计年鉴》(2008年)。

第二,促进深圳港作为其华南地区乃至亚洲的国际中转货运基地。深圳通过与 HPH 的合资合作,大大增强了对国内外知名货轮公司进驻深圳的吸引力,鼓励世界知名船舶管理公司入户深圳;开辟了大量欧美航线以及亚洲、澳洲、南

美、非洲、中东等新兴市场。

第三，深化"区港联动"和保税区建设，推动深圳向自由港转型。深圳市根据盐田港等港口业、物流业快速增长的要求，适时实施了"以港强市"战略，促进区、港、航的一体化发展，深圳市是广东省唯一实施"区港联动"试点的城市，也是泛珠三角区域内两个试点城市之一。2009年，深圳市政府决定把沙头角保税区、盐田港保税区和盐田港保税物流园区与盐田港区整合，一起申报建设盐田综合保税区，并经省政府呈报国务院；若通过批准后，加上已经封关运作的深圳前海保税港区，深圳初步具备了向自由港的转型的条件。

第四，大大提升了深圳港品、物流服务及生产者服务业的发展水平。通过深港在港口业、物流业方面的合资合作，进一步改善通关基础设施和服务水平，拓展了深圳港的国际中转业务、外贸直航服务，促进了围绕港口业、物流业、外贸加工业等方面的生产者服务业的兴起发展，初步形成以深圳为集疏运核心平台，以珠三角、东亚和东盟自由贸易区为基础，服务于国内外两个市场、资源实现较高效配置的区域供应链管理中心。

二、制造业合作——百丽鞋业丑小鸭变白天鹅

（一）百丽鞋业概况

百丽国际控股有限公司及其子公司（简称百丽鞋业，取义于法语"Belle"，意思为美丽的女人，中译名为"百丽"），开创于20世纪70年代。公司创办人兼董事长邓耀先生，20世纪50年代当过香港小鞋坊的学徒，60年代在香港开办小型鞋厂、鞋店，70—80年代不时到内地采购皮鞋，90年代将香港的鞋厂北移到深圳。

目前，百丽拥有自有鞋类品牌包括：Belle（百丽）、Teenmix（天美意）、Tata（他她）、Staccato（思加图）、FATO（伐拓）、Senda（森达）等。公司代理的鞋类品牌包括：Bata、ELLE、BCBG、Mephisto、Geox、Clarks等。除经营鞋类业务外，百丽集团是中国体育用品最大零售商之一，代理销售的运动服饰品牌产品包括：Nike、Adidas、Reebok、Puma等。截至2008年12月31日，百丽在中国内地的鞋类自营零售店（包括自有品牌及代理品牌）6050家，运动服饰的自营零售店3119

家,中国香港、澳门和台湾215家。2009年,百丽还计划在内地新设900家女鞋专卖店。

资料显示,2007年按销售额计算的中国内地市场前10名皮鞋品牌中,有5个品牌属于百丽集团。其中,"Belle"品牌连续12年居中国女装鞋销售榜首。2007年5月23日,百丽国际在香港联交所成功上市,当日收盘市值达到789亿港元,超过国美电器当天市值,一度成为香港联交所市值最大的内地零售类上市公司。2008年,上市公司百丽国际总收入82.28亿元,税前利润11.39亿元;截至2009年6月30日,收入93.10亿元,税前利润12.65亿元。目前,拥有3个以上大型工厂,聘用了逾万名员工。

(二)率先在深圳从"前店后厂"转型为"厂店合一"

1991年11月,由香港丽华鞋业有限公司投资的第一家中外合资企业——深圳百丽鞋业有限公司注册成立。1992年3月8日,深圳百丽鞋业有限公司正式投产。百丽鞋业成立最初,属于典型的三来一补类加工贸易企业。后来,百丽鞋业根据国内市场的巨大需求潜力,为满足正在快速增长的消费需求,开始在中国内地建立区域客户网络,批发销售各类鞋类产品。1992年8月,公司首选黑龙江哈尔滨市开展女式皮鞋的内销批发业务。

1994年,百丽第二家工厂——丽港鞋业(深圳)有限公司注册成立。连续拥有了2家生产制造工厂,推动了百丽成为香港上市公司——香港美丽宝(集团)国际控股有限公司等在中国内地合作伙伴。这些海外品牌商从长远发展需要的角度出发,往往要选择有共同经营理念的、有行业丰富经验的加工制造商、经销商成为中国内地的独家零售代理,专一销售品牌产品。品牌商与经销商、加工制造商在产品市场推广、设计研发、品牌建设等多方面紧密沟通、相互协作,极大地促进了品牌零售网络的发展。在这一过程中,百丽积累起了建立品牌零售网络的宝贵经验。

1995年,百丽率先在中国内地鞋业界实行以生产企业为龙头,以各大商场及区域经销商为依托,产、供、销联合一条龙式的直线连锁经营方式,并提出了"优质产品+优质服务+统一品牌形象"的市场战略,快速占领商业通道。由于当时内地零售业对外资及港、澳、台地区的企业、资本实行有限开放,因此百丽可充分选择"有共同经营理念的个体经销商成为当地的独家零售代理,专一销售旗下系列产品"。1997 年,百丽和 16 家个体分销商签订独家分销协议,此举为百丽赢得了长达 7 年的宝贵时间和巨大的市场空间。

此举标志着百丽集团率先实现了由"前店后厂"到"厂店合一"的生产营销方式的根本转型。

1998 年,Belle(百丽)全国销售市场布局基本完成,集团正式引入第二个皮鞋品牌——香港著名品牌 Staccato(思加图)。2001 年,Belle 女皮鞋夺得全国同类产品销量、销售额双项冠军。

为进一步适应市场快速发展的需要,通过品牌商的协助,各地经销商以股权为纽带整合为一体,独家经营品牌商系列产品,资源整合促使品牌销售规模迅速增长。百丽进一步地明确"同一市场同一类产品不同客户群,同一市场同一品牌不同产品,同一品牌同一产品不同市场"的产品与市场细分策略,做大做强鞋类品牌,同时大力开拓国际市场。2003 年,成立百丽美国公司。同时,顺应中国内地市场日益蓬勃的体育消费潮流,成为全球两大运动品牌耐克、阿迪达斯在中国内地的代理商。

2007 年 5 月,百丽国际以香港丑小鸭在中国内地被孵化为白天鹅的姿态,回到最初的成长之地——香港,在香港联交所成功实现上市,成为了香港联交所市值最大的内地零售类上市公司之一。

(三)百丽成功内因

第一,低成本推动的纵向一体化经营模式。百丽的一款鞋从生产到上架,最快只有 20 多天,百丽每个自主品牌每个季度平均要推出 300—400 款新鞋样式。但这么大规模、这么多品牌,百丽集团是如何实现"快跑快占市场"的呢?它的秘密就是百丽采取的——纵向一体化经营模式。该模式强调从产品研发、设计到模具开发、加工生产、营销、推广、分销、零售、配送等产业链的各个环节,全部都由百丽集团自己承担。鞋业是典型的劳动密集型产业,百丽却长期不走专业分工、专门分包营商路线,而是采取纵向一体化经营模式,首先在于它率先在深圳实现了"前店后厂"向"厂店合一"的转型以及多年来的营商经验,最重要原因之一在于中国内地拥有十分丰富的劳动力资源以及较为低廉的劳动力成本。

第二,深圳的桥头堡效应。在中国内地庞大的消费需求推动下,百丽鞋业以深圳作为"桥头堡",不断地在短时期内实现着商业规模的快速扩张。其中,鞋类产品产销量从 2004 年的 730 万双增至 2006 年的 1150 万双。在中国内地,百丽可以在 15 个月内新增零售点 1419 家,一上市后就动用募集的资金并购了 20 多个品牌。这与中国内地市场巨大消费需要是紧密联系在一起的。

上述两大原因,很好地诠释了深港产业寻优合作的精髓,即各自发挥优势,互补互用,融为一体。当然,百丽国际的成功因素,还有企业家精神、先进的管理经验、精准市场营销等。但它在社会经济发展的转型时期,跨过数米宽的深圳河的那一时刻,无疑是它后来不断壮大发展的原始起点。

三、金融业合作——深港金融企业的一体化

(一)香港汇丰银行相对控股深圳平安保险

1. 香港汇丰银行

香港上海汇丰银行有限公司(简称香港汇丰银行)于 1865 年在香港及上海成立,是汇丰集团的创始成员和集团在亚洲的旗舰。香港汇丰银行是香港最大的商业银行,也是日本以外的亚洲最大商业银行、世界最大的跨国银行之一。汇丰银行于 1864 年在香港成立,主要是为各种贸易公司提供融资服务,1865 年开始营业,同年在上海设立分行,其后在天津、北京、汉口、重庆等地设立分支机构。新中国成立前,该行是英国资本对旧中国进行经济侵略、控制金融市场的财团。新中国成立后,该行在中国的分支机构除上海分行经中国政府允可经营外汇业务外,其余先后关闭。

香港汇丰银行目前是中国内地最大的外资银行投资者之一,在华总投资额超过 50 亿美元。各项投资包括:上海银行 8% 股权、平安保险 16.8% 股权以及交通银行 19% 股权。汇丰银行是首批在中国内地进行本土注册的外资银行之一,内地分行网络规模远超其他国际银行。该行在中国内地的业务及联营公司税前利润超过 10 亿美元,香港税前利润逾 70 亿美元。

2. 平安保险

1988 年在深圳正式成立,总部设在深圳市福田金融中心区,是深圳经济特

区成立以来实现快速发展的大型金融控股集团,拥有寿险、产险双牌照,业务横跨证券、信托、银行等领域。目前平安保险的股权结构十分分散,除香港汇丰银行外,主要股东如深圳市投资管理公司、深圳景傲实业、新豪时投资、源信行投资、宝华集团、深业投资、汉武新实业、恒德贸易发展等持股比例都未超过 8%。其中,深圳景傲实业是平安证券及平安信托工会委员会控股企业,新豪时投资是平安保险集团工会委员会控股企业。

3. 香港汇丰银行逐步完成控股平安保险

2004 年 12 月 11 日,中国加入 WTO 后的 3 年保护期结束,中外合资保险公司不再受到经营地域和业务的品种限制。在这一时期,香港汇丰银行挑中了快速成长、已经是中国第二大寿险集团公司的深圳平安保险。

2002 年 10 月,香港汇丰银行先以 6 亿美元的代价入股平安,获得 10% 的股权。此后,平安进行 10 股送 10 股的股本转赠。2005 年 5 月,与香港汇丰银行同属关联企业的汇丰保险控股有限公司,向两家美国投行公司支付总计 10.4 亿美元,收购了它们手中拥有的平安保险 9.91% 的股权,从而使得汇丰在平安保险的持股份额增至 16.8%,成为了第一大股东。

除了在企业股权、文化融合等方面充分合作外,在具体业务上,汇丰与平安的合作同样十分紧密。例如,2005 年 8 月,汇丰银行上海分行获准正式推出代理保险业务,当年 9 月份,在广州、北京、深圳等城市的汇丰银行分行推出该项服务。作为汇丰银行在中国内地的合作伙伴,平安保险的险种毫无悬念地获得了首推的资格。

香港汇丰银行联手平安保险,推动其围绕银行、证券公司的收购活动。2003 年,汇丰联手平安保险收购了福建亚洲银行,在其基础上改组成立平安银行,以平安银行为母体合并了深圳市商业银行。另外,还积极推动平安保险通过与新桥投资换股成为深圳发展银行的第一大股东,推动平安证券进入综合券商行列,协助平安销售保险产品等。

平安保险方面,则在企业内部管理方面,全面地学习香港汇丰银行的标准和效率,将香港汇丰银行作为绩效标杆并展开追赶行动。

（二）招商银行收购香港永隆银行

1. 永隆银行概况

永隆银行为一家在香港注册成立、拥有 70 多年历史的香港本地银行,1980 年称香港联交易所挂牌上市,目前注册资本为港币 15 亿元,是香港一家中等规模老牌银行,总资产排名香港本土银行第四位、香港上市银行第十位。永隆银行主要从事提供银行及有关的金融服务业务,主要业务包括接受存款、期货及证券经纪服务、投资业务、保险业务、保险代理、信托、受托代管服务及物业管理等。

根据永隆银行经审计的合并财务报表,截至 2007 年 12 月 31 日,永隆银行总资产为港币 930.48 亿元,负债总额为港币 805.68 亿元,净资产为港币 124.80 亿元,2007 年实现的净利润为港币 13.72 亿元。2007 年年底,永隆银行资产总额、存款总额、贷款总额在香港市场占比分别为 0.9%、1.2% 和 1.5%。根据永隆银行未经审计的合并财务报表,截至 2008 年 3 月 31 日,永隆银行总资产为港币 963.09 元,负债总额为港币 846.35 亿元,净资产为港币 116.73 亿元。由于受到 2008 年金融危机的影响,当季亏损 8253 万港元。

2. 招商银行概况

1987 年,招商银行作为中国第一家由企业创办的商业银行,在中国改革开放的最前沿——深圳经济特区成立。2002 年,招商银行在上海证券交易所上市。2006 年,在香港联合交易所上市。招商银行随着中国经济的快速增长,不断进行创新产品与优质服务,从一家资本金 1 亿元人民币、1 个网点、30 余名员工的小银行,发展成为资本净额 1170.55 亿元人民币、机构网点 700 余家、员工 3.7 万余人的中国内地第六大商业银行,跻身全球前 100 家大银行之列,形成了自身的经营特色和比较优势。

3. 招商银行巨资收购永隆银行

2008 年 5 月 30 日,招商银行分别与伍絜宜有限公司、伍宜孙有限公司及宜康有限公司在香港签署了《有关永隆银行已发行股本的买卖协议》,按照港币 156.5 元/股的对价,收购伍絜宜有限公司持有的永隆银行 65524929 股股份、伍宜孙有限公司及宜康有限公司合计持有的永隆银行 57811241 股股份。收购完成后,招商银行持有永隆银行约 53.12% 的股份,成为永隆银行的控股股东,并需按照香港法律规定就永隆银行全部已发行股份提出全面收购建议,即100%收购所有股份。

招商银行收购永隆银行支付的金额高达港币 193.02 亿元,这是当时国内银行第一次标的在 40 亿美元以上直接进行控股权的跨境并购。

4."是否买贵了"引发争论

招商银行的最后收购报价为每股 156.5 港元,相当于永隆银行 2007 年年末净资产的 2.91 倍。不少人觉得招商银行买贵了,即用一个高估值买下了在香港市场增长率比较低的一家银行。从增长态势来看,永隆银行 2007 年业绩出现负增长,2008 年首季亏损 8253 万港元。也有人从未来收益进行概算:招商银行收购永隆银行的每个营业网点的成本为 10.38 亿港元,按照 10% 的折现率,5 年收回成本,需要每个网点年赢利 2.74 亿港元。若在 10 年之内收回成本,每个网点则需盈利 1.69 亿港元。然而永隆银行近 5 年来的网点平均净利润仅为 0.34 亿港元,回收成本压力较大。

不过招商银行认为,首先,收购银行的控股权在香港市场上机会难得。这是一次控股权的收购,甚至可能是 100% 股权的收购。在香港市场上这种机会很少,以后会更少。自 2001 年星展银行以 54 亿美元收购道亨银行之后,这是 7 年来第一次。

其次,永隆银行的最终报价是在考虑了诸多相关因素后确定的,包括历史股价表现、过往相关交易、对永隆银行未来表现的预计以及潜在的协同效应来源。根据尽职调查的结果,招商银行使用了股息折算法、可比交易先例分析法和控股权溢价法等多种方法对永隆银行进行了估值,根据上述各种方法得出的结果,经过深入研究、慎重考虑与反复谈判,招商银行决定最终报价为每股 156.5 港元,即永隆银行 2007 年年底的净资产的 2.91 倍。该报价略低于含有协同效应下股息折现法的低端,也低于可比交易先例分析法得出的估值范围。

5. 收购永隆银行标志深港金融业深度融合向纵深发展

2008 年,全球金融业尤其是欧美金融集团,受到次贷危机的严重影响,哀鸿遍野。然后,以招商银行为代表的中国金融业,视金融危机为更大的机遇与挑战,因此,招商银行加快推进经营战略调整和国际化进程,扩大海外市场,增强国际竞争力。并购永隆银行是招商银行致力于国际化发展的一个重要里程碑,此举也标志着深港金融服务业的深度融合以及深港金融集团企业之间的一体化进程加快,并朝着纵深方向发展。

招商银行收购永隆银行的战略意义具体体现在以下四大方面:

首先,招商银行的总部就位于深圳,一直以来将香港市场视为国际扩张战略中的重要一环。香港市场也是招商银行海外业务的桥头堡。收购永隆银行是像招商银行这样的内地金融机构拓展香港市场、致力国际化发展的一个重要里程碑。

招商银行虽然在香港设有分行,拥有一家全资投行机构——招银国际,但是在香港市场份额有限,影响力较小。一方面,收购活动为招商银行提供了一个在香港建立广泛的客户群以及分销网络的独特机会,大大增加了招商银行拓展香港市场的实力。另一方面,又让永隆银行在香港的资源和招商银行的内地资源紧密配合,内外联动,从而可为内地、香港两地的企业与个人提供跨境金融服务。并购活动还使招商银行可直接利用永隆银行已有的市场信誉、客户基础、营销网络以及长期构建的运营模式与人才体系。在金融产品服务上,招商银行还可将自身在零售和中小企业银行、网上银行和信用卡的优势,与永隆银行复合产品结构和专长相结合,提升为中国内地客户、境内外其他客户的金融产品层次及服务水平。

其次,永隆银行业务经营多元化,2007 年年末非利息收入占比超过 36.3%,并购永隆银行对招商银行经营战略调整及保持零售银行业务优势具有积极作用,有助于优化招商银行的业务结构,推动经营战略调整。

再次,有助于积累混业经验,加快综合化经营步伐。香港金融业实行混业经营,永隆银行即是典型的银行控股集团,旗下包括证券、信托、期货、财务、保险等多家全资子公司。并购永隆银行将有助于招商银行率先在香港市场实现混业经营目标,为以后全面开展综合化经营储备人才、积累经验、积蓄力量。

最后,有助于增强协同效应,发挥香港与内地联动优势。招商银行香港分行目前仅限于经营批发业务,开业 5 年来无任何分支机构,招商银行和永隆银行网点的互补性、业务和客户的互补性都很强。

招商银行收购永隆银行的目标,是致力于"打造跨境金融服务的领先银行",用5年时间重新打造永隆银行的品牌形象,将整合后的招商银行与永隆银行一道,共同打造成为在跨境金融服务领域最有竞争力的,在国际金融市场上有较大影响力的现代化、国际化、综合化商业银行。

6. 招商银行并购永隆银行的启示

招商银行收购永隆银行,是7年来亚洲最大的银行并购案,也是迄今为止中资银行最大的一宗跨境并购案。这也是中国内地银行首次对香港银行的并购活动。

对于任何企业的兼并收购来说,内部整合是决定企业并购是否成功的关键因素,整合质量又直接影响并购双方资源配置和经营状况的优劣。著名咨询公司科尔尼对1998—1999年全球115宗大中型并购交易的调查表明,53%被调查者认为整合失败是导致并购失败的主要原因;其中,企业文化整合构成了内部整合的重要内容。

招商银行完成收购后的第一步,是成立了专门的企业整合小组。同时,得益于招商银行、永隆银行的总部均处于深港经济圈内,同在"深港半小时生活商贸圈",两家银行在企业文化、地域特色、商业氛围等方面存在相近性。

"并购整合,人和为先。"由于深港毗邻而居,招商银行和永隆银行在企业文化方面迅速找到共同点:第一,是共同的危机意识。双方需要应对国际金融危机的重大冲击,思考整合后银行的发展。只有整合永隆银行获得成功,才符合全体永隆银行员工的利益,也符合招商银行员工利益。第二,文化认同感。双方文化各有优势。永隆银行拥有76年历史,招商银行是通过学习香港同行的经验、从小到大快速发展起来的,双方在企业管理方面存在类同的价值观。第三,责任感。双方员工的企业责任感、银行职业道德较强,协调机制、考核机制等方面的沟通认同渠道通畅。第四,使命感。深港经济圈朝气蓬勃的经济增长,为永隆银行或者招商银行的员工提供了充分的信心。"发展不忘稳健,服务必尽忠诚。"这句话原本是永隆银行用来勉励员工的。并购后,招商银行也把它保留下来,继续作为激励整合后永隆银行员工的座右铭。不过在品牌标识上,招商银行与永隆银行进行了全面转换。2009年,永隆银行利用节日和周末假期,对港九新界的 39 个营业网点、境内 3 家分行和 1 家代表处、境外 2 家分行的外观标识进行了全面转换,统一使用招商银行标识。在金融产品结构上,整合后的永隆银行推出了许多新产品,有汇款快线、见证开户、个性信用卡等,丰富了提供的产品和服务。

经过近一年的整合运营,截至 2009 年 6 月底,永隆银行总资产增加到 1108 亿港币,总存款 910 亿港币,总贷款 458 亿港币,较 2008 年年末分别增长 10.2%、9.4% 和 5.5%,比香港所有认可机构平均增速分别高出 12.2、5.9 和 8.0 个百分点。与同业相比,永隆银行上半年实现税后利润 4.58 亿港币,比上年同期增长 30.7%。

除了这较为丰厚的业绩数据外,中国内地与香港之间跨境金融服务的通道已经打通了、理顺了。双方原有优势互补、互用、互动。例如,招商银行金葵花理财已经在香港开业了,永隆银行在香港市场的人民币结算业务等优势也在逐步显现。同时将围绕公司业务、清算账户、信用卡、资金交易、理财业务和电脑系统等几大模块继续整合,继续增设新的 2—3 家营业网点。通过收购永隆银行,招商银行扩大香港业务、加快国际化进程及为客户提供更全面、更优质的境内外一体化金融服务的战略行动,开始初见成效。深港金融服务企业的一体化,由此拉开序幕,并且成为了区域经济一体化浪潮中的不可阻挡的发展趋势。

第七章

深港产业寻优
合作（下）

第一节　共建深港地区全球性物流中心

一、深港物流业的概况

（一）深圳物流业发展迅猛

物流业是深圳市的重要支柱产业之一。近年来,深圳市以大物流综合交通管理体制为保障,以海空双港为龙头、物流园区为载体、高端物流产业群为依托的物流业实现了持续、快速、健康发展。

目前,深圳市基本建成世界级集装箱枢纽港、华南地区航空门户机场和亚太地区重要的物流枢纽城市。2008 年,深圳港集装箱吞吐量达 2141.63 万标箱,连续 12 年位居国内集装箱港口第二,连续 6 年位居世界集装箱港口第四;深圳机场货邮吞吐量达 59.8 万吨,综合实力连续 7 年排名内地机场第四位,物流业增加值达 734.52 亿元、占全市 GDP 的 9.41%;社会物流总成本占全市 GDP 的 15.09%,低于全国平均水平 3 个百分点。预计到 2012 年,深圳港货物吞吐量将突破 2.4 亿吨,集装箱吞吐量"坐四进三",继续保持国内第二大集装箱枢纽港地位,空港货邮吞吐量突破 100 万吨,物流业增加值占全市 GDP 的比重将超过 10%,社会物流总成本占 GDP 比重低于 13.5%,接近先进国家和地区水平。

2008 年以来,深圳物流业明显地受到了国际金融危机、资源约束、经济结构等因素的影响,整体需求后续跟进出现问题苗头,深圳港的配套设施有待完善,服务水平有待提升,辐射能力仍有待加强。在认识到上述不足的基础上,深圳加快了物流业基础设施建设步伐。深圳计划开工建设盐田西港区集装箱码头工程,推进大铲湾港口(二期)、盐田东部港区(一期)、前海湾作业区(一期)前期工作。到 2012 年,深圳计划新增集装箱泊位 4—6 个、新增吞吐能力约 300 万标准箱,集装箱专用泊位总数达到 42 个,形成内外贸并举、大中小泊位协调发展的集装箱运输格局。同时,要加快道路集装箱运输后勤服务园区的建设,重点建设东西部集装箱拖车停车场,增强港口及其配套服务设施的公共服务功能。

(二)香港物流业服务日趋高端化

香港同深圳一样,处于华南珠江口东岸,水深港阔。经过多年发展,香港早已成为主要的国际航运中心。香港拥有世界上三大天然良港之一的维多利亚港的港口资源、极为灵活的自由港制度和发达的金融保险、信息、贸易等港口配套产业软环境。就航海来看,在天然良港之外,香港现有 80 条国际远洋班轮航线,每周提供超过 400 班货柜船,抵达全球 100 多个国家 500 多个港口目的地。截至 2008 年 3 月底,香港船舶注册处的注册船舶为 1263 艘,共 3686 万吨。2007年,香港的港口处理了 2400 万标准货柜单位的货柜(见表 7 - 1),港口货物吞吐量 2.45 亿吨,是全球最为繁忙和最具效率的海运船务中心,进出香港货物运输总量 2.86 亿吨。不过,2005 年香港被新加坡追过并夺得全球最繁忙的货柜港,2007 年又被上海超过再退居全球第三位,且位居第四位的深圳港货运量发展迅速,有超越香港之势。在航空运输来看,香港拥有世界最先进的国际机场,近百个航空公司经营着分属 40 多个国家的 120 多个航线。1995 年、1999 年、2000年、2007 年进出香港的飞机分别为 15.0 万、16.7 万、18.2 万、29.53 万班次。2007 年香港机场空运货物量为 370 万吨,客运吞吐量为 4630 万人次,国际客运量居全球第五位,国际货运量居第一位。在香港处理的空运货物中,约七成与珠三角有关联。2006 年,香港整体物流业对本地生产总值的直接贡献为 5%。

表 7 - 1　2007 年新加坡港、上海港、香港与深圳港口货柜吞吐量

港口	货柜吞吐量（标准单位，万）	同比增长（%）
新加坡	2794	12.7
上海	2615	20.3
香港	2400	2.0
深圳	2110	14.2

从表 7 - 1 中不难发现，2007 年上海港的集装箱吞吐量增速最快，深圳港次之，香港最慢。深圳港大有超越近邻香港港口的态势。

但是，香港机场的航空货运处理量高居全球首位，国际客运量位列第 5 位。2007 年，香港机场空运货物量 370 万吨，远超深圳机场货运处理量。在货值方面，香港空运货值占香港全部外贸货物总值的 35%，高达 19460 亿港元，近年来年均增长 10% 以上。可见，香港物流业的高端服务化趋势较为明显。

二、深港物流业寻优合作的特殊性

深港物流业寻优合作，既体现在基础设施之间的无缝对接，也体现在物流信息平台、管理软件技术和人才等方面的合作，还体现在物流业大企业大集团的一体化并购等方面。深圳和香港两地物流业的寻优合作，有着经济、体制、政策、设施和技术等方面优势，各自具有建设国际性物流枢纽的有利条件，也拥有多年来寻优合作的历史。深港日益趋同的经济环境、特殊的时空区位，使两地港口形成特殊的合作关系，并且引发了双方在寻优合作过程中产生了一定的特殊性。

目前，深港两地都将物流业作为地区经济的支柱产业。香港特区政府多次在"施政报告"中提出，香港要继续成为并巩固在国际、亚太区域内的首选运输物流枢纽中心地位。深圳自 10 多年前提出了高新技术产业、现代物流业、现代金融业为三大支柱产业的构想后，始终将现代物流业作为支柱产业，且从未动摇过。

因此，在物流业方面，深港之间天然地存在着"瑜亮情结"，必须处理好双方在合作中的目标定位及双边的竞争合作关系等问题。

三、深港物流业寻优合作的目标定位

在目标定位上,深港两地物流业寻优合作可从两地分担不同层次的航运业务,联手将深圳港、香港港融合成为全球最重要货柜港,共同打造连通全球、辐射珠三角及内地的现代物流体系,携手成为"全球性物流中心"。

(一)深圳物流业

目前深圳已经明确提出,以科学发展观为统揽,以香港、新加坡等物流先进城市为标杆,以推动与香港功能互补、错位发展,形成全球性物流中心为定位,以服务珠三角世界先进制造业基地为导向,以大物流综合交通管理体制为保障,以海港、空港快速发展为基础,创新物流产业发展服务平台,推动物流和供应链管理一体化、专业化和信息化,加快培育布局合理、技术先进、节能环保、便捷高效、安全有序并具有较强国际竞争力的现代物流服务体系,把深圳建设成为国内最优秀物流服务城市、具有国际资源配置功能和国际商务营运功能的全球性物流枢纽城市、亚太地区重要的多式联运中心和供应链管理中心。

在具体规划上,深圳市计划建设区内的六大物流片区——特区内:西部港区、笋岗—清水河区和盐田港区;特区外:深圳机场空港物流区、平湖物流区、龙华物流区。

(二)香港物流业

香港物流业发展的目标定位是,继续巩固全球主要航运中心的战略地位,完成由传统的物流枢纽中心向现代物流枢纽中心转变,同时在一定程度上实现由以传统运输为主的低增值服务,转变为围绕物流运输业务、优质提供包括融资、保险、船务经纪、验收仲裁、法律服务、核心软件技术等在内的高增值服务。

传统意义的物流业,是仓储业、运输业及其相关行业的统称。作为一个地区性的国际贸易中心和中国经济对外开放的窗口,香港多年来是一个传统的物流与转口贸易中心。2007 年,香港拥有的运输企业、仓储企业分别为 9178 家、455家,大量中小型贸易公司从事着转口贸易、货运业务。20 世纪 80 年代以后,随着香港和珠江三角洲广大地区"前店后厂"关系的形成和迅速发展,香港的制造业的范围和规模大为扩张,在珠江三角洲庞大腹地的支持下,香港成为生产设

计、后勤管理与服务支撑中心,成为原材料、零部件采购和成品输出的枢纽,也是成衣、玩具、钟表等行业最重要的全球采购中心,近年来又发展电脑、手机及其零配件的转运配送中心。香港与深圳同处于珠江三角洲和国际市场(特别是北美市场)的接点,在欧美客户的要求广泛转向新型物流服务的压力下,香港传统的以贸易代理为代表的中介角色,需要及时转化为以供应链管理为代表的现代物流角色,将生产厂家(有很多是由香港企业在珠江三角洲投资的)、国际买家以及更多的内地买家,一体化无缝连接。通过现代信息技术、专业管理顾问、优良的品质检验、工序加工和标准化包装等,实现物流业务的现代化、知识化和智能化,从而全面带动香港的知识服务业、贸易服务业朝着高增值型转变。这是香港坚持发展高增值知识产业过程不可回避的一个环节。

四、深港物流业寻优合作的障碍因素

虽然,在全球经济一体化背景下,跨国供应链不断向亚太新兴地区转移。然而,深港物流业寻优合作中仍面临着不少挑战。

随着全球分工的深化、以互联网、物联网等为核心的电子商务模式、软件技术与管理理念等不断发展,传统物流业逐步向现代的、知识服务型物流业过渡。在这一过渡时期,遵循"及时生产"、"零库存"等理念的供应链管理日趋成熟,基于全球卫星定位系统、射频识别等技术的物联网进入应用,物流业逐渐进入智能化识别、全球定位、追踪、监控和管理的智能型阶段。以往分散的、单一经营的传统物流业,成为了一个智能化的、系统化的、集成化的一体性知识服务产业。

香港发展现代物流业瓶颈因素包括:第一,香港现代物流企业起步并不早,物流企业多、散、小,尚不具备提供现代物流集成服务的优势。第二,物流人才严重缺乏,基于物联网的核心技术开发不力。而且香港本地的大学在短期内无法开发和提供高素质的现代物流课程。第三,香港本地的土地、仓库、厂房等成本很高,不少物流企业面临严重的财务压力。第四,在现阶段,深港、粤港之间尚有口岸通关的限制,个别情况下海关清关时间的不确定性,让一些香港物流企业的运转效率打上折扣。

深圳港的瓶颈因素则包括:第一,深圳港后方陆域狭小。随着港口及货运规模扩大,陆域狭小的问题突显。深圳货柜码头平均陆域纵深不足600米,少于全国沿海货柜码头纵深953米的平均水平。进出交通、外堆场、临港物流、拖车服务等多项服务需求相互冲突。相关测算表明,在深圳港口吞吐量达到3000万标箱时,需在港口之外补足约120公顷堆场用地、160公顷拖车停车场用地。但是目前特区内的土地资源十分有限。第二,物流成本优势不在。相对较高的运输费用是深圳港面临瓶颈之二。目前,大量的加工贸易产业已经迁离深圳,珠三角货源相对集中在以东莞为中心的生产区域,货量大,货值低,因此陆路运输费用直接影响到港口选择。第三,广州南沙港、东莞虎门港等竞争对手异军突起。2008年,广州港集装箱吞吐量超过1100万标准箱,世界排名从2007年的第12位前移到世界第7位,首次跻身世界集装箱港口前十强。货物吞吐量3.47亿吨,位居全国第四位、世界第六位。南沙港区则是广州港新世纪重点发展的核心港区,2009年7月9日南沙港保税港区(一期)通过国家验收,成为广东省第一个报税港,目前建成了10个5—10万吨级的深水集装箱泊位,拥有国内国际航线近30条,开辟了19条外贸集装箱班轮航线。预计2020年,广州港港口年货物吞吐量为5.9亿吨、集装箱吞吐量2000万标箱。随着南沙港等规模快速扩展、远洋航线的逐步完善,对深圳港的竞争压力将越来越大。此外,东莞虎门港规划建设12—14个3.5—5万吨级货柜专用泊位,计划至2010年新增吞吐能力约5000万吨,总设计吞吐能力将达7000万吨,成为具有相当规模的港口。在深圳港出口货柜来源中,约四成来自于东莞,虎门港将是强劲的近邻对手。可见,深圳港不仅面临未来中转货物来源持续性不强,在码头纵深、港口融资、港口结算以及相应的配套服务包括金融、保险、海事仲裁方面,也存有一定差距因素。

五、深港物流业寻优合作的具体举措

(一)联手规划合理布局

深港共建"全球性物流中心",客观上要求深港之间加强海空港航运合作,进一步加强深港在高端航运服务领域的合作与融合,共同打造世界级的港口群,支持建设具有全球资源配置功能的物流枢纽、亚太地区最重要的多式联运中心和供应链管理中心,实现深港物流一体化。因此,深港两地之间需要在政府部门的牵引下,联手实施《深港物流业发展规划纲要》。相关规划纲要充分发挥深港地处太平洋海上交通要道,是珠江水系主要出海口、面向东南亚及全球的重要门户通道,以建成以海空双港为龙头、集疏运体系充分发达的全球性物流枢纽中心为目标。具体要求上,要联手推动区内港口、机场等物流枢纽节点的功能升级,实现海港向综合运输中心和国际商贸物流为主的第三代港口发展,空港更注重质的发展,空港经济要进一步向临空经济转变,航空港要向进一步实现向航空城转变,物流园区从传统的仓储区向国际中转、国际采购、国际配送中心全面转变。

有了好的规划,一是从源头上避免区域范围内的恶性竞争;二是有了共同遵循的指导原则,有利于争取到国家政策的支持。

(二)争取国家政策支持

香港自开埠以来,就奉行自由港政策,提供形形色色的货运服务。深圳港要和香港港合作,要解决的就是改策问题。2008年10月,国务院批准深圳的"前海保税港区"成为了我国第9个保税港区,2009年7月,"前海保税港区"(首期)顺利封关运行。"盐田港综合保税区"的申报批准工作正在进行之中。要充分实现深圳的"一港两区"、整体升级为自由贸易区的发展,需要获得国家政策的大力支持。"一港两区"批准后,"深圳保税港区"的建设发展将迈上一个新的台阶。另外,深圳还可联手香港,促成"深圳空港保税物流园区"获批设立。

(三)以企业合作为主导,鼓励大型物流企业集团并购

以1993年李嘉诚家族集团的和记黄埔通过投入25亿元取得盐田国际73%股权为标志,深港港口物流业已经初步形成了以资本为纽带、以市场为基础、以公共码头为特征、以企业合作为形式的物流业一体化,基本形成了深港互补协作、合理分工的良性市场格局。

根据广东省《关于推进与港澳更紧密合作的决定》的要求,到2020年广东与港澳要进一步融合发展,实现区域内要素流动快速化、产业结构高级化、运行机制市场化、区域经济国际化,形成最具活力和竞争力的世界级城市群,成为辐射带动能力强的经济增长极。因此,深港需要进一步推动区内物流业方面的跨国企业集团的整合。企业集团作为市场利益的最高主体,会依照市场利益最大化的原则,把资源按最佳的配置方式使用,避免恶性竞争。

（四）充分发挥比较优势

深港两地物流业存在较大的成本差距，包括员工工资、仓储费、运输费等，深圳的成本都要大大低于香港，这为两地物流业合作奠定了经济利益基础。

根据专家测算，香港船公司职员的薪金约为深圳同类职员的4.5倍，集装箱运输职员薪金是深圳的6倍多，普通仓储月租约为深圳的2.5倍，集装箱货运中心的仓租与作业费为深圳的3倍，集装箱堆场租金则高达深圳的5倍。虽然香港港口运作效率高、航班密度大、通关便捷，从而使物流的综合成本大幅降低，但与深圳相比仍高10%左右。

因此，深港物流业寻优合作要善于发挥各自比较优势，将深圳的成本优势与香港的效率优势紧密结合，优势互补，联合发展，由此进一步降低大珠三角的整体社会物流成本，提高区域经济体的全球竞争力。

（五）全力推进重点合作项目

1. 加强深港在高端航运服务领域的重点合作

深港要联手打造世界级的港口群，目前，深港港口货运量加在一起共达4000多万货柜标准箱，居全球第一位。因此，深港两地要坚持"客货并举、以质取胜"合作原则，深化深港机场合作，全面落实深港两地机场的客运合作协议和货运业务合作备忘录，推动深港机场间轨道连接线和水路快速通道建设，实现内地—深圳—香港—全球各大洲航线的"无缝衔接"；完善深港机场服务产品，发展"经深飞香港"等业务。支持深港台航空货运代理企业加强业务合作，建立企业协作联盟，与香港机场共同打造泛太平洋地区的航空枢纽和全球航空物流网络的重要节点，实现深港在货运价值最高领域的互补合作。

2. 深港联手实施亚太区域合作战略

深港要联手推动与澳门、台湾及东盟的合作，拓展两岸直航班轮航线服务市场，建立紧密型两岸三地和亚太区域的港航合作关系。共同实施拓展货源腹地战略，利用深圳港公路、水路、铁路四通八达的网络优势，提升海铁联运的内涵和功能，辐射珠三角乃至华南地区，拓展深圳港货源腹地。共同实施珠江战略，加强深港西部港口与珠江水系码头的合作，大力发展驳船运输，推动江海联运。共同拓展内贸战略，适应国家扩大内需的政策导向，拓展内贸航线网络，共同发展内贸运输。

3. 打通深圳四大物流通道，构建区域性多式联运中心

按照深港经济圈一体化战略、泛珠三角产业分工合作的需要，深港要进一步优化完善物流空间布局，加快物流通道设施建设，加强多种运输方式有机衔接，构筑联系境内外、贯通珠三角的"一带三轴"四大物流通道，打造区域性多式联运中心。

"一带"指以深圳至中山过江通道、机荷高速、深惠高速、深汕高速和厦深铁路及西部沿海铁路为主轴，以深圳中部物流组团、西部工业组团、东部大工业区为依托，贯通珠三角东西两翼，乃至粤东、粤西的横向物流通道。"三轴"是指在深圳东部构建以盐田港区、莲塘口岸为起点，以沙头角保税区、盐田港保税区和盐田港保税物流园区为依托，以东部过境高速、东部沿海高速、盐排—博深高速、龙盐快速和平盐铁路、京九铁路等为交通主动脉，辐射惠州、河源、粤东乃至江西等地的东部物流通道；在深圳中部构建以皇岗口岸、福田保税区为起点，以龙华物流园区、光明物流园、平湖物流园区和平湖铁路集装箱中心站为依托，福龙快速、龙大高速、清平高速、梅观高速、莞深高速、丹平快速、广深铁路为交通主动脉，辐射东莞乃至粤北、湖南、湖北、四川等地的中部物流通道；在深圳西部构建以深圳湾口岸、前海湾保税港区、南山港区、大铲湾港区、深圳机场为起点，以前海湾物流园区、大铲湾物流园区、固戍物流园区、机场物流园区为依托，以西部通道、沿江高速、广深高速、南光高速和珠江水系为交通主动脉，辐射东莞、珠海、中山、江门乃至粤西和西南各省的西部国际物流通道。

在此格局下，拓展深港港口、机场、物流园区、保税监管区等重要物流节点的功能、政策、服务创新，提升深港物流业的核心竞争力和辐射、服务能力，引导深港物流资源跨区域互动和融合，逐步形成深港物流一体化的物流发展新格局。

4. 创新模式发展数字物流体系，建成区域性物流信息大平台

以数字珠三角和数字深港建设为契机，按照"大物流、大通关、大口岸、大平台"思路，以 ITS 技术为支撑，整合 GIS、GPS、EDI、ERP 等在政府端、企业端与客户端的广义物流应用。构筑以深港统一公共信息平台为主导，以园区信息平台为支撑，以企业信息平台为骨干基础的层次分明、功能互补、运行高效的深港数

字化物流系统。通过深港海商网、空运物流信息网等示范工程,重点推进深港物流绿色通道、电子口岸大通关平台、物流电子商务平台和道路集装箱运输行业公共信息服务平台的建设,建立物流信息采集、处理和撮合服务的交换共享机制,构建深港大物流信息平台。

同时,以建设现代物流产业体系为目标,以供应链管理、新技术应用和信息化建设为依托,促进运输、仓储、货代、联运、快递等传统物流企业的功能整合和服务延伸,加快向现代物流企业和供应链管理企业转型升级。大力发展物流金融、仓单质押、订单管理、采购执行、流通性加工、信息处理、物流方案设计、物流行销、电子商务等高附加值物流服务,推动物流业向产业价值链高端环节延伸。共同推动建设物流总部园、临港临空物流总部经济区,引进全球知名的物流和供应链龙头企业,支持深港物流总部企业携手合作、联合实施"走出去"战略,在海内外构建节点、布设网络、建立联盟,构建一个具有领先优势、较强国际资源配置能力、国际商务运营能力的物流总部企业群。深港共同扶持培育一批具有较强国际竞争力和服务辐射力的供应链管理企业,显著提升深港供应链增值服务水平,全面降低区域产业群生产要素及产品流通成本,提升整个深港经济圈的物流业综合竞争力。

另外,深港要共同全面推动建立健全法律法规体系,深化在海事监管和海上应急反应领域的合作。

第二节 深港共建全球性贸易中心

深港共建全球性贸易中心是一个大胆提法,这一新概念充分显示了深港经济圈参与国际贸易分工和经济全球化的主动性、战略性。

一、深港贸易概况

(一)深圳的贸易概况

自特区设立以来的外向型经济,决定了深圳早已成为对外贸易大市。深圳海关统计,2007 年深圳累计完成外贸进出口总额 2875.22 亿美元,比 2006 年增长 21.1%。其中出口 1684.93 亿美元,增长 23.8%,占全国出口总额的 13.8%,占广东省出口总额的 45.6%;进口 1190.40 亿美元,同比增长 17.5%;全年外贸实现顺差 494.53 亿美元。深圳市进出口、出口和进口三项指标继续保持在全国大中城市首位,实现进出口总额连续两年居首位、出口总额连续 15 年居首位。(深圳市主要商品近年来进、出口数量见表 7－2、表 7－3)。

表 7－2 深圳市主要商品近年来进口数量

年份 项目	2001	2002	2003	2004	2005	2006	2007
汽车(辆)	5306	9110	10087	9319	13761	10611	11276
复印机(台)	13792	23624	13607	333	506156	400905	1
自动数据处理及部件(万台)	2423	3801	6122	7754	9890	13459	15556
彩电(万台)	0.82	7.79	81	22	19	17	568
成品油(万吨)	179	209	219	301	202	133	118
钢材(万吨)	217	252	290	281	249	223	201
谷物(吨)	301372	365739	380869	494067	422692	553764	369218
食糖(吨)	5536	11711	12327	28623	17675	14888	13400

资料来源:《深圳统计年鉴》(2008 年)。

表 7－3 深圳市主要商品近年来出口数量

年份 项目	2001	2002	2003	2004	2005	2006	2007
活家禽(万只)	1932	1635	1390	650	976	724	571
服装(万套)	190293	229761	337906	353654	516072	714474	761397
彩电(万台)	277	387	914	1618	2347	3639	23
收录音机与音响(万台)	13999	20361	24940	24733	25687	22567	11721
电话机(万台)	6849	7855	9178	8733	8506	7594	17644
自行车(万辆)	766	843	841	793	702	768	719
沙石(万吨)	165	100	334	415	382	793	851

资料来源:《深圳统计年鉴》(2008 年)。

从贸易方式上看,2007 年深圳市一般贸易出口 457.96 亿美元,同比增长 42.7%,占出口总额的 27.2%,较 2006 年提高 3.6 个百分点,增势迅速,继续成为外贸出口中增长最快的贸易方式。其他贸易累计出口 158.44 亿美元,增长 31.4%,高于全市出口增幅 7.6 个百分点。加工贸易出口 1068.53 亿美元,占全市出口的 63.4%,较 2006 年下降了 4.2 个百分点,增长 16.2%,低于深圳全市出口增幅 7.6 个百分点,增长相对变慢。但是,加工贸易增值率却大幅提升,2007 年加工贸易这一块实现顺差 370.42 亿美元,占全市顺差的 74.9%。从 1990 年的 19.8% 提高到 2007 年 53.1%,深圳加工贸易增值率逐年大幅提升;加工贸易生产来料件已经完全改变了初期依靠进口的格局,国内配套采购量不断增加,产品本地化水平大幅提高,"小进口大出口"成为深圳加工贸易顺差持续扩大的最主要因素。

2008 年,深圳外贸出口放缓,全年外贸进出口总额 2999.55 亿美元,比 2007 年增长 4.3%。其中,出口总额 1797.20 亿美元,增长 6.6%,占全国出口总额的 12.6%,占全省出口总额的 44.5%;进口总额 1202.35 亿美元,增长 1.0%,外贸出口总额连续十六年位居全国大中城市榜首。全年一般贸易出口 479.05 亿美元,比上年增长 4.5%,占出口总额比重由上年的 27.2% 下降到 26.7%;进料加工贸易出口 924.94 亿美元,增长 2.3%,占比 51.5%,下降 2.2 个百分点;其他贸易出口 220.56 亿美元,增长 39.2%,占比 12.3%,提高 2.9 个百分点;三来一补贸易出口 172.65 亿美元,增长 5.2%,占比 9.6%,下降 0.1 个百分点。其中,"三资"企业出口 1110.91 亿美元,增长 7.3%,占比由 61.4% 提高到 61.8%;国有企业出口 288.90 亿美元,增长 12.7%,占比 16.1%,提高了 0.9 个百分点。

在对香港贸易方面,全年深圳产品出口香港 705.50 亿美元,比上年增长 1.5%,占出口总额 39.3%,下降 1.9 个百分点;出口美国 308.00 亿美元,增长 5.3%,占出口总额 17.1%,下降 0.3 个百分点;出口欧盟 27 国 248.50 亿美元,增长 19.4%,占比 13.8%,比提高 1.4 个百分点。2008 年深圳远洋贸易出口额达 807.78 亿美元,增长 12.5%。

国内贸易方面,2008 年深圳市社会消费品零售总额 2251.82 亿元,比上年增长 17.6%。其中,批发零售贸易业零售额 1972.12 亿元,增长 16.7%,限额以上商业零售额 1003.15 亿元,增长 13.0%;限额以下和个体户零售额 968.97 亿元,增长 20.8%。全年商品销售总额 5480.88 亿元,比上年增长 12.3%。全年限额以上批发零售贸易业商品销售中,十大类商品销售情况为:服装鞋帽、针、纺织品类增长 56.7%;汽车类增长 20.4%;通信器材类增长 17.4%;金银珠宝类增长 13.5%;食品饮料烟酒类增长 11.3%;家电和音响器材类增长 9.8%;日用品类增长 3.9%;体育娱乐用品类下降 0.3%;书报杂志类下降 1.3%;文化办公用品类下降 11.6%。2008 年年末,深圳市国内金融机构人民币各项存款余额高达 13011.24 亿元,显示出较强的商品购买力。2009 年深圳市社会消费品零售总额高达 2598.68 亿元,同比增长 15.40%,显示深圳尽管受到了全球经济危机的影响,但居民消费实力依然强劲。

（二）香港的贸易概况

香港是一个典型的海岛经济结构体系,从生活饮食用品至工业生产原料,一应物品均依赖外地进口。同时,香港奉行自由企业和自由贸易的经济政策,不设进口关税,只向本地制造或进口烟酒、甲醇和若干碳氢油类征税。

香港现以"中国香港"名义加入 WTO 组织,基本商业政策是基于 WTO 奉行的多边贸易制度,对外贸易有以下特点:第一,香港作为服务性型的经济体系,港产品出口只占整体货物与服务出口的 5% 左右,相当于本地生产总值的一成。第二,转口货物是最大类别,占整个货物及服务出口的七成七,相对于本地生产总值的 1.5 倍。第三,香港经济规模较小,天然资源有限,作为转口港,大部分进口都是输往其他地区(见表 7 - 4)。

表 7 - 4　近年香港的对外贸易情况　　　　　　单位:亿港元

年　份	港产品出口	转　口	出口总额	进口总额	贸易总额	贸易差额
2005	1360	21141	22501	23295	45796	-793
2006	1345	23265	24610	25998	50608	-1388
2007	1091	25783	26875	28680	55555	-1805
2008	—	—	—	—	58680	-1825

资料来源:《香港经济年鉴》(2008)、香港特区政府发布的《香港年报》(2009)。

作为国际性贸易中心,香港对外贸易业一直是本地经济支柱。从外贸依存度来看,香港这一指标远比其他国家和地区高,1997 年、1999 年和 2000 年分别高达 263%、223% 和 254%。香港对外贸易总额占全球贸易总量的 3.6%,连续位居全球前十位。2007 年,香港的货物贸易总额高达 55555 亿港元,服务贸易总额为 9654 亿港元,其中转口贸易额占整体货物及服务出口额的七成七,相对于本地国民生产总值的 1.5 倍。

二、深港共建全球性贸易中心的优势

(一)CEPA 为深港共建全球性贸易中心提供契机

2006 年 1 月起,中国内地对所有经香港本地生产商申请并符合双方确定的 CEPA 原产地规划的原产香港进口货物实施了零关税优惠政策,同时向"香港服务提供者"提供优惠待遇。CEPA 的目标是通过以下三个方面的具体措施,全面促进内地尤其是深港、粤港之间的贸易合作:一是逐步减少甚至完全取消双方贸易在实质上所有货物贸易的关税和非关税贸易壁垒;二是逐步实现服务贸易自由化,减少或取消双方贸易中实质上所有歧视性措施;三是促进贸易投资便利化。

CEPA 作为开创性的自由贸易协定,为深港共建全球性贸易中心提供了强大的政策基石。

(二)共建深港贸易中心是满足跨国采购的需要

在全球新一轮产业结构调整中,珠三角地区及中国内地基本成为世界最重要制造中心,生产能力巨大,价廉物美,具有较强的国际市场竞争力,因此跨国公司纷纷加大在中国采购的力度。2005 年,沃尔玛、家乐福在中国采购量分别达 180 亿美元、35 亿美元;宜家近年在中国采购量已占其全球采购总量的 23%,预计几年后将达到 50%。据全球管理咨询公司 2004 年对全球 275 家国际采购商的调查,到 2009 年将有 72% 的采购商要增加在中国的采购量,80% 的供应商将寻找更多的机会从中国采购商品和原材料,40% 的供应商希望在中国采购超过 2.5 亿欧元及以上的产品,从消费品到各种中间品,范围十分广泛。

跨国采购或全球供应链配送,促进了中国内地向香港出口或通过香港的转口贸易规模迅速扩大,不仅直接扩大香港的对外贸易规模,而且贸易的扩大引致在港的贸易融资、物流设施和现代信息通信技术的形成和发展。深港独特的区位特征、良好的物流运输软硬件设施以及便捷完善的专业服务体系等,为深港共建全球性贸易中心、满足跨国采购需要创造了良好条件。

(三)粤港双方贸易量规模巨大

CEPA 实施后,粤港双方贸易量规模不断增长速度。据海关统计,2007 年广东外贸进出口总额高达 6340.5 亿美元。其中粤港进出口贸易额达到 1363.7 亿美元,比 2006 年增长了 21.1%,比 1997 年翻了两番。2007 年,广东经香港转口的进出口贸易额为 2743.8 亿美元,同比增长 15.3%。其中,经香港转口出口 713.5 亿美元,增长 11.5%;经香港转口进口 2030.4 亿美元,增长 16.7%。2008 年、2009 年广东省外贸进出口总值分别为 6832.6 亿美元、6111.2 亿美元,其中 2009 年受到金融危机影响比 2008 年同期下降 10.8%,小于全国下降 13.9% 的幅度,占全国进出口总值的 27.7%。

CEPA 实施 5 年来,享受零关税待遇进入广东的港产商品呈稳步增长势头。2004 年广东进口 CEPA 项目香港货物 1.2 亿美元,2007 年增至 3.7 亿美元,占内地进口香港零关税产品总额的 66.4%,税收优惠高达 4.8 亿元人民币。同时,经中央政府同意,香港与广东可以先行先试形式在广东推行一系列开放和贸易投资便利化措施,为共建深港全球性贸易中心创造条件。

(四)粤深港是泛珠三角发展外向型经济的桥头堡

2008 年,泛珠三角的 9 省区对香港进出口贸易总额 1487.8 亿美元,同比增长 3% 左右,虽然增速较慢,但占全国对港贸易总额比重高达 73.1%。而泛珠三角广东以外其他 8 省区对香港进出口总值仅为 88.3 亿美元,占比为 5.9%。当年,泛珠三角 9 省区经香港转口货物共 2773 亿美元,占全区域进出口总额的 32.7%,其中经香港中转出口 666.8 亿美元,下降 8.1%,占泛珠三角出口总额的 13.2%;经香港中转进口 2106 2 亿美元,微增 0.2%,占泛珠三角进口总额的 61.7%。

由以上数据可见,粤深港是泛珠三角发展外向型经济、进入国际市场的最重要的桥头堡和通道。

三、深港共建全球性贸易中心的具体举措

全球性贸易中心的建设是一个开放的过程，它必然受到全球贸易环境的深刻影响，只有顺应了全球贸易的发展趋势，深港全球性贸易中心的建设才有可能获得成功。深港通过寻优合作，共建全球性贸易中心的具体举措包括以下几个方面。

（一）政府主导共建深港全球性贸易中心

共建全球性贸易中心，是一个系统性工程。它既涉及硬件设施，又需要软服务等来配合。因此，首先需要深港两地政府，在中央政府及广东省政府的指导下，积极制订具有实际指导意义的制度规范。

（二）强化企业并购推进深港贸易一体化

市场的、民间的力量必须和政府的力量有机结合，才能有效整合各类资源，实现全球性贸易中心的目标。

深港要通过共同培育、吸收合并等手段，打造经济圈内的大型现代批发零售贸易企业，鼓励深港共组商贸联合大企业，走全球化发展道路，成为国内外知名品牌产品的总分销商、总代理商。要吸引大型跨国商贸流通集团在深港设立区域性采购中心和物流配送中心。从深圳的贸易结构看，加工贸易占贸易总量的三分之二左右，增值率超过了七成；从中长期着想，深圳应该适当降低加工贸易的比重，增加一般贸易和服务贸易比重。

同时，深港要联手发挥一系列跟贸易相关的领域、行业（金融、物流）的中介组织、社会团体、行业协会的作用。

（三）为跨国采购提供充分的便利条件

深港要共同推动"全球性采购商业圈"的规划建设，推动类似"华南国际工业原料城"这样的大型专业市场的建设，打造一个立足深港、辐射珠三角、服务全国的跨国采购交易平台。

深港一方面要通过联手规划建设，调整、提高、创新现有的有形批发市场，通过双方间的互补合作、有序分工，形成代表产业优势的工业品批发市场、区域性消费品分销市场，同时引进新型商贸业态，发展便利规范的社区商业；另一方面，

积极发展以深港及珠三角区域为依托、以总部经济为主要形态的生产型服务业,搭建高效率的贸易、商务运营平台,包括全球区域性总部、地区总部、采购中心、营销中心、各种商务平台、中介服务业等。吸引全球知名会议展览机构来香港、来深圳设立分支机构,合作发展深港两地涉外会展业,共同创办有全球性影响的国际会展。以海港和空港为龙头,大力发展国际采购、国际中转、国际分拨以及国际配送业务,建设亚太地区具有重要影响力的物流枢纽城市和国际供应链服务基地。大力发展航空货运和航空快递业务,拓展航空货运代理功能和空港保税功能。

(四)大力推动贸易服务体系

现代贸易服务体系包括金融、保险、代理、国际采购基地建设、产品认证服务、物流、结算等现代配套服务。共建全球性贸易中心,要求深港商业贸易合作等进一步升级,因此两地要创新商业模式,共同打造具有商业贸易、展示推广、旅游休闲等功能的世界级商贸中心、会展旅游中心。

深港两地在服务贸易方面,存在着分工合作的必要性与现实性。香港在服务贸易方面国际化水平高,且积累了市场经济运作的丰富经验,具有人才、资金、技术等方面的明显优势,存在经营成本高、市场空间狭小等制约因素。深圳服务贸易发展相对处于初级阶段,整体规模小,竞争力弱,市场化程度低,国际化水平低,但有发展速度快、市场需求大、潜力大、成本低的优势,双方可以通过优势互补实现服务贸易方面的寻优合作。

在人民币结算方面,通过创新合作可以减少贸易交易障碍,促进对外贸易。由于珠三角的外贸企业70%以中小企业为主,对汇兑成本关注度、依存度高。由于深港两地金融体制不同,资金结算通道不畅,加工贸易的运作效率、利润率等深受影响。因此,深港还应加快推进人民币结算试点工作,推进贸易便利化。

(五)推进区内大型电子商务平台建设

深港要共同联手,推进电子商务平台建设,大中型批发市场开通网上交易平台,实现网上订货、交易、支付和相关信息发布,提高电子商务水平;培育和完善多层次的中介或专门专业服务体系,引进国内外知名的、大型专业机构、企业落户,推动专门专业商务服务产品和方式的创新,提高商务服务业对贸易的服务能力和增值水平。

第三节 深港高新产业寻优合作

高新技术产业(以下简称高新产业)寻优合作是深港共建全球性创新中心的重要分支内容之一。高新产业本身就是科技创新、管理创新的产物,它来源于原始性创新、集成创新和引进消化吸引再创新。

一、深港发展高新产业的优劣势分析

(一)深港高新产业"捷径模式"

发达国家发展高新产业的模式,一般是首先通过政府大量投资于高科技基础性研究,然后通过制定优惠政策(税收优惠、资助研发资金、人才培养等),采取相应支援措施(高科技产业园区、融资服务、营销采购服务等),吸引大量企业以极大兴趣投入到高科技产品的研产之中。与这种发展模式相比较,深圳发展高科技产业的模式主要是:利用经济特区特定时期内的特殊政策优势,大力吸引外来资本、人才、技术,并采取相应的优惠措施、支援服务平台来积极扶持。

特殊政策通过与政府扶持、产业机遇相叠加后,深圳高新产业出现了"走捷径"的特点,即发展初期基本省略了"基础性研究"这一环节。这种模式的优势是迅速弥补了自身基础研究的积累不足、科研人才队伍较缺乏等缺点,快速促进高新产业从无到有,从小到大,从弱到强。但是,长期来看,这种发展高新产业有其劣势,主要体现为:第一,企业的飘移性。当优惠待遇不能持续或他方可提供更优惠的待遇时,一些企业将从区内迁移出去。第二,核心技术缺乏。由于基础性研究的长期积累不够,导致区内最尖端、最核心的技术资源缺乏,影响到高科技产业的持续发展力和竞争力。第三,出现"揠苗助长"的个别现象,从长远看损害了区内高新产业发展。

(二)香港错失发展高新产业良机

香港政府实行"积极不干预政策"的经济管理政策,由于其特定经济环境、

比较利益等因素,民间资金投向具有高风险、高投入的研发的动力始终不足。作为一个小型都市经济体,香港对基础科学研究的投入非常有限。多年以来,香港研发(R&D)经费年均投入仅占 GDP 的 0.05%,远低于其他"亚洲三小龙"的相应水平。过低的研发资金投入,造成香港基础科技研究十分薄弱;更由于其"转口港"地位,就业导向长期偏好于服务行业领域,导致人才尤其是顶尖专业人才,多出自于工商管理、金融服务、贸易等领域,研发工程师等高技术人才十分匮乏。各种因素综合起来,导致香港失去了从传统的轻工业向高科技产业转型升级的良机。

(三)深港发展高新产业优劣势比较

从全球范围内发展高新产业的成功路径和经验来看,通常来说,发展高新产业的发展需要如下条件:雄厚的高科技基础研究积累;初具规模、较有竞争力的高科技产业集群;高素质的研发工程师队伍;风险资金、产业基金及良好的资本环境;发达的教育体系及技术培训体系以及高素质人才;高效管理;良好的基础设施和生活环境;潜力巨大的市场需求;等等。目前,深港发展高新产业各具优势(见表7-5)。

表 7-5   目前深港发展高新产业优劣势比较

基本条件	香港	深圳
高科技基础研究积累	一般	弱
教育体系及技术培训体系;人才	弱	较强
高新产业集群	弱	强
风险资金、产业基金及资本环境	强	较强
高效管理	强	一般
基础设施;人居生活环境	强	较强
创业人文环境	一般	强

国内学者清华大学苏竣、薛澜利用波特的竞争优势理论,分析了香港与内地的比较优势,指出深港在高科技产品开发上有良好合作前景,香港可作为产品中

试、培养的基地,批量生产则设在深圳及内地,再由香港负责全球市场推广(见表7-6)。

表7-6 香港与内地发展高新产业的要素优劣势比较①

要 素	内 容	香 港	内 地
生产要素	劳动力	劳动力成本高	劳动力成本低,知识型劳动力充裕
	技术能力	整体实力不如内地,但具有较强的技术开发和创业能力	R&D 机构部门齐全,但技术开发与应用联系不紧
	资金	资金充裕,有较强的融资能力,但以往的成功经验是投资房地产	比较短缺
	基础设施	设备先进应用广泛	比较薄弱,成长势头强劲
需求条件	本地市场	本地市场规模有限,便需求是前沿的,有利于企业技术创新	市场潜力逐步释放,但不规范
	与国际市场的关系	与国际市场融为一体	响应能力不强,沟通渠道不畅
相关支援产业		国际采购能力强	关键零部件的供应商一般不在内地,相关产业不健全
企业差异	企业管理、经营策略与结构	管理效率高	管理效率低,结构不合理
	企业竞争	市场主导企业竞争	同业竞争激烈,但政府干预过多

二、深港高新产业寻优合作基本思路

(一)深港要成为亚太区科技创新与技术转化中心

由于深港均缺乏需要很长时期积累的基础性研究设施和科研成果,同时从

---

① 参见苏竣、薛澜:《内地与香港信息技术产业合作发展机制与政策研究》,《清华大学学报》1997 年第 4 期。

深港经济体系特点来看,在基础性研究设施、人才、科研成果及投入经费等方面与世界领先水平尚存不小差距。

深港高新产业寻优合作的战略思路是,深港共同联手,共同构建成为亚太地区科技创新与技术转化的综合性中心。深港高新产业的合作重心,必须是利用比较优势,将发展高新产业的重点,放在集成创新能力与引进消化吸引再创新能力上,放在高新技术交易等环节,通过强化对 R&D 下游环节的服务,强化对技术升级、新产品试制与全球营销的支持,提高高新产品的开发效率和市场价值。

亚太区科技创新及技术转化的综合性中心,是对深港未来在高新产业发展策略上的一种描述。是指通过深港政府大力利用共同的市场平台,例如“香港电子展”、“中国(深圳)国际高新技术成果交易会”等,将高新技术成果创新与转化活动,植入产业扶持体系土壤之中,形成集高新技术成果的引进、消化吸收后创新并投入市场应用的“短平快”发展模式和服务体系。

亚太地区科技创新及技术转化综合性中心的目标定位之一,是要成为亚太区域内居于领先地位的高新产业及高端制造业基地,在新能源新材料、信息通信、电子产品、微电子、生物工程、医疗技术等方面,拥有核心技术,具有快速通往全球市场的能力以及强大的整体竞争优势。

(二)深港高新产业寻优合作的具体举措

具体来看,深港在高新产业寻优合作方面需要采取以下具体举措。

1. 建立深港高新产业统筹协调机制

以政府部门为主导,以常设机制为约束,深港双方要建立健全高新产业统筹协调机制,共同制订未来的高科技产业发展规划纲要。在此基础上,深港定期召开高层官员联席协调会,加强沟通,交流信息,解决具体问题。

2. 共同加大经费投入加快推进“深港创新圈”

深港要充分依托两地高校、科研机构和企业,充分利用两地创新资源互补性,建设深港创新圈知识、人才与共性技术的一站式服务平台和核心技术的支援平台。结合深港创新和应用的实际,在食品安全、药物研发、重大疾病预防、无线射频等领域及知识产权工作方面设立创新专项。制订并实施《深港创新圈2008—2010 年行动计划》,力争用 2—3 年时间,建成一批深港技术创新合作基地。重点建立"深港创新基地"、"深港生产力基地"、"深港创新圈互动基地"等公共服务载体，吸纳港资企业研发中心和项目进驻。同时，加快建设香港中文大学、香港科技大学、香港理工大学、香港城市大学深圳产学研基地，积极配合香港各院校，做好产学研基地建设协调工作，完善公共技术设施及基础配套设施建设，引进香港院校实验室在深设立分支研发机构，建立深港高等教育合作与交流的长效机制。

通过"深港创新圈"建设，促进了深港高水平公共技术平台和创新型产业、技术创新合作基地及产学研基地的发展。

3. 深港联手提高技术创新与成果转化与应用能力

深港通过寻优合作，大力推进工程研发平台、公共技术平台和公共服务平台建设，提高技术创新与科技成果转化能力。争取到 2015 年左右，拥有数十家国家级的工程实验室、工程研究中心以及国家级企业技术中心，全面建成科技创新、生物医药、产业集聚基地等公共技术平台和深港高新产业创新中心、产品检测中心、创新资源平台等公共服务体系。双方合作建立科研机构、高等院校"集聚群落"，加大政策力度吸引海内外优秀科学家、工程师等前来区内从事科研、创业活动，形成深港双方密切配合的科研群体和运作平台。

同时，深港联手实施产业前沿技术重大项目攻关计划、共性和关键技术研发应用推广计划、重大科技专项建设，突破高新技术重点领域的科技"瓶颈"。围绕网络信息服务、生物技术和新材料新能源等新兴产业领域，组织实施一批产业化项目，加快培育新兴产业。到 2015 年，建成深港下一代互联网信息基础设施，发展壮大网络信息服务业、生物产业和新材料新能源产业，形成完整的集成电路和平板显示产业链，电子信息制造业向产业链高端集聚，先进装备制造业和高端服务业产业集群基本形成。

4. 共同提供良好服务完善产业环境

深港要进一步推动孵化器、加速器、国家级产业基地和投资服务平台建设，为产业发展提供良好的服务环境。联合创建深港创新企业孵化器、海外留学生创业孵化器、国家生物产业基地、国家软件出口基地、国家信息产业基地、国家集成电路设计产业化基地等。

建设创新支撑体系,增强城市创新发展动力。整合资源,充分发挥高等院校和公共研发机构在知识产权创造中的重要作用。出台相关政策保障措施,促进海内外高等院校、公共研发机构的创新成果向深港企业转移,明确产权归属,保障创新权益。借鉴海外先进的技术研究院模式,为中小企业技术升级提供知识产权公共服务平台。引导高等院校和公共研发机构建立健全知识产权工作机制与管理制度,通过与企业委托开发、技术协作、共同研发等形式,构建产学研知识产权联合体。

促进以企业为主体的发明专利产出,打造"深港发明之都"。以国家战略布局为导向,支持具有产业基础、研发潜力和市场前景的电子信息、生物医药、新材料、新能源等领域,形成一批核心技术专利。研究建立专利对经济增长贡献率的统计调查方法,不断提高以企业为主体的发明专利申请和授权量,重点培育知识产权优势企业。

深港联手建设全市知识产权信息公共服务基础网络、数据平台和应用系统,促进知识产权信息在技术创新和经济活动中的广泛传播和有效利用。建设基础数据库,拓展信息服务平台功能,提高知识产权信息利用和服务能力建设,打造国际版权资源积聚中心。

建设知识产权运营中心,为企业提供知识产权"一站式"服务、知识产权运营中心,聚集知识产权战略咨询、信息检索、分析服务、专利代理、专利代办、举报投诉、涉外维权、知识产权评估及交易等机构,为企业提供"一站式"服务。完善知识产权交易体系,促进自主创新成果的知识产权化、商品化、产业化,促进知识产权交易。积极推动开展知识产权转让、许可、评估、质押等,实现知识产权的市场价值,构建信息充分、交易活跃、秩序良好的知识产权交易平台和机制。

5. 合力扶持产业基金

建立以香港、深圳创业板等为主体上市融资支持体系推进高科技风险投资基金、创业投资基金等基金的设立,双方共同设立产业基金。在深港两地政府的主导下,可通过与海内外天使基金、创投基金及产业基金等充分沟通,共同合作发起、设立类似"深港高新产业合作基金"的创新金融服务机构,为处于萌芽状态的优质产业资源、优秀研发人才等提供初始资金支持和服务,为处于成长期的、具有一定成熟度的核心技术、市场需求大的新产品提供支持与服务，为各种推动深港高新产业合作交流的各种文化活动、创意策划活动、研讨会等提供资金支持与服务。

在市场建设方面，深港要合力推动华强北规范建设成为"中国电子第一街"，推动深港大型电子产品专业市场的壮大发展。

（三）深港产业寻优合作的重大项目

1. 深港联手打造全球电子信息产业基地

深港经济圈必须充分发挥现有优势，进一步加快电子信息产业结构优化升级步伐，突破关键技术瓶颈，掌握部分有自主知识产权的关键核心技术和标准，形成较为完整的产业链条，将建成全球电子信息产业基地。具体合作内容包括以下8个方面。

（1）通信核心技术及产业链。重点发展高速、高信用信息通信系统，宽带无线局域网接入设备，全光通信网络系统及光交换设备，NGN核心交换机等，打造具有核心竞争力的从芯片到整机、从终端到系统的完整通信产业链，在核心技术与标准等重点领域拥有一批自主知识产权，进入全球领先行列。

（2）计算机核心技术及其外设产业链。重点发展高性能服务器，笔记本计算机、网络计算机以及各类微机，大容量存储设备和新型移动存储产品，高性能彩色平板显示设备，打印设备，新一代路由器、万兆以太网交换机、网络安全设备、无线局域网设备等网络设备，构筑完整的产业链，成为全球计算机及外设产业的重要生产基地。

（3）重要软件技术及其产业链。重点发展嵌入式软件、软件外包出口、数字内容产品、信息化建设应用软件、基础软件和信息服务六个领域，培育一批具有较强竞争力的软件产品。依托国家软件出口基地建设，建成面向软件出口的集成服务体系，产品竞争力和产业规模居国内领先水平。

（4）数字视听技术及其产业链。重点发展数字电视专用集成电路及关键部器件，数字电视软件及中间件，机卡分离数字机顶盒、兼容国标的数字机顶盒，数字电视接收显示一体机，前端系统设备，音视频信源编解码技术，新一代高密度数字激光视盘技术及关键件，便携式数字音视频产品及其关键件，数字家庭网络技术。争取在主要领域拥有多项核心技术,在数字视听领域国际、国家标准制定中发挥重要作用,成为数字电视、DVD、数字音响、数字摄录一体机、数码相机等产品全球主要的制造基地。

(5)集成电路核心技术及其产业链。重点发展通用电路类和专用电路类芯片,加大8英寸以上超大规模集成电路芯片制造项目引进力度,填补8英寸以上芯片生产线的缺失,建立集成电路设计支撑技术体系,建立完善的SOC设计环境,发展封装与测试设备,争取芯片生产技术达到国际主流水平。

(6)新型平板显示技术及其产业链。重点突破新型平板显示器高端产品,引进建设2—3条7.5代以上TFT-LCD面板生产线,建立玻璃、面板、彩色滤光片、偏光片、背光源、模组及液晶等关键材料和设备制造完整配套的产业链,形成高档平板显示产品的制造基地。

(7)LED核心技术及其产业链。重点发展GaN基蓝、绿光外延片和四元系InGaAlP红、黄光外延片、芯片,中高端封装产品和全彩显示屏、彩屏幕墙、太阳能LED、特种工作照明灯具、景观照明灯、汽车照明灯、全彩背光源、大尺寸LCD背光源等中高端应用产品,做大做强从外延、芯片、封装到应用较为完整的半导体照明产业链,保持在下游封装及应用领域在国内的领先地位,建成我国半导体照明产业技术创新的重要示范基地和全球重要的LED产品科研开发、生产制造基地。

(8)第三代移动通信核心技术及其产业链。重点发展手机芯片技术,具有自主知识产权的手机操作系统3G终端应用平台标准,3G终端多媒体标准,TD-SCDMA相关产品,WCDMA、CDMA2000、TD-SCDMA三种标准的核心模块、核心网设备和终端设备,软件无线电技术、全IP技术、智能天线(SA)、增强型无线接口技术,弥补产业链中芯片和软件平台等关键缺失环节。

2. **积极构建五大高新产业集群**

未来几年中,深圳高新产业增加值要力争占到全部工业增加值的70%以上,要实现这一目标,深港产业寻优合作在加快合作推动电子信息产业发展的基础上,同时全面研发下一代互联网(NGI)、下一代网(NGN)、生物医药、新材料、新能源、海洋经济等的核心产业技术,形成相关产业集群或集聚群落,推动深港经济圈成为以自主创新为主要特征的高新产业全球高地。这些高新产业群落包括以下5个产业。

（1）下一代互联网产业（NGI）集群。重点发展高性能IPv6路由器基础平台及实验系统,高性能IPv6路由器协议栈软件,IPv6协议测试技术,T比特高性能IPv6/v4双协议栈路由器以及基于IPv6的多功能网络终端产业,基于IPv6的信息家电产品等。

（2）下一代网产业（NGN）集群。把握未来电信发展方向,大力发展支持语音、视频和数据多媒体业务承载,推进电信网、互联网和广播电视网"三网融合",促进网络资源共享和互联互通。重点发展新一代移动通信、数字集群、宽带无线接入产品,积极推进智能光网络、超长距超高速光传输、宽带有线接入等技术,以及软交换、IP多媒体子系统、安全路由器、光网络产品、宽带接入产品等,实现规模生产。

（3）生物医药产业群。依托深圳国家生物产业基地,发展医疗器械、生物制药、中药和化学制药等领域的产品及技术,完善生物医药产业链,成为国内重要的生物医药产业集聚地。重点发展基因技术及基因药物、生物药物及生物疫苗、中药现代化、重大疾病控制等领域以及核磁共振、B型超声显像仪等数字化医学成像设备。

（4）新材料新能源产业群。重点发展充电电池技术,核能发电、太阳能光伏发电技术,风力发电技术,光—热转换技术,集热技术,植物纤维物质能源转化技术,生物制氢技术,生物质能利用技术等。开发纳米材料、大容量信息储存材料、新型生物医学材料、新型化工材料、新型节能建筑材料、新型特种功能材料等。争取在纳米材料技术、充电电池材料技术、太阳能技术等方面取得突破性进展。

（5）海洋经济产业群。重点培育海洋工程装备制造业,力争在海洋油气钻采平台、油气生产平台、海上工程船舶和油气存储设施设备的制造等方面取得突破,支持重点企业在我市海洋装备制造领域的发展,尽快形成海洋石油采、储、运成套装备的制造能力。大力发展邮轮游艇产业,引进国际游艇先进制造技术,鼓励研究开发具有自主知识产权的高端游艇产品。

3. 打造以自主技术为主体的高端制造业基地

充分利用深圳电子信息技术比较发达优势,拓展先进制造业的前沿领域,大力发展以自主品牌和自主技术为主的装备制造、汽车、航天航空和精细化工产业,加快从加工装配为主向自主研发制造为主转变。

(1)装备制造产业。构筑以电子工业专用设备为主,包括模具、物流设备、环保设备、电气设备、电器机械、监控设备及控制系统、数字化仪器仪表、数字化办公设备、机器人及其自动化成套设备、机械基础件制造在内的装备制造产业链。重点发展电子整机装联设备、半导体器件和集成电路后封装设备、彩色TFT-LCD 生产检测设备、电真空器件生产设备。

(2)汽车产业。完善和拉长包括汽车及关键零部件、汽车电子、电动和混合动力汽车在内的以环保节能和电子化为重点的汽车产业链。重点发展节能与新能源汽车、车用集成电路、专用控制器,嵌入式操作系统。

(3)航天航空产业。大力推进微小卫星及其应用的产业化,积极引进无人机项目,发展机载电子设备制造,形成宇航产品制造到航天航空技术应用产业链。

(4)精细化工产业。重点发展上游丙烯生产制造、石油化工深加工及煤基化工和下游苯酚/丙酮、丙烯酸酯、聚丙烯、环氧丙烷、丁二烯/苯乙烯、聚碳酸酯PC、甲醇、醋酸等系列高附加值精细化工产品、新型合成材料、工程塑料以及电子化学品、黏合剂及涂料配套化学品。

第四节　深港知识服务业寻优合作

一、深港发展知识服务业的优劣势

(一)知识服务业的概念

在产业分类上,我国习惯将所有产业分为第一产业(农业)、第二产业(工业)、第三产业(服务业)。1985 年,国务院办公厅转发国家统计局的报告中,将第三产业又划分为两大部门、四个层次(见表7-7)。

表7-7 服务业的两大部四大层次

流通部门		服务部门	
第一层次	第二层次	第三层次	第四层次
商业饮食业、交通运输业、邮电通信业、物资供销与仓储	金融业、保险业、地质普查业、房地产业、居民服务、旅游业、咨询信息服务业、各类技术服务业	教育、文化、广播、电视、科研、卫生、体育、社会福利	国家机关、党政机关、社会团体、军队、警察

在本书中,"知识服务业"这一术语,是包含了"现代服务业"、"高端服务业"、"信息服务业"等概念的一个总称,主要涵盖表7-7中所涉及的现代物流业、现代通信业、金融保险业、咨询服务业、专业技术服务业和基础科学研究等范畴。这些知识服务产业的经济活动主体,是由掌握着丰富知识、技术及智慧要素的专才、技才、智才等构成。

知识服务业是现代服务业的核心,属知识密集型、资本密集型产业,具有较高的科技含量、较高的人力资本投入、高附加值、增值递增型、高产业带动力、高开放度、低资源消耗、低环境污染等特征。主要包括以下几类型。

(1)传统的技术密集型服务业。例如,数据、信息服务业,财务高级咨询,企业全球战略,研究发展技术服务、设计、检验、测试、改造流程、资源与工业污染的回收和治理等。

(2)新兴产业中的技术密集型服务业。例如,与互联网有关的软件或数字内容设计与生产、系统维护,芯片设计,自动化或电子工程服务,产品设计服务,生物技术等研发、服务。

(3)专业性很强的制造业服务业(或称生产者服务)。这是在知识产业浪潮中衍生出来的产业,如制造业的专门延伸产业、制造业产业链中的高增值服务活动,现代物流服务,专利管理与服务,企业战略策划、专门金融服务等。

(4)金融服务业。包括常见的金融、保险、经纪、股票、期货、基金以及风险投资、企业孵化等。

知识服务业是城市知识化、信息化和高新产业发展到相当程度后的产物。没有信息高度集中的城市经济平台和成为主导产业的高新技术,知识服务业便失去了市场基础、社会基础和技术基础。在知识型区域一体化过程中,知识服务业将凭借其快捷、高效的可远程传输性、强大的知识溢出效应等,发挥出产业黏合剂作用。例如,作为现代服务业主体的信息通信业、金融服务业和现代物流业的发展,将区域的贸易产业、专业市场结构体系及至上下游产业链、企业聚合扩散等,产生巨大作用。

（二）深港发展知识服务业的优劣势

1. 香港知识服务业优势明显

香港作为自由经济度全球第一位、服务性经济全球第一位,整个服务业占全港地区国民生产总值90%左右。近年来,香港不断朝着知识城市发展,知识服务业增加值比例提高,知识服务业的从业者超过六成以上。在香港,金融业、贸易及物流业、旅游业、工商业支持及专业服务业是其最具竞争优势的行业,2003年香港本地生产总值及总就业人数分别有54.9%、44.3%归属这四大服务行业。例如,香港金融业程度十分发达,它是亚洲排在第一位的基金经理集中地,第二位的风险资本中心,亚洲第二最发达保险市场（以人均保费计算）,股票市场规模居亚洲二三位及全球前列,股票年度融资额居全球前列。过去10年,香港外汇市场的跨境资金流量显著上升,香港成为内地国有企业以至近期民营企业的重要集资中心。中国政府在2004年年初,容许香港本地银行经营人民币业务,包括存款、兑换、汇款及人民币卡服务,进一步提升香港作为内地主要金融中心的地位。

在知识服务型经济体系中,香港拥有诸多优势:

（1）时区优势。香港与纽约是属于"互相对应的市场"。香港位于亚太地区的中心,可以为亚洲各地的市场提供快捷的、成本低效益高的金融服务。香港既可以接上美国的股票期货市场收市时间,又与欧洲的股票期货市场开市时间相连。

（2）拥有最先进的港元及美元金融工具结算系统。国际投资者可以自由投资及发行港元或美元的金融工具。2003年6月底,香港的外汇储备达1144亿美元,为全球第五位。香港是亚洲顶级的创业投资中心,2001 年年底管理的基金达 260 亿美元,占区内的 30%。其中 89% 来自离岸地区,而 89% 则投资在海外项目。

(3)专才众多。在香港商业中心区的咫尺范围内,投资者可以找到各类专业人才,协助完成数以亿元计的庞大交易。不少主要的金融服务公司都在香港派驻人员负责地区业务。这是因为香港集中了大型基建项目所需的金融、工程、法律、设计及其他专才。大型法律、会计及工程公司都以香港为枢纽,由驻在香港的专才服务整个地区。香港的管理人员明白不同文化背景的客户及员工的特质,能够满足他们的需要。国际业务所需的专才及支援服务供应充裕。

(4)擅长处理跨境服务业务。香港是中国内地、亚太以至其他地区业务的协调、管理及控制中心。世界上不少最先进的商业经营方法率先在香港推行。

(5)香港的电信基建属全球最先进之列。香港是全球第一个拥有全面数码化固定电话网络的城市,在国际电话通时时间以及电话线、移动电话及传真机的普及率等方面于本地区居领先地位。香港是全球首个推出以宽频为本的互动电视服务的城市。宽频网络已覆盖超过 90% 的住宅楼宇和 100% 的商业楼宇。截至 2003 年 2 月,香港共有 240 万个因特网用户,而因特网服务供应商则有 234 家。

(6)全球意见领袖汇集香港。香港每年举办超过 200 个国际性会议,2000年更包括财富环球论坛。不少活跃于亚太地区的跨国公司以香港为地区总部。最近的一项调查显示,全港共有 3119 家地区总部或地区办事处。

2. 深圳发展知识服务业的现状与优势

从产业结构上看,统计表明深圳市第三产业已经形成了以金融保险业、批发零售贸易和餐饮业、交通运输仓储及邮电通信业、社会服务业、房地产业为支柱产业的、技术水平较先进的知识服务体系。在深圳市第三产业中,实力最强的是金融保险业(见表 7-8)。

表7-8 2008年深圳第三次产业情况

	本地生产总值（亿元）	比2007年增长（%）
第三次产业	3984.10	12.5
其中：交通运输、仓储和邮政业	316.30	6.0
批发和零售业	743.82	6.9
住宿和餐饮业	151.07	15.0
金融业	1012.16	21.5
房地产业	679.01	-1.6
其他	1081.74	20.8

资料来源：深圳统计局网站。

在深圳市2008年第三次产业投资中，交通运输、仓储及邮电通信业投资292.25亿元，增长5.6%；批发和零售贸易、餐饮业投资23.89亿元，下降5.9%；房地产业533.22亿元，增长10.6%；科学研究和综合技术服务业投资18.31亿元，增长248.8%；教育文化艺术及广播电视业投资37.45亿元，增长48.0%。科研和综合技术服务业投资的迅猛增加，显示了深圳作为新兴的知识城市的特性。

目前，囿于统计数据，知识服务业在深圳所有产业中的比例无法完全量化；不过，知识服务业、高新产业之间存在着极大的关联。2007年，深圳市高新技术产业产值占全市工业总产值的比重已经超过54%，拥有自主知识产权的产品产值占高新技术产业产值的比重达到58.6%，高新产业实现的增加值占全部GDP的32.5%、全市工业增加值的66%。高新产业已经名副其实地成为了深圳第一支柱产业。可见，知识服务业在深圳的增长速度肯定是较快的（见表7-9）。

表7-9 知识服务业在深圳的主要行业领域分布

主要类别	相关领域及具体产业	成熟度	发展潜力
信息服务	电信、互联网服务	较高	中
	软件设计、IC（芯片）设计	中	大
	数字内容创意与生产	低	大
	大型数据信息收集、存储与检索	低	大

主要类别	相关领域及具体产业	成熟度	发展潜力
媒介消费	新兴传媒产业	低	大
	电影\网络电视、网络游戏等	低	大
金融服务	金融、保险、经纪等	较高	大
	股票、期货、基金等市场	较高	大
	创投孵化	高	大
	企业、个人理财服务	低	大
健康服务	远程体检、家庭诊治服务	低	大
	新药开发、临床试验、检测服务	低	大
资源\环境管理与服务	资源环境的综合管理、规划	中	大
	环境整治、工业污染治理服务	低	大
物流服务	供应链、仓储、运输大系统管理	较高	大
	全球邮递及快递服务	中	中
	报关业	较高	大
法律\工商\财会等中介服务	会计服务	较高	大
	法律、工商事务	中	一般
	商品检验、认证等	较高	大
	设备租赁、担保服务	中	一般
技术型服务	智能产品创意设计及外包	低	大
	建筑测量、工程策划服务	中	大
	技术中介或技术转化	低	大
咨询型服务	市场调查\市场策划\管理外包	中	一般
	企业咨询、公关、全球战略规划	低	一般
基础型服务	自然科学的研发服务	中	一般
	综合性学术研究服务	中	一般
	教育、培训服务	中	中
	图书馆、博物馆等的提供	中	中

3. 深港发展知识服务业的劣势

深港发展知识服务的劣势或障碍因素,主要体现在以下几方面:深港经济圈的经济腹地、内部市场空间狭小,市场规模明显有局限。当深港向内地延伸发展、扩张知识服务产业及其品牌服务时,将遇到广州、上海、北京等的强有力竞争。由于历史积淀、发展路径依赖等障碍,香港高度发达的服务业体系有相当大比例依靠自由港的庞大的贸易服务体系。而深圳在知识服务业方面的历史积淀,如文化、教育、科技等多个领域都无法与具有深厚沉淀和广阔市场空间的知识型城市竞争;一个大学群,几所世界著名的大学校,一家著名的研发机构和创新体系,需要少则几十年、多则几百年的历史、人文、科学及服务精神的累年积淀。

二、深港知识服务业寻优合作的基本思路

(一)深港成为亚太区的知识服务业转移与承接的中心集聚区

从全球知识服务未来发展来分析,深港经济圈为加快经济增长方式升级优化,必须率先抢占全球新一轮知识服务业转移与承接的制高点,推进区内产业结构的升级转型以及知识产业结构优化,提升现代知识服务业的规模、档次、能级和竞争力,争取在3—5年内成为亚太区的知识服务业转移与承接的中心集聚区。

深港作为亚太区的知识型区域,知识服务业已经较为发达,升级转型具有客观现实基础。因此,深港要联手合力,发展基于现代互联网、物联网,基于知识服务外包,基于文化创意经济、智慧经济等的,从创新金融服务、现代物流、专门专业、核心知识、网络信息、创意设计等重要领域着手,促进知识服务业产业链更为完善、运转更为高效,价值链向中高端增值环节不断提升。

深港要充分发挥城市知识服务流、信息流、资金流和人才流集聚、高度流动的比较优势,构建知识服务业的要素资源"高地",推动城市向知识型区域功能置换,拓展发展空间,强化合作,积极承接国际知识服务业的转移、扩散。同时,有预见性地制订"深港知识服务业发展纲要规划"等配套政策、制度与管理机制,打破垄断,加快知识管理体制机制与国际接轨步伐,促进知识服务业创新发展。

(二)深港知识服务业寻优合作的具体措施

在知识服务业领域,深港要联手大力实施自主创新战略,建立政府、产业组

织、大学、科研院所、资金方和中介方相结合的知识服务业创新体系。充分发挥两市知识型密集产业和资本密集产业的领先优势，鼓励知识服务业领域的科技研发，大力发展拥有自主知识产权的共性技术和关键领域技术，加快软件、宽带无线移动通信、下一代网络等核心技术开发运用步伐，增强知识服务业先进技术推动力。通过知识创新、技能创新和管理创新，培育扶持知识密集型服务业，提供具有高技术含量、高人力资本含量、高附加值的知识服务产品，不断抢占知识服务业发展制高点，提升市场竞争力。

1. 深港要联手快速发展、利用总部经济

充分利用深港地理区位、市场体制、投资环境等方面的比较优势，主动承接新一轮国际知识服务业转移，吸引国内外知名大企业集团来深港设立地区总部、研发设计中心、采购中心、营销中心和金融结算中心等。积极引进国际知识服务业的先进技术和管理理念、经营方式、组织形式，发挥总部经济的技术创新和市场扩张引领功能。进一步完善优势产业链条，优化产业配套环境，提高总部机构业务与本地产业的融合度，增强总部经济的植根性。

2. 促进知识产业相互间的内部融合

依托深港两市高新技术和先进制造业优势，以延伸重点领域产业链为切入点，加快完善生产前期研发、设计，中期管理、融资和后期物流配送、市场销售、售后服务、信息反馈等服务环节，不断完善服务功能，培育壮大高端服务产业集群。在老工业区改造及新工业园区、产业集聚基地建设过程中，鼓励发展具有比较优势的生产者服务业，形成上中下游产业互动发展的格局，强化知识服务业支撑作用，增强产业配套服务能力。加快知识服务业公共技术及信息交流平台建设，充分发挥现代信息技术的渗透和拉动作用，推动产业专业化分工，在更高层次上形成知识服务业与新型工业相互促进、并重发展的产业融合发展态势，形成集聚和扩散效应。

全方位加强深港在银行、证券、保险等金融领域的合作，吸引香港国际证券投资基金参与深圳资本市场投资和交易，争取香港金融机构将其金融灾难备份中心、数据处理中心、软件开发中心、理财中心、培训中心等设在深圳。进一步扩大深圳服务业领域的对外开放，吸引香港的金融业、会计、管理咨询、市场营销以及教育、医疗等专门专业机构来深圳投资合作。

3. 服务外包

鼓励企业为外国及港澳台公司、其他经济组织提供以系统和应用的设计、开发、运营、维护为主的信息技术外包服务,大力拓展金融、电信、物流、医疗、法律、教育等领域所从事的供应链管理、财务管理、后勤管理、人力资源管理、数据处理及分析、客户服务等业务流程外包服务,加快推进数据分析、研究用户化解决方案的知识处理外包服务。支持并资助服务外包企业申请国际资质认证,鼓励服务外包企业进行技术改造,培育自主品牌,提高企业承接服务外包的能力和水平。加强服务外包基地城市建设,努力将深圳市建设成为全球服务外包的重要基地。

4. 构建人才高地

加大知识服务紧缺人才引进和培养力度,建立知识服务人力资源储备库。鼓励跨国公司和国内外培训机构引进先进的人才培训理念和模式。全面推进深港知识服务人才的交流合作,掮揽国内外知识服务行业领军人物。制订知识服务人才分类开发计划,引导高等院校、社会培训机构发展不同层次和类型的知识服务教育。健全企业家服务体系,吸引和培育更多具有创新精神和创业意识的企业家。完善以知识资本化为核心的激励机制,积极推进技术入股、管理人员持股、股票期权激励等新型分配方式,建立人才柔性流动机制,力争成为亚太重要的知识服务业人才交流中心和集聚中心。

三、 深港生产者服务业的寻优合作

生产者服务业(Producer services,或称生产者服务业),是伴随着技术进步与分工深化,从生产环节中逐步分离出来的,为生产企业提供研发、可行性研究、设计与创意、市场研究、质量管理、人力资源管理、物流、营销、广告、售后服务、金融、法律、保险、会计、税务等各类专业服务的行业,是现代企业产品价值增值的主要源泉。以知识密集和专业化为主要特征的生产者服务业,实际属于知识服务业的一个专业分支。

深港生产者服务业寻优合作,是香港制造业大量北移深圳及珠三角地区形成的客观经济需要,也是深港经济圈制造业从制造加工型向技术创新型转型的客观要求。

改革开放 30 多年来,以港资为代表的制造业在包括深圳在内的珠三角地区范围内快速增长。至 2005 年,深圳市和广东省两层次的规模以上制造业企业的总产值已分别高达 8945 亿元和 327191 亿元,珠三角地区已成为举世闻名的制造业加工基地。但是,在制造业规模不断增长的同时,制造业的效益却一直徘徊在较低水平,制造业增值能力很弱。2005 年,深圳市及广东省制造业的增值率(增加值占总产值的比率)分别只有 22.5% 和 24.9%,不仅与发达国家有较大差距,甚至低于 27.4% 的全国平均水平。珠三角制造业的增值能力弱,是由其在全球产业链中的地位所决定的。过去 20 多年来,珠三角制造业大多数是两头在外的"三来一补"、OEM 等"加工型"制造业,以自主研发、自有品牌、自主创新为特点的"创新型"制造业很少。以与"创新"密切相关的专利技术为例,目前,深圳市 90% 以上的企业无专利技术,甚至在市科技部门评定的 1400 多家高新技术企业中,也有近一半的企业仍然是零专利。

按照著名的"微笑曲线",这种加工制造业处于工业品产业链中价值最低的环节,而研发、设计等上游环节与市场营销、售后服务等下游环节,则是工业品的主要价值增值环节。以我国贴牌生产的芭比娃娃为例,一个美国市场价格约为 10 美元的芭比娃娃,在我国的离岸价格只有 2 美元。而在这 2 美元中,1 美元是管理费和运输费,0.65 美元是材料费,最后剩下的 0.35 美元,才是我国生产企业所得,也就是中国制造环节所创造的新价值。虽然不同产品的价值构成有差别,但纯粹加工在产业链中的低端地位是一致的。

以知识化、专业化等为特征的生产者服务业,是提高制造业价值增值能力、发展"创新型"制造业不可或缺的重要支撑。生产者服务业是直接或间接为生产企业提供服务的产业,它既可以为生产企业提供可行性研究、产品概念设计、原材料物流等上游服务,也可提供质量控制、人力资源管理等中游服务,还可以提供市场推广、销售、售后服务等下游服务。生产者服务业贯穿于生产的全过程,为制造业企业提供全方面的支持,从而有助于提高生产过程不同阶段的产出价值和运行效率,提高制造业的技术含量和品牌含量。与此同时,以发达的生产者服务业为依托,制造业企业可以将自身的业务进行重组和分解,将其内部非核心的生产者服务业务外包给专业服务商,集中精力提升企业的核心竞争力;此外,完善的生产者服务业配套,还是发达产业集群的重要前提,而后者又是提高区域制造业竞争力与价值增值能力的沃土。从全球层面看,每一元制造业增加值,需要一元以上的生产者服务业为其提供配套服务。按照这一比例,目前深圳及整个珠三角地区的生产者服务业供给还远远不能满足制造业转型的需求。2005 年,深圳、广东省规模以上企业制造业增加值分别为 2012 亿元和 8156 亿元,这意味着两地对生产者服务业的需求分别在 2012 亿元和 8156 亿元以上。

深港展开生产性服务产业寻优合作的优良基础。香港作为"服务之都",在生产者服务业方面拥有众多优势积淀。每年几万家香港服务类公司广泛地为区内生产企业提供着研发、可行性研究、设计与创意、市场研究、质量管理、人力资源管理、物流、营销、展会、广告、售后服务、金融、法律、保险、会计、税务等各类专业服务,并形成一个服务灵活、行业细分、分工专业的生产性服务体系。同时,培育了大量从事生产者服务业的中高端人才,其营运经验与营运模式长期与国际接轨。

深圳在产业、体制、人才和区位等各方面所拥有的综合优势,为生产者服务业的发展提供了良好的发展环境。首先,深圳及其腹地——珠三角地区,拥有规模庞大的制造产业,这为生产者服务业的发展奠定了重要的需求基础。其次,深圳拥有发展生产者服务业的人才优势。生产者服务业是典型的人才与智力密集型产业,人才是发展生产者服务业的重要基础。作为中国的先发城市,自改革开放以来,深圳一直是中国著名的人才洼地,不仅吸引全国各地的职场精英、高校毕业生,还吸引了大量的留学归国人员和国际人才。近年来,更有相当数量的香港专业人士来深求职。在深圳吸引的众多人才中,有相当部分是研发、设计、物流、商贸、管理、营销等生产者服务业的专业人士,为深圳发展生产者服务业创造了优越的人才环境。最后,深圳具有良好的体制优势。深圳是中国第一个经济特区,历来是中国改革开放的"试验田"和"示范区",在体制创新与建设方面一直走在全国前列。经过 20 多年的发展,深圳已基本形成了与市场经济相适应的体制优势、既宽松又规范的市场经济环境,这为发展生产者服务业营造了良好的体制环境。深圳拥有创新与包容的人文优势。深圳作为年轻的移民城市,具有很强的创新文化和包容文化,而且善于容纳与接受各类不同的观点与事物,兼收并蓄,在"拿来"的基础上不断创新。这种独特的人文优势,为生产者服务业的发展奠定了良好的人文基础。

深港可以联手合作,积极探索进一步在深港经济圈内生产者服务业的各种新型合作与发展关系。国外发展经验表明,通过空间适度集聚,促进生产者服务业的集群式发展、集约化增长。发达国家(或地区)一般把聚集了大量人口、资源、信息和产业的城市,作为生产者服务业产业化的基本载体。在政策层面上,一方面引导制造业向城市周边地区集中布局,依托制造业的集聚扩大生产者服务业的有效需求;另一方面按照集聚发展、强化辐射的要求,考虑城市建设、交通、居住、环境以及社会经济发展趋势等因素,通过规划布局、政策引导和必要的财政支持等方式,支持生产者服务业实现区域性集聚,以功能区、集聚区建设为载体,实现集群式发展。

根据产业集群的原理,深港生产者服务业寻优合作可借鉴海内外发展经验,共同探索与尝试园区式、集群式的生产者服务业发展新模式。在具体操作上,可在深圳现有的各类工业园、物流园区之中,选择其中已形成规模优势并对周边地区具有较大辐射与影响力的园区,以园区现有功能派生的各类生产性服务需求为基本依托,在园区已有的生产性服务配套的基础上,继续引进科技研发、设计创意、市场营销、现代物流等各类生产者服务业。通过生产者服务业与园区现有功能的互动,促进生产者服务业的快速与高效发展,打造以园区为基础的生产者服务业集群,为珠三角地区乃至全国的制造业提供各类生产性服务。

第五节　深港金融业寻优合作

一、深港金融业寻优合作的时代大背景

香港是国际金融中心。它不仅是外资银行云集的国际银行中心、亚洲第二

大银团贷款中心,而且是全球第五大外汇交易中心、第七大股票交易中心、第五大金融衍生工具交易中心、第四大黄金交易市场、亚洲第二大基金管理中心、国际再保险中心。内地经济的迅速发展,是香港金融服务业的重要依托。

就深港金融一体化而言,无论从地区上看,还是从产业方面上看,都处于一个不断融合、整合的过程中。两地金融服务业的合作,有金融机构的互设、金融市场的衔接、业务经营的渗透,也有支付系统的联通、两种货币的流通、金融监管的合作等,还有金融结算中心的设立、人民币离岸中心建设以及两地金融企业集团的股权并购等,体现出深港金融服务业的高度双向、互动关系。这些关系大都由香港特殊地位、两地经贸、金融关系性质所决定。

香港借内地改革开放之机以及天时、地利、人和的优势,已经发展为中国内地市场的国际门户;其"中介人"的角色与作用,是由香港独特的地理、政治和经济条件所决定的。

香港是内地和全球的连结点。它起着"内地(深圳)—香港—世界"的中介人作用,外国企业要进入内地市场,很大程度上要通过香港,利用香港成熟的金融、贸易和航运业,获取优质的服务支援。

内地人流、商品流和资金流有大部分通过香港流向全球。香港也是海峡两岸经贸往来的主要中介,有80%以上的台商以香港作为投资中介地。内地有2000多家企业在香港从事银行、贸易和分销等业务。

从香港作为"中介人"角色来分析,深港金融业寻优合作,不能仅仅局限于"两地合作"来进行。深港金融业寻优合作的大背景,必须置身于经济全球化及全球经济状况之下来进行。

深港金融业寻优合作要把握好两地金融业的发展趋势。中国加入WTO后,内地经济迅猛发展,对外开放度越来越大,这一方面给香港经济带来更多的商机;另一方面也会使香港的贸易、金融领域丧失一些份额,香港作为海外资金进入内地的中介角色地位受到一定的削弱。而香港在加强与内地合作之同时,也会注重与世界各国尤其是东南亚国家之间经济合作。

目前来看,中国内地包括深圳的金融改革开放是一个持续的系统工程,它具有一个独特的时代大背景。首先,中国内地推动金融改革开放的目的,是建立稳定、健全、多元和高效的资金融通渠道，将储蓄或投资者、集资者等的不同需要结合起来，优化金融资源配置。其次，金融业对外开放是为了促进经济又好又快地增长，促进经济结构优化调整和增长方式的改变。最后，金融业对外开放，要保障整体金融形势的稳定和经济安全，同时适应全球更为开放的金融业发展态势。

首先，近年来深港金融业正在通过多种形式不断融合。数据显示，截至目前，到深圳开展业务的港资金融机构已达20多家，位居内地城市榜首，资产收益率在大陆的外资同业中亦居第一位。汇丰、东亚、渣打、恒生等银行在深圳开设了分行。

其次，深港两地银行卡清算、票据清算、代理汇划、信贷业务、人民币和港币业务等具体合作方面更为深化、具体化。2004年7月，深港之间开通了美元支票联合结算业务。2009年，深港两地支付清算系统方面的合作已经涵盖了票据交换和实时支付系统，在支付工具方面包括银行卡和港币、美元等外币票据。两地美元、港币票据可在对方流通使用；银行卡可在对方提款、消费；港币、美元资金汇划可以实时到账。此外，深港两地还建立了票据清分系统互为备份机制，一旦一方出现异常情况可以在对方清分票据。2007年，深港跨境支付清算系统处理业务38.9万笔，清算资金折合人民币758.5亿元。2008年，深港跨境支付清算系统处理业务62.16万笔，清算资金折合人民币1475.05亿元，业务量比上一年增长近一倍。深港两地通过票据联合结算机制和外币实时支付系统清算港币和美元资金，内地银行卡在香港使用和香港银行卡在内地使用，大大方便了两地企业和个人的跨境支付，有力地推动了深港两地的人员交流和经贸往来，促进了深港两地的经济发展。

自2004年2月开始，中国人民银行深圳市中心支行开始为香港银行办理的个人人民币存款、汇款、兑换和银行卡业务提供具体清算。香港清算行的现钞存取、平盘业务以及香港个人的汇款和南卡北用的资金清算通过中国人民银行深圳市中心支行办理。2005年4月1日，香港银行经营个人人民币业务取得新的进展，经中国人民银行批准，香港清算行接入支付系统方式已由间连改为直连，人民币清算业务运作更加便捷、高效。几年来，香港各项人民币业务运作正常。2006年年初，深圳银联与香港八达通公司签署了开展小额支付业务合作的协议,当年8月开通"八达通"卡在深圳的受理业务试点。截至2008年6月,"八达通"卡可在深圳的大快活快餐连锁店、大家乐快餐连锁店进行小额支付,月均交易额40万元以上。"深圳通"小额消费则刚刚起步,截至2008年6月,全市已有300多间便利店及超市可以使用"深圳通"卡刷卡消费。根据深圳与香港金管局达成的合作协议,深港跨境金融基础建设合作将进一步深入。未来合作的重点有两项:一是在深港票据联合结算中应用票据影像处理技术,实现跨境票据截留,加快资金周转速度;二是积极推动深港小额支付卡的跨境应用,从两地的交通卡("深圳通"和"八达通")逐步互联互通着手,便利两地的人员交往。人民币业务方面,根据香港金管局发布的数据,截至2009年8月31日,香港人民币存款总额约700亿元。

更令人惊喜的是,深港两地的金融、银行、证券等领域的大型集团企业之间的企业一体化活动日益增加,例如,前面提到过的香港汇丰银行成为平安保险第一大股东、招商银行收购香港永隆银行等。从某种意义上看,深港之间金融企业的并购与吸收等,大大提升了双方金融业的互相开放的水平和层次,提高了互补、互用、互动合作的质量和水平,进一步巩固了深港经济圈的国际金融中心角色和地位。

近年来,人民币债券在港发行取得重大突破。2007年6月27日—7月6日,当时中国最大的政策性银行、在中国债券发行量仅次于财政部和人民银行的国家开发银行获得中国人民银行的批准,在香港面向机构和个人投资者发行人民币债券,这是内地金融机构在香港特区发行的第一只人民币债券,开创内地金融机构在境外发行人民币债券之先河。是次债券发行量为50亿元人民币,期限2年,票面年利率为3%,发债所筹集到的资金将用于贷款支持基础设施领域的国家重点项目建设。2009年7月28日—8月14日,国家开发银行第二次在香港发行人民币债券,债券最低发行量为10亿元人民币。这是国家开发银行转企改制后首次赴港发行债券,不仅为了筹集资金,也是落实中央政府支持香港金融和债券市场发展的重大举措。同时,随着国家开发银行香港分行成立,内地金融大型机构积极服务香港经济发展、支援香港重大基础设施建设、支援境内企业"走出去"等创新举措越来越多。而港资银行方面,继2004年在香港开始开办人民币业务,内地的港资银行也在香港开始发行人民币债券,2009年内地的港资银行首次发行人民币债券,至今在香港发行的人民币债券总值高达290亿元人民币。

2009年9月28日,国家财政部在香港发行60亿元人民币国债。这是中国国债首次在内陆以外地区发行,也是首次在内陆以外地区发行人民币计价的主权债券。国债主要面向香港散户投资者发行的两年期债券票面利率为2.25%。主要面向机构投资者发行的5年期债券票面利率为3.30%;3年期债券票面利率为2.70%。这次国债发行的牵头行及簿记行为中银香港和交通银行。香港共有19家银行参与此次债券零售部分发行。多达15万香港居民加入了购买国债的行列。

人民币债券、国债在香港的陆续发行,必将扩大香港银行人民币资产范围,也将为人民币回流内地增加新的渠道,加强了内地与香港两个金融体系的互助、互补和互动关系。人民币业务可继续增加香港金融市场的深度及阔度,并凸显香港作为国际金融中心的优势。内地金融机构多次在港发行人民币债券,体现中央政府稳步推进人民币机制改革的方向,有助于增强香港作为国际金融中心的角色,凸显香港扮演国家金融改革试验场地的角色,令香港人民币业务更加多元化。

二、深港金融业寻优合作的目标定位

深港金融业寻优合作的目标定位,是以香港国际金融中心为依托,以货币市场、证券市场和保险市场为主体,以金融产品创新、制度创新、技术创新为重点,进一步将深港建设成为创新型的国际金融中心。

《深圳市国民经济和社会发展第十一个五年总体规划》明确指出:"促进深港金融业优势互补,吸引港资金融机构来深设立分支机构,鼓励扩大在深后台业务领域。提高全社会的金融服务水平,促进银行、证券、保险业持续均衡协调发展。认真落实扶持金融业发展政策,加快建设一个能有力支持深圳经济发展、能有机配套深圳产业结构优化、能有效防范化解风险的金融体系,努力把深圳建设成为国内一流的区域性产业金融中心、金融创新中心、金融信息中心和金融配套服务中心。"根据目前实际情况落实到深港金融合作这个课题上,深港金融合作推进目前比较可行的合作定位是:深圳为香港这个国际金融中心做后台服务。

目前,深港金融合作尽管在技术层面、具体业务、金融企业并购等方面迈出了一大步。但是,在构成区内金融业深度寻优合作的标志——金融机构深度一体化与资本市场一体化等方面,还存在着相当大的差距。例如,港资银行在深圳的经济规模同深圳本地银行业柜比,显得很小;深圳法人银行机构在香港设立的分支机构规模显得更小。港资银行在深圳的分行、网点等,数量显得更少。深交所与香港联交所之间,尚没有实质性合作措施。换言之,深港金融业寻优合作,不能仅仅只停留于加强人员交流、信息共享、产品开发、技术支持等方面,还要探索跨境交易、双重挂牌、两地上市、联网交易等资本市场融合性举措。

香港金融业在内地金融改革开放过程中,至少面临三方面的机遇:作为国际金融中心,香港可强化和继续发展为国际、内地之间资金融通的中介角色;作为国家以及国际金融中心,香港可参与内地本地层面的资金融通活动;在内地金融体系与国际接轨过程中,香港可为人民币国际化提供离岸场地。

近年来,内地香港各项贸易交流频繁,目前已有相当数量人民币在港流通,香港具备了率先经营人民币离岸业务的基础条件。2007 年上半年,国务院正式批准"进一步扩大香港的人民币业务",即在香港发行人民币债券业务。该项新增的人民币业务有助于拓展银行的商机及进一步促进两地的资金融通,将进一步巩固香港国际金融中心地位。因为这项业务的重要性在于,香港将为此建立一个相关的支付系统,建立一套多元化和多币种的金融基础建设及资金融通平台。这意味着在人民币业务方面,香港可以先行一步。

香港发行人民币债券、国债业务以后,香港离岸人民币中心越来越近。目前,香港本地的人民币存款总额 700 亿元,在港发行人民币债券的规模日益扩大。同时,由于人民币走向全球自由兑换需要一个试点,而香港可以成为这一试点的支撑点,最终实现人民币在香港提前实现局部市场上的自由兑换。

三、深港金融业寻优合作的基本思路

(一)打造以服务创新为核心的区域金融中心

深港要联手推进金融创新,鼓励金融机构进行机制创新、产品创新和服务创新,促进资本市场、货币市场、保险市场的对接,努力构建多层次的资本市场体系和多样化、比较完善的金融综合服务体系,建设区域金融中心。

1. 深港银行保险业的寻优合作

大力完善银行业机构和内控机制,推进银行业机构投资主体多元化,积极引入境内外合格战略投资者。推动货币市场业务、产品创新,大力发展票据市场。探索发展离岸金融业务,加快探索设立货币经纪公司、汽车金融公司、房地产信托投资基金等新型机构或业务。加强货币市场与其他各类市场之间的联系和融通,推进资产证券化业务。积极引进国内外金融机构,大力推动金融法人机构发展。落实和推进与港澳货物贸易人民币结算试点,吸引更多的港澳和境外金融机构在深圳设立地区总部以及后台业务中心、产品研发中心、客户服务中心、金融业务及数据备份中心,培育具有国际竞争力的金融控股集团。大力发展金融后台服务产业,建设辐射亚太地区的现代金融产业后援服务基地核心区。加快推进保险创新试验区建设,鼓励探索专业性保险公司、自保公司、相互保险公司等新型组织形式,引导保险公司开发具有特色化、个性化、专业化的保险新产品。

2. 深港资本市场方面的寻优合作

以深交所为核心,不断深化多层次资本市场体系建设。支持深交所继续做优做强主板市场,逐步扩大中小板市场规模,发展壮大中小企业板,稳步发展创业板市场。积极探索深交所与香港联交所之间在业务上的深度的、实质性的合作。

在投融资方面,深港联手共同优化基金发展环境,促进银团贷款中心、创业投资和私募股权投资基金的集聚,推动形成包括银行贷款、企业上市、发行债券、信用担保和再担保、创业投资、私募股权基金、小额贷款公司等在内的中小企业融资服务体系。

3. 外汇和黄金市场方面加强合作

深港两地之间进一步完善经常项目下人民币可兑换,积极探索推进资本项目下人民币可兑换的可行路径。深圳要支持保险机构、基金公司等进行包括香港在内的境外证券投资,允许国内企业境外上市募集资金经批准后存放境外或进行保值运作。双方加强在黄金进出口业务和黄金交易业务方面的合作,探索推动黄金衍生品交易。巩固和促进深港黄金珠宝产业发展,推动黄金珠宝业由加工生产向研发设计和展示展销延伸。

(二)深港金融业寻优合作的路径选择

实现深港金融业的互助互补、互用互通,既是双方的合作关键,也是合作的切入点,更是深港金融服务业创新发展的重要支撑点。

香港有不可替代的先天优势,具有高度的金融自主权,较早融入国际经济大环境,香港金融实际上是以国际市场为轴心的融资市场。而且,香港金融架构稳健和规范成熟,货币支付体系先进稳定,金融监管制度为国际社会所认可。香港拥有廉洁有效的政府,推行以市场经济为主导的经济政策,不干预但有效的监管制度等,这对香港国际金融中心功能的发挥至关重要。深圳与香港金融业有天然的联系。两地同属一个国家,山水相连、语言相通、习俗相近。深圳自实施改革开放政策以来,经济的发展和结构调整需要大量的资金,货币资金融通的首要通道是香港。因此,两地应建立相互依存、优势互补、共同发展的金融合作关系。在增创两地优势的基础上,努力拓宽合作渠道,将两地金融合作提高到一个新的水平。具体的创新体现在以下几个方面。

1. 鼓励深港金融机构互设,中介机构跨境运作,鼓励支持金融企业一体化兼并

香港囊括了全球最大 100 家银行中的 71 家,以外币收支进行的业务约占全部银行业务的 70%,可见香港的金融体系是以外资为主。深圳应一方面进一步落实 CEPA 政策,大力引进在港外资金融机构设立驻深分支机构,参与设立区级银行、小额贷款公司等新型金融机构或组织;支持内地银行机构为港资企业在深圳等内地城市发行企业债、短期融资券和中期票据等提供承销服务。另一方面,鼓励和支持本地金融机构到港发展,或通过香港向海外设立分支机构、财务公司、基金公司和合资银行等,拓展境外业务,从而既有利于内地建立外向型、国际化的金融产业集团,也有利于香港金融中心地位的巩固和发展。

2. 业务经营的互相渗透,金融工具实现跨境买卖

在金融业务方面,深港两地具有全方位、深层次的合作潜力。内地可借助香港金融界组织银团贷款、联合贷款、项目贷款、发行境外债券等引入资金,通过资

金拆借及转让业务、开办外币兑换、进出口押汇、租赁、基金等多种融资业务,加速两地货币资金的融通。如开办离岸金融市场业务,它既符合两地金融业的实际要求,又能加固双方互助合作的力度。又如开办和拓展境外人民币业务、实施基金企业开放、创办合资基金管理公司以及互用金融创新工具等,有利于两地金融业务的渗透。在保险业务上,特别是再保险业,因香港对离岸再保险征税率比内地低,一般将再保险业务的基地设于香港,内地则设立分公司,负责业务的联系决策和主体处理,有利于降低再保险成本。

3. 支付结算的快速联通,支持资金合法合规跨境流动

两地经贸、金融、物流往来的更为密切,在金融结算业务方面,深港两地的金融管理机构更需日常性地紧密合作。具体做法:在支付方式上力求统一。实现清算网络的全球化,密切两地银行间的直接往来关系,构筑"直通车"式的账户清算渠道,实现现代支付和结算系统的联机操作,有效快速处理双方债权债务关系,提高资金使用效率。目前两地已实现港币票据联合结算和银行卡双向联合结算,深圳的外币实时支付系统已与香港即时支付系统实现对接。深港两地的港币、美元支票可以相互流通使用,香港银行开出的人民币支票,可以在深圳流通使用。符合国家结售汇管理限定的企业在深开出的人民币支票,也可以到港流通使用。深港两地的银行卡可在对方提款、消费,港币、美元资金的汇划可以实时到账。放开了香港人民币票据在深圳流通和使用。在人民币跨境贸易结算相关政策框架下,在国家政策许可前提下,适时扩大和推进跨境贸易人民币结算试点;实现"钱畅其流",促进两地资金结算日趋同城化,方便了企业运转和居民生活。深港的金融结算系统应根据更快捷、便利原则,为两地企业贸易及人员往来创造更便利的结算环境。例如,适当降低深港外币联合结算中深港外币支票签发门槛和使用限制;对深港外币实时全额支付系统进行完善,从收费价格和系统功能方面提升竞争能力;推动建立深港电子批量支付系统,方便跨境工资、按揭款、水电费等日常费用的划转支付。

4. 金融市场的衔接,鼓励投资者和集资者跨境活动

深港两地金融市场的衔接,应是全方位的、相互渗透的。深港两地要尽快连接交易网络、融资渠道等,实现双方短期资金的有效融通,鼓励内地投行等在港发行人民币债券、信托投资资金等。进一步加强两地证券市场的衔接。深交所要学习、借鉴香港证券市场的运作经验，加大开放力度，探索采用收购、兼并、投资基金和证券投资等多种方式 对外开放 A 股市场，逐步实现 A、B 股统一和两地证券互市交易。深港之间还可探索"一板两市"合作模式，即一家公司，经审批后可在深港的二板市场同时上市买卖；支持符合条件的企业在深圳和香港创业板等跨境上市；争取在深交所推出 ETF 等试点合作。

5. 推进香港成为人民币离岸中心

人民币和港币分别作为法定货币，应在"一国两制"基本原则下服从于所隶属的货币管理当局。但由于内地和香港的经济活动密切，形成货币的大量过境流通、兑换等，这是深港经济一本化日趋深化的结果。据统计，每年超过 5200 万人次港人到内地，内地居民近年到港旅游购物、进行各种商贸活动的人数也大量增加。因此，内地与香港之间每年形成了逾千亿人民币现金流通量。未来，深港应尽可能地争取到中央政府及央行的支持，在不影响大局前提下，允许两种货币在局部的自由流通和相互兑换的先行先试。例如，推动香港成为人民币离岸中心，或者正在推进建设中的深港河套地区考虑进行相关试点。

6. 在金融监管方面的密切合作

香港金融服务业能取得巨大成就，重要原因之一是拥有了健全而严格的金融监管制度。香港银行业的监管，主要依托由政府部门为主、同业公会配合的两个层次合作的监管体制。香港政府对银行业的监管，其核心是《银行业条例》的制订、修订，并通过金融监管部门严格执行。香港银行业监管制度的内容主要包括银行牌照或注册的有关规定，本地和海外分行（或办事处）及认可机构的资料披露，认可机构的所有权及管理，认可机构贷款和投资的限制，资本充足性、流动资金比率以及对认可机构的查账、审计接管等多方面的规定。香港对金融衍生工具交易的监管也有一套新的风险识别和度量的新方法，对应付金融突发事件的能力也较强。深圳银监部门要更多地借鉴香港经验、加强两地金融监管机构之间的合作，建立健全有效的信息和风险管理系统，积极促进两地金融监管机制协调配合，充分保障金融稳定和经济安全。

深港金融业还要在优才、专才培养上开展深度合作。深圳拥有逾 10 万名金融服务业员工,但素质参差不齐,国际经验不足;香港的金融人才则是长期经受了国际市场的考验,数量庞大,素质很高。因此,深港要联手大力推进金融智力寻优合作,引进香港等境外知名的金融培训机构,开展国际金融人才业务培训,打造深港金融高端论坛和研讨交流平台等,深化扩大专业性合作,推进区域金融产业合作创新。

第六节 共建深港国际文化创意中心

一、深港创意产业发展比较分析

首次将创意产业列为一个国家或地区的支柱产业的,最早是英国政府。

创意产业,也被称为文化创意产业。跨入 21 世纪以后,发达国家和地区率先产生了发展创意经济、文化及创意产业等的热潮。随着创意经济的发展,不少经济学家从研究创意(Creativity)本身,逐渐延伸到以创意为核心的产业组织和生产活动,然后深入扩展到内容密集型产业(Content-intensive industry)、智力产业(Intellectual property industry)、知识产业等产业形态中,进而再提升至以创意作为基本动力的经济社会组织体系中,最终则聚焦于提出创意、创想的主体——创意阶层(Creative class)或从事创意产业的人才等方面。

(一)香港创意产业的发展状况

香港政府从十几年前就开始高度关注本港文化及创意产业的发展。在香港,政府明确地给出了创意产业的定义:即源自个人创意、技巧及才华,通过知识产权的开发和运用,创造财富及就业潜力的行业。

香港文化创意产业主要包括广告、建筑、设计、出版、资讯科技服务及数码娱乐、艺术等行业。香港前特首董建华在《2003 年香港特别行政区政府施政报告》中指出:"创意产业是知识经济体系中的重要环节,香港市民的知识智能、创新思维、创业精神和灵活求变的能力,是发展创意产业的良好基础。除了支柱产业外,我们还将推动创意产业,为香港经济注入新的元素。"据香港大学文化政策研究中心《香港创意产业基线研究》研究报告,2001 年香港创意产业为本地 GDP 形成了约461.01 亿港元的产值,占比 3.8%。1996 年至 2001 年间,香港创意产业的就业人数增长 1.8%,高于总就业人数 0.8% 的年增长率,文化创意产业就业人员占总就业人数的比例达到 5.3%。2008 年,生活文化创意产业为本地 GDP 增加了约 600 亿港元的产值,占比 3.9%。就业人数达 17.6 万人,约占总就业人数的 5%(见表 7-10)。尽管相对于整体经济而言,香港的文化创意产业规模较小,但是香港仍被普遍视为亚洲的创意中心。举例来说,港产动作片及流行曲都在亚太区内享有盛名;香港的建筑、设计和广告业在创意方面亦较区内其他竞争对手优胜。

表 7-10　2008 年香港文化创意产业对本地 GDP 及就业人数的直接贡献

产业名称	增加价值（亿港元）	对本地 GDP 的贡献（%）	就业人数（人）	对总就业的贡献（%）
文化创意产业	约 600	约 3.9	176000	约 5.0

资料来源:香港政府经济分析及方便营商处网站。

香港文化创意产业主要包括广告业。香港是亚洲广告之都,2001 年全香港所有行业的广告开支约 294 亿港元,到了 2007 年,该数字下降到约 219 亿港元,虽然几年中有所下降,但香港人均广告开支仍居亚太区前列。国际上众多 4A 广告公司都以香港作为总部基地,由此进入中国内地广告市场。近年来香港广告公司仍保持为 1100 多家,超过五成从事广告策划代理服务,其余从事包括招牌制作、广告赠品、宣传展览公司、电视广告公司、户外广告公司等。

建筑设计。香港在建筑及相关项目的专业设计水平,尤其在摩天大厦建筑设计、斜坡设计、高密度房屋设计、有限空间设计等方面,处于全球领先地位。香港建筑师学会有超过 1700 名注册会员。

专门性设计。香港是公认的地区设计中心,有 1500 家至 2000 家设计公司,其中绝大部分是小型企业。内地是香港最大的设计出口市场。全港约有 500 名时装设计师,大多数集中在大众化的成衣市场。约有 60 名独立时装设计师,其中 40 名有自己的品牌。

电影电视和流行音乐。香港是世界上最大的电影出口地之一,一度排名全球第四大电影制作地;港产片、香港流行歌曲在全球华人社区中居潮流领先者地位。

在软件、动漫游戏、信息技术服务方面,全港约有 800 家独立软件供应商,它们的八成收入来自本地市场。超过三成公司均在内地设有分支机构。香港还是亚太地区的艺术品及古董区域收藏、交易中心等。

(二)深圳文化创意产业的发展现状

近年来,深圳市政府逐步从实施"文化立市"战略,提出"努力把文化产业培植成为第四大支柱产业"。目前深圳市形成了印刷、新闻出版、动漫、创意设计等骨干行业。文化产业占 GDP 的比重 2006 年达到 4.77%。

深圳文化创意产业的发展,具体体现在诞生了一批国内外领先的、著名的文化创意集团公司,其中包括:

腾讯公司(港交所代码:00700,全称腾讯控股有限公司)1998 年 11 月成立,历经 10 多年发展,成为了中国最大的综合互联网企业,也是成长最快的互联网企业,股票总市值在 2010 年进入了全球互联网上市企业前三位。腾讯公司依托在中国居主导地位的即时通信平台的 QQ. com 门户网站,成功整合网络通信、网络媒体、文化娱乐、电子商务四大网络服务平台。2009 年,腾讯公司总收入高达 124.4 亿元人民币,同比增长 73.9%;净利润 51.56 亿元人民币,同比增长 85.2%。在总收入中,互联网增值服务收入为 95.31 亿元,同比增幅为 93.9%;移动及电信增值服务收入为 19.06 亿元,同比增长 36.2%;网络广告收入也实现了 16.5% 的增幅,收入贡献为 9.62 亿元。目前腾讯 QQ 是我国最大的即时通信工具,在 2010 年 3 月实现 QQ 最高同时在线账户数突破 1 亿大关。近年来,腾讯公司加强了网络游戏、搜索引擎、网络广告和微博客业务等的发展。

深圳雅昌集团独创传统行业资源、现代 IT 技术与文化艺术三结合的商业模式,特别是自主研发的中国艺术品拍卖市场行情发布系统和雅昌艺术指数,将印刷业与信息产业和文化产业完美融合。依靠这种崭新的商业模式,雅昌集团已发展成为中国影响力最大的文化创意企业之一。

深圳华强文化科技集团将大型文化产业主体公园、创意与创作、特种电影系统开发、数字娱乐电影制作、动漫产品生产、游戏软件开发、动漫产品发行以及动漫衍生产品生产等多个过去相对独立的产业整合在一起,形成了一个具有多元化特征、互补性强的大型文化产业链。在中国首次将文化产业、旅游产业、科技产业融为一体。该集团自主设计研发并运营的大型主体公园"方特欢乐世界",不仅在国际市场上有与美国迪斯尼等竞争的实力,还向伊朗等国出口,走向世界,形成了具有国际竞争力的新型产业。

深圳 A8 音乐集团(港交所代码:00800,全称 A8 电媒音乐控股有限公司)2000 年 5 月创立,是专注于数字音乐的电信运营服务商,中国第一音乐门户。A8 音乐集团以音乐业务为核心,建立起横跨彩信、彩铃、WAP、IVR 和互联网等多个领域的电信增值业务平台,为用户提供丰富、完善、便捷、优质的音乐产品和服务,并积极介入内容端——中国本土原创音乐的发展,是华语世界领先的原创音乐平台和数字音乐服务公司。作为中国最大的音乐公司,A8 音乐聚集了10000 多名原创音乐人,近 200 多家合作企业,包括 108 家手机和音乐设备制造商、43 家方案商、6 家设计公司、37 家芯片生产商、38 家音乐相关企业以及广告、传媒、市场等服务供应商,逐步形成了以数字音乐的创作、推广、设备、服务为链条的产业集团和产业链。2008 年 6 月 12 日,A8 音乐在香港上市,它创造了多项纪录:香港第一只数字音乐概念股,内地第一个以数字音乐概念上市的公司,上市创造的 128 倍超额认购是 H 股今年以来新股最高超额认购。根据 2009 年报,A8 集团年收入 7.07 亿元人民币;利润 1.02 亿元人民币,同比增加 27.24%;主营业务毛利率约为 22%。目前公司总股本 4.58 亿股,总市值约 17.40 亿港元。

华视传媒 2008 年 4 月才成立,却拥有中国目前最大的户外数字电视广告联播网。联播网采用数字移动电视技术,支持移动接收,公交车、地铁和轻轨是联播网首期终端平台。华视传媒拥有北京、深圳、广州、南京、太原、上海等地的公交移动电视的广告独家代理权,覆盖了中国 26 个大中型城市。2007 年 12 月 6 日,华视传媒成功登陆纳斯达克,融资 1.24 亿美元,创造纳斯达克企业从成立之日算起的最快上市纪录,成为深圳首个在纳斯达克上市的文化企业。

二、深港文化创意产业寻优合作基本思路

(一)将前店后厂模式植入深港创意产业

大芬村——深圳市龙岗区布吉街道办的一个社区村。开发商人——香港油

画经营商黄江。1989 年,香港画商黄江带领十几位画工来到大芬村,租用村里的民房开始进行油画的批量生产和经销。选择大芬村,是因为此地紧邻经济特区二线关外,交通便利,房租便宜。更重要的是,从这里到盐田港口仅半小时左右。黄江在大芬村中的创业是按照典型的"前店后厂"模式进行的:首先在海外接订单,然后招募内地画工生产画作,在大芬村完成油画加工、收购和出口。大芬村目前形成了一个独特的油画艺术商品制造基地,油画交易市场初具规模。这个 4 平方公里左右、原居民 300 余人的社区小村,高峰时云集着上千名画工、画家和画商,拥有 300 多家画廊、700 多间个人油画工作室、作坊,年油画海外销售额几亿美元左右。

因此,深港文化创意产业寻优合作,可借鉴像大芬村油画基地这种"前店后厂"的发展模式,借道香港,利用东南亚华侨、欧美华人等聚居地市场,扩大海外对国产文化创意产品的订单量,全面打开深港文化创意产品的外销出路。

(二)深港文化创意产业寻优合作构想

一个面积很小的大芬油画村,并不代表着深港创意产业寻优合作的全部内容。在创意产业发达国家或地区,区域创意文化蓬勃发展,发展创想产业、创意产业的气氛十分活跃。而推动创意产业,不仅是教育培训、人才等问题,还需要社会经济政策的全面配合。深港共建全球性文化创意产业中心,必须从个案成功,发展到整体产业环境和产业内部结构的成熟,从而构成一张巨大的文化创意产业的发展与共建"网络"。

1. 推动深港文化创意经济的四大资本形态

香港大学许焯权博士带领的香港创意指标研究课题组,通过对香港创意产业的研究,提出了推动香港创意经济的四大资本形态,即结构/制度资本、人力资本、社会资本和文化资本。许焯权指出,四大资本中的某一些如文化多样性,如果拆分开来的话,从金融角度看,并没有表现出资本的活跃特性。但是,从创意的角度看,资本的四种形式是相互补充的,也是一个相互依托的系统。比如,一个城市如果缺乏承付给艺术和文学发展的公共部门和法人的资源、缺乏对创意、艺术、艺术教育和知识产权保护上的普遍文化标准、缺乏全社会参与文化活动的广度和比较高的水准,那么,它就难以产生新思想和新主见,难以加大创意的生成。随之,它就难以建立信用、互惠、合作和充足的社会网络,难以丰富集体福利,活跃社会表达机制和市民承诺机制。这样,就难以吸引优秀的创意精英和其他优秀的人力资源,而经济增长就失去了最根本的发展动力。一个国家和一个城市,能够拥有多少创意资本,它们之间的支持和配合达到什么程度,直接决定了创意的活力和经济效果,决定了这个国家和城市的发展后劲。可见,创意致远、资本制胜的理念,在创意经济的更高层面上,实现相互的渗透和结合,达到高度统一,也对政府发展文化创意经济的战略和基本原则,提出了新的要求。因此,深港经济圈内文化创意产业环境的形成与推动,需要系统地围绕结构/制度资本、人力资本、社会资本和文化资本等环节,进行全盘布局。

创意产业的精髓是人的智慧力与创造力、创想力等,广义的创造力包括技术发明力、企业家能力和艺术创造力。深港文化创意产业寻优合作与共建文化创意产业的全球性中心,必须共同提高深港各类文化创意优才、专才等的创造力、创想力,激发他们的创造潜能。在城市功能圈上,要从"效率都市圈"过渡到"创新都市圈",通过提供各种"文化创意产业的基础设施"和支援服务平台,包括了文化创意产业的主体功能园区、新媒体研发中心、培训机构、投资基金、产权交易、创意人才的交流平台,以及充满激情、愉悦宜人的创意与创业环境。

2. 双方共同制订共建全球性创意产业中心发展规划等,大力实施制度激励

深港双方联手实施文化创意产业发展规划。首先,双方可在现有论证成果的基础上,根据区内创意产业的现状,提出"深港共建全球性国际文化创意中心"的发展规划纲要。

其次,深港联手出台有效的制度安排,营造良好的创意社会基础。世界性的文化创意中心,如伦敦、纽约等,往往以金融商贸中心的地位为发展基础。考虑到深港经济圈的国际金融商贸中心的战略地位,深港应超越常规,突破传统政策局限,凡是企业愿意投资于适合经济发展的文化创意产业项目,双方政府部门都要给予支持,包括给予土地优惠、税收优惠政策等;通过"文化创意产业基金"等提供政策性贷款、协助融资,及时解决中小型文化创意公司的资金瓶颈问题;借助香港国际视野,通过深港区域市场的联动经营,实现文化创意产业的全球化生产。

最后,政府部门要出台政策,鼓励广大市民尤其是年轻一代,增加对文化创意艺术及其传统的认识与参与,增强社会凝聚力和共同价值观,营造一种自由、开放、灵活、变通的文化创意氛围,在提倡保留中国优秀文化传统的同时,更要广泛接触海外先进文化,做到洋为中用、东西结合,开创文化创意产业发展新契机。政府可出台力度较大的出口推广支持政策,协助区内创意产业和企业开展出口业务。深港要共同鼓励数字技术融合、软件工具的融合,协助区内文化创意企业将服务数字化、远程化,共同引入并创新相关软件设计工具。

3. 双方联手拓展市场,严格保护知识产权

中国内地庞大市场对香港文化创意产业发展至关重要。深圳等作为 CEPA 及先行先试政策的重点城市,可以作为香港文化创意产业打开内地市场的桥头堡。以电影业为例,自 CEPA 实施以来,中国内地已经逐步在发行电影(包括港产片及合拍片)、录像制品、经营戏院及后期制作等范畴,给予香港电影业相应的优惠政策;香港享有合拍影片被视为国产影片在中国内地发行的优惠。因此,香港参与的合拍影片近年来无论在产量、规模以至票房等方面都有明显的增长和突破,在 2009 年内地十大最高票房收入电影中,共计 6 部是由中港合拍。此外,出版传媒及印刷、网络游戏等文化创意产业方面,深港也能够通过联手,发挥各自比较优势,共同去拓展国内、国外两个市场。

深港联手在知识产权保护、专利技术转移与产业化等方面进行密切的区域合作,形成共同的知识产权保护环境,为共建创意中心打下坚实的市场法制基础。文化创意产品的产权具有易碎性、低成本大量复制性等特点,也具有公共产品的性质,政府应协助相关产业和行业,结成策略性的发展联盟,争取公平的市场待遇,提升文化创意产品品牌意识;在法规方面,下大力气进行文化创意产品,例如充分保护商标、专利、外观设计、版权、集成电脑的布图设计等知识产权,打击软件业、音像业、动漫业等盗版行为。

4. 集聚文化创意优才,丰富人文积淀

深港要不拘一格地引进国际文化创意人才,加强本土创意人才的培养,努力培养出一批既懂文化创意产业发展规律又懂国际化经营理念的复合型经营人

才。深港之间要加强两地文化创意产业资本、文化优才、创意专才等的交流沟通，积极营造优质生活圈、工作圈与创业氛围，让多姿多彩的创想、创意撞击、对流，交织产生灵感。深港共同构建相关的教育培训平台，设立人文、艺术、设计和新媒体科研机构、研究中心、创新实验基地等。

5. 双方联手进行城市功能区引导，打造创意产业集群

深港要合作打造深港创意产业集群。文化创意产业集群，是提高文化生产力的商业环境以及快速提升核心竞争力、创新能力的决定因素之一。文化创意产业集群，其重要意义超越了普通意义上的企业扎堆、产业集聚。它既可以通过积极、有效的渠道，来促进文化创意产业或者文化产品的交易，促进创意生产者之间的对话、交流，还能够在知识产业、智慧产业等中间，产生一种独特的化学聚合反应和裂变反应，从而给共建全球文化创意中心插上"灵感之翅"。

香港由于城市空间狭小，缺乏大规模的国际文化创意产业园区。因此，深港完全可以联手合作，发挥各自的资源优势，共同推进深圳文化创意产业园、深圳市宝安区文化创意产业基地、深圳华侨城东部工业区创意文化园区等建设，同时共同规划建设深港文化创意走廊、国家级文化创意产业园区、深港河套地区创意产业园区。双方要根据"企业运作，政府支持，产业创新，人才集聚"的基本原则，发挥创意产品孵化、投融资、后期服务等方面的优势，以制度安排、政策扶持为依托，以创业投资、资本融资等为撬点，以专业孵化器的管理服务为手段，通过优质的创意资源的整合和人才集成，创新打造大规模的、集成创新的文化创意产业创业投资与孵化平台，形成深港文化创意产业集群园区，推动文化创意产业及其上下游关联产业的发展和延伸。

第八章

深港空间创新寻优
与智力寻优合作

第一节　区域空间结构的内涵及其机制

一、区域空间结构的内涵

不同的区域空间通过人流、物流、资金流和信息流等的"对流"产生相互作用。对其一般作用机制的分析,则将揭示区域空间结构变化的动力及其演变的一般趋势和类型。

区域经济空间结构是指人类各种经济活动在特定经济区域内的空间分布状态及空间组合形式。作为区域经济系统的一种重要结构,区域空间结构在区域经济活动中具有特殊重要意义:一方面,它通过一定的空间组织形式把分散于地理空间的相关资源和要素组合在一起,从而产生种种现实的经济活动;另一方面,它能够产生特有的经济效益,如节约经济效益、集聚经济效益和规模经济效益。在区域经济发展中,为了降低经济活动的成本和提高经济效益,需要实现资源和生产要素的空间优化配置及经济活动在空间上的合理安排。就是说,区域经济发展总是存在一个区域空间结构的选择和优化问题;而事物发展过程中总是处于一个不断"寻优"的过程和状态。

就区域经济空间结构的基本要素来说,它主要由经济中心、经济腹地和经济网络三个基本要素构成,通常又用点、线(网络)、面(域面)来概括表述。在这里,点、线、面不是简单的空间形态,它们均具有特定的经济内涵和相应的功能。具有不同特质和经济意义的点、线、面,依据其内在的经济技术联系和空间位置关系相互连接在一起,形成了特定功能的区域空间结构。

区域空间结构中的点,是指某些经济活动在地理空间上集聚而形成的点状分布形态。它是区域经济活动的重要场所,是区域经济的重心所在。就一般而言,第二、第三产业部门的布局都具有在空间上集聚的要求,因而往往呈现点状形态,形成所谓的工业点、商业点、旅游点和服务网点等。由于这些点在空间上常是同位的,因而引起区内人口和社会活动集聚,城市(镇)、社区及其他功能区因此产生,成为区域空间结构中最重要的部分。由于经济活动在地理空间上集聚的规模大小不同,区域空间结构中的点也相应地有规模等级之分。区域内规模大小不同的点相互连接在一起,就形成了点的等级系统。此外,不同的点因为所集聚的经济活动内容构成不一样,又存在功能类型的区别。

区域空间结构中的线,是指某些经济活动在地理空间上所呈现的线状分布形态。按经济活动的性质,一般可把线区分为以下几种类型:交通线,包括铁路、公路、水路、管道、航空线路等;通信线,由各种邮政、电信设施组成;能源供给线,由各种能源供应、输送设施组成;给排水线,由各种水利设施组成;城镇连绵线,由一定数量的城市和小城镇、社区沿一定的交通干线密集地作线状分布而形成。以上各种类型的线均可以根据其组成要素的数量、密度、质量及重要性等分成不同的等级。同类型但不同等级的线之间往往在功能上是相互依存和互补的,它们共同完成某一类经济活动。在各种线中,城镇连绵线是区域空间结构中一种综合性的线,对区域经济发展起着特殊而重要的作用,通常又被称作经济轴线。

区域空间结构中的网络,是连接空间结构中的点与线的载体,由相关的点和线相互衔接而形成。其形成的意义在于,能够使连接起来的点和线产生单个点、线所不能完成的功能。区域经济运行中的各种物质流、资金流、信息流、人口流,正是赖于网络的形成与完善才得以产生和顺畅流动。根据内部要素构成的不同,可把网络分为单一性网络和综合性网络两种类型,前者由单一性质的点和线组成,如交通网络、通信网络、能源供给网络等;后者是由不同性质的点与线或多种单一性网络组合而成的。

区域空间结构中的域面,是由区域内某些经济活动在地理空间上所表现出的面状分布形态。通常,农业生产的场所、商品流通的市场区、中心城市(镇)的腹地等都呈现为域面。此外,其他经济活动在一定地理空间范围内较为密集的分布所呈现的状态也可看做域面。

各种经济活动由于自身经济技术特点、活动方式不同,以及由此而决定的区位特点存在的差异,它们在地理空间上所表现的分布状态往往是不一样的。不仅如此,它们基于一定的内在经济技术联系,彼此之间在组合方式上也呈现多样性。区域空间结构的点、线、网络、域面之间的组合方式主要体现为七种方式:

点——点构成的节点系统,表现为条状城镇带和块状城镇群;

点——线构成的交通、工业等经济枢纽系统;

点——面构成的城市—区域系统,表现为城镇聚集区、城市经济区;

线——线构成的交通、通信、电力、供排水等网络设施系统;

线——面构成的产业区域系统;

面——面构成的宏观经济地域系统,如经济区、经济地带;

点—线—面构成的空间经济一体化系统,具体表现为节点相互依存,域面协调发展,通道配套运行,各种空间经济实体的联系交错而密集地连接,呈现网络化系统。[①]

二、区域空间结构类型及形成发展机制

(一)区域空间结构的类型

在不同的区域和区域经济发展的不同阶段,区域空间结构虽有着一定的共性,但也存在着差异,表现为不同的类型。归纳国内外现有的研究成果,区域空间结构的类型主要有以下几种:

1. 极核式空间结构

极核式空间结构亦称作极化空间结构。是指区域经济发展中逐步形成的增

[①] 参见杜肯堂、戴士根主编:《区域经济管理学》,高等教育出版社 2004 年版,第 93 页。

长极,成为区域的经济和社会活动的极核,对区域内其他地方的经济和社会发展起主导作用的一种区域空间结构。

在区域经济发展的早期,尽管其内部经济发展水平的空间差异不很显著,但不同地理空间的资源禀赋是不相同的。同时由于区位条件的不同,一些在空间分布上有集聚要求的产业部门或组织就会选择区位条件相对优越的地点作为发展场所。这样便产生了经济的"集聚点"。当区域中已经形成了若干个经济活动的集聚点时,由于差异性的作用,这些点中的某一些就会在经济规模、人口规模和产业结构先进程度等方面明显超过其他点,这样就形成了区域经济的增长极。增长极一旦形成,就会产生区域要素的极化过程。由于增长极的投资环境明显优于区域中其他地点,投资的收益率高,发展的机会多,因而在极化过程中,区域的资金、技术、劳动力等要素和资源不断向增长极集聚,各种经济组织、社会组织和人口也向增长极集中,从而导致区域的空间分异。从发展水平看,增长极的经济和社会发展水平均明显高于区域内其他地点,在二者之间形成显著的差距;从增长极在区域发展中的地位与作用考察,它成为区域经济和社会活动的极核或中心,以其强大的吸引与辐射功能,对区域内其他地方的经济和社会发展发挥着主导作用。

2. 点轴式空间结构

点轴式空间结构亦称为点轴系统。它是在极核式空间结构的基础上发展起来的,由区域内的增长极与周围其他的经济活动集聚点,借助于交通、通信、能源供给等线连接起来而构成,彼此间具有紧密联系功能或功能互补的点轴状形态的空间结构。

随着区域的增长极与周围点之间经济往来与联系日益频繁和加强,势必产生流量越来越大的物质流、资金流、信息流、人口流等对运输或输送的要求。这种现象的产生,从供需关系考察,意味着增长极与周围点之间的互补关系得到不断强化。它们之间经济往来顺利进行和互补性的实现,都要求建设并不断完善将它们连接起来的各种交通、通信、动力等线路。这些线路的建成和完善,不仅更加有利于增长极与周围点的共同发展,而且也改善了沿线地带的区位条件,刺激了沿线地带的经济发展。区域的资源和要素在继续向增长极及其周围点集聚的同时,也可能由此开始向沿线地带集中,逐步形成区域经济发展所依托的经济轴线。

在经济轴线形成后,位于轴线上增长极和其他点将会因发展条件的改善而使发展加速、规模扩大,并因此而引起轴线规模的相应扩大。这样,原有轴线上的增长极和其他点在发展到一定程度时,又会向外进行经济和社会活动扩散,在新的地区和新的地点之间再现上述点轴形成的过程。如此发展下去,就在区域内逐步形成不同等级的点与轴线,而点轴空间结构即由它们相互有序连接而成。

3. 网络式空间结构

网络式空间结构是以点轴式空间结构为基础进一步发展起来的,以各种交通、通信、动力供给等线路为纽带,将区域内各地不同等级、不同类型与功能的经济活动集聚点相互连接和沟通而形成的网络状空间结构。如前所述,在点轴系统的发展过程中,位于轴线上的不同等级的点之间的联系会不断加强,一个点可能与周围的多个点发生联系,以满足获取发展所需的足够资源、要素以及开拓市场的需要。与此相应,就要求在点与点之间建设多路径的联系通道,形成纵横交错的交通、通信、动力运输或输送网络。这种网络上的各个点(网络中的节点)对周边腹地地区的经济和社会发展起着组织和带动作用,并凭借网络中四通八达的各种线路沟通区域内各地区之间的联系,在整个区域范围内传输各种资源和要素,从而构成区域经济和社会活动进行空间配置或布局的框架。

(二)区域空间结构的形成与发展

区域空间结构是在一定的发展时期和条件下,区域内各种经济活动与组织在空间上分布与组合的结果。它随着区域经济成长或发展的阶段性变化而演变;反过来,它也影响和决定着区域经济和社会活动空间分布与组合的基本框架。在区域经济成长的不同阶段,区域空间结构有着不同的特征。同时区域空间结构有其特有的形成机制,并在多种机制的共同作用下不断发展。综合现有的研究成果的观点,影响和制约区域空间结构形成与发展的机制主要是区位指向性、集聚与扩散效应、空间近邻效应等。

1. 区位指向性

区位指向性是指经济活动(或产业部门、行业、企业)在选择最佳区位时,向能够满足自身主要布局要求或适合自身经济技术特点的特定区位接近的倾向性。在一般情况下,各种经济活动在地理空间上的分布,主要是受其区位指向性的影响和制约,具体表现出点状、线状和面状分布形态。这些空间形态,即区域空间结构的基本构成要素。可见,区位指向性是影响和制约区域空间结构形成与发展的一种重要力量。

不同类型的经济活动,其区位选择的指向性往往不一样。通常,经济活动的区位指向分为以下几种类型。

(1)自然条件和自然资源指向。这类区位指向是指经济活动的区位受自然条件和自然资源分布的强烈制约,在空间分布上趋向于自然条件和自然资源适宜而又集中的地方。

(2)原料地指向。某些在生产过程中耗费原料多或原料不适宜远距离、长时间运输的经济活动,它们的区位倾向于选择在原材料集中供给地,因而表现为这种原料地指向。

(3)燃料动力指向。一些经济活动在生产过程中要消耗大量的燃料,或者是需要稳定地获得大量动力供给,它们在区位选择上一般倾向于尽可能靠近燃料动力供给地。

(4)劳动力指向。部分经济活动在生产过程中需要使用大量劳动力或对某种类型的劳动力有很强的依赖性,因而其区位选择明显地趋向于合适的劳动力集中且供给充裕的地方,从而表现为劳动力指向。

(5)消费市场指向。某些经济活动是直接为消费服务的,或是其生产经营对市场需求变化及市场行情波动很敏感,或是其产品因笨重、体积庞大、易腐烂变质等原因而不宜远距离运输,因而它们的区位选择趋向于消费市场。

(6)交通枢纽指向。有些经济活动的运输费用在其产品总成本中所占比重很大,或是为了便于从不同的地方获得原材料与燃料,或是为了便于向多个市场发送产品,它们在区位选择上往往趋向于运费最低或运输便捷的地方,从而就常常分布在交通枢纽。

2. 集聚与扩散效应

集聚与扩散效应包括集聚效应与扩散效应两个方面,在这二者之间存在着一种对立统一的关系。它们作为一对矛盾的统一体,构成制约区域空间结构形成与发展的重要机制,深刻地影响着经济活动在地理空间上集中与分散的状态及其动态变化。

（1）集聚效应。在这里，集聚是指资源、要素和部分经济活动等在地理空间上的集中分布与组合；而集聚效应则是使资源、要素和部分经济活动趋向于集聚的作用力及其作用的结果。

集聚效应的产生主要源于三个方面的因素：一是经济活动的区位指向性。区位指向相同的经济活动受相同区位条件优势的吸引，常常都倾向于集中到区域内相关资源和要素丰裕的地方；不仅如此，某些经济活动的区位指向虽然不同，但在实际中为了追求减少运费、降低成本与销售费用以及更好地适应和满足市场需求等，往往也会表现共同趋向于相同的交通枢纽或消费市场的倾向性，这就更加强化了经济活动在少数重要的交通枢纽、消费市场集聚的规模。二是某些经济活动之间的内在经济技术联系。出于加强彼此间经济技术联系的需要，那些在经济技术上具有互补性、相互依赖性和关联性的经济活动，往往都会倾向于集中到资源和要素组合条件较为适宜、优越的同一个地方发展。三是某些在生产分配上有密切联系，或者在区位选择上有着相同指向的经济活动或企业对集聚经济效益的追求。这些经济活动或企业按照一定的比例或规模，成团或成组地集中分布在某个拥有特定资源和要素优势的地方，可以使其中的每项经济活动或每个企业都因与其他相关经济活动或企业在地理空间上接近而改善了自身发展的外部环境，并且从中获取经济利益。这种经济利益来源于因经济活动或企业在地理空间上集聚而造成的有利于外部环境及相关投资的节省，它是无论按何种方式将经济活动分散配置都不可能获得的，因而被称为集聚经济效益。

由上述可见，集聚效应的存在是有其客观性和必然性的。在集聚效应的作用下，集聚过程一旦开始，就极易形成循环因果式的促进集聚的力量，从而加速集聚过程和扩大集聚的规模。

（2）扩散效应。扩散，是指资源、要素和部分经济活动等在地理空间上相对于上述集聚而言的分散化分布状态或态势；扩散效应，则是指促使资源、要素和部分经济活动由地理空间上的过度集聚而趋向分散分布的作用力及作用的结果，以及促使资源、要素和部分经济活动主动地而非消极被动地避免集聚不经济现象的作用力及其作用的结果。

扩散效应的产生主要来源于以下几个方面的因素：其一，是集聚效应所导致的经济空间差异和不平衡发展存在一定限度，即集聚经济是有集聚规模极限约束的。当资源、要素和部分经济活动等在地理空间上集聚的规模超过一定限度之后，不仅不能再带来经济效益或经济效益的增大，反而会造成集聚不经济，即因过度集聚而带来集聚经济效益减少、丧失以及外部环境对经济活动和居民生活的负面影响。其二，是经济活动集聚地区或地点及其部分产业部门、企业为寻求新发展机会的作用。其三，是部分经济活动，既无明显区位指向性的某些日用品工业、普通原材料工业、服务业等，在进行区位选择时客观上就会倾向于主动选择分散分布状态。其四，是政府宏观调控的作用。

3. 空间近邻效应

空间近邻（或邻近）效应，是指区域内各种经济活动之间或各区域之间的地理空间位置关系对其相互联系所产生的经济影响或作用。根据地理学中揭示的空间距离衰减原理，在区域经济形成与发展中，各种经济活动或各个区域对其他经济活动或其他区域所产生的空间近邻效应的作用强度，是随着空间距离的增大而衰减，而呈减小趋势的。

在区域空间结构的形成与发展中，由于各种经济活动或各区域之间的空间距离远近不一样，在空间近邻效应作用规律的支配下，它们相互间发生经济联系的机会与程度也就存在着差异，从而就会对它们在地理空间上分布与组合的动态变化产生影响。空间近邻效应对区域空间结构的形成和发展所能起到的影响或作用，主要表现在以下三方面：一是促使区域经济活动就近扩张；二是影响各种经济活动的竞争；三是影响各种经济活动或区域之间在发展上的相互促进。

第二节　区域创新空间

一、创新空间的定义

"空间"是物质存在的一和客观形式，它与"时间"均属抽象事物，是人们从具体事物之中分解和抽象出来的认识对象。具体时间和具体空间都有数量的规定性。一般时间和一般空间是没有具体数量规定的认识对象。一般空间则是无长、宽、高三维限制的空间体，是具体空间的本质和内容，是存在于具体事物和相对抽象事物之中绝对抽象事物。区域创新空间中的"空间"，显然是一种泛指和抽象。

"创新"（Innovation）一词，是美籍奥地利人经济学家约瑟夫·熊彼特（J. A. Schumpeter）在1912年发表的《经济发展理论》中，首次使用了"创新"一词。1933年熊彼特在《商业周期》一书对创新理论进行了较为详尽的论述，他把创新定义为"建立一种新的生产函数或供应函数"，即企业家对生产要素或生产条件进行新的组合。在他看来，创新是一个经济范畴而不是技术范畴的概念，它不仅是指科学技术上的发明创造，更重要的是把已发明的科学技术引致企业组织之中，形成一种新的生产能力，其目的是获得一种潜在的利润，从而推动社会和经济的不断发展。熊彼特的主要贡献即把经济学家的注意力调整到长期经济增长的问题上来。在其长期研究过程中，他强调了创新或创造性破坏（Creative destruction）、企业家等非经济因素对于经济发展的重要性。

叶岱夫（1997）认为，所谓空间创新就是通过一系列新的空间动力机制，使生产要素之间、生产要素与环境条件之间在地理空间上实现重新组合，最终达到获取最大生态经济效益的目的①。宋捷（2006）认为，对于产业园区而言，空间创新的实现方式主要有两种：实体空间创新和虚拟空间创新。实体空间创新是指在不扩大原有土地面积的基础上，通过加大现有土地的开发强度和推动产业结构升级换代，实现土地利用率的最大化；虚拟空间创新是指利用各种物质流、资金流、人力流、政策流等辐射、聚集和流动形成新型空间网络结构，从而实现有限空间的相对拓展②。可见，产业园区的空间创新主要在于区内产业结构升级、区外与外部经济交流促进创新。然而，对于抽象的或泛指的区域空间创新机理分

① 参见叶岱夫：《试论广东省农村产业布局与城市郊区空间创新》，《农村生态环境》1997年第3期。

② 参见宋捷：《实施空间创新战略推进园区集约发展》，《中国高新区》2006年第8期。

析,则必须基于产业集聚、产业结构创新等及其它们之间的相互作用与作用关系。

通常来说,区域创新空间,往往意味着恰当的政策安排与政府激励,优良的营商环境、人居环境,充满了自由与激情的创新精神、鼓励创业宽容失败的人文氛围,较深厚的历史积淀。在所谓的创新空间之中,知识与技术、智力与智慧等创新要素,拥有适合于它们的聚居带,大量集聚。区内拥有发达且不断处于变化之中的新媒体、新的信息融通工具等。资本市场日益发达。民间、半官方或政府的后台支援服务网络发达。技术转移、交换平台健全等。

国内学者王缉慈对传统区域发展理论的审视,具有积极的理论意义。她指出,对传统区域发展理论的反思之一,是它过分简单地强调区际流动的两个要素——劳动力和资金,以此对区域或城市的空间增长过程进行分析。这虽然有利于推理的简明化,却忽视了影响区域发展的重要因素——技术和知识。区域的经济变化涉及社会、政治、文化等多方面,各地的特征是多方面变化的综合反映。其中,技术是推动经济发展的主要动力,尤其是高技术已成为影响产业结构变化和世界竞争格局的重要因素,高技术领域的竞争是当前国际竞争的焦点。因此,对区域发展问题的分析,需要强调技术创新和知识创新。同时,她对传统区域发展理论——"自上而下"建立增长中心的政策、单纯依靠外力(外来资本以及本地自然资源禀赋等),表露科学的怀疑态度。因为那种单纯由外力作用的"自上而下"模式可能造成根茎不深、结构脆弱的国民经济。在全球化与本地化趋势并存的世界经济中,更新和创造区域创新环境是很多国家政府为增强国家竞争优势而选择的一种弹性政策措施。很多国家都在探寻和实践依靠内力发展地方经济的道路(Endogenous regional development),以寻求以知识和技术为本的区域发展战略。① 而大量实证研究表明,某区域要获得以知识、技术为本的区域发展战略,则必须首先寻求一种知识创新与技术创新的合理支撑基础。而在新技术革命向纵深发展的形势下,区域研究学者转向探索以技术和知识为本发

---

① 参见王缉慈:《创新的空间:企业集群与区域发展》,北京大学出版社 2001 年版,第 7 页。

展区域经济的新理论。

综上所述,区域创新空间是指在某一区域内,集聚着大量知识、技术及人力资本等方面的最具创新性的要素资源,拥有支撑区内技术和技术变化、创新的生产组合及其应用、以现代知识服务业为基础的大规模交易等的基础条件、政策和服务网络,拥有可供大量创新的企业组织便捷地沟通、集体地学习与相互地协作的空间环境,拥有鼓励创新、宽容失败、充满激情的创业人文氛围,拥有对新产品、新应用和新服务等的持续而渴望的消费需求,从而可以实现对传统区域生命周期的超越和革新(见图8-1)。

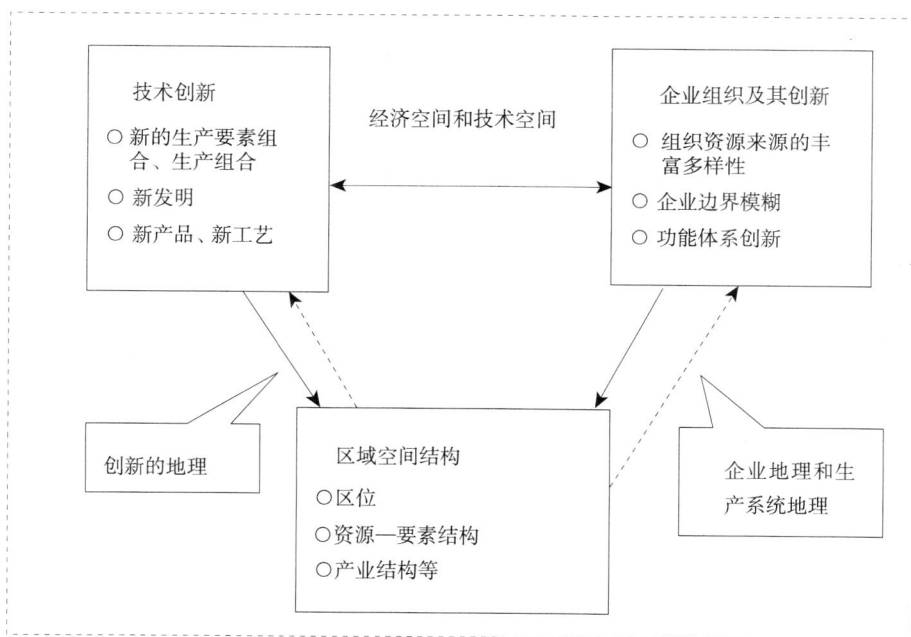

图8-1　区域创新空间主要构架:技术—组织—区域三位一体

资料来源:Storper(1997),转引自王缉慈:《创新的空间:企业集群与区域发展》,北京大学出版社2001年版,第11页,有所改制。

二、双区域的技术创新动力与方式

对知识型区域而言,技术创新是区域空间创新的根本动力、主要方式和基本手段。技术创新、技术进步，引起了生产方式的变化，进而影响到空间结构变化和区域空间创新层级的提升。

在区域经济发展中，产业结构不断由低级向高级、由简单向复杂演进。重大技术创新的结果都要引起生产方式的变革，并由之导致空间结构产生变化。例如，工业革命时代机器的发展与广泛应用，加速了资源的开发过程，工厂大量出现，工人阶级诞生。伴随着这些变化是人口城市化，大城市形成与发展，使社会经济活动愈加集中在少数大城市，空间结构状态开始呈现出显著的不平衡。又如，电脑及互联网的发明与普及，推动了现代信息业的迅速发展，带来两个可能引致结构变化的倾向：一是使对 IT 技术和信息产业依赖性大的产业，如银行保险、商业和职业教育等，更倾向于往大中城市集中；二是由于信息发达，距离因素作用的减弱，使一些产业产生分散化的趋势。

技术创新导致产业结构的转换，使地区间出现差异性繁荣。大规模的技术创新，会促使地区产业结构的升级换代。由于各地区产业结构上的差异，转换调整的早晚，使一些地区在竞争中失利，另一些地区获得进一步繁荣的机会。这样就会导致人口、资本等在空间上的流动，使一些地区产生经济衰退，形成经济增长"负反馈"；而相对繁荣的地区则进入经济增长的"正反馈"。这种变化过程，最终将体现在区域空间结构之上。

大规模应用技术创新成果，可能导致社会福利水平的提高；而随着社会福利水平和福利意识的进一步加强，影响社会经济要素空间布局和空间结构的经济因素的作用下降，趋向于促进地区之间不平衡的减弱。

运输技术及信息技术的进步，也将对生产空间的利用格局，对人类经济活动的空间法则产生较大的影响，促使经济空间结构更为优化，更为适应经济增长与发展的现实需求。在知识经济条件下，知识通过信息及控制技术能够有效地改变一个地区资源组合特征，强化其优势资源的地位，从而实现区域分工的深化和区域合作的发展。

在知识型区域内，经济活动对智力资源的开发、占有和配置，已经达到了相当程度水平，基于新技术开发与引进、科学研究和工艺创新等基础上的、围绕知识、信息和创意的生产、分配和消费在区域产业价值链形成中占有了重要地位。

在知识型区域中,研发工程师、专家学者、大学教授、发明家等,构成了生产力最活跃要素之一。因为知识经济在资源配置上是以智力资源、无形资产作为第一要素,对自然资源和资本通过知识、智力进行科学、合理、综合和集约的配置。因此,在知识型区域中,对智力资源——人才和知识的开发占有十分重要的地位,在某种意义上,甚至比传统工业经济中对稀缺自然资源如土地、石油等的占有更有价值。以某知识型区域 a 为例,其知识生产、传播与应用的简要线型模型如图8－2 所示。

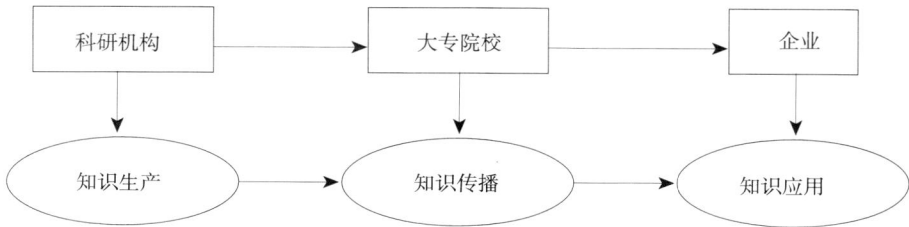

图8－2　单一区域知识产业链的简要模型

将此模型纳入到区域 a 与区域 b 两个知识型区域中进行考察,我们发现上述模型将发生一系列变化(见图8－3)。

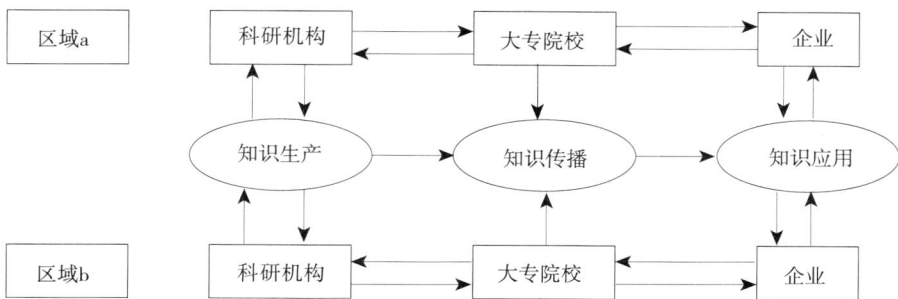

图8－3　双区域下的知识产业链模型

比较分析图8－2、图8－3后发现,在双区域合作模式下,除了双区域的科研机构、大专院校与企业之间各自进行相应的合作之外,区域 a 的科研机构还可以与区域 b 的大专院校、企业发生职能传递关系,区域 b 的科研机构也可以与区域

a 的大专院校、企业进行有关知识生产、传播与应用的合作。从整体上看,各方的合作路径、合作机会成倍增长了。

在区域一体化进程中,除了生产性一体化,还必须有政策性一体化和功能性一体化。而在两个知识型区域之间,智力资源的合作与共享将直接影响到上述三类一体化进程。因为智力资源对区域经济的影响力往往渗透到生产、功能与政策制定等诸多环节上面。

三、创新环境与创新系统的相互作用

在区域经济学的研究中,不少学者通过将熊彼特的创新理论引入到对区域、区域经济的研究之中,并先后诞生了两个重要的学派:创新环境学派和创新系统学派。

(一)创新环境

创新环境学派起源于由法国、意大利、瑞士区域科学家组成的一个区域创新环境研究小组。在该学派看来,区域环境是一种创新发展的基础或背景,它使得创新性的机构能够创新并能和其他创新机构相互协调。创新环境往往被描述为在诱导创新的区域中由制度、法规、实践等组成的系统。创新环境理论认为,创新存在于某种无形的氛围(air)之中,也就是说,一些地方或区域存在着创新,而另一些地方不存在创新。创新环境学派更强调产业区域内创新主体的集体效率,强调创新行为的协同作用,并将创新网络和集体学习的概念应用到公共管理政策之中。

现实经济生活中,创新环境学派的"创新氛围"观点在美国硅谷获得最好的体现:(硅谷)维尔山的马车轮酒吧是当地颇受欢迎的酒吧,工程师们常在那里相互交换意见,传播信息,马车轮酒吧由此被喻为"半导体工业的源泉"。从商业协会会议和行业会议到商品展示会和各种俱乐部等一系列正式、非正式的聚会,也正在成为专门交换信息的论坛。当地一位经理说:人们聚集在一起……讨论硅谷里大家都感兴趣的科技的方方面面,对每一个技术问题或工程问题,你都会找到和你一起产生新观点并进行革新的人。人们相互交往,分享彼此的观点。

对硅谷印象最深的是所有设施的变化。所有的墙都是暂时性的,因为所有的人都知道6个月后这些结构都将改变。(硅谷)这种分散化和流动性的环境加速了科技能力和技能在地区内的扩展。本地技术知识的积聚增强了硅谷新公司的活力,强化了共享的技术文化。在硅谷,是地区及其网络构成了经济活动的依托,而不是单个的公司。①

表8－1　1959年、1975年和1992年美国硅谷与128公路地区高技术部门企业数

企业类型	1959年			1975年			1992年		
	硅谷	128	硅谷/128	硅谷	128	硅谷/128	硅谷	128	硅谷/128
计算机办公设备	7	17	0.4	87	71	1.2	317	121	2.6
通信设备	22	37	0.6	110	91	1.2	162	55	2.9
电子元件	38	96	0.4	216	166	1.3	679	281	2.4
导弹和航天飞机	—	—	—	4	1	4.0	9	4	2.3
仪器	42	118	0.4	228	283	0.8	518	437	1.2
软件和数据处理	—	—	—	186	228	0.8	2378	1615	1.5
总计	109	268	0.4	831	840	1.0	4063	2513	1.6

从表8－1中高科技部门企业的数量比例上可以看出,美国硅谷成功地适应了信息经济和知识经济引起的竞争格局,而128公路地区却逐渐地在市场竞争中退却。正如《地区优势:硅谷和128公路地区的文化与竞争》的作者萨克森宁指出的那样,硅谷是一个以地区网络为基础的工业体系,能够促进各个专业制造商集团地学习和灵活地调整一系列相关的技术。各公司之间开展激烈的竞争,与此同时,又通过非正式交流和合作,相互学习技术和变化中的市场营销方法……在网络系统中,公司内各部门职能界限相互融合,各公司之间的界限和公司与贸易协会和大学等当地机构之间的界限也已打破。相比之下,128公路地区是以少数几家比较一体化的公司为主导的。它的工业体系建立在一些独立公司的基础上,而这些公司已把各种生产活动内部化了……信息往往由上而下垂直

---

① 参见［美］安纳利·萨克森宁:《地区优势:硅谷和128公路地区的文化与竞争》,上海远东出版社1999年版,第190页。

流动。

专业化和专门化,并与技术、知识与人力资本等要素充分结合,不同公司、不同研究机构等的界限模糊,创新协作、既竞争又团结合作,既是工业体系又是创新、创业体系,促成了美国硅谷和128公路地区的高科技工业体系的不同经济命运。

(二)创新系统

在创新系统的研究中,以内尔森为代表的国家创新系统理论在国际上产生了很大的影响。国家创新系统理论指出技术创新和传播需要大量相关部门和制度的支持,在创新和学习中除了正式的机构和制度之外,各种非正式的文化、习惯等也在影响着知识的积累和传承过程,这在具有较高内部认同的区域显得更为明显。国家创新系统是由不同机构通过各自或共同为新技术的发展和扩散作出贡献而形成的集合;该集合使政府能够形成和实施促进创新过程的政策;这样一个由相互联系的组织机构组成的系统可以创造、存储和传播知识、技能和包涵新技术的物质产品。

区域创新系统的英文表述为 Regional Innovation System(RIS),指区域网络各个结点(企业、大学、研究机构、政府等)在协同作用中结网而创新,并融入到区域的创新环境中而组成的系统。即区域创新系统是区域创新网络与区域创新环境的有效叠加而成的系统,并且是国家创新系统的基础和有机组成部分,是国家创新系统的子系统。同时,区域创新系统应包括以下基本内涵:具有一定的地域空间范围和开放的边界;以生产企业、研究与开发机构、高等院校、地方政府机构和服务机构为创新主要单元;不同创新单位之间通过关联,构成创新系统的组织结构和空间结构;创新单元通过创新(组织和空间)结构自身组织及其与环境的相互作用而实现创新功能,并对区域社会、经济、生态产生影响;通过与环境的作用和系统自组织作用维持创新的运行和实现创新的持续发展。

广义的区域创新系统应包括:进行创新产品生产供应的生产企业群;进行创新人才培养的教育机构;进行创新知识与技术生产的研究机构;对创新活动进行金融、政策法规约束与支持的政府机构;金融、商业等创新服务机构。对于区域创新能力与影响的研究,主要应包括区域创新潜在能力分析。通过对不同区域的整体创新组成要素的质量、规模及创新结构类型等进行对比分析,从而确定其创新的潜在能力。区域创新实力的分析,主要通过定量分析和对比实际表现出来的各种创新成果,以确定创新实力的强弱。区域创新对区域发展影响研究。侧重区域创新对区域经济增长、经济的区域竞争能力以及区域整体竞争力的贡献。

以硅谷为例,其创新系统主要存在于该地区工业体系所具有的三个层面——地区机构、工业结构和公司组织。地区机构包括公私组织,比如大学、研究院所、企业协会、地方政府以及许多不太正式的业余俱乐部、专业学会和其他形成并经常维护交际模式的组织。工业结构则指某个产业部门或一系列产业部门中客户、供应商和竞争者之间的联系的范围和性质。公司组织即指公司内部组织,包括纵向、横向的协调程度,集权或分权,公司内部任务的专门化等。对硅谷而言,高度密集的社会公共关系网络使这三个"孤立"的结构非常紧密地联系在一起,"无边界"、"无界限"促使了大量创新"种子"的发芽和生长。

1. 区域创新系统的目标定位

(1)渐进性、动态性、阶段性和有限性。区域创新系统是一个动态的概念,随着经济和社会的进步,创新系统也在不断发展与完善。不仅对于创新系统而言,不同的阶段完成的主要任务不同,就是对于政府来说,在不同的阶段调控的主要内容也不同。区域创新系统是一个复杂的系统,其组成部分的变革与进步,对整体的推进也只能是渐进式的,这就决定了建立和完善区域创新系统必然采取渐进式、阶段性和有限目标的方式。

(2)长远性、战略性和持续性。区域创新系统的设计与运行,不仅要考虑近期实施的需求,更主要的是要考虑经济发展的可持续性要求。只有走技术创新可持续发展道路,才能真正保持区域的核心竞争力,从根本上解决资源、环境、人口与经济社会协调发展的问题。

(3)实用性、有效性、有序性和可操作性。建立区域创新系统的目的,在于培育与激发创新欲望和创新机制,壮大区域创新能力,优化资源配置,提高经济效益。因此,区域创新系统需围绕解决现存问题和未来发展的需求而展开,按照阶段性目标,针对不同时期技术成果商品化和产业化过程的主要问题,有序地、可有效实施地推进。

（4）开放性和系统性。任何一个区域,在进行创新时所需要的资源、资金、人才、技术、设施、信息等都不是应有尽有的。因此在建立区域创新系统过程中,应淡化部门观念、隶属概念、地域范畴等,强调创新区域的开放性。同时促使创新系统中每个部分与其分支结构之间,既具有开放特征又同为一个高效运作的有机系统。

区域创新系统可集中针对区域创新欲望不强、技术改造包袱沉重、研发人才不足、创新机制与创新环境欠佳等问题,培育与激发创新欲望和创新机制,壮大区域创新能力,优化资源配置,从而有重点地、分阶段地培育新兴产业,加快区域创新能力的获得和扩散,最终优化提升区域整体产业结构。

2. 区域创新系统设计

区域创新系统是以激发创新欲望、提高创新能力、建立有效的创新机制和服务于经济发展目标为导向,由多元化的创新主体、网络化的创新过程和集效化的创新目标所共同组成开放的组织和系统。

从系统结构上看,区域创新系统框架建设包括创新机构、创新资源、中介服务系统、管理系统四个相互关联、相互协调的主要组成部分。在区域创新系统中,创新机构指企业、科研院所、大专院校和政府有关部门。其中,企业是最重要的创新活动行为主体,它应成为技术创新、知识应用、创新投入的主力。创新体系必须充分激发各创新主体的积极性,促进各创新主体之间的协调和联合。科研机构应为创新活动提供知识和技术的支持;大专院校应为创新活动提供知识和技术的支持;大专院校要为创新人才的培养、知识的创新和传播发挥基础作用。创新资源是创新活动的基础要素。创新人才是创新的核心资源;资金是创新活动正常进行的重要保证,多渠道的创新资金投入与退出体系是创新系统的关键环节。对于知识及知识产权、信息等资源在创新活动中的作用同样应给予高度重视。中介服务系统在技术和知识转移过程中起着桥梁的作用。管理系统创新需要政府对创新目标进行合理引导并营造出公平的创新环境。

第三节 深港空间创新寻优合作

区域时空可达性和空间一体化,是深港空间创新寻优合作的一个基础条件。以开发知识、智力和核心技术为主的技术创新,是深港空间创新寻优合作的基本内容;深港空间创新寻优合作的最终目标则是,以深港制度寻优合作为前提和手段,以产业寻优合作为重要载体,推动深港之间知识力与智力、技术力与资本力之间的共享与互补为核心,整合各种创新要素,形成创新资源与知识资源大量集聚、创新活动十分活跃的——深港创新共同体。

一、时空可达性是空间创新寻优合作的基础

提高时空可达性,是区域创新寻优合作的物质基础前提,也是区域空间创新合作的主体内容之一。时空可达性,既包括了两地城区交通距离、车程时效等,也包含了要素资源流通性、即时信息的可达性与共享性等。

2007 年,随着深港西部通道建成通车,深港之间最短车距缩短为半小时,两座城市之间正在形成"半小时生活商贸圈"。深圳人去香港,除了可乘旅游大巴、小轿车等,更多还可乘坐更为便捷的地铁。目前,深圳人坐地铁 1 号线、4 号线,可经罗湖、皇岗口岸过关抵港。2011 年 6 月后,深港穗高速铁路客运专线将实现通车,人们可经深圳市中心直达香港市中心西九龙。"深港半小时生活商贸圈"的形成,促进了深港之间的人流、车流、商品流和信息流、资金流更为便捷,人员交往更为常态化和规模化。更重要的是,它一方面为深港各种知识、技术及人力资本等要素流动与整合,创造出了更有利的时空条件和创新环境。另一方面,深港口岸过关时间、方便性要大幅提升,在高峰期时段力争市民通关时间不超过半小时,车辆通关不超过 1 小时;争取深圳陆路口岸两地市民过关时实现"自助式检查"通道,提高过关速度和方便性。

在"深港半小时生活商贸圈"的建设上,深港要共同规划实施环珠江口地区

的"湾区"重点规划,协调推动编制落马洲河套地区、深圳莲塘——香港香园围口岸、深圳前后海紧密合作区域合作规划。加快深圳前后海跨境合作区的实质建设。推动由深圳机场通往香港机场的专线城际轨道的规划建设进度。

在提升时空距离可达性、要素流通便捷性等基础上,双方还要努力提高信息可达性、互通性,加快共同信息网络平台建设,促进信息的即时共享;两地要以IPv6技术为支撑,建设下一代互联网信息基础设施,提升城市网络信息服务能力;在生产和服务的各个环节上,提高信息自动化、智能化和现代化管理水平,为优质资源流通、即时信息往来等创造良好的基础条件

二、技术创新是重中之重

技术创新与进步,是人类社会进步的重要杠杆。在人类社会由低级到高级不断发展过程中,生产力是活跃的因素。生产关系要适应生产力的发展,是人类社会中各个历史阶段的普遍规律。而生产力的发展最终要取决于生产力三要素——人、劳动工具和劳动对象及其它们之间的相互作用,即取决于掌握、运用劳动工具和劳动技能的人对劳动对象的开发、加工和利用的方向、规模和水平。其中,劳动者的劳动技能的提高、新的劳动工具的发明和运用往往又具有关键作用。

知识型区域创新空间的构建,必须为知识与智力、技术与信息等要素资源的开发与发挥作用,提供最为合适的土壤与空气环境。以开发知识、智力和核心技术为主的技术创新,是深港空间创新寻优合作的基本内容。深港两地要以"一国两制"为基本原则,以CEPA合作机制和深港"1+6"合作协议基本框架,将深港空间创新提高到战略合作高度,需做好以下几方面工作。

(一)加快建设"深港创新圈"

充分利用深港两地创新资源和优势,坚持上下游错位发展,以信息技术、生物制药、新材料技术、海洋技术等高技术产业为重点,在研发、制造、服务、营销等环节合理分工,在两地间建立紧密联系的技术创新体系。协调两地高科技产业布局,建设深港两地创新资源互动、产业链紧密合作的跨城市、高聚集、高密度的产业聚集带。

（二）联手进行深港经济圈的产业创新

深港经济圈要大力推进自主创新,形成多主体、多层次、开放互动的创新机制和环境,提高技术创新与成果转化能力。

1. 基础创新能力建设

双方可探索组建"产业创新研究院"、"先进技术研究院"等联合科研机构,启动涉及新能源、新材料、高端精密仪器、生物基因工程、医学、自动化等共性的、关键的核心技术的研发。合作推动南方科技大学的筹建,推动民办、企业的研究机构、重点实验室和高等院校的两地合建。

2. 技术创新平台建设

深港要联手展开先进技术研究,努力为华南地区高新产业发展提供支持服务。加快产业集聚基地公共技术平台建设,构建覆盖全市优势传统产业的平台体系。提升集成电路和软件、新一代移动通信、下一代互联网、数字音视频、先进计算、生物医药、医疗器械、卫星产业、新材料等领域的工程研发能力。协作组建"高技术产业创新中心"、"工业检测中心"等,为区内企业提供测试、校准、认证检验和技术咨询服务。搭建深港创新资源平台,实现创新信息资源和政务信息资源的全面共享。

3. 合作建设科技企业孵化器

深港联手加大政府投入,建设科技企业专业孵化器,积极办好生物孵化器、软件园、IC设计基地等专业孵化器的基础上,推进海外留学生创业孵化器建设,重点发展下一代网络与通信、合成高分子材料、纳米材料、光电器件和材料、存储器件和材料、新兴能源与节能等主要技术领域的新兴产业专业孵化器。共同促进软件、数字视听、新型平板显示、化合物半导体、生物医药、光机电一体化、新型储能材料、新能源等领域的创新型中小企业快速发展,培育新的经济增长点。

4. 联手进行产业链创新

深港要以构建优势产业链条为核心,以产业融合联动为重点,以重点关键项目为主体,联手打造电子信息优势产业链,培育壮大新兴高新技术产业和高端制造业集群,改造提升优势传统产业,着力提高深港经济圈产业创新性、开放性、融合性、集聚性和可持续性,全面提升深港产业及其产品的国际竞争力、全球畅销能力。

通过深港产业寻优合作,加快产业向高端化、知识化延伸。充分利用国际产业分工重组,不断增强产业体系的核心竞争力,实现由比较优势向核心竞争优势转变,进一步抢占国际分工体系、服务价值链条的中高端位置。突破核心技术和关键领域,拓展产品与服务价值端高地。努力弥补产业链关键缺失环节,实施"整合提升产业链"等发展策略,集聚优质资源加快推进优势产业、重点企业和重大项目,促进产业链向深度、广度和两端延伸与扩展。建设重大产业基地,提升产业整体层次和能级,增强产业可持续创新与发展能力。

统筹产业发展与环境生态保护协同并进。通过产业集聚扩大绿色园区,通过产业准入推进绿色经济,实现产业发展的适应性、协调性和可持续性。大力引进和培育关键缺失环节的重大产业项目,促进产业链条的成长壮大并向高端延伸。

促进产业发展与城市功能提升的统一。实施产业、功能、人口等联动策略,以产业结构调整带动城市功能提升和人口规模、人力资本结构优化。

5. 深港联手搞好科技服务

通过紧密协作,深港共同加强创新基础能力建设,夯实产业链的基础环节。完善公共研发平台、公共技术平台、公共检测平台等产业化平台建设,保障和弥补产业链的薄弱环节。双方以科技咨询业、技术贸易服务业、知识产权服务业、科技孵化业、科技风险投资业等为发展重点,坚持政府引导与市场机制相结合,建设孵化器网络、科学仪器协作共用网络、技术贸易服务网络。鼓励和支持专业性科技服务机构和企业发展,为现代产业发展提供委托研究服务、公共技术服务和生产性技术服务。依托深港高校、科研院所和企业建设公共技术平台,为深圳经济圈内、圈外企业提供产业共性技术服务。鼓励民间力量投资兴办各类科技服务机构,吸引海内外知名科技服务机构设立分支机构,构建社会化、网络化科技服务体系,为科技创新和成果转化提供专业化服务。

6. 共同构建深港总部经济

深港要构建在竞争中合作、在合作中竞争的关系,以协作、互助的精神,充分发挥总部经济在深港经济圈范围内的技术创新和市场扩张引领能力。双方可联手重点引进企业集团总部、地区总部、物流中心、研发中心、营销中心、中介服务中心、旅游和会展服务业中心,加快形成总部中心城市。深圳可鼓励和支持具有市场发展潜力、产业规模优势和现代企业制度的本土大企业集团扎实香港向海外发展。

(三)拓展深圳一侧产业空间并实现深港知识产业无缝对接

香港作为成熟的小型经济体,空间创新拓展的余地很小。而深圳作为后发地区,尽管土地资源同样稀缺,但在产业发展空间及其空间创新拓展上尚有"用武之地"。

深圳遵循"南融"(融合香港)、"北联"(连接东莞)的区域空间发展策略,加快深圳特区内外一体化进程,统筹全市产业布局,推进深港产业合作和珠三角经济一体化。通过与香港协商产业规划思路,深圳加快统筹特区内外产业布局,推进特区内外一体化进程,促进特区内外产业协调发展,根据区域资源禀赋,强化特区外"以第二产业为主、特区内以第三产业为主"的产业格局,建设和完善"一带四区九基地"和高端服务业、知识产业功能区的空间布局,实现产业链垂直分工和水平分工结构合理、定位明确、配合协作和集群化为特征的深圳市域产业布局。

1. 高新技术产业带

加大高新技术产业带规划建设力度,大力发展计算机与通信、软件、集成电路、生物医药与医疗器械、平板显示、化合物半导体、新材料、新能源、大型先进装备制造业、生态高新技术农业十大产业,做大做强园区经济,完善产业带动科研开发、人才培养教育、科技成果孵化、留学生创业、出口加工五大功能,全力推进高技术产业基地和先进制造业基地建设,形成具备大规模生产能力和高水平研发能力的核心区域。

2. 四大产业主体功能区

(1)技术核心主体功能区。以市高新区、大学城片区为核心,加快形成科研开发基地。加快位于市高新区内的市软件园、留学生创业园、虚拟大学园、重点实验室平台大楼和院校产业化基地建设。大学城以建设资源共享的科技服务平台、实验室为重点,建成集产学研一体的多功能、综合性、现代化的大学科教区。

（2）西部高新技术产业主体功能区。以光明高新技术产业园区为核心，建设电子信息、新材料产业功能区。重点发展计算机、化合物半导体、电子元器件、平板显示、生物医药、新材料、医疗器械等高新技术产业，提升传统优势产业的技术水平，加快模具、内衣、钟表等产业集聚发展。

（3）中部高新技术产业主体功能区。以龙华、观澜为核心，建设计算机、电信通讯、机电一体化产业功能区。龙华片区形成以计算机设备、精密模具、机电一体化为主的电子信息产业链。坂雪岗片区形成通信与计算机产业集群，成为有国际影响的 IT 产业园区。观澜片区主要形成电子信息、生物医药、新材料产业集群。在传统产业方面，加快小家电、服装、玩具、工艺礼品等产业集聚基地建设。

（4）东部先进制造业主体功能区。以宝龙—碧岭—大工业区为核心，建设电子信息和装备制造产业功能区。重点发展数字视听、集成电路、生物医药、精细化工、新能源汽车等高新技术产业和先进制造业。在传统产业方面，促进家具、自行车等优势产业的集聚发展。

3. 九大产业基地

按照生态型集约化的要求建设新型产业园区，推进加工工业向管理规范化、产业链条化的现代工业园区集中，促进产业集群化和品牌化，打造九大高新技术产业、先进制造业和优势传统产业基地。

4. 高端服务业功能区

加快前海深港现代服务业合作示范区、福田金融中心、蔡屋围金融中心区、南山金融商务区、龙岗金融服务基地、笋岗物流总部基地等高端服务业重大项目的建设，夯实金融园区、产业服务基地、服务业总部等高端服务业发展基础，发挥CBD综合环境优势，促进"环CBD高端产业带"的形成，实施高端服务业资助计划，推动基于互联网、服务外包、创业、深港合作的创新金融、现代物流、专门专业、网络信息、服务外包、创意设计等高端服务业发展。加快建设传统优势产业集聚基地总部功能区，全面推进后海、前海、龙岗区、光明新区等总部基地规划建设。

三、合作最终目标——构建深港创新空间共同体

深港以高科技合作、知识智慧与人力资本等的共享、互补为核心,整合各类创新要素,最终形成人力资本和知识资源、技术要素等高度集中,创新活动和知识产业十分活跃的"深港创新共同体"。深圳前海地区、深港河套地区等深港构建创新空间共同体的主要承载城区之一。

深港创新空间共同体的主要任务是,联合承接国际先进制造业、高新技术企业研发转移,联合提升区域自主创新能力,发挥各自优势推进区域内科技合作和国际合作,扩展打造建设"港—深——广州"为主轴的区域创新空间格局,率先建设在国内乃至亚洲具有较强示范作用、更具活力和发展潜力的世界级新经济区域。

未来,知识产业将构成深港创新空间的主体产业。以香港为例,本港经济中以知识、技术为本的经济活动逐年递增。以当时要素成本计算的本地生产总值中,本港知识型产业的增加值所占比重由 1998 年的 18% 稳步上升到 2008 年的近 27%。在 2008 年,受过专上教育的劳动人口比例超过 31%,比 1998 年的 22% 明显提高(见表 8 - 2)。而 2001—2007 年期间,香港工商企业机构用于技术创新开支费用增加率超过了 130%,清晰地显示了香港经济中围绕创新要素、知识产业等方面的生产、研发活动越来越多。

表 8 - 2　香港正朝向知识型经济体系转型

年　份	1998	2008
本港知识型产业的增加值(亿港元)	2220	4140
以当时要素成本计算的占 GDP 比例(%)	18.20	26.70
知识型行业的总就业人数(万人)	40.33	49.23
资讯科技员工数(人)	44800	66700
每千名劳动人口中研究员数目(人)	2.1	5.4

资料来源:香港特区政府《2009 年下半年经济报告》。

第四节　深港智力寻优合作

一、深港知识型与科技型人才概况

(一)深圳人才现状

深圳与香港,各自由于历史原因、经济增长方式和社会发展特点等方面的原因,在知识型人才、科技型人才等方面的力量较薄弱。

同知识型人才最为接近的术语是"知识型员工",它是美国学者彼得·德鲁克首先倡导的,指的是那些充分掌握智慧符号和概念、充分利用知识或信息工作的人。不同国家及区域之间,不同企业之间的竞争,知识的创造、利用与增值,要素资源的合理配置,最终都要靠知识的载体——知识型人才、知识型员工等来完成。

所谓科技型人才,是指那些充分掌握科技知识、拥有专业的和尖端水平的技术或专门技术的人才,发明创造及其成果是其最主要特点。

深圳作为我国最大的经济特区,既是我国区域经济发展最有活力的地区之一,也是我国自主创新能力提升最为显著的地区之一;深圳的高速发展充分证明,集聚各类知识型人才、科技型人才和创新型人才是建设知识城市、创新型城市的最为有效的重要途径,是高新产业又好又快发展的必要要求。相关分析也显示,目前制约深圳高新产业和技术创新的主要瓶颈因素之一——就是人才问题。

由于历史原因,深圳市基础型大学教育、基础科学研究机构、实验室相对匮乏,更多时候,深圳的人才尤其是科技型人才,主要依靠引进和吸纳其他地区的人才。不过,由于深圳市长期重视人才工作,因此在较短时期内,聚集了境内外大量的优秀人才。

深圳目前有各类高等院校 8 所,学校 2007 年招生 19396 人,比 2006 年增加 1480 人;在校大学生 58910 人,比 2006 年增加 7690 人,增幅为 15%;全市 2007

年成人高等教育招生 8940 人,增加 291 人,增幅为 3.4%。另外,南方科技大学筹建工作正在抓紧进行中。在 70 多万大专以上人才中,从事高新技术产品研发的科技型人才高达 26.96 万,占比接近 40%,因此深圳是科技型人才最密集城市之一。深圳市从事研发、生产、服务等技术类长期职工总数多达 126.88 万人,其中留学归国人员 3475 人,科技型人才占比 21% 左右。在已经认定为高新技术企业中,从事技术和产品研发的科技型人才 23.16 万人,大专以上职工数量 24.85 万人,研发员工 19.66 万人。从事高新技术研发的人员中博士 3904 人,硕士 65848 人,学士 23.83 万人。一些科技型公司的优才、专才总量达到或超过四成,如深圳华为,在 2 万名员工中,技术研发类员工逾 1 万名,接近五成,生产制造一线员工数量占比尚不足 10%。另外,据深圳市引进国外智力办公室的数据显示,每年来深圳的各类境外专家逾 3 万人次,在深圳的不少高新企业中,还有来自世界各地的专家、技术型人才。深圳还广泛地加强了与国内外著名大学、科研院所和实验室的深度合作,北京大学、清华大学等国内 40 多所著名大学进入了深圳虚拟大学园,设立了深圳分院和深圳研究院。

（二）香港人才现状

香港政府长期实行"自由放任"经济政策,大量的中小企业由于加工制造利润丰厚,缺少通过技术研发提高利润率、市场占有率的成长动因,因此香港历年来研发经费在亚太地区的国家或地区中,占本地生产总值的比率排名靠后,高科技人才长期不足(见表 8-3、表 8-4)。但是香港政府极为重视基础教育和对人力资本的投入,每年香港政府的教育开支总额高达数千亿港元,其中对专上人才等方面的人力资本投入,是通过"香港特区大学教育资助委员会"(简称教资委)等中间管理机构来实施的。据统计,2007 年、2008 年香港政府财政拨付给香港特区大教资委的实际金额分别为 121.89 亿港元、121.88 亿港元。2008 年至 2009 年,香港教资委资助的在校全日制大学生人数达 7 万多人(见表 8-5)。

表 8 - 3 香港各大学下设研究机构情况

学校	研究机构类型	数量（个）
香港大学	研究中心	81
香港科技大学	研究所	9
	研究中心	41
	实验所	9
香港中文大学	研究所	27
	研究中心	47
香港理工大学	研究所	2
	研究中心	22

资料来源：香港各大学网站（2008）。

表 8 - 4 近年来香港的研发员工人数 单位：人

年份	工商机构	占比（％）	高等教育机构	占比（％）	政府机构	占比（％）	总计
2004	9482	50	9010	48	353	2	18845
2005	12184	55	9502	43	368	2	22054
2006	12681	55	9863	43	433	2	22977
2007	12673	54	10491	44	480	2	23644
2008	10261	47	11260	51	515	2	22037

资料来源：《香港经济年鉴》（2008），香港政府统计处网站。

表 8 - 5 香港教资委资助的在校全日制大学生统计人数 单位：人

资助的全日制大学生人数	1999/2000 年	2002/2003 年	2006/2007 年	2008/2009 年
副学位人数	14376	11046	6925	5279
学士学位人数	45489	47201	51221	53992
研究院修课人数	6320	6371	2946	2596
研究院研究人数	3763	4207	5465	5792
总计	69948	68825	66558	67659
全部大学生人数	83754	78731	72618	72536

资料来源：据香港特区大学教育资助委员会网站（截至 2009 年 11 月 19 日）。

二、深港智力寻优合作现状

目前,香港的大量人力资本、创新要素等在深圳市烙下深深的痕迹。香港理工大学、香港城市大学等多家知名学校均入驻了深圳虚拟大学园,在深圳设立了研发中心、研究中心等科研机构。例如,香港中文大学通过在位于深圳市南山区的高新园内建设产学研实体——深圳研究院进入深圳,专门孵化和转科研成果、专利技术等。香港理工大学在深圳设立了第一家 SPF 级动物实验室,其中中药学及分子药理学研究重点实验室被认定为中国国家级重点实验室,这是中国第一家中药研究国家级实验室。香港科技大学在南山陆续设立生物技术、中药、电子信息和新材料等领域的实验室。香港固高科技(深圳)有限公司就是香港科技大学的教授创立的高科技企业,以运动控制器为核心,派生出各种专用控制系统、CNC 数控系统、先进教学实验设备、机电一体化设备等,填补了国内相关行业的多项空白,综合水平达到亚洲乃至国际一流。

成功运行了多年的深港产学研基地,是由北京大学、香港科技大学、深圳市政府共同创建,成为具有较强竞争力的科技成果孵化与产业化基地、风险基金聚散基地、科技体制创新基地和高新技术人才培养引进基地。

近年来,深港通过共建"深港创新圈",又陆续地共同资助了一批实验室、研发机构等。

总之,深港之间展开深入的智力寻优合作,挖掘开发深港经济圈内的知识与技术、智力与创新等要素资源,构建区域人才价值链,是深港智力寻优合作的根本目的之一,深港之间需要围绕知识、智力和技术资源,进行多层次、全方位的、优中选优和优中创优的合作。

三、深港智力寻优合作的基本思路和措施

(一)基本思路

深港智力寻优合作的基本框架是,在全面建设知识型区域的前提和目标下,共同寻优开发区域范围内的知识、智力和技术资源,构建"双区域的知识产业链模型",打造区域人才价值链。以开发知识、智力等资源为主要特征的智力寻优

合作模式,是深港经济创新空间结构演变、共建深港创新圈的根本动力之一。

首先,深港需要共同实施知识型区域的发展战略目标,两地要共同联手、在一定程度上共同发挥强大的综合经济实力优势,力争用10—20年时间将深港经济圈打造成为亚太区"知识与技术、智力与智慧的聚居带"。在电子信息技术、生物工程、新能源新材料、环保技术、自动化高端制造技术、应用类新工艺、生物基因、医学技术等科研领域,在金融服务、投融资、营销管理等方面,在动漫设计制作、电影电视制作、建筑设计、工业设计和服装设计、新媒体等领域,大量集聚知识型人才、科技型人才、专家型人才和精英人才,拥有数量众多的适应知识与技术、智慧与创新要素集聚的公共机构和公共平台,例如研发中心、研究院所、企业技术中心和大中型实验室,同时还有与自身经济总量和发展要求相适应的高等教育院校、成人培训教育机构等。

其次,双方需要根据自身经济发展、科技进步的内在要求,在粤港联席会议框架下,在双方政府高层磋商基础上,共同建立常态化的人才培养合作机制,促进区内各种产、学、研、中介和官方等机构的交流合作,促进科研院所、高等院校和研究中心通过不同形式,定期及不定期地交流,促进它们通过不同形式进入各方企业或与企业合作,形成多种形式的一体化创新型研究主体,促进深港始终拥有数量规模巨大的知识型、科技型和专家型优才专才洼地,始终拥有一大批充满激情、勇于创业、宽容失败、具有全球视野的企业家,企业一体化创业及创新活动踊跃,区域经济空间一体化创新格局凸显。

(二)深港智力寻优合作的具体举措

要实现深港智力寻优合作的基本目标,首先要从区域人力资本发展整体规划入手,全面构建从政府各部门、各所大学院校、大型研发中心、实验室等类似"深港智脑交流空间"这样的平台体系。

深港首先要培养和引进大量的创新型知识人才、创新型技术人才等人力资本,既盘活存量,又进一步提升现有人力资本的高级优才、专才的比重,强化区域人力资本双向流动,优化人力资本区域结构,建立人力资本区域市场体系,形成并完善区域人力资本良性循环机制,进一步提高人力资本综合使用效率。具体来说,目前双方可采取以下主要举措:

1. 共建深港优才、专才交流中心，促进人力资本自由流通和双方共享、优化配置

深港双方以大学、科研机构、企业技术中心、研究中心和大中型实验室等为纽带，共同构建具有创新意义和价值的"深港智脑空间"，制定出一系列具体的优惠政策，为各类人才交流、就业与创业等提供适宜环境与各种便利条件。同时，定期、不定期地召开各类地区性、国际性的研讨会、论坛会，鼓励学术界、科研机构及企业研发部门等举办各类创新活动、研讨会。在政府层面上，深港还可以建立两地人才异地定期交流机制，进一步深化工作交流、沟通和合作。

深港政府应及时联手共同推进"深港人才交流中心"、"深港年度国际人才交流大会"等成立或举办。同时，以"人才交流中心"、"人才交流大学"等作为固化的平台，出台具体优惠政策，鼓励并支持人才在深港两地之间双向流动。这样，充分利用了深港的共同优势引进优才、专才，既可利用了香港优势吸引国际人才，又可通过深圳优势吸引到了内地人才，还要为优才、人才及各种人力资本要素的配置组合，创造发展便利条件和相应的环境。

双方要合作共建人才测评体系，做好各类专业人才及专门人才、科技人才的认证与甄别工作，为区内人才流动创造规范的基本条件。在此基础上，要进一步联手建立和发展人力资本市场，建立人力资本供需关系的市场调节机制、形成合理的人力资本市场价格和通畅的人力资本流通渠道。此外，还要构建可以充分发挥人力资本效能的经济社会条件，加强人力资本市场与人力投资市场的内在联系，从适宜人力资本投资的金融市场体系、人力资本要素市场体系及人力资本信息体系三方面，来全面加强深港人力资本市场体系的建设和完善。

2. 加强对知识型、科技型等优才专才共同培养

深港双方可以在粤港教育与人才合作范畴之内，统一调拨财政预算资金，整合双方的教育培训资源，进行区内最需要的优才与专才培养。双方可以共同设立人才基金，成立高层次人才培养机构，互设博士后工作站，共同资助优秀人才到其他国家和地区做访问学者、留学深造等。共同实施"国际专才计划"等，创新人才引进及使用政策,加速集聚创新型的领军人才、具有巨大潜力的后备型知识优才、科技专才及高级工商金融管理人才等,形成结构合理、持续创新的高层次人才梯队。

在成人和技术人员培训方面,深港可以联手制订高技能人才培训自主制度,搭建成人教育、高技能人才训练公共服务平台,联合对支柱产业和新兴产业紧缺的高技能人才提供培训资助。

3. 以重点项目为核心,推进智力寻优合作

在较充分地整合了深港两地的官、产、学、研、中介与交易等组织机构的基础上,深港双方联合起来,围绕核心产业技术创新、关键技术创新和共性技术创新等内容,大力推动以一大批重点科研项目和创智机构等为核心主体的智力寻优合作。例如,与香港科研机构等进行充分合作,建设具有全球一流水平的 IC 设计应用中心。联手香港设计机构和设计优才,共同设立"深港设计中心"。支持香港应用科技研究机构及科学园区与深圳科研机构和高新园区合作。双方联手促进金融创新产品与多种创新服务的推出,跟进金融、证券、期货等行业的专门 IT 信息技术、大型交易系统等,共同设立"深港金融创新技术中心"、"金融产品创新服务研究中心"等机构。深港传媒产业集团共同发起成立并运营"深港新媒体开发中心"。深港双方还可共同轮值举办类似"全球创新领袖年度大会"一类的活动。

在全球经济格局深刻变化、周边地区竞争加剧的态势中,深港共同挖掘潜力,放眼全球、面向未来,进一步完善创新寻优合作机制,建立互利共赢的区域合作关系;发挥各自优势,在高等院校、研究机构、产业界和投资机构等层面上广泛开展智力寻优合作,共同推进国家重大科技基础设施项目,如国家科学中心、国家实验室、国家工程实验室、国家工程中心等国家级研发机构落户,盘活创新要素源头,有效整合存量人力资源,为深港经济发展提供多方面的、高层次的人才、技术与知识等资源,携手打造亚太区最具活力与国际竞争力的知识城市、创新城市,率先形成最具发展空间和可持续增长潜力的世界级新经济区域。

主要参考文献

一、著作

1.《邓小平文选》第二、三卷,人民出版社 1993、1994 年版。

2. [英]亚当·斯密:《国富论》(上、下),新世界出版社 2007 年版。

3. [美]保罗·克鲁格曼:《发展、地理学与经济理论》,北京大学出版社 2000 年版。

4. [美]保罗·萨缪尔森、威廉·诺德豪斯:《经济学》,华夏出版社 1999 年版。

5. [德]奥古斯·勒施:《经济空间秩序——经济财货与地理间的关系》,商务印书馆 1995 年版。

6. [美]斯坦·戴维斯:《未来之课》,上海远东出版社 2003 年版。

7. [美]Milton H. Spencer:《当代经济学》,中国台湾教授书局 1975 年版。

8. [美]迈克尔·波特:《竞争论》,中信出版社 2003 年版。

9. [美]迈克尔·波特:《竞争优势》,华夏出版社 2001 年版。

10. [德]冯·杜能:《孤立国同农业国和国民经济的关系》,商务印书馆 1997 年版。

11. [德]阿尔弗雷德·韦伯:《工业区位论》,商务印书馆 1997 年版。

12. [德]沃尔特·克里斯塔勒:《德国南部中心地理》,商务印书馆 1997 版。

13. [美]巴里·诺顿:《经济圈:中国大陆、香港、台湾的经济和科技》,新华出版社 1999 年版。

14. [美]瓦尔特·艾萨德:《区域科学导论》,高等教育出版社 1990 年版。

15. [美]埃德加·胡佛:《区域经济导论》,商务印书馆 1990 年版。

16. [美]Maurice Schiff, L. Alan Winters:《区域一体化与发展》,中国财政经济出

版社 2004 年版。

17. ［德］阿尔伯特·赫希曼：《经济发展战略》，经济科学出版社 1991 年版。

18. ［美］米高·恩莱特、伊迪芙·司各特：《香港优势》，商务印书馆 1999 年版。

19. ［美］苏珊·博尔格、理查德·李斯特：《由香港制造》，清华大学出版社 2000 年版。

20. 杜肯堂、戴宏伟主编：《区域经济管理学》，高等教育出版社 2004 年版。

21. 陆大道：《区域发展及其空间结构》，科学出版社 1995 年版。

22. 王铮、丁金宏：《区域科学原理》，科学出版社 1994 年版。

23. 陈秀山、张可云：《区域经济理论》，商务印书馆 2003 年版。

24. 杨吾扬、梁进社：《高等经济地理学》，北京大学出版社 1997 年版。

25. 王缉慈：《创新的空间：企业集群与区域发展》，北京大学出版社 2001 年版。

26. 金吾伦：《知识管理》，云南出版社 2001 年版。

27. 陈泽明：《区域合作通论》，复旦大学出版社 2005 年版。

28. 程必定：《区域经济学》，安徽人民出版社 1989 年版。

29. 陈栋生：《区域经济学》，河南人民出版社版 1993 年版。

30. 李京文：《中国区域经济学教程》，广西人民出版社 2000 年版。

31. 胡兆量：《中国区域发展导论》，北京大学出版社 1999 年版。

32. 李奕滨、周华：《国际经济合作》，立信会计出版社 2005 年版。

33. 厉以宁：《非均衡的中国经济》，广东经济出版社 1998 年版。

34. 宋玉华：《开放的地区主义与亚太经济合作组织》，商务印书馆 2001 年版。

35. 王铮：《区域管理与发展》，科学出版社 2000 年版。

36. 李玉江：《区域人力资本研究》，科学出版社 2005 年版。

37. 高汝熹、张洁：《知识服务业》，上海交通大学出版社 2004 年版。

38. 王必达：《后发优势与区域发展》，复旦大学出版社 2004 年版。

39. 陈岩：《全球经济一体化学》，商务印书馆 2001 年版。

40. 陈才：《区域经济地理学》，科学出版社 2001 年版。

41. 高洪深：《区域经济学》，中国人民大学出版社 2002 年版。

42. 邵汉青主编：《邓小平理论与深圳实践》，海天出版社 1998 年版。

43. 乐正主编,乌兰察夫副主编:《2007 年:中国深圳发展报告》,社会科学文献出版社 2007 年版。

44. 冯邦彦:《香港产业结构研究》,经济管理出版社 2002 年版。

45. 钟坚:《深圳与香港经济合作关系研究》,人民出版社 2001 年版。

46. 魏达志:《深港国际大都会形成机理研究》,中国城市出版社 2008 年版。

47. 杨英:《香港经济新论》,暨南大学出版社 2002 年版。

48. 国世平:《深港高科技合作的 10 大趋势》,海天出版社 2002 年版。

49. 王跃生、张德修、李树甘:《CEPA 与新世纪的内地香港经济关系》,中国发展出版社 2005 年版。

50. 霍福广、陈建新:《中美创新机制比较:兼论粤港澳地区完美创新机制的对策》,人民出版社 2004 年版。

51. 上海财经大学区域经济研究中心:《2003 中国区域经济发展报告》,上海财经大学出版社 2003 年版。

52. 姜德波:《地区本位论》,人民出版社 2004 年版。

53. 丁斗:《东亚地区的次区域经济合作》,北京大学出版社 2001 年版。

54. 朱勇:《新增长理论》,商务印书馆 1999 年版。

55. 郝寿义、安虎森:《区域经济学》,经济科学出版社 1999 年版。

56. 张敦富:《区域经济开发研究》,中国轻工业出版社 1998 年版。

57. 曾菊新:《空间经济:系统与结构》,武汉出版社 1999 年版。

58. 李小建:《经济地理学》,高等教育出版社 1999 年版。

59. 洪银兴:《可持续发展经济学》,商务印书馆 2002 年版。

60. 魏后凯:《区域经济发展的新格局》,云南人民出版社 1995 年版。

61. 邓玲、张红伟:《中国七大经济区产业结构研究》,四川大学出版社 2002 年版。

62. 于刃刚、戴宏伟:《生产要素论》,中国物价出版社 1999 年版。

63. 李航星:《区域差异论》,四川大学出版社 2003 年版。

64. 刘再兴:《中国区域经济:数量分析与对策比较研究》,中国物价出版社 1993 年版。

65. 倪鹏飞：《中国城市竞争力报告——集群：中国经济的龙脉》（NO.3），社会科学文献出版社 2005 年版。

66. 方石玉：《大国软实力——生产者服务业国际转移的理论与实证研究》，经济科学出版社 2008 年版。

67. 汪开国、杨朝仁：《香港的产业发展》，海天出版社 2004 年版。

68. 汪开国、杨朝仁：《香港的文化产业》，海天出版社 2004 年版。

69. 王于渐等：*MADE IN PRL*（研究报告），香港工业总会 2003 年版。

70. 香港经济导报社：《香港经济年鉴》，1999—2008 年版。

71. 深圳年鉴社：《深圳年鉴》，1999—2006 年版。

72. 袁培树：《大趋势：粤港澳经济一体化》，香港三联书店 1992 年版。

73. 彭立勋：《"九七"深港衔接研究》，广州出版社 1994 年版。

74. 深圳博物馆编：《深圳特区史》，人民出版社 1999 年版。

75. 高铁生、郭冬乐：《中国流通产业发展报告》，中国社会科学出版社 2004 年版。

76. 郭熙保：《经济发展理论与政策》，中国社会科学出版社 2000 年版。

77. 陈建军：《中国高速增长地域的经济发展》，上海三联书店、上海人民出版社 2000 年版。

78. 程选：《我国地区比较优势研究》，中国计划经济出版社 2001 年版。

79. 杨万钟：《经济地理学》，华中师范大学出版社 1994 年版。

80. 周一星：《城市地理学》，商务印书馆 1997 年版。

81. 阎小培：《地理·区域·城市》，广东经济出版社 1998 年版。

82. 杨开忠：《迈向空间一体化》，四川人民出版社 1993 年版。

83. 刘荣增：《城镇密集区发展演化机制与整合》，经济科学出版社 2003 年版。

84. 陆立军：《科技型中小企业与区域产业竞争力》，中国经济出版社 2002 年版。

85. 洪银兴、刘志彪：《长江三角洲地区经济发展的模式和机制》，清华大学出版社 2003 年版。

86. 国家发展计划委员会：《"国民经济和社会发展第十个五年计划纲要"学习辅导讲座》，人民出版社 2001 年版。

87.《科学发展观重要论述摘编》,中央文献出版社、党建读物出版社 2008 年版。

88.《毛泽东邓小平江泽民论科学发展》,中央文献出版社、党建读物出版社 2008 年版。

89.《深入学习实践科学发展观活动领导干部学习文件选编》,中央文献出版社、党建出版社 2008 年版。

二、论文

1. 罗彤、罗浩:《中国区域经济趋同性研究综述》,《当代财经》2004 年第 4 期。

2. 宋新宁:《欧洲一体化研究的政治经济学方法》,《国际观察》2004 年第 5 期。

3. 张莉:《基于区域优势的区际合作竞争研究》,四川大学经济学院 2006 年博士论文。

4. 肖雁飞:《创意产业区发展的经济空间动力机制和创新模式研究》,华东师范大学 2007 年博士论文。

5. 钟坚:《深圳与香港经济一体化关系的模式定位》,《特区理论与实践》2001 年第 5 期。

6. 胡军、杨亚平、郑海天:《深圳工业化过程中的要素贡献分析》,《特区经济》2004 年第 4 期。

7. 马云泽:《产业结构软化及其对世界经济发展的影响》,《当代财经》2004 年第 4 期。

8. 苏竣、薛澜:《内地与香港信息技术产业合作发展机制与政策研究》,《清华大学学报》1997 年第 4 期。

9. 许重光:《深港合作空间模式探讨》,《南方经济》2004 年第 4 期。

10. 何传添:《粤港澳紧密合作区:内涵、思路和路径选择》,《特区经济》2009 年第 3 期。

11. 查振祥:《深港金融业深度合作途径研究》,《特区经济》2009 年第 3 期。

三、英文文献

1. Richardon, H. W, *Regional growth theory*, Macmilan, 1973.

2. Bechman, M. J, *Location theory*, New Yorke, Random House, 1968.

3. Peter Lloyd and Penn Smith, Global Economic Challenges to ASEAN Integration and Competitiveness: A Prospective Look, 2006.

4. Grossman, Sanford, Oliver Hart, The costs and Benefits of Ownership: A Theory of Vertical and Lateral Integration, *Journal of Political Economy*, 1986.

5. Krugman: Space, The Final Frontier, *Journal of Economic Perspectives*, Vol. 12, 1998.

6. Hirschman. A. O, *The Strategy of Economic Development*, New Haven, Yale University Press, 1958.

7. Krugman, *Geography and Trade*, Leuven: Leuven University Press, 1991.

8. Sarkis, Theory and Methodology: Evaluating Environmentally Conscio-us Business Practices, *European Journal of Operational Research*, 1998.

9. Isard, *Methods of regional analysis: an introduction to regional science*, Cambridge: MIT Press, 1960.

附录

深港合作大事记

一、第一时期：合作兴起（1979—1997 年）

1979 年 3 月 28 日,时任香港总督麦理浩应当时中国外贸部部长李强的邀请访问,期间邓小平希望麦理浩大胆鼓励香港商人到中国内地投资,特别是要帮助即将成为经济特区的深圳的发展,并指出"深圳和香港将有很多的交流"。

1980 年 8 月 26 日,第五届全国人大常务委员会第十五次会议正式批准了《广东省经济特区条例》。条例第四条明确指出："一切在国际经济合作和技术交流中具有积极意义的工业、农业、畜牧业、养殖业、旅游业、住宅和建筑业、高级技术研究制造业,以及客商与我方共同感兴趣的其他行业,都可以投资兴办或者与我方合资兴办。"

1981 年 12 月 30 日,时任港督麦理浩一行 4 人,应当时深圳市委书记梁湘邀请,首次正式礼节性访问深圳。这是香港回归前、具有政府正式安排的港英政府高层官员造访深圳。虽然这是一次礼节性访问,但在当时社会历史背景下,却具有极大的社会政治意义,也为其后的深港经济合作创造了良好的合作气氛。

1982 年 4 月 30 日,深圳与当时的港英政府正式签署了《深圳—香港关于增辟两地之间通道的协议》。内容包括:增开沙头角陆路口岸,建设沙头角沙河公路桥,作为深圳特区和香港之间的专用口岸;建设皇岗—落马洲桥,增开皇岗陆路口岸;建设文锦渡口岸和罗湖铁路新桥,延长两口岸开放时间,加快口岸疏通能力;开辟大小梅沙海滨浏览区与香港间的定期游客轮渡服务;深港合作治理深圳河,消除污染,防止洪患。随后,深港双方决定各自成立 4 个工作小组,即陆路交通小组、方便旅客过境小组、六小梅沙—香港轮渡工作小组、治理深圳河小组。

1983 年 6 月 15 日,时任国务院副总理谷牧说:"今天我向小平同志汇报特区情况,他着重讲了两点:一是特区要坚决办下去,不能动摇;二是特区的发展要以香港为依托,两家联合起来打进国际市场。"

1984 年 2 月 18 日,应当时深圳市政府邀请,香港 140 多位知名人士、企业家和外商代表等,来到深圳参加春茗座谈会。

1984 年 9 月 27 日,深圳市政府就中英两国草签《关于香港问题联合声明》召开记者发布会并指出:一国两制使香港问题得到圆满解决,也为深圳特区进一步对外开放、发展与香港的多方面合作开辟了更广阔的前景。

1986 年 2 月 20 日,深圳市政府召开首次深港两地新闻界新春座谈会。深圳市政府领导在谈到深港关系时指出:深港两地要互相支持,互相配合,取长补短,共同发展,这是处理深港关系的一个基本原则,也是开展深港经济技术合作的共同目标。

1989 年年底,由香港合和集团投资的广深高速公路开工兴建。

1990 年年底,深圳市共引进"三资企业"3269 家,三来一补企业 6400 多家,累计协议引进外资 61.84 亿美元,实际利用外资 32.53 亿美元,其中七成以来与港资、港企和港人具有多方面的联系。

1993 年 10 月,香港港事顾问访问团到访深圳。

1994 年 3 月,首批港事顾问续聘仪式在深圳举行。1994 年 11 月 3 日,深圳皇岗口岸各有一条入境、出境通道试行 24 小时货运通关。

二、第二时期:合作拓展 (1998—2004 年)

1997 年 1 月 23 日,市政府二届五次全会召开,制订颁布《关于进一步整顿市容环境,迎接香港回归祖国的工作方案》,动员全市人民营造优美环境,迎接香港回归。2 月 24 日,深圳首个在港上市的 H 股——深圳高速公路正式在香港向境外投资者公开推介。3 月 2 日在香港正式上市交易。3 月 19 日,深圳皇岗—香港落马洲之间的过境穿梭公共汽车开通运行,每一趟间隔 15—20 分钟。

4月23日,"九七香港回归学术研讨会"在深圳召开,这对香港顺利回归,保持繁荣稳定,对深港经济合作具有重要的理论现实意义。4月27日,香港特别行政区当选行政长官董建华访问广东时经过深圳。"我们爱祖国,我们爱香港——粤港儿童大联欢"活动在深圳中国民俗文化村举行。5月13—16日,"21世纪香港、深圳、珠江三角洲互补关系新态势"学术研讨会在深圳举行。12月3日,香港有关政府部门与中国人民银行深圳分行达成协议,设立联合清算机制,港元支票兑现和交换时间缩短至2天。12月21日,京九沿线经济合作与社会发展研讨会在深圳召开,来自7省3市和香港的专家学者就共建"京九经济带"展开充分研讨。12月22日,深圳沙头角边检通道的关闸时间延长到晚上8:00。

1998年1月9—10日,深圳市召开市经济工作会议,部署本年的经济工作,提出加强与香港、内地经贸科技合作。2月5日,市政府颁布实施《关于进一步扶持高新技术发展的若干规定》,提出要加快促进深港科技合作。3月22日,深圳市计算器协会邀请香港生产力促进局率领香港软件产业代表团访问深圳。3月23日,深圳市第二届人民代表大会第五次会议提出:加强深圳和香港内地经济技术合作,促进经济共同繁荣。6月30—7月5日,时任广东省委副书记、深圳市委书记张高丽及市长李子彬在参加香港回归一周年庆祝活动后,访问香港各界人士,以促进深港经济合作向更深层次发展。7月22日,深圳成功为香港新机场整机分流货物——首架分流货机从黄田机场转飞美国,由此增加了海上空中货运通道。8月30日,香港特别行政区行政长官董建华访问深圳,专门参观了高新技术园区以及区内相关企业,深港政府就进一步推进两地经贸合作进行了友好协商。9月13日,以香港创新科技委员会主席田长霖为首的代表团一行访问深圳,就深港高新技术产业发展、深港科技合作展开交流。10月15日,罗湖口岸的开放时间延长,从早上6:30到晚上11:00。皇岗口岸客运通道关闸时间延长至晚上10:00。11月14—18日,应香港贸发局的邀请,市人大常委会、经济工作委员会、市盐田港保税区管理局有关人员到香港专题调研。12月16日,深圳西部港航项目建设办公室成立,标志着深港之间的铜鼓航道项目结束了前期筹备阶段,各项工作进入全面实施阶段。

1999年5月22日,深圳市与北京大学、香港科技大学联合在深圳成立集产业发展、教学培训和科研开发为一体的深港产学研基地。6月20日,深港签署《1999年深港两地旅游合作计划书》。8月16日,深港产学研基地首批8个项目正式启动,内容涉及高科技产业等多个领域。8月25日,深圳市风险体系重要组成部分——深圳境外风险基金中国(深圳)高科技基金在香港正式启动。11月8日,深圳市饮食服务行业与深圳明华国际会议中心联合举办的"深港餐饮发展学术交流会"在明华会议中心隆重举行。12月30日,香港著名港航企业——招商局国际有限公司加盟深圳港集装箱码头。

2000年1月13日,香港时富投资集团有限公司与中国科技开发院结成策略性联盟,发挥各自比较优势,促进高新产业和技术发展。2月26日,深港产学研基地第二批产业发展项目签约。4月5日,深圳市领导会见来深参观的香港长江实业集团董事局主席李嘉诚。6月2日,香港理工大学正式加盟深圳虚拟大学城。6月5日,建国以来最大规模的珠江口水域搜救和溢油应急联合演习在深圳伶仃岛牛俐角以北海域举行,这是港澳回归后粤港澳海上搜救首次联合行动。9月28日,深圳投资管理公司和香港上市公司深圳国际控股有限公司合资组建深圳首个提供物流、综合服务的企业——全程物流网络有限公司。2000年6月,由香港著名华商李嘉诚投资的盐田港二期工程竣工并交付使用。11月15日,香港特区行政长官董建华在赴深圳出席深圳特区成立20周年庆祝活动前在港会见新闻界时表示:深圳有深圳优势,它的高科技生产区发展得很好,而香港亦有自身优势,如对国外的联系、对市场情形很了解等,故两地不存在竞争,两地互相配合,定能创造双赢的局面。11月21日,盐田港集团与香港康复公司签订2.7万余平方米土地使用权转让协议,此地将用于建造系统性的老人康复合作中心。12月13—14日,"深港口岸合作研讨会"在深圳召开,共有160多名来自内地、香港的专家、学者和口岸工作者参加。12月20日,香港城市大学加盟深圳虚拟大学城。当月深圳在关于制定国民经济社会发展"十五"计划的说明中,强调主要积极推动双方在高新技术产业,跨境基础设施建设,口岸、旅游、环保等方面的交流合作。12月30日,由深圳中国国际旅行社组织的"温馨结伴行——长者港澳游"旅行团赴香港旅游,这是广东省公安厅实行异地户口港澳试点后成立的第一个旅游团。

2001 年 1 月 5—7 日,深圳市高层领导应邀访问香港特区,双方政府高层表示将在更宽的领域、更深的层次、更高的水平上加强加快深港两地合作。当年深圳市《政府工作报告》提出:稳步推进深港合作,增强政府间的沟通,积极推进和港澳台地区经济技术合作,扩大与珠三角地区产业合作分工,在区域经济一体化中谋求更大的发展空间。7 月 25 日,粤港合作联席会议第四次会议在香港举行。8 月 24 日,"深港产学研基地 2001 论坛"在深圳举行,来自微电子、新材料领域的专家学者们进行了演讲。9 月 4 日,香港理工大学深圳研究院成立,自此包括香港大学在内的香港几所主要大学已经在深圳全部设立了研发中心、培养机构。7 月 26 日,深圳北京大学香港科技大学医学中心成立,这是我国首个以全新模式创建的集医疗、科研、教学、产业以及高新技术转化为一体的医疗中心。10 月 1 日,根据粤港联席会议规定,从当日起罗湖口岸在香港公众假期当天以及前一天延关半小时。11 月 26 日,深圳盐田港集团有限公司与香港和记黄埔盐田港港口投资发展有限公司在深圳签订了盐田港三期集装箱码头的合资合同,总投资 60 亿港元。12 月 1 日,根据粤港联席会议规定,从当日起罗湖口岸、皇岗旅检通道全年 365 天关闸时间延长到 24 时,皇岗货检从晚上 10 时到 12 时增开通道。12 月 7 日,"香港游高峰研讨会"在深圳举行。

2002 年 1 月 4 日,深圳取消了赴港商务签注指标配额,实行按需审批,开始逐步放宽赴港商务签注。2 月 19 日,深圳当时规模最大、功能最完备、建筑最具特色的"孵化器"——深港产学研基地综合大楼正式投入使用。3 月 26 日,以香港中华总商会会长、香港银行同业会会长、亚洲金融集团董事长兼行政总裁陈有庆为团长的香港金融界高层人士深圳考察团一行 35 人抵深访问。7 月 28 日,深圳举行首届深港台布辅料展销门货会,来自深港台以及韩国等和全国各地的 500 多个厂商参加。8 月 2 日,深圳举办 2002 年华南国际物流展览会,来自美日韩德港澳台地区以及全国各地的 200 多个参展商参加了国际展览会。10 月 15 日,香港交易所、深圳市科技局、深圳市体改办共同主办了"深港技术与资本联动"研讨会,会议主题是"香港——中国本土国际资本市场";17 日,深港旅游合作座谈会在深圳市富临大酒店召开,此后经多次座谈会晤,形成加强深港旅游合作的五条思路。11 月 8 日,备受粤港两地关注的东深供水改造工程国内首台机组——东莞联户安全运行;当日香港上水至深圳东门巴士快线正式开通。12 月12 日,由深圳金融电子结算中心运行的深圳外币实时支付系统开通,与港元实时支付系统联网,使两地的资金结算实现实时到账。

2003 年 1 月 27 日零时起,在深圳皇岗口岸实行了旅检通道 24 小时通关,这是皇岗口岸继 1994 年实现 24 小时货运通关的又一突破。6 月 29 日,在香港达成《内地与香港关于建立更紧密经贸关系的安排》(英文简称 CEPA),CEPA 的主要内容包括:允许众多香港产品零关税进入内地,放宽内地对香港服务业的准入领域,加快中国内地与香港之间的贸易与投资便利化等。7 月 11 日,深圳市电子商会与香港电子业商会在五洲宾馆签署合作备忘录,正式开始产品、技术信息、人员、咨询和会展等领域的全面合作,这是自 CEPA 签署后两地中介行业首次联姻进行的实质性合作。9 月 8 日,包括俄罗斯等 7 个国家以及中国内地、港澳台地区的各大媒体记者、一级编导人员来深,参加由广、深、珠三地旅游主管部门和深圳市记协联合组织的“2003 年百名记者看广、深、珠”活动,实地采访深圳旅游业新情况新变化。9 月 16 日,深圳集成电路先进封装与产品开发工程技术中心在市高新技术产业园区南区成立,这是自 CEPA 签署以来,深港两地在科技合作方面的又一重要举措。

三、第三时期:深度合作 (2004 年至今)

2004 年 1 月 7 日,原产香港的首批 CEPA 项下的 31 万个“无丝印一次性空白光盘”在皇岗海关报关成功,成为最早享受 CEPA 项目下零关税优惠的港产品,这标志着内地与香港的自由贸易区协议 CEPA 的实质实施,标志着深港之间、内地与香港之间的经济合作从经济一体化第一层级“互惠贸易区”过渡到第二层级“自由贸易区”,也标志着深港一体化进入到全面展开和深度合作阶段。1 月 15—16 日,深圳市政府与香港地铁有限公司签署协议,引进香港地铁公司参与深圳轨道交通 4 号线的投资、建设和运营。香港地铁有限公司将投资约 60 亿元,参与建设经营深圳轨道交通 4 号线,并将在内地首次引入轨道交通建设和房地产开发相结合的创新模式。此举突破了以政府投资为主的传统基建模式,是内地轨道交通引入境外资本的首个范例,也是 CEPA 后深港的第一个重大基建合作。1月18日,罗湖口岸人行桥改造工程竣工启用,实现客货分流、出入境分流。2月12日,国家IC设计深圳产业化基地与香港科技园公司正式签署《合作协议书》,宣布双方在引进和利用国际资源、构建IC工业区域支持服务体系上展开合作,推动香港与深圳两地集成电路产业的发展。3月5日,深圳市《政府工作报告》中提出:紧紧抓住内地与香港更紧密经贸关系安排实施的机遇,在粤港合作的框架下,进一步加强深港合作。积极推进建立双方领导人的定期磋商机制,加强深港政府间的沟通协商,鼓励和支持民间交流,密切与香港在口岸管理方面的合作。加快推进西部通道、铜鼓航道、一线口岸改造等跨境基础设施工程。积极吸引和承接香港服务业,组织好双向交互式的招商推介活动,拓展两地在金融、物流、商贸、会展、旅游、专业服务等领域的合作。加强两地在高科技领域的合作,共同商讨河套地区的开发建设问题。3月29日,香港银行界在CEPA框架下翻开新的一页,坐落于深圳市世界金融中心的香港永隆银行深圳分行正式开业,成为CEPA实施后香港银行开设的首个内地分行。5月17日,第一个港资控股的旅行社——深圳顺风旅行社在深圳营业。5月19日,首届深圳国际文化产业博览会到港召开宣传推介会。5月26日,香港60多位执照医师首次组成访问团访问深圳,就深港两地如何转接病人、如何开拓两地医疗保险市场以及香港医师如何来深行医与投资医疗机构等问题达成合作意向。深港同意两地市民可异地享受医保服务,对取得香港职业医师者可长期在深行医,对香港医疗机构到深圳投资作出明确规定。

2004年6月1—3日,首届"泛珠三角区域合作与发展论坛"分别在香港、澳门和广州召开。6月16—19日,应香港特别行政区行政长官董建华先生的邀请,深圳市政府代表团到香港访问,深港两地政府官员签署了《关于加强深港合作的备忘》("1+8"协议),在粤港合作联席会议机制的框架下明确了深港合作的大方向、大原则,以加强今后两地在口岸、基础设施、经贸投资、专业服务、金融、旅游、物流、科技、环保、教育和文化的合作。6月19日,建设历时10个月、深港双方共投资2300万元的新罗湖铁路桥竣工。当日8时8分,首趟T824次广九直通车从香港方向驶过新桥,具有百年历史的罗湖桥焕然一新。7月9日,由广东省政府主办的"2003年粤港经济技术贸易合作交流会"在港开幕,当天共签订外商投资项目190宗,累计投资总额41.3亿美元,其中外资总额31.9亿美元。投资总额超亿美元的项目有10宗。7月19日,"深圳市第五届官产学研资介互动交流洽谈会"在市高新区举行。8月4日,粤港合作联席会议第七次会议在广州举行。8月8日,深圳南山博士论坛"香港科技大学系列讲座"正式启动,香港知名专家作了题为"科技创业公司的成功要素"的讲座。8月8日,深圳市政府到香港举办"深圳(香港)人才招聘和智力交流会",落实深港合作协议,当天聘请逾3000名专才的企业职位敲定,其中以电子信息行业人才最多。

2005年1月19日,皇岗-落马洲第二公路桥、沙头角口岸第二公路桥、罗湖口岸人行桥改造后正式开通。3月8日,深圳CBD暨福田投资环境推介会在港举行。5月23日,由深圳和香港两地企业共同投资建设的深圳大铲湾港区集装箱码头一期工程,获得国家正式批复、核准立项。5月26日,深圳市政府部门与香港地铁公司签署深圳地铁4号线特许经营协议等系列协议文本及2号线、3号线地铁合作备忘录,标志着港资以创新投资方式参与建设和营运深圳市内大型基础设施,进入实质操作期。7月7日,广东省到港举办粤港经贸、技术与文化交流大型现场活动。8月3日,《繁荣的边境,繁荣的香港——全方位开发港深边境地区的方案与论证》专题报告完稿。9月5—7日,深圳市政府代表团访港,双方在2004年6月签署的《加强深港合作的备忘录》及其他8份合作协议的基础上,再针对更多合作范畴、合作方式等进行沟通。11月4日,由香港地铁公司以BOT形式投资建设的深圳地铁4号线二期工程试验段正式动工。11月8日,盐田港集团与和记黄埔再携手,推动盐田港区三期扩建工程;该工程设计吞吐量为每年370万标准箱,总投资估算为112亿元,首个泊位于2006年9月投入运营,2010年全部建成6个新泊位。11月21日,全国政协经济委员会副主任、北京大学社会科学学部主任厉以宁,全国政协经济委员会副主任、北京大学中国经济研究中心主任林毅夫等率领20多名全国政协常委、委员组成的全国政协经济委员会专题调研组,到深圳调研"珠三角地区经济协调发展"问题。专家达成共识,珠三角越繁荣,香港发展机会越多;深圳越发展,对香港越有利。

2006年1月20日,深圳历史上最大规模的跨海桥梁——深圳湾公路大桥顺利合拢,深港西部通道建设进入新阶段。3月26日,深圳市第四届人民代表大会第二次会议审议批准的《深圳 2030 城市发展策略》,以具有一定的地方立法性质的行为,推动深港城市战略规划合作。4 月 12 日,深圳市政府在港主办"深港金融合作恳谈会",香港 80 多家著名金融机构高层与会。4 月 13 日,《深圳市国民经济和社会发展第十一个五年总体规划草案》规划提出:将港深协调与合作关系提高到战略合作城市的高度,共同构建"深港都市圈"。4 月 18 日,由深港企业机构共同发起设立深港投资联盟,88 家深港企业、投资机构和商业协会参加联盟。4 月 19 日,由深圳市、北京大学、香港科技大学三方携手打造的重量级"智囊机构"——深港发展研究院,在深港产学研基地正式挂牌。4 月 21 日,市政府主办的"2006 深港创新圈专题研讨会"举行,国家有关部委和研究机构、广东省科技厅以及深港两地的领导、专家和产业界的代表到会,探讨深港创新圈的政策与实际操作问题。5 月 30 日,从香港葵涌码头至深圳华南国际物流中心的深港物流"绿色通道"正式开通,实现了深港两地物流的"无缝对接"。海关手续简化为两种。华南国际物流中心的配载功能将使货柜车"重去重回",大大降低通关成本。6 月 29 日,CEPA 签署 3 周年,新增加了 15 项补充开放措施与协议,包括开放广东给香港旅行社办出境游港团、大律师可回内地工作、增加会展服务、电视剧审批、工程造价咨询可在内地独资经营、扩大香港经营人民币业务等,再增 37 项货物零关税。7 月 16 日,深圳市人大正式审议通过《深圳 2030 城市发展策略》,提出深圳将与香港共同建设共同发展,成为一个国际大都市。8 月 2 日,粤港合作联席会议第九次会议在广州举行。粤港双方在大型基建项目、环保合作、口岸及交通、食品安全和疾病预防等重点领域达成了共识,几乎每一领域均有涉及深圳内容,显示出深港合作在粤港合作中的重要性,如:深港澳西部通道 2007 年 7 月 1 日通车,在最短时间内完成发展东部通道所需的评估及规划研究,在 2007 年上半年开通深圳福田至香港落马洲支线的新口岸等。9 月 19 日,《深圳 2030 城市发展策略》实施暨城市总体规划修编论坛召开。9 月 21 日,深圳市政府与铁道部就广深港客运专线在深圳建设全国首座地下大型城际轨道交通客运站一事在北京签署备忘录;同日,"第二届香港科技经济高峰会"举行。

　　2007 年 5 月 21 日,深港两地政府在香港会展中心正式签署《香港特别行政区政府、深圳市人民政府关于"深港创新圈"合作协议》。2007年7月1日,由深港两地政府共同投资建设的深圳湾口岸开通,率先试水"一地两检"通关模式。

2008年,广东省委提出"构建粤港澳紧密合作区"。6月6日,杜邦薄膜太阳能电池板生产基地在深圳光明新区举行奠基仪式。11月13日,深港合作会议首次在深圳举行。两地政府就进一步推进深港合作达成诸多共识,并签署落马洲河套地区综合研究、教育、清洁生产等5项合作协议。

2009年1月8日,国家发改委公布《珠江三角洲地区改革发展规划纲要(2008—2020年)》,从而推动粤港澳、深港合作等进入新一轮高潮阶段。《规划纲要》提出要坚持上、下游错位发展,加强与港澳金融业的合作,支持港澳地区银行人民币业务稳健发展,开展对港澳地区贸易项下使用人民币计价、结算试点。加大开展银行、证券、保险、评估、会计、法律、教育、医疗等领域从业资格互认工作力度,为服务业的发展创造条件。支持珠江三角洲地区企业到香港上市融资。支持科技创新合作,建立港深、港穗、珠澳创新合作机制。规划建设广州南沙新区、深圳前后海地区、深港边界区、珠海横琴新区、珠澳跨境合作区等重点合作区,作为加强与港澳服务业、高新技术产业等方面合作的载体。鼓励粤港澳优势互补,联手参与国际竞争。3月18日,深圳市政府与香港铁路有限公司签署深圳市轨道交通4号线特许经营协议。3月20日,香港科学园太阳能技术支持中心及杜邦太阳能全球薄膜光伏电研发中心在港正式启用。4月1日起,深圳符合条件户籍居民可以申请一年多次往返香港签注。4月2日,深圳市规划局发布落马洲河套地区C区规划招标公告。5月9日,中国内地与香港《CEPA补充协议之六》签署,内容主要涉及内地特别是广东在服务贸易领域对香港扩大开放及促进贸易投资便利化、推动专业人员资格互认,使CEPA涵盖服务领域总数增至42个。根据协议,香港银行可直接在广东设立支行网点。5月26日,国务院审批通过《深圳市综合配套改革总体方案》及相关实施方案,明确要求深圳与香港功能互补,错位发展,推动形成全球性的物流中心、贸易中心、创新中心和国际文化创意中心,在八大具体方面加强与香港的合作。6月,深圳市政府代表团前往香港进行互访互晤。7月,深圳成为开展人民币跨境贸易结算的首批试点城市之一,进一步增强了香港成为内地以外的人民币结算中心的发展态势,深港金融合作将更加紧密。8 月,粤港合作联席会议签署了 8 项合作协议,重点推进 CEPA 和服务业先行先试、教育、金融等领域的合作。

2010 年 3 月,广深港高铁广深段全线铺轨,并预计当年通车。高铁深港跨境段设计方案基本完成,预计将与香港段在 2015 年前贯通运营。通车后从深圳到香港西九龙约 16 分钟,从广州到香港约 36 分钟。4 月 7 日,《粤港合作框架协议》在北京正式签署,标志着粤港合作进入国家战略层级,相关合作内容将纳入国家"十二五规划"。深圳作为香港联系内地的重要门户、机会窗口之一,在粤港合作中承担着重要的角色,粤港合作的几乎每一个方面,例如跨界基础设施、现代服务业、制造业与科技创新、营商环境与优质生活圈、教育与人才、深圳前海地区、深港河套地区与落实 CEPA 重点市等重点合作区,都与深圳具有十分密切的关系。

后　记

　　人过中年，蹒跚步入经济学殿堂。先天不足，后学乏力，心绪精力且为琐碎世事所纷扰、所占据，面对着艰深奥妙、包罗万象的经济学原理以及深港经济合作理论与实践等，我永远只是一名学徒工，一位站在门外的叩门人。

　　然而，值得欣幸的是，我在攻读博士研究生时师从著名区域经济学家杜肯堂先生。"瞻彼淇奥，绿竹猗猗。有匪君子，如切如磋，如琢如磨。"每当我读到《诗经》中的《卫风·淇奥》，脑中就呈现了杜先生的儒家君子风范："明明德"之至善，广博深入的学识，和淡宽厚的风骨。我的博士论文《论深港经济的寻优合作》从谋篇选题、布局结构到文字润色，无不凝聚了已过古稀之年先生的智慧和心血。本书是在我的博士论文主要研究成果基础上充实、修改而成。在此，我对杜肯堂、肖雪梅伉俪表达由衷的感谢。

　　我由衷地感谢四川大学经济学院博士生指导小组周春教授、李天德教授、朱方明教授、邓玲教授、张红伟教受以及黄勤、龚勤林、袁芸等老师。感谢四川大学师兄弟们：陈光志、李航星、周万生、邱海明、陈映、沙治慧、陈小南、鄢杰、冯劲夫、庞广龙、曹瑛……大家情同手足，"如金如锡，如圭如璧"，在共勉互助中一路走来。

　　我由衷地感谢深圳市社会科学院的刘婉华博士。记得去年夏天，在香蜜湖畔荔园小学羽毛球场上，她无意间提及：市社科院正在征集未出版专著，集中推出《深圳改革开放研究丛书》。当知晓我的博士论文内容是有关于深港经济合作理论这一方面的，她就大胆地鼓励我，还专门叮嘱：浏览浏览市社科院网站的有关征稿启事。于是乎，我将置于书架一角的博士论文拾掇出来，重新厘清脉络，充实基本理论，增删章节，修改内容，更新数据。几个月忙碌下来，一本更为贴近深港经济现实的书稿产生了。这里，我再次对刘婉华博士、深圳市社科院

《深圳改革开放研究丛书》评审及编辑组表示感谢,他们给本书提出了诸多有价值的宝贵意见,对本书的完成付梓贡献出了大量的心血和辛勤的劳动。

我特别要提出的是,有关深港经济合作理论与实践的学术研究工作,深圳历来走在国内前列。深圳市的乐正、魏达志、钟坚、谭刚等著名经济学家,长期以来在这块具有重大学术价值与实践指导意义的领域里辛苦耕耘,作出了很多贡献,本书大量地吸收了他们的学术成果。同时,本书参考借鉴了海内外学者的相关著作、文献和论文。在此,我一并表达敬佩、尊重与感谢之意。

我尤其要感谢我的父母。他们作为川北丘陵地带的农民,一生劳苦,两鬓白发,为我们几兄弟而生! 感谢我的妻子、兄弟及亲人们,在身边或不在身边的朋友。感谢深圳报业集团的领导和同事们。多年以来,他们像一棵棵大树,在身后默默地关爱我,无怨无求。

由于实践经验与理论水平的不足,我对深港经济合作理论与实践这一课题的相关探讨,仍有着诸多的局限性。书中难免出现错漏、缺失之处。这里,谨对人民出版社及其编辑们的辛勤工作表达谢意。同时,我也期待着广大读者老师的批评、指正,谨致谢意。

最后,请允许我以纪伯伦的诗句来结束这篇后记:

我们活着,

为的是发现美。

其他一切,

是等待的形式。

汤山文

2010 年庚寅仲春